丛书编委会

中央国家机关青年系列知识名家讲座丛书

名家谈哲学

中央国家机关团工委 编

人民出版社

图书在版编目（CIP）数据

名家谈哲学　中央国家机关团工委/编　－北京：人民出版社，2008.6
ISBN 978－7－01－006136－8

Ⅰ.名…　Ⅱ.中…　Ⅲ.哲学－研究　Ⅳ.B

中国版本图书馆CIP数据核字（2007）第040311号

名家谈哲学
MINGJIA TAN ZHEXUE

编　　者　中央国家机关团工委
责任编辑　姚劲华　苏向平
装帧设计　鼎盛怡园
出版发行　人民出版社
　　　　　（100706　北京朝阳门内大街166号）
网　　址　http：//www.peoplepress.net
经　　销　各地新华书店
印　　刷　北京集惠印刷有限责任公司
版　　次　2008年6月第1版
　　　　　2008年6月第1次印刷
开　　本　710毫米×1000毫米　1/16　印张　23.75
字　　数　400千字
书　　号　ISBN 978－7－01－006136－8
定　　价　39.80元

求知，永不止歇

（代序言）

李　宏[①]

2004年11月份，我在福建工作期间，接待了时任中央国家机关工委副书记、中央国家机关青年工作领导小组组长的臧献甫同志。献甫同志是中央国家机关青年系列知识名家讲座的倡导者，在谈到青年工作的话题时，提到了有关系列知识讲座的一些情况，这是我与讲座的第一次接触。2006年下半年，我调到中央国家机关工委，刚好分管团工委的工作，于是和讲座有了更直接的接触，在这过程中，我更加深切地感受到系列知识讲座受欢迎的程度。有些遗憾的是，由于工作等方面的原因，大多数讲座我没能到现场聆听，都是请团工委的同志帮助录制磁带，在上、下班路上听完的。所以，当团工委的同志找我为系列讲座的丛书写序言时，我有些犹豫，毕竟，讲座从2002年开始举办，6年下来，已经有9个系列130讲，在这些讲座中名家所带给我们的智慧和知识，亲临讲座现场坚持听下来的同志们应该比我更有发言权！但是作为青年们的老朋友，同时也作为讲座的受益者，推动丛书出版以惠及更多的青年，是我义不容辞的责任，于是应允下来，谈些自己的认识。

我们正处于一个充满挑战的时代，许多新事物需要我们大家去学习、去探索、去实践，这对于广大青年的知识素养、思想水平和工作能力都提出了新的更高的要求。这次将要出版的《名家谈历

① 注：作者为中央国家机关工委副书记、中央国家机关青年工作领导小组组长。

史》、《名家谈哲学》、《名家谈国学》三本书，从时代关注、青年关切的角度切入，纵论古今、思考人生、探讨传统，一篇篇娓娓道来，为我们感受人文精神，增强人文智慧打开了一扇便捷的窗口。

读史使人明智。历史经验是前人付出巨大的代价、甚至生命才总结出来的，包含着发人深思的哲理。要深刻地了解现实，理智地面对未来，就必须自觉地追溯历史。读史是一个鉴是非、正己身、明“智”、知“道”的过程，可以帮助我们理解中华民族的自强不已、生生不息，可以帮助我们理解新中国的建立历程、辉煌成就，也可以帮助我们理解中国特色社会主义是历史的必然、人民的选择。因此，我们学习历史，就要读出历史的真实，读懂历史发展的规律，进而理性地参与历史。

哲理使人深刻。哲学是关于世界观的理论，它揭示的是事物发展变化的最一般的规律。马克思主义哲学是科学的世界观和方法论，它揭示了自然界、人类社会和思维的最一般的规律，它告诉我们如何看待问题，如何由感性认识提升到理性认识，如何使具体经验上升为一般，如何在理论指导下实践，如何用理论总结实践经验，赋予实践经验以理论的意义，它是指导我们认识世界、改造世界的最基本的思想武器。因此，我们要提高自己认识世界和改造世界的能力，就必须认真学习哲学，认真学习马克思主义哲学。

如果把历史与哲学做一个结合，国学就是这个结合最好的诠释。对待国学的态度直接关系到我们对待哲学、对待历史的态度。国学的底蕴是哲学智慧之真，它包含着对宇宙起源的真理的探索，对历史进程的真相的探索，对人生意义的真谛的探索。它是中华民族数千年历史进程中浓厚的文化积淀，体现着全民族共同的精神特征和共有的价值理念，是历史留存给我们的一份珍贵遗产，给我们天地人和的启迪以及继续探索的引领。党的十六届六中全会提出的社会主义核心价值体系提倡大力弘扬民族优秀文化传统，形成全民族奋发向上的精神力量和团结和睦的精神纽带，是国学和当代中国的相接相融，是古圣先贤所代表的民族精神的复兴与传扬，也是我们对优秀文明传统的继承与发展。

当今时代是一个学习型的时代，无论从社会总的发展趋势，还是从个人的全面发展来说，学习都是青年的立身之本、成才之道。中央国家机关青年系列知识名家讲座以及陆续出版发行的系列讲座丛书，对于满足青年对知识的渴求，帮助青年适应时代发展和社会进步的需要，不断丰富和发展自己，逐步成长和完善起来，成为学习型人才，很有意义。

青年朋友们，学习是一生的事业，希望你们珍惜大好年华，勤奋学习，自强不息，把学习变成一种自觉的行动，勤读书、多实践，实现自己的人生价值，为社会做出更大的贡献。谨以此与大家共勉。

目　录

第一讲 哲学是什么

李景源，中国社会科学院哲学研究所所长，《哲学研究》杂志主编，《中国哲学年鉴》主编，中国社会科学院职称评定委员会评委，中国社会科学院研究生院博士生导师。主要著作有《史前认识研究》、《马克思主义哲学与现时代》、《认识发生论》等多本论著和大量优秀论文。

哲学是什么？这是一个很复杂的问题，它实际上指的是对哲学的看法，是一个哲学观的问题，而不是简单的定义问题。对哲学的理解是需要探索的，不论对刚入门学习哲学的人，还是对一生从事哲学研究和教学的专业人员，都是需要认真思考的。因为只有不断思索、不断探讨，才能把作为哲学的事业提升到一个新的阶段。

今天我从三个方面，即普遍、特殊和个别的层次来回答这个问题，亦即什么是哲学、什么是马克思主义哲学、什么是当代中国的马克思主义哲学，只有把这三个方面统一起来加以理解，才能较好地把握哲学学科的性质和特点。

一、哲学是什么

从一般角度来看，哲学是什么？当前有很多书，青年朋友在大学时候都读过，如《哲学通论》、《哲学概论》、《哲学导论》，这些书结构篇章大同小异，都是讲哲学的研究对象、哲学思维的特征、哲学的基本问题，等等。哲学作为世界观的理论形态，要解决世界观和认识论、历史观、辩证法的关系等问题，这些内容构成了哲学概论和哲学导论的主要内容，大家可以找这类书来看看。哲学是解放思想的学问，不能看一本就信一本。如果我们把这些书中方方面面的看法综合起来，就会对哲学有本质的把握。贺麟先生在20世纪40年代曾写过《哲学无定论》，书中讲到，哲学和自然科学有很大不同，自然科学作为经验科学，它的对象、研究过程、手段、结果都是确定的；但哲学不一样，对于哲学，如果一切都确定下来，那就是哲学的死亡。这一点很有启发性，所以，哲学是需要不断探索的。

从元哲学层面讲哲学是什么，就要把它与相近的学科来进行比较，孤立地即局限在哲学自身内讲哲学，很难讲清楚。马克思说哲学是人类把握世界的一种方式。人类把握世界的方式是多样的，包括宗教的、科学的、艺术的和常识的，而哲学仅仅是其中的一种。这样，把哲学作为一种把握方式与其他方式相互比较之后，会对它的学科定位有比较好的认识。在这里，我想谈谈哲学与宗教、哲学与科学的关系。

（一）哲学与宗教的关系

哲学与宗教是理解和解释人与世界关系的两种不同性质的世界观。人们在对宇宙、历史、人生的总体思考中，或者诉诸宗教或者诉诸哲学。人们往往是在哲学和宗教的冲突中形成自己的世界观、历史观、人生观和价值观。哲学和宗教关系这个问题，逃避不了。看一看，我们身边很多人突然信了宗教，为什么？家庭、事业、自己个人成长过程中发生了变故，有的人就想通过宗教的形式来达到心理的解脱。哲学史上普遍的现象，就是哲学脱胎于原始宗教，最初图腾崇拜，万物有灵，一直到萨满教和后来的一神教。哲学逐渐作为一种理性的思维形式，来思考人所面对的世界。宗教根源于人类对生命意义的追问，这是最根本的原因所在。人的存在是有时间性的，是对时间性有自我意识的存在物。人总是要死的，那么人的有限性，决定了对一种无限性东西的追求。有的想借助于神这样的形象，使人的存在获得一种神圣的意义。哲学与宗教有着共同的旨趣，都起源于人类精神的终极关怀，但哲学与宗教有一个基本的不同，就是宗教的根基在于信仰，哲学的根基在于理性。宗教的对象，也就是宗教世界是一种超出经验的、理想性的、永恒的存在，对于这样的对象，人们不可能通过认识来把握，所以只能诉诸于信仰。宗教中的神圣形象作为全知全能的化身，成为一切事物的根据、标准和力量源泉。人一旦和它发生联系，把它作为自己依靠的对象，依恋的对象，就得到一种存在的根本意义的满足。这是宗教所以存在的一个很重要的原因。人对神圣东西的向往是伴随终身的。宗教作为一种建制，作为一种组织机构，是可以消亡的，但人对神圣东西的追求，作为一种对精神境界的追求是不会消亡的。哲学作为一种理性思维形式，作为一种世界观的理论形态，是一种自觉的形态，总是以一种理性形式去探索宇宙人生的一些重大问题。如果说宗教诉诸于人和世界的虚幻关系，那么哲学研究的是人和世界的现实关系，并总是对这种关系进行批判性、理性的思考。

从中世纪以后，哲学和宗教逐渐发生分离，开始了以哲学化解宗教的历程，提出了“先理性后信仰，先自我后上帝”这样的口号，表明哲学正逐步摆脱中世纪的宗教神学。马克思在他早期的著作中多次说过，在宗教的彼岸世界的真理消失之后，历史的任务就是确立此岸世界的真理。他也是从哲学和宗教的两种世界观的比较中来揭示哲学的属性的。所以，对天国的批判就变成对尘世的批判。如果说宗教属于天国，哲学则应该研究尘世。宗教作为被压迫人们心灵的叹息，根源在于尘世（尘世的不平等、压迫的一些现象），使人们暂时到宗教世界中寻求安慰。那么要真正解决这个问题，需要对尘世进行批判。这是讲哲学起源于宗教，但是实际上是人类理性思维的发展。信仰是人类精神生活中不可或缺的一个组成部分。宗教是社会组织化的信仰。宗教信仰作为一种社会组织化的社会力量，不仅仅包括宗教教条、教规、仪式等构成因素，而且包括宗教机构和具有权威性的专职宗教领袖等组织形式，有些宗教还要借助于各种直观的表象和艺术性的再现。大家知道，在艺术品拍卖市场上的佛造像，它过去是信仰的产物，但现在实际上对很多人来说，它变成了一种艺术品的收藏。宗教的核心是信仰，但信仰并不必然成为宗教。比如中国的传统文化，作为主流文化的儒家文化，或者叫儒教（国外有些人对儒家文化的称谓），但实际上儒家文化没有很强的宗教性，确实是一种有信仰无宗教的人本主义的文化传统。信仰的宗教化、组织化，对人类来说是一种异化。本来人们为了信仰才成立组织，但组织一旦成立后就不再受信众的控制，却反过来控制人类自身。

20 世纪初，中国处于救亡图存、强国保种的阶段。有少数人宣扬宗教救国，提出用佛教作为改造社会和人生的精神武器，以出世的精神来从事救国的事业，以忘我、牺牲的精神来舍身救世。许多哲学家提出了代替的方案。比如，陈独秀提出了以科学代替宗教，他讲的科学不是狭义的科学，而是类似科学与民主那样一种理念、精神和思维方式；后来蔡元培先生提出“以美育代替宗教”；新儒家主张以伦理和道德代替宗教；最著名的是冯友兰先生，他提出了以哲学代替宗教。那么，哲学怎样代替宗教？冯先生提出了四个境界的学说，强调人的一生要经历四种境界：自然境界、功利境界、道德境界、天地境界。天地境界实际上就是满足人们对神圣东西的追求，人与宇宙融为一体的境界。实际上，这类问题在宋明理学时，已经说得很明确了，比如张载说的“民胞物与”是中国传统文化中很有名的论点，即所有的人都是我的兄弟，所有的事物包括有生命的、没有生命的都是我的朋友。把自己和天地放在同一个境界的时候，就会有这样一种体验，即“生无所得，死无所丧”。生下来都是跟宇宙在一起的，无论有多少家产，实际上都是身外之物，死后还是和宇宙在一起的。“生我顺世，没我宁也”，生下来以后要顺其自然，按照事物正常的规律生活，就是离开人世了，也应该很平静，能够正确地对待生死。天地境界要比道德境界还高，因为道德境界解决的是人和人的关系。为什么冯先生提出高于道德境界的天地境界？就是要人们真正解决人和宇宙、生和死、有限和无限的问题。所以，赵朴初先生提出：“生固欣然，死亦无憾，花落还开，流水不断，我兮何有，谁欤安息，清风明月，不劳寻觅。”就是对待生死、人生大限这样一些问题都能有非常平静的自然的态度。冯先生提出来的以哲学代替宗教，就是想通过哲学的修养，通过探索宇宙、历史和人生的重大问题，最后达到这种层次的领悟。有了这样的境界，在生活中遇到的小问题，如评职称问题、涨工资问题、恋爱和婚姻问题等，就都能够得到比较恰当的解决。不是这些问题不存在，而是当境界提升的时候，这些问题就变成小问题。人生有两个境界，一个是科学层面、认知层面，你是客，我是主，一定要争的问题；当到了更高层次的时候，人生孜孜以求的东西就都是一些很小的问题，把人生精力、生命浪费到这些方面是不值得的。

（二）把握哲学与科学的关系

在一定意义上，理解哲学就是要理解哲学与科学的关系。要领会哲学的学科性质，还要把握哲学和科学的关系，即要超越哲学的知识论立场。过去，我们把哲学作为一种知识体系，这就很难和具体科学划清界限。无论自然科学还是社会科学，都是一种知识体系，把握了这层关系，真正超越了知识论体系，对哲学的理解才会上一个层次。

在哲学史上，从来都是把哲学和科学等同看待的。最初，把哲学叫知识的总汇。后来，中世纪以后，许多具体科学研究的对象、领域和问题都从哲学中脱离出来，为了强调哲学的重要性，把哲学叫做科学的科学，但总是离不开科学。传统的知识论立场以科学作为唯一的标准来看待哲学，实际上混淆了两种把握世界的方式，无法解释哲学思维的独特价值。所以讨论哲学与科学的关系，已经成为哲学自我理解的最重要的问题之一。比如，现在正在搞马克思主义哲学建设工程，要编哲学专业的教科书，讨论提纲的时候，意见分歧很大，实际上就是哲学观的分歧，即如何理解哲学。

在人类把握世界的各种方式中，哲学与科学的关系是最紧密的，也是最复杂的。它们是人类理性思维的两种基本方式，都是由一系列的概念、范畴和原理构成的，都蕴涵了一定的思维方式和价值判断。无论自然科学，社会科学，还是人文科学都是这样。这是它们相同的地方。我觉得两者最大的不同、最深层次的区别是：科学，无论哪门科学，自然科学、社会科学包括人文科学，总是把思维与存在的统一，作为自己无条件的理论前提。这次历史学也要编一本教科书，它的前言就写上以历史唯物主义为指导，不再探讨历史唯物主义本身的内容。科学是以思维与存在的统一性、一致性为前提的。如果科学去探讨思维与存在的关系是否一致，思维是否能够正确把握存在，就不是科学了，就转到哲学了。科学以此为前提，为人类提供认识和改造世界的科学成果。相反，哲学是把科学思维不自觉的无条件的前提作为自己根本的反思对象，把思维和存在的关系作为问题进行反思。科学是以理论思维为手段直接去探索并表达自然、社会和思维的规律。过去，我们也曾经把哲学定义为探索这三个规律，这样就没有办法与科学区别。哲学探索的是前提的东西，并通过反思来推动科学的发展。而科学不是追究思维能否认识，能否表达，它所表达的东西是否是自在的东西等，科学本身不去解决这些问题。社会的分工，科学的分工，学科的划分，意义就在此。但现实生活中许多大科学家都是哲学家，如爱因斯坦，因为他们探索的物理学前沿的东西，已经和物理世界的本质的东西联系在一起，如果不从哲学上进行思考，就无法进行自然科学的研究。一旦进行这样的思考，他们的身份就是哲学家，而不是物理学家。所以，科学的认知活动和哲学的反思活动实际上是联系在一起的。作为一个人，他既可以是科学家，也可以是哲学家。同时既要思考科学问题，也要思考哲学问题。现在许多公务员想学哲学，要探索在工作中，在自己的人生旅途中出现的一系列哲学问题，也要为自己的人生设定一个理想和生活的意义。有一次，听毕淑敏的演讲，她说人生下来本来没有意义，但人为了生存得好，必须为自己设定一个意义。比如设定理想，理想是方方面面的。过去我们强调社会的、政治的理想，为社会主义，为共产主义，为人类解放。现在大家的理想比较务实，除了社会的和政治的理想，还有个人的、家庭的、事业的理想。比如，找一个什么样的工作，组建一个什么样的家庭等诸如此类的东西。但无论如何，总要设定一个理想。

在理解哲学与科学的过程中，很多东西的表述跟我们以前学的东西是矛盾的。比如哲学是以整个世界为对象的，而科学则是以世界的不同领域、不同的方面、不同的层次、不同的问题为对象的。这是从全体和部分、普遍和特殊来区分的。哲学传入中国一百年来都是这样讲的。好像科学只研究特殊规律，哲学研究普遍规律。这种说法本身就是把哲学划入知识论的一种思维方式。这种区分与科学的发展和哲学的分化趋势是相矛盾的。比如老三论——系统论、信息论、控制论，是以整个世界的某一方面作为它的研究对象。世界是一个系统，以世界为研究对象。包括新三论、混沌理论、耗散结构理论等，实际上都是研究世界普遍存在的一些东西。跟这个相反，比如伦理学、美学、逻辑学，这些学科的研究对象都是一个侧面。当前，整个哲学研究的一些前沿问题都是一些部门哲学，如政治哲学、法哲学、宗教哲学、文化哲学、历史哲学，这在国际上是热点，在国内也是热点。宗教哲学实际上是以宗教为研究对象，研究宗教中的哲学问题。法哲学是研究法学中的一部分，叫法理学。法理学在一定意义上就是法哲学。怎么研究呢？实际上就是对法的实体部分、程序部分、刑法、民法等所依据的理念进行反思和批判，反思所制定的法条究竟是否符合正义，是否是公正的，这类探讨就进入哲学领域。所以，不管研究的领域有多广，只要研究自身的规律，以思维和存在的统一为前提的，就是科学。反之，对前提进行批判性的思索时就属于哲学的思考。

我们可以看到，宗教、科学、哲学这三者中，哲学比前两者有优越性的地方。如科学可以解决对象具体、精微的知识问题，但解决不了人类精神的终极关怀性的课题；宗教诉诸的是信仰，某种程度上似乎可以解决人们心理的一些依赖问题，但缺乏理性，这是哲学优越于科学和宗教的地方。但哲学也有自己的难处，哲学研究的问题都是万古长青的问题。对这些问题的解答，任何一种哲学、任何一个哲学家的解答都没有确定的、终极的意义，只能提供对一种思考的模式、一种途径、一种见解，不可能结束真理。

二、什么是马克思主义哲学

马克思主义哲学有它自身的特点。我们要理解马克思主义哲学和其他哲学的区别，包括同西方哲学和中国哲学的区别，就要把握它的立场、观点和方法。解读马克思的哲学观，最重要的是把握马克思的实践观，这是马克思哲学的核心，实践观也是马克思的哲学观。马克思主义哲学和其他哲学的最大区别是马克思主义哲学是实践哲学，其他哲学相对而言是理论哲学。大家知道马克思本人有一句名言：一直以来，哲学家都是以不同的方式解释世界，而问题在于改变世界。这是马克思主义哲学和其他哲学不同的地方。

比如中国，从20世纪开始，主要是解决救亡图存、中国社会的发展问题，当时涌进了各种哲学流派。为什么马克思主义哲学从20世纪初开始能够成为各个阶层、各个党派推崇的哲学？比如，胡汉民、戴季陶、陈博贤，他们都不是共产党人，但他们都推崇马克思主义哲学，为什么？因为它能够解决问题，改造中国。为什么马克思主义哲学从少数人的信仰最终成为中华民族的信仰体系？从这些问题中，我们要思索它的价值所在。马克思主义哲学的最大特点是对实践的强调和追求。作为一种实践哲学，它的主题是人类的解放。人类的解放必须从底层开始，底层的解放就是无产阶级的解放。一旦无产阶级得到解放，作为对立面的资产阶级也就会得到解放。所以马克思主义哲学的主体部分是以社会历史为对象的一种哲学，我们称为历史唯物主义，它属于唯物主义的体系，但它是一种新唯物主义，新在以实践为核心范畴，是现代唯物主义，换句话说，就是历史的唯物主义。

把握马克思主义哲学，一方面要知道它怎样规范自己的哲学，另一方面要知道它是否定什么的哲学。马克思在1845年《关于费尔巴哈的提纲》等著作中，把自己的哲学叫实践的唯物主义。唯物主义强调实践。马克思批评唯心主义，比如黑格尔，批评旧唯物主义，比如费尔巴哈，认为他们不懂得生活实践。马克思讲："哲学家们只是用不同的方式解释世界，问题在于改变世界。"无论旧唯物主义还是唯心主义，他们仅仅把理论的活动看做是真正人的活动，而不懂得现实的、感性的活动是人的活动，不懂得革命的、实践批判的活动是人的活动。从这些地方我们可以看到马克思的一个很重要的贡献，就是他提出了理论哲学和实践哲学的区分。在哲学与科学的区分中，我们把思维和存在的关系作为哲学的基本命题，凡是涉及这个命题的就进入哲学学科领域。马克思在这个基础上，赋予自己的哲学一种新的使命，即要认识和改造世界，要进一步提出和解决理论与实践的关系，我们要具体地把握它的本质特点，把理论与实践的关系看做是认识和改造世界的一个根本问题。如果说，思维和存在的关系作为一般哲学的基本问题，大家都知道这一点，那么马克思提出一个更根本的问题，那就是理论和实践的关系。为什么把马克思进一步提出的理论和实践的关系作为划分新旧哲学的一个标准？因为它是一种改造世界的哲学，是一种实践的哲学。在《关于费尔巴哈的提纲》中，他对理论和实践的关系作了充分的阐述，比如"凡是把理论引入神秘主义的东西，都能在人的实践中以及对这个实践的理解中得到合理的解决"。有一些属于理论哲学所探讨的问题，但进入实践哲学视野之后，就不再成为哲学问题。马克思特别强调，他给自己的哲学确立的任务是：摆正理论和实践的关系，为此就必须确立实践优先的原则，自觉地摆正哲学与现实、哲学与时代、哲学与历史的关系。这样一些问题，在旧哲学中实际上都没有提出来，它一旦把自己作为实践哲学与以往的理论哲学相对立，就要解决哲学与现实的关系，哲学与时代的关系，哲学与历史的关系。

马克思讲过，真正的哲学是从对人类历史发展的考察中抽象出来的，这些抽象本身离开现实历史没有任何意义。哲学和现实历史是相互规定的。历史决定哲学和理论的命运，同时理论也影响历史的进程。一种正确的科学的理论和一种错误的理论会对社会的发展造成不同的影响。与此相反，德国古典哲学从来没有想到要提出德国哲学和现实的关系，从来都是从想象出发。马克思的哲学主张要从真实的现实出发，要从真实的人出发。拉萨尔抽象地谈人，他认为人只有存在于社会中才是人。马克思认为拉萨尔所讲的抽象的人恰恰在社会之外，一旦进入社会，不是张三就是李四，不是资本家就是雇佣工人。马克思的思维方式是具体的、历史的一种思维方式，不是抽象的、幻想的、想象的思维方式。从马克思论述自己和德国哲学的区别，能够看到马克思的实践的转向的一个方面。另外，关于哲学与时代的关系，马克思也有很多论述，如任何真正的哲学都是自己时代精神的精华。哲学不仅仅在内部通过自己的内容跟时代相联系，而且在外部从功能上也是同自己时代的现实世界接触并相互作用。哲学与时代紧密联系，相互作用，反映时代精神，一个核心问题就是能否善于捕捉时代的问题。马克思曾指出："问题就是时代的声音，问题是公开的、无所顾忌的、支配一切个人的时代之声，问题是时代的格言，是表现时代自己内心状态的最实际的呼声。"所以，哲学必须把时代的问题作为自己研究的对象。这是马克思主义哲学的一个根本性特征。这个特征在中国共产党人的身上体现得最明显。党的"十五大"曾经把我们党的学风概括为"一个中心，三个着眼于"。这实际上就体现了马克思主义哲学的本质。"一个中心"就是以我们正在做的事情为中心，以我们所遇到的理论和实践上的重大问题为中心。"三个着眼于"就是着眼于理论的运用，着眼于对现实问题的思考，着眼于新的实践和新的发展。这其实就是马克思主义哲学本质性的一个特点。

这些特点也反映在第三个方面，即哲学与批判的关系。马克思主义哲学在本质上是批判的。马克思主义哲学的批判既包括理论批判，也包括实践批判。马克思认为，全部的旧哲学的根本缺陷，就在于不理解"革命的"、"实践批判的"活动的意义。马克思在批评青年黑格尔派的时候说：这些幻想家，尽管满口讲的都是所谓震撼世界的词句，却是最大的保守派。因为他们不触动现实世界的一根毫毛。他们宣称只是为反对“词句”而斗争，他们只是用这些词句反对那些词句。既然他们仅仅是反对这个世界的词句，那么他们就绝对不是反对现存的世界。他们既没有想到自己的哲学和德国现实的关系，也没有想到要提出他们所作的批判和他们自身的物质环境之间的关系问题。马克思主义哲学的使命是对现存的一切进行无情的批判。马克思说：实际上对实践的唯物主义者即共产主义者，全部问题都在于使现存世界革命化，实际地反对并改变现存的事物。哲学作为一种反思，作为一种批判性的理性思考，如果这些东西都被丢掉了，哲学就不再是哲学，马克思主义哲学也就不再是马克思主义哲学了。但是，我们所说的批判是哲学意义上的批判，不是常识意义上的批判。所谓哲学意义上的批判，是一种辩证的、理性的、分析的，是摆事实讲道理的。因为简单地否定一切，打倒一切在本质上是非批判的，没有任何分析的。“扫四旧”就把所有的东西看成是四旧，那种做法恰恰就是非批判的。

当前，这种批判精神我们怎么对待？有人问：在社会主义国家，哲学是否还要保留辩证理性的分析批判？哲学还能否把批判的锋芒对准我们自己？马克思主义哲学的批判精神本质上包含着自我批判，不是过去讲的，马列主义口朝外，都是对着别人的，不是这样的。当一个社会，一个民族的理论思维方式陷入非批判的、僵化模式的时候，它的生机就消失了，马克思主义哲学的批判精神就会显示出来。

具有这种批判意识的代表是邓小平同志，当他还没有出来工作的时候，听到“两个凡是”的口号以后，当时就鲜明地指出“两个凡是”不符合马克思主义、毛泽东思想。对“两个凡是”的批判实际上是对教条主义思维方式的批判。如果没有解放思想的大讨论，我们既不可能在思想路线上拨乱反正，也不可能在政治路线上拨乱反正，也就没有改革开放的进程。所以，马克思主义这种批判精神是非常宝贵的。

总之，马克思主义哲学实际上以实践为总体性范畴，确立了实践优先的原则，着眼于生活的逻辑，而不迷恋那种抽象概念的逻辑。强调哲学与时代的相互作用和批判现实的精神，在解决现实问题的过程中来讲哲学。马克思主义哲学具有时代性的内容、民族性的形式和个体性的风格，研究和解决现实性的问题。哪里有问题，哪里有对问题的反思，哪里就应该有马克思主义哲学。有人认为只有毛泽东有哲学，邓小平和江泽民都没有哲学。我认为这种看法是一种形式主义的、表面的看问题的方法，是用一种旧的哲学框架来衡量才出现的。就是看有没有大本子，没有几个大本子，就没有哲学思想。实际上还是不了解马克思主义哲学的性质和特点。实际上哲学思想应该有不同的表现形式，有学理式的成果和著作，像毛泽东的《实践论》和《矛盾论》这种专门的哲学著作，这当然是非常好的。但是作为一个党，研究新情况、解决新问题、概括新经验、升华为新理论，把哲学的这种理念，体现在路线方针政策当中，这应该是最基本的形式。所以对马克思主义哲学，无论是专门性的学术性哲学著作，还是应用型的哲学著作，都是活的哲学。我们学习马克思主义哲学就是要学好和现实的实践紧密相联系的活的马克思主义哲学，并把它创造性地运用到实际工作中。这种学风才符合马克思主义的哲学观。

三、当代中国的马克思主义哲学

如何理解当代中国的马克思主义哲学？这个问题和中国的现实联系比较紧密，其内容为理解当代中国的马克思主义哲学奠定了基础。这一部分如果搞清楚了，对我们深入理解马克思主义哲学的本真精神，很有意义。马克思主义哲学中国化将近八十几年，对中国影响最大的是唯物史观。马克思主义创立的哲学就是历史唯物主义，而对中国影响最大的也是这一点。对当前和今后中国的发展，这个问题是最重要的问题。从毛泽东的群众路线到邓小平的“三个有利于”，到“三个代表”重要思想，到以人为本的科学发展观，实际上都是唯物史观在不同历史时期的代表性提法。任何思想都是时代的思想，不同时代提出的问题是不同的，由于历史主题的不同，需要并产生的理论也是不同的。

讲到中国，在革命年代，毛泽东为了解决推翻三座大山的问题，对历史进行思考，对唯物史观有所丰富和发展。哲学思考的主线是历史的走向与推动历史前进的动力和主体问题，由此决定了毛泽东哲学思想的核心是群众史观。毛泽东的群众史观和群众路线是由他所处的历史境遇、国情实际和革命任务决定的。相比较邓小平提出的是生产力史观。这两者不是对立的，是统一的。马克思说，在一切生产工具中，最强大的一种生产力是革命阶级本身，也就是劳动阶级本身。在这个问题上他们是统一的。但他们两个人的哲学个性是不同的。这种不同是因为他们的历史境遇不同，国情实际不同，他们所面对的历史任务不同。为什么历史观的问题会成为中国哲学变革的核心问题？为什么唯物史观能够在中国扎根？只要稍微看一下中国近现代史和思想史，马上就很清楚。

鸦片战争之后，中国的形势非常危急，在这种情况下，中国提出了各种各样的改革方案，包括提出各种思想文化方面的变革，今天提诗学革命，明天提文学革命，后天提道德革命，认为中国现在的落后是因为道德落后。我认为最根本的是史学革命，史学革命的本质是什么呢？即历史哲学的革命，历史观的革命。中国发展到那一步，这个问题必然成为最主要的问题。梁启超首先喊出了史学革命的口号。他说，西方的历史是民史，中国的历史是君史，中国的历史就是二十四姓的家谱。这个问题实际提出了历史究竟是帝王将相的历史，还是人民群众创造的历史？英雄豪杰是历史的主体，还是人民群众是历史的主体？实际上，任何一个国家处在生死存亡的时候，讨论的都是这个问题。梁启超提出了历史就是民史的口号。孙中山提出三民主义和民生史观，他说民生论的问题是人类社会发展的原动力。这和马克思主义已经很接近了。思想界的发展是累积的。到李大钊时，就提出了唯民主义，他认为唯民主义是立宪之本，英雄主义是专制之源。这些都是历史观的核心问题。到1919年，毛泽东在五四运动时期，办《湘江评论》的时候，写了三篇文章《论民众的大联合》，这样，他能够接受唯物史观，并在后来提出群众路线，就是顺理成章的事了。这是一个很自然的过程。一旦这个过程发生之后，当民众意识到自己的权利，意识到这个世界就是自己创造的，要从统治者手中拿回属于自己的东西时，历史就翻开了新的篇章，革命就胜利，建设也成功。从历史观上来解释就是这样一个问题，民心所向就是大势所趋。这是很简单的道理，是马克思发现的。马克思发现了人类的历史是生产力不断向前发展的历史，历史的活动是群众的事业，以往的运动都是少数人或为少数人谋利益的运动，无产阶级运动应该是大多数人为大多数人谋利益的自我解放的运动。

这样一个浅显的道理被一个民族所认识，也要经历几代人的探索。像梁启超虽然讲了“史者，民主史也”，但思想上还是有反复，他既批判帝王中心、王朝体系、正统观念、英雄史观，但他又认为，英雄是上帝的天使，是人间的造物主，历史就是少数伟大人物的产物。他说，世界者何？豪杰而已矣，没有豪杰就没有世界。毛泽东后来清算自己的唯心史观时说：少年时期，1902 到 1908 年我读了 6 年孔夫子的书，信奉的就是“修齐治平”，追求的就是内圣外王的人格理想。1911 年他刚到长沙时，提出一个救国方案，认为中国要有救，要让孙中山当总统，康有为当总理，梁启超当外交部长。实际上这两派是相互矛盾的，一个是维新派，一个是革命派。毛泽东早年看过一本书是世界英雄豪杰传，在还书时他对肖三说，将来中国必须有这样的人，中国才能有救。他的历史观就是这样的历史观。但是后来他的这种看法不断受到打击。比如，袁世凯上台当了总统，大家都认为袁世凯就是中国的华盛顿、拿破仑。但是转眼间，袁世凯就变成了曹莽，即曹操和王莽，要当皇帝了，对全国人民打击很大。由此，毛泽东逐渐明白一个道理，即民族的命运如果都绑在这些所谓的伟人和大佬身上，中国是没有希望的。俄国的十月革命使毛泽东逐步认识到民众的力量决定历史的走向。所以毛泽东在《论民众的大联合》中写道：天下者，我们的天下；国家者，我们的国家。号召民众起来掌握自己的命运。这些都是从实践中认识到的真理。1918 年，毛泽东发起并领导了震动全国的“驱张”运动，反对湖南军阀张敬尧。他带领请愿团到北京请愿，发现张敬尧与北京政府相互勾结，要解决张敬尧那样的军阀问题，在那样一个世道是解决不了的。驱张运动的失败使毛泽东认识到“一张敬尧走，百张敬尧来”，必须进行彻底的革命。

客观环境逼迫毛泽东同他周围的人组织共产主义小组，研究马克思主义。1921 年 1 月，毛泽东给蔡和森写信，明确提出，唯物史观是我党哲学的根据。那个时候共产党还没有成立，正在积极组建。毛泽东后来和斯诺谈话时说：1920 年我看了三本书，包括《社会主义史》、《阶级斗争》、《共产党宣言》，从此树立了对马克思主义的信仰，获得了认识社会问题的方法论。毛泽东的第一篇文章就是关于《中国社会各阶级的分析》，运用历史唯物主义分析中国社会阶级状况。《毛泽东选集》第四卷最后一篇文章就是《论唯心历史观的破产》，唯物史观贯穿毛泽东思想的全过程。毛泽东在 1944 年、1947 年写了两封信，这两封信都是坚持唯物史观的：历史是人民创造的，不是帝王将相创造的。但是在旧戏舞台上占统治的都是帝王将相、才子佳人，人民都是跑堂的，都是渣子。现在，你们把颠倒的历史颠倒过来，值得庆贺。毛泽东晚年读史：《二十四史》、《资治通鉴》。1964 年，毛泽东写了一首诗《贺新郎·读史》，有两句话是“五帝三皇神圣事，骗了无涯过客”，“盗跖庄蹻流誉后，更陈王奋起挥黄钺”。

毛泽东在整个革命过程中，始终用唯物史观和群众史观来指导自己的事业。在延安的时候，毛泽东和胡耀邦谈什么是政治，毛泽东总结说其实政治很简单，就是把我们的人搞得多多的，把敌人搞得少少的。这是毛泽东运用唯物史观对政治的理解。后来毛泽东和平民教育会的诸述初谈话也谈到这个问题，他说，政治的问题主要是对人民的态度，“一切问题的关键在政治，一切政治的关键在民众，不解决要不要民众的问题，一切都无从谈起”。毛泽东把群众史观和唯物史观运用到中国，他一生中最主要的实践是政治实践。毛泽东在和斯诺谈话的时候对中国革命作了一个总结，他说得农民者得天下。中国的问题是农民的问题，农民的问题是土地的问题，谁得到了农民，谁就得到了中国，谁解决了农民的土地问题，谁就得到了农民。用唯物史观总结中国革命就是这四句话。大家知道，共产党和国民党在 1924 年都明确提出了土地改革的纲领。但只有共产党不但口讲，而且实做，毛泽东讲没有任何一个党派能和共产党争群众。在这点上，我们党把握得很好。抗战胜利前夕，我党提出了民主建国的思想，但蒋介石说中共的民主建国空得很，没有可操作性。林伯渠从重庆把这个消息发回延安，毛泽东说看到这个消息后，半年吃不下睡不着。究竟怎样民主建国？这个时候没有群众史观和唯物史观解决不了。毛泽东最后提出四个字：联合政府，即群众掌握政权，各个党派掌握政权。群众是划分为阶级的，共产党掌握最基本的群众。除了最基本的群众之外还有其他方面的人群，即各个民主党派。恰恰就是这一点，将了蒋介石的军。所以陈布雷对蒋介石说看了中共的这个东西，没有别的办法，只有两个字：战争。解放军攻入南京后，毛泽东到颐和园去看柳亚子。柳亚子说："毛主席，我早就想到你们会胜利，蒋介石会失败，但没有想到会失败得那么快。我不知道你们有什么妙计？"毛泽东笑着说："打仗没有什么妙计，是实力的对抗。如果要说有，就是一条：人民的支持。"毛泽东的历史观从圣贤史观、英雄史观、巨夫伟人的历史观转变到群众史观之后，就这样信手拈来地运用到自己的工作当中，体现到路线方针政策当中，引导革命走向胜利。

有了群众史观，为什么还需要奋斗二十多年革命才取得胜利？是因为政策出了问题。本质上我们是站在人民群众这边的，但是第一次大革命时期，我们犯了右倾的错误，不敢支持农民，所以我们失败了。到土地革命期间，我们又犯了"左"的错误。我们不仅仅在城里站不住了，而且在农村也站不住了。城里搞过"左"的工商政策，结果白区损失百分之百，红区损失百分之九十。农村为什么也站不住了呢？王明等人搞地主不分田，富农分坏田的政策，是一种极"左"的政策。毛主席后来总结经验教训的时候说，我们的队伍什么时候最纯洁？土地革命时期，我们的队伍最纯洁，那时反"AB 团"。我们最纯洁的时候是我们最困难的时候，是失败的时候。水至清则无鱼，人至察则无徒，真理不在清一色。这些都是运用了群众史观。

哲学界把毛泽东、邓小平的哲学划归到辩证唯物主义。其实，邓小平同志的哲学思想的核心也是唯物史观。1974 年，毛泽东提出，要让一部分学者研究非洲的社会主义发展不起来的原因，这是最初意识到社会主义出现了问题。实际上社会主义有很多种，有民族社会主义，所谓西亚和非洲的社会主义，都是民族的社会主义，这些国家既想搞社会主义，又不懂科学社会主义。当然还有西欧的民主社会主义。1980 年，邓小平同志在接见阿尔及利亚、坦桑尼亚非洲各国代表团时说，你们要研究一下，为什么非洲的社会主义越搞越穷？这是第二次提出这个问题。第三次，邓小平同志和捷克的同志说，中国停滞了，这才促使我们重新思考。思考什么呢？就是什么是社会主义，怎样建设社会主义。邓小平同志说，我们总结二三十年来的经验教训，不管怎么搞，不管采取什么政策，最根本的一条就是要有利于发展生产力。

我拿了 1978 年《哲学研究》复刊的第一期，这一期有三篇文章，一篇是《历史唯物论还是历史唯心论》，另一篇是关于批判“四人帮”在生产力问题上的谬论，还有一篇是关于社会主义社会生产关系和生产力又相适应又相矛盾的科学论断不容篡改。后边还有一个“学术动态”，是报道编辑部召开哲学讨论会，批判“四人帮”在所谓唯生产力论上的反动谬论。这三篇文章和这个会，是小平同志在 1977 年布置的。我们说到思想解放运动，一般认为开始于 1978 年 5 月 11 日展开的真理标准问题的讨论，不是的。关于“两个凡是”问题的批判，关于真理标准问题的讨论，不单是认识论的问题，首先是历史观的问题，就是要把整个中华民族从那种天才论当中，从圣贤史观那样一种精神枷锁中解放出来。邓小平在《“两个凡是”不符合马克思主义》当中说：“一个人讲的每一句话都对，一个人绝对正确，没有这回事情。”邓小平说：“这是个重要的理论问题，是个是否坚持历史唯物主义的问题。”邓小平搞思想路线上的拨乱反正，在实事求是前面提出解放思想，就是从教条主义的禁锢当中解放出来。这些禁区导致了我们整个中华民族僵化的思维方式。解放思想就是解决这些历史观的问题。

马克思主义哲学，作为一个政党、一个阶级的世界观，作为认识世界和改造世界的武器，它必须揭示人类历史最深层最本质的东西。1980 年是邓小平理论探索的高峰期。当时，中国的思想界，因为受四人帮的影响，宁要穷社会主义，不要富资本主义，宁要社会主义的草，不要资本主义的苗。穷革命，富变修；政治可以冲击一切；要以阶级斗争为纲，抓革命，促生产，这样一些论调还很盛行。所以邓小平提出了三种革命的论断。他讲革命是要搞阶级斗争，这是指阶级斗争的革命，这是指我们的民主革命，如果没有民主革命，就不可能建立新中国，就没有发展的条件。第二句话，革命不仅仅是搞阶级斗争，这句话的潜台词是什么呢？就是指改革，改革是中国的第二次革命。如果说，第一次阶级斗争的革命是对准阶级敌人，那么改革开放要解决的是我们自身的制度和体制问题。第三句话，生产力方面的革命也是革命，而且是更重要的革命，从长远的历史观点看来，是最根本的革命。这样他就提出了三种革命的概念，一是阶级斗争的革命，二是改革，那么这两种革命为谁服务？为最根本的革命服务，就是为生产力方面的革命服务。在这点上邓小平和毛泽东是一样的，相通的。1945 年，毛泽东讲过一段精彩的话。毛泽东讲：革命的目的就是为了解放生产力，我们搞政治军事仅仅是为了解放生产力。学过社会科学的同志都懂得这一条，最根本的问题是生产力向上发展的问题。我们搞了多少年政治和军事就是为了这件事，马克思主义的社会科学也主要讲的是这件事，讲生产力在历史上是如何发展起来的。毛泽东懂得革命的目的是发展生产力，但在民主革命时期，不可能把主要精力放在发展生产力上。那个时候只能通过发动群众推翻三座大山，所以毛泽东首先提出群众史观和群众路线。

我们要把好的群众史观，群众路线变成制度。赖昌星的事情出来以后，中央党校做了一个调查，在所有被牵连的干部中，要他们回答权力是怎么来的。回答领导赏识的占 64%，回答领导赏识和个人努力的占 35%，这就占 99%，只有 1% 的人认为是群众认可，就是说我们现在的这种干部选拔、提拔、任命的制度，从历史观来说是脱离群众的。如果干部提拔任命都是领导说了算，就不可能为群众服务，群众史观也不可能落实。毛泽东对自己的思想进行总结的时候说，我的思想就是群众路线和实事求是，归根结底就是群众路线四个字。所以我把他的哲学思想概括为群众史观。

邓小平同志提出生产力标准，值得注意的是，他在提生产力标准的时候都是跟人民利益标准结合起来的，他说，“我们做任何事情都要考虑到人民的利益”，“我是中国人民的儿子，我应该为中国人民解放和利益来服务”。后来的几届中央领导集体都始终把群众史观贯彻到底。群众史观是中国对马克思主义哲学的贡献。群众观点在马克思的唯物史观的经典表述中没有具体的表述，只有在非经典表述中才有。在经典表述中主要讲生产力、生产关系、经济基础、上层建筑。要有历史的主体，才能把这些关系联系起来运作起来。那个时候马克思讲群众观点只有很简单的几句话，真正把它形成一个体系的是我们中国共产党人。我们学哲学，一是知道马克思主义的主体部分是什么，又知道这个主体部分对社会起到了什么作用，还知道我们党始终坚持和发展的重心所在，也就知道了我们今后的政治体制的改革、经济体制的改革、文化体制的改革，方方面面的改革实际上都是围绕唯物史观来进行的，都是以唯物史观作指导的。只有围绕这一点，才能把全体人民动员起来，自觉地完成我们肩负的使命。综上所述，只要还原问题，还原解决问题的立场、观点和方法，就能从中学到活的马克思主义哲学。

第二讲 马克思主义哲学与价值观

李德顺，中国政法大学终身教授、人文学院院长，中国社会科学院研究员、职称评定委员会委员、研究生院教授、博士生导师，《中国社会科学》杂志编委，中国辩证唯物主义研究会副会长。主要著作有《毛泽东哲学思想研究》、《辩证唯物主义原理》、《历史唯物主义原理》等，并有优秀论文多篇。

一、价值和价值观理论的哲学地位

（一）社会生活的一个普遍领域

在哲学上，价值问题和对价值问题的研究，是在19世纪末20世纪初才正式成型的，是哲学领域里一个新兴的哲学分支。在这之前，在人类的哲学思想中，还没有把价值问题看做是一个大问题。在马克思主义哲学中，过去认为价值问题是一个歪理学说的领域。1985年看到的新版苏联哲学词典里，“价值论”条目下第一句注释的话就是“一种反动的资产阶级唯心主义学说”。所以在我做博士论文选择研究这个问题时，就有人警告我，说这个题目很危险，注定是个离经叛道的题目，但实际情况并不是这样。在哲学上，价值问题是对人类的价值生活多年的探索和思考。

19世纪末，首先两大学科不约而同地找到了价值问题：一门是伦理学。大家知道，伦理学是经济、政治这些社会科学学科的理论基础之一。以往的伦理学都是研究道德规范的，研究什么是善的、什么是恶的，人应该怎样、不应该怎样，其主要任务是提供道德规范。19世纪末，一批哲学家和思想家发现，真正应该探讨的是元伦理学问题。元伦理学主要是研究善和恶是从哪里来的，根据什么来判断什么是善、什么是恶等等问题。元伦理学的探讨直接进入了哲学的层次，所以元伦理学家就成了第一批价值哲学的代表。另一门学科是美学。人类自古以来都在探讨美和丑的问题。以往人们总是认为美是事物的属性，审美是一个反映问题、认识问题，而并不是价值问题。而鲍姆加登——被美学界认为是使美学成为一门科学的奠基人，经过多年研究之后，说美学是一门关于审美价值的科学，美是一个价值问题。因为他把美的问题归结为价值问题，使美学正式成为了一门科学。总之，伦理学和美学共同提出了哲学的价值理论问题，19世纪后半期，价值问题正式进入哲学理论、哲学原理的研究领域，这是一个历史的进程。而从逻辑上看，哲学中的价值理论，既是伦理学的理论基础，也是美学的理论基础。

价值问题实际上就是关于善恶、美丑、得失、利弊、荣辱等问题的一个统称。在我们日常生活中，好坏，应当不应当、值得不值得、法律上的罪与非罪，等等，所有这些判断都有共性，简单地说，都属于"好坏"问题。什么是好？什么是坏？在生活中，我们的判断大体上有两类：一类是判断对象和事物的有无和真假，这类叫做实然判断或事实判断。全部科学知识都是对世界的一些事实性描述和判断。比如，地球是不是圆的？是地球围绕太阳转，还是太阳围绕地球转？这些事实性的判断不因人而异，不以人的好恶为转移。正确的结论对谁来说都是一样的，所以真理是唯一的，正确的判断是唯一的。而另一类判断，即价值判断，是关于好还是不好、善还是恶、美还是丑、值得不值得、重要不重要、应当不应当等与主体选择相关的问题。这些判断不是来自于对对象本身的了解，对象本身也并不能够回答这些问题。比如，地球是圆的，是个球体。那么在逻辑上，我们无论朝哪边走最后都能走回来。比如，一个人出去办事，朝哪边走？这个问题不取决于地球是否是圆的，而取决于这个人要干什么、有什么交通条件、有多少时间、有什么资源、有什么目的，等等。用条件与目的来衡量和选择怎样的路线是好的。价值判断和事实判断是完全不同的判断，这个问题从休谟和康德开始提出，在哲学上反映为"实然"问题和"应然"问题。"应然"问题成为一个大的问题，标志着价值问题理论的开始。

价值问题，用通俗的话说就是好坏问题。好坏问题不同于"真假、有无"问题，是一个因人而异的领域。比如这里有一双42号的皮鞋。这里有没有以及是否是一双42号的皮鞋？这是一个事实判断问题，这个事实判断是否正确，很容易检验。但如果再问这双鞋"好穿不好穿"，就是对它进行价值判断了。价值判断会发现什么问题？会发现好穿不好穿并没有一个唯一的标准的结果和答案，因为这要取决于谁穿。可见价值判断是因主体而异的。同一个事物对于不同主体有不同的价值，进一步说，就是对同一个主体的不同方面也有不同的价值。比如一双鞋，我看着挺喜欢，对于我来说，它的审美价值很高；但是我不能承受它的价格，所以它的经济实用价值很低；同时我穿起来可能不是太舒服，所以它的使用价值也很低。审美价值、经济价值、使用价值，所有的价值综合在一起，最后才决定我买还是不买。在现实生活当中，人是按照价值判断行事的。

凡是能用好坏来概括的问题，都是哲学上的价值领域。哲学上的价值概念不同于经济学上的价值概念。过去普及马克思政治经济学，大家都知道商品价值概念，围绕商品价值概念和哲学价值概念有一场争论。有的人认为一个马克思主义不能有两个价值概念，既然马克思对商品价值作过定义，那么哲学价值也应该用与商品价值同样的定义来界定。我们研究了好久，觉得不合适，因为马克思本人并不是只有一个价值概念，马克思有两个价值概念。马克思在讲政治经济学的时候，讲过商品价值和使用价值是两回事。政治经济学只研究商品价值，不研究使用价值。政治经济学上的商品价值，是指产品中凝结人类的一般劳动，也就是说，在制造一个产品时需要吸收的劳动量（如人力、物力、智力、资源）越多，这个产品就越有价值，表现为在市场上出售的价格高。可见，价格高低不是由产品的有用程度决定，而是看制造的难易程度，也就是由吸收的劳动量来决定。但马克思又讲过，有很多最有用的东西在政治经济学上却是没价值的，如阳光、空气和水，因为它们不是人类劳动的产品，是大自然的东西，并没有凝结人类的任何劳动，当然这并不等于阳光、空气和水没有用。从用处来讲，其他一切事物都不能与之相比。“有用”在经济学上叫使用价值，不属于经济学概念，是哲学概念。有用和无用、善恶、美丑、得失、利弊等这一系列概念都属于哲学价值判断。

价值判断也适用于哲学本身。有一次在火车上，同一包厢的一位民主党派的老先生问我是干什么的，我说我是研究哲学的。他说：“现在还有人研究哲学？哲学有什么用啊？”我说我就是研究什么叫有用以及怎么有用的。哲学有什么用，就要看你说的有用是什么意思了。什么叫有用？如果能帮人挣钱、发财、能帮奶牛多出奶，这叫做有用，那么能使人明白、聪明、心理平衡，这叫不叫有用？按照我的价值理论，任何事物的价值，都不是事物本身固定不变的属性。比如前面我说的鞋，好不好穿是在关系中形成的，不是鞋本身固定不变的属性，要看谁来穿。哲学到底有什么用，要看谁来学、谁来用，哲学对不同的人有不同的用处。一般来说，思考和实践的层次越高，人们越需要哲学，越能够理解哲学的价值。所以，有史以来的大科学家、大文学家、大艺术家、大政治家、大军事家，等等，他们都进入过哲学领域。相反，当思考和生活的层次很具体、很直接的时候，最好不要谈哲学。比如煤矿工人在井下挖煤的时候，最好考虑怎么安全生产，而不是刨一镐想一下世界是物质的还是意识的，再刨一镐想一下宇宙是有限的还是无限的，这就危险了。但是煤矿工人劳动了一天，上了井，洗完澡，喝口酒，几个朋友在一起聊天，谈谈世界是怎么回事，人生是怎么回事，这时候就进入哲学了。当他思考的层次提升，超越了直接实践的时候，哲学对他就开始有用了。总之，哲学有没有用，一切事物有什么用，这本身就是个哲学问题。

（二）哲学的三大基础理论分支

价值问题在哲学上成型最晚，是因为这个问题最复杂、最困难。美国一位著名学者瓦托夫斯基就说，“价值是哲学理论中最深奥、最烦难的领域之一”。① 现在国内外的学者都在研究哲学的基本组成部分以及哲学的学科构成。哲学到底是由哪几块构成的？现在趋向是比较一致的，认为哲学的元理论就是基础理论，它有三大分支。

第一大分支是存在论，过去我们叫本体论。其实本体论从属于存在论，是存在论里的一个分支。存在论是由本体论和本态论构成的。本体论就是说明什么东西存在，是物质的还是意识的，等等；本态论就是说明世界是怎么存在的，是静止的还是运动的，是孤立的还是联系的，是重复的还是发展的等等。唯物论和唯心论之争属于回答本体论问题，辩证法和形而上学之争属于回答本态论问题。存在论提出和回答的问题是世界是否存在，怎样存在，这是哲学的第一大分支，所以叫“第一哲学”，它是最原初、最基础的理论分支。哲学发展史上最先提出并进行探讨的就是本体论的分支，到20世纪中后期才转入本态论分支。本态论是第一哲学当前发展的一个生长点和重点。

第二大分支是意识论。意识论提出和回答的问题是：人是否能够以及如何知道世界及任何一个事物是否存在。因为当我们回答世界是什么、怎么样的时候，有些争论最终就涉及到“人是如何知道、根据什么来判断的”，这就是认识论问题。从17世纪以后成为哲学史上发展的第二个重点，从本体论研究转入认识论研究，叫做认识论转向。一个是人怎么知道外部世界的，比如说什么东西存在还是不存在？你的判断是从哪里来的？毛主席写过一篇文章《人的正确思想是从哪里来的》，这就是认识论问题。在人的头脑中，不只有认识问题，还有思想、感情、情绪、信念、信仰这样的东西，不属于

① 李德顺：《实践的唯物主义与价值问题》，《南京社会科学：经济·哲学版》1996年第1期。

知识，但属于意识，属于精神活动。因此，意识论还包括另外一个部分——精神活动论。知识是人的思想反映外部对象世界的，以科学为代表的认识过程和结果，这是认识论问题。以人的信念、信仰、情绪、情感为特征的这一方面，它不是反映外部世界对象的，而是反映人自身的生活存在和人自身状态的。比如社会意识、意识形态都属于这一方面，属于人的精神生活或者精神现象、精神领域。这便是精神活动论。两大方面共同构成了意识论。意识论在逻辑上是第二分支，在历史上是继存在论发展以后哲学发展的第二大阶段。

第三大分支是价值论。价值论提出和回答的问题是世界的存在及其意识的意义问题。世界存在不存在、怎样存在，人到底能不能知道它、怎样知道，等等，这一切对人有什么意义。这些问题总体上叫价值论问题。

这三个分支，从历史顺序上说，是前一个发展相当充分的时候，会把问题提到下一个。就是前两大分支存在论和意识论研究的深化，在这个基础上提出了价值论的问题，所以价值论是哲学上形成最晚的一个分支，直到 19 世纪末 20 世纪初，在哲学上才被正式提出来。

价值论作为哲学的一个大的基础理论分支，其理论内容和理论结构要比前两个领域更复杂，同时它与人们现实生活的联系更密切、更广泛。我们知道，越是现实生活的东西，越复杂、越具体、越丰富；越是理论抽象的东西，越简单，越明确。哲学这三大分支的发展，也使哲学越来越深入到人的生活和人的现实领域。哲学变得越来越复杂，很突出地表现在价值理论的提出和研究上。从 1978 年开始，我国提出要编《中国大百科全书》，里面有哲学卷。拟定哲学卷写作纲目时，所有的专家都认为应该拟订一个条目叫价值论。在此之前，价值论的研究在哲学体系里是一个空白，因为我们过去的哲学还没有意识到这是个问题。

我记得读本科的时候，是在“文化大革命”以前，老师讲课时说，文学戏剧理论有两派争论：斯坦尼斯拉夫斯基体系和布莱希特体系。两大派关于戏剧表演理论的争论最后有一个形象性的表现：有一个演员，演莎士比亚的名剧《奥塞罗》里的坏人伊阿古，演得活灵活现，把观众激怒了，观众把他当作坏蛋打死了。这有点像当年陈强饰演黄世仁，也有战士要冲他开枪一样。一个演员演坏蛋被人当作坏蛋打死，这作为表演来讲是成功还是失败？两大派按照斯坦尼斯拉夫斯基的理论体系，是该给这个演员立一个碑——“世界上最好的演员”，因为演得越像越好。另一派布莱希特理论主张间隔效果，说演员不能演坏蛋就是坏蛋，演伟人就是伟人，演员要制造一种间隔效果，角色和演员之间要有一定距离。编剧、导演和演员不能仅仅是原封不动地再现生活，而是要对生活现象作出解释和批判，要让人超越它。所以按照布莱希特理论，拍的戏都有一个场外的说书人，像《茶馆》那样，站在剧情以外进行评论，这叫做间隔效果，不能让观众进入剧院以后只是跟着悲欢离合一番。戏剧表演要唤醒理智，唤醒对世界的批判和改造，所以不能光让人想故事，还要让人琢磨里面的道理。至少要让人知道编剧、导演和演员对这个故事是什么态度，对这个人物是什么态度。所以按照布莱希特的理论，给那个被打死的演员立个墓碑，就是“世界上最糟的演员”。老师给我们讲了以后，我们就追着问：那到底是最好的演员还是最糟的演员？老师说这要具体问题具体分析，一切要以时间、地点、条件为转移。我们还追着问，那到底以哪个条件为转移？转移到哪儿了？老师最后只好说没有准备，这个问题值得研究。这个问题后来我记住了。“文化大革命”时我在北京燕化炼油厂当宣传部长。1975 年“批邓反击右倾翻案风”，当时传达了毛主席的一个批示，说邓小平“还是黑猫白猫那一套，不管社会主义还是资本主义”。因为我要组织大家批判，自己就要先研究，琢磨这个“猫论”是个什么问题，在哲学上它犯了哪条、错在哪，我将过去的哲学教科书从头翻到尾，找不到一条与之对应的。因为它不是讲真猫、假猫，真猫、假猫有很多原理可以对照，但人家讲的是好猫、坏猫。家里闹老鼠了，选猫不选能捉老鼠的选什么呢？按照什么标准来选？选不好就会给老鼠帮忙，为鼠作伥。从本科开始一直到工作十来年，就发现这个好坏问题，我们在理论上不但说不清，而且没有地方去说。我感到了我们哲学基本理论上的空白。后来“文化大革命”一结束，恢复高考，我脑子里就装着好坏问题，立志研究这个问题。

好坏问题在我们生活当中很普遍。我发现世界上人们之间的矛盾、冲突、斗争、困惑，等等，围绕真假问题的不多。因为一个事情到底是有还是没有，一个判断是真还是假，一加一到底等于二还是等于三，地球到底是圆的还是方的，基本粒子内部结构是什么样子，等等，这类问题属于真假问题和事实判断，大家不会有那么复杂的分歧，不会动那么大的气，真正的分歧是在价值选择上，一件事情你说这样好，他说那样好，你觉得这样值得，他觉得那样值得，都是价值和价值观念的冲突。所以在哲学存在论、意识论和价值论三大分支里，与我们生活关系最密切、最直接的领域是价值论。价值论之所以形成最晚，也是因为它最贴近现实、最复杂。价值论的形成，意味着哲学发展到了一个新的阶段。

有了价值论以后，其他的一些具体的社会科学领域，就有了一个新的哲学根基，比如伦理学。伦理学讲道德，讲善恶问题，它的哲学基础是什么？过去的教科书都把它放在意识形态，放在阶级斗争里来讲。其实，那不是它的哲学基础。美丑问题的哲学基础是什么？过去是放在反映论认识论里，好像美和丑是事物本身的属性，会不会审美、鉴别美丑，就是看会不会正确反映它，其实这个哲学基础就没找对。善恶美丑都是价值问题，是价值判断和价值检验问题。伦理学、美学，包括实用的经济学，还有政治学等都是如此。政治是典型的价值领域，政治就是价值。还有法学，这些年，用法律价值做博士论文题目的越来越多了，因为“法”实际上就是社会价值判断和价值评价的一个标准系统。什么可以什么不可以、什么有罪什么无罪，这些都是一定的价值判断。社会把它的价值准则确立和公布出来，那些刚性的就是法律，柔性的就是道德。

（三）价值研究的理论和现实意义

最近这二十多年，价值论一直是国内哲学界最热门、最丰富的话题。之所以如此，也是因为从结束“文化大革命”，拨乱反正，改革开放以来，我们的哲学思考正面提出了价值问题。大家知道，当初拨乱反正的哲学表现就是真理标准大讨论，承认不承认实践是检验认识的真理性的唯一标准。这场讨论一开始是政治争论，不是学术争论。当政治斗争结束以后，学术问题就出来了。学者琢磨：既然实践是检验认识的真理性的唯一标准，那么实践是人有目的的行动，人在实践中都有自己的目的、追求，都按照自己的需要去实践，人的目的和需要是不是检验真理的标准呢？在检验认识对错时，人的目的、人的利益、人的价值追求起什么作用？学者开始写文章提出这个问题，引起大家讨论，这就把价值问题提出和展开了。从此以后，有关改革开放重大理论和现实问题的思考，都离不开对价值问题的理论把握和实践选择。

例如，邓小平提出“三个有利于”标准。“有利不利”是典型的价值判断。有人说，社会主义是一种历史必然，搞社会主义还讲什么有利不利？所谓历史必然是什么意思？人们总以为，就是你愿意它也来，你不愿意它也来，你努力争取它也来，你不努力它也来，这叫历史必然。那么现在提出搞社会主义要讲“三个有利于”，做有利的事情，不做有害的事情，此前已经把利害得失和价值选择充分考虑在其中了。这在理论上到底是一个进步还是一个退步？这是不是搞实用主义？有人认为这是退步。我说，在他们脑子里没有哲学价值论，用我们过去批判实用主义的思维方式来理解邓小平理论，就会认为它是退步的。但如果知道整个人类哲学思维进入到价值理论研究这个阶段，有了价值理论的思维方式，回过头来再看就不一样了。我写过一些文章，阐述邓小平理论是对科学社会主义、马克思主义的一种了不起的回归，是深刻的拨乱反正和理论推进。

过去，我们认为社会主义是历史必然，就不讲它是人民的选择。如果承认社会主义是人民的选择，那么人民为什么选择了它？就必须得有价值的判断：对人民有利，使人民幸福，人民才会选择它。记得 1991 年，我在莫斯科经历了那场巨变，回国之后，有人请我讲怎么通过苏联的事变来认识社会主义。我当时就讲了对苏共为什么失败，苏联 70 年的社会主义为什么失败的看法，认为原因在于脱离了人民群众。当时有人就不理解，说：李老师，你承认不承认社会主义必然胜利？我说，这是个思维方式问题。社会主义必然胜利是一个大尺度，马克思对共产主义历史必然性的论证没有什么能否定它。马克思如何论证的呢？马克思说，社会发展的根本动力是生产力，生产力发展到一定程度，就打破束缚它的生产关系，建立新的适合生产力发展的生产关系。那么，资本主义生产力是不断发展的，而它的生产关系迟早有一天会成为生产力的桎梏，生产力发展就必然要求打破资本主义生产关系，代之以一个新的更适合生产力的生产关系，那就是未来的社会主义、共产主义。最简单地概括马克思的思路就是这样的。到现在为止，这个大的思路没有任何东西能够否定，能够动摇它。因为人类还没有完全进入到那个阶段，那个程度。现在我们发生的曲折，都还是资本主义发展中的曲折，社会主义探索建立过程中的曲折，都不足以否定这个全局性的结论。所以，从马克思讲的大的历史趋势上看，社会主义、共产主义必然胜利，这一点是没有问题的。但这里有一点，就是不等于现实中凡是叫了社会主义的每个国家都必然胜利，这是两回事。二次世界大战以后，世界上搞社会主义、叫社会主义的国家很多，好几十个甚至上百个，当时是一个世界性的潮流，很多国家都叫社会主义。比如巴基斯坦，它的完整国名叫巴基斯坦伊斯兰社会主义共和国。叫社会主义曾经是一种时尚。当然我们承认的、跟我们比较一致的就十几个，现在剩下不多了。那么究竟哪个是真的？哪个是假的？哪个成功？哪个失败？并不因为叫了社会主义就必然胜利。邓小平告诉我们这个道理：社会主义是好的，是一定会胜利的。但是我们的社会主义到底胜利不胜利要看我们搞得怎么样，我们的路线对不对，方针政策对不对，社会主义的优越性能不能发挥出来，能不能不断地解放和发展生产力，能不能不断地提高人民的物质文化水平，总之就是能不能实现“三个有利于”。简单地说，现实的社会主义搞得好就胜利，搞不好就失败。我们必须要有这样的信念，有这样的危机感，有这样的历史感才行。别以为叫社会主义了就怎么说怎么有理，不管怎么瞎搞都可以胜利，世界上哪有这种事情呢？所以邓小平理论的注意力不是放在说空话上，天天喊必然胜利，而是琢磨我们怎么搞得好。什么是搞得好？怎样才搞得好？改革开放的一系列措施，一系列探索的过程，它的中心主题就是探索这一点。它不是现成的，没有现成的简单的公式和结论。所以，邓小平提出社会主义的本质，检验我们工作的标准中，要把“三个有利于”规定下来，这不是什么实用主义，而是实事求是，是真理和价值的统一。历史必然是生产力发展推动社会进步的历史必然性与为广大人民的利益服务这种价值选择的统一。单纯地讲历史必然性，似乎社会主义就是有好处要干，没有好处也要干，欢迎它也来，不欢迎它也来。我们过去用这种态度干社会主义，觉得越要搞社会主义越要跟人民群众的利益扭着劲，跟老百姓老对着来。人家要上学，你说知识越多越反动；人家要致富，你说那是资本主义的尾巴。如果社会主义跟广大人民的利益没有一致性，人民怎么会选择？凭什么胜利呢？胜利是因为历史必然性与人民的选择是一致的。这是邓小平理论对科学社会主义理论的一次拨乱反正，是马克思的科学社会主义理论的一次回归和重大推进。在这里，理论上就有一个是不是理解和承认价值判断、价值选择的意义问题。我们过去那套哲学只讲历史必然性，不讲人民群众的价值选择，这种哲学理论上的弱点，在实践当中就是对社会主义的误解。认为社会主义就是跟资本主义对着干，可以不管老百姓的死活。理解成那种偏差，应该说哲学是有责任的。

邓小平理论纠正了这个偏差，在理论上有更深更广的基础，而不是像有的人想得那么简单。想问题不能是那种单线思维，好像我们的脑子里只有真理，只有事实，只有历史必然性，完全可以不考虑主体即人民群众的利益和价值选择、价值追求等等。而价值论的出现，是对我们以往的哲学思维方法、思维方式的一个重大的推进、重大的变革。邓小平告诉我们，社会主义理论体系是真理与价值统一的体系。这就是价值理论的学科地位和理论意义之一。

（四）世界观、人生观、价值观的关系

三观是指世界观、人生观、价值观，这三观不是并列的关系。从学科上理解，世界观、方法论是哲学的另一种说法，世界观是一个关于世界的总体的根本看法。如果世界是一个大圆圈，那里面可以分三块：自然界、社会、精神思维世界。世界观是对这三大块总的统一的看法。那么人生观是中间这一块，是社会历史观里的一个组成部分。社会历史观包含两个方面，一个是关于整个人类社会的

总体的一般的理论，另外一个是关于个人的。因为人类社会是由个人构成的，关于个人的人生生活、思想理论这一部分，叫人生观。人生观是社会历史观的一个组成部分，社会历史观是世界观的一个组成部分。是这样的一个逻辑层次。

而价值观不是这个系列的概念。如果自然观、历史观、思维观这三项是横向划分出来的，那么真理观和价值观则是立着分下来的两块。无论是关于自然、社会还是精神思维等所有这些对象，我们头脑中的思考都有两部分，一部分是关于这些对象本身的存在，包括对现象、过程、规律等的认知。比如，世界到底是物质的还是精神的？是运动的还是静止的？对于人生也是这样，我们对于人生的思考，可以有关于人生的知识领域，比如，人是一个什么样的生命体？个体是一个什么样的生命体？每个生命是怎样来的？生命的运动过程、生理过程以及生理和自然过程是什么？社会过程是什么？精神过程是什么？等等，关于这一切的了解叫人生知识领域。那么关于人生，我们还有另一方面的思考，就是我们的价值判断、价值选择和追求，这是价值观问题。人生观里包括对于人生的知识和对人生的选择追求。人生的选择和追求属于人生的价值观方面。人生问题上有价值观问题，世界观里也有价值观问题。世界观、人生观、价值观不是一个层次，不是一个系列。犹如男人、女人、老人，老人不是男人和女人之外的另一种人，而是说在男人和女人里都有老人，这样一种概念。

我们要确立正确的世界观和人生观，除了要学习各方面的知识，加深对世界和人生的历史、现状的了解之外，还要有自己的价值取向、价值追求和价值判断，这些都属于价值观问题。价值观是一个不同角度交叉的系统，从学科上要这样把握。

（五）价值论与马克思主义哲学的发展

价值论在中国兴起已经20年了，但由于种种原因，这种研究的成果和思想方法还不是很普及。我发现，一个是研究该理论的专门领域，大家意见比较一致；再一个是在群众的自发生活当中，对此比较容易接受。而在中间的层面，由于很多人用过去的哲学理论来看问题和想问题，对这一块还不太能够理解和接受。有时候，一些生活本身很容易说明的道理，在理论上一说，就变得不能接受了。这样的事情很多，表明我们的哲学需要改革和扩展。

我在博士论文答辩时，有一位答辩委员提了一个问题，他说，你这套价值理论和马克思主义是什么关系？我说，如果要回答价值问题，我认为按照马克思的立场、观点和方法，可以说我就是在研究和阐述马克思主义的价值理论。如果你不这样认为，可以提供一种用来阐述马克思主义的更好方法。但首先要明确马克思主义是否和能够有一种自己的价值理论？我的论文的题目是“马克思主义价值论”，因为我确实是从马克思和恩格斯的著作中琢磨他们的思路和思想方法的，当然也包括一些具体论述，来讲什么是好和坏的问题，从而形成了这个理论体系。

这里有一个如何看待原有的哲学体系的问题，是否支持和保护理论创新？在苏联曾造成马克思主义者不能谈价值问题的现象，好像它是西方资产阶级的专利，是新康德主义的理论。另一个带头研究价值问题的马克思主义哲学家是日本的岩崎允胤教授，现在八十多岁了，曾是日共中央的首席理论顾问。他写过一本马克思主义的价值理论，但在日本那样的环境下没什么影响，他自己也觉得对好多问题没有搞明白，没办法说通。后来他看了我们的《价值论》，激动得眼泪都流出来了，说了句“终于有了马克思主义的价值理论”。

中国的价值论研究发展很快，因为我们赶上了改革开放。邓小平提出了解放思想、实事求是的思想路线，这样才不会简单地把一个学科领域当作异端。一个学科不会是错误的，你可以在这个学科里讲错误的理论，提错误的观点，虽然是要被否定的，但是你不能因为有人先说了错误的观点，就把这个学科都否定。过去我们把社会学叫做资产阶级伪科学。你不同意资产阶级观点可以不接受，但不能把这个领域都去掉，价值理论也是这样。在苏联、日本、中国，从价值理论发展的不同的处境，能够感觉到邓小平的理论和路线在思想理论方面的意义是多么重大。应该说这是对世界马克思主义理论发展和建设的有益的贡献。这是我讲的第一个大问题。

二、马克思主义价值观的哲学基础

马克思主义价值理论的基本观点是什么？到底怎么看价值问题、好坏问题？我前面讲，从哲学学科上看，全世界在哲学学科上基本有共同的状况。对于马克思主义哲学，我的看法是，马克思主义不但应该有价值理论，而且能够有一套自己的价值理论。而且相比而言，这套价值理论在哲学上是先进的、科学的、合理的、有竞争力和说服力的。

（一）科学的、先进的世界观方法论

马克思主义的价值理论，其先进性和合理性的基础是什么？根本观点是什么？我想，主要是两点。一是实事求是的历史唯物主义的思维方式。马克思说过，“理论只要彻底，就能说服人。所谓彻底，就是抓住事物的根本。”人的根本是什么？马克思讲“人的根本就是人本身”。在价值问题上，理论彻底不彻底，就看能不能抓住价值问题的根本。那么价值问题的根本是什么？就是人，不是一般的人的问题，而是人的主体性的问题。

价值意味着把人作为主体，作为中心，作为标准，作为坐标原点确立起来。世界上的事物，什么叫好？什么叫坏？什么叫善？什么叫恶？只有站在人的立场上，由人来说，才有了善恶美丑这些概念和判断。所以，价值概念本身就是一个以人为中心、以人为主体的概念。没有人，不以人为中心，这个概念没法说，它就不存在。我们研究价值论的时候，也讲自然界有没有价值关系。阳光照射在水上，阳光对水有没有价值？阳光照射在水上，对水有价值，是什么意思？比如，使水温升高了。使水温升高是自然界这种相互作用，本来自然科学有概念，叫“负熵”或“熵”。当我们把它叫“价值”以后，增加了什么意思？讨论以后明确了：还要拿人的标准和尺度，

才能说阳光照在水上使水温升高到底是好事还是坏事？如果不以人为准，“好事坏事”就没有意义。价值现象是以人为标准和尺度的概念，意味着人不但在自然界生存下来了，而且人以自己为尺度来给一切事物作出判断，判断事物好还是不好，有用还是无用，重要还是不重要，等等。一切善恶好坏都是人排的序。没有事物本身固定不变的属性。什么叫益鸟？什么叫害鸟？什么叫益虫？什么叫害虫？这并不是自然界的划分。自然界是个生态链、生物圈，互相依存、互相竞争着。说什么是益、什么是害，就已经是以人的生活和生存方式为标准尺度划分了。过去对人性善还是人性恶争论了两千多年。复旦大学队参加辩论赛，舌战狮城，决赛的时候抽到一个签“人性本善”，去跟人家辩论赢了，得了冠军。记者采访时问他们如果抽到人性恶也能赢吗？他们说也能。又问人性到底是善还是恶呢？于是就不知道怎么说了。我说，按照我的价值论研究，“善恶非性也”，也就是说，善恶不是任何事物包括人的属性。所以谈人性到底是善还是恶，这本身就是个假问题，提法不对。因为问题错了，所以才得不出统一结论来。我们在讨论任何其他事物是善还是恶的时候，都是用人做标准去衡量的。当我们看一个人的行为和思想是善还是恶的时候，我们是以我们自己的尺度去衡量的。比如小孩生下来吃奶是一种天性，吃奶是善还是恶？有人说这是善，小孩吃奶，多美，和母亲偎依在一起，孩子知道赶快吃奶，长大了将来孝敬父母，体现一种人性的善、人性的美，于是把孩子吃奶说成善；相反也有人说这是恶，孩子一生下来，就逮着妈妈使劲吃，都吃到自己肚子里，一滴都不给别人，自私自利，人性丑恶，在此昭然若揭。其实，这两种对立的说法都只表明个人自己的标准，并不是孩子吃奶这个天性固定不变的社会属性。我们对一切善恶都用人或某些人的尺度判断，而人性本身并没有固定的善恶，善恶不是人本身的属性，就像我用脚去判断鞋有没有可穿性，以脚作为衡量的尺度，而脚自己却并没有可穿或不可穿的属性一样。

世界上任何事物本身都不固定地有善和恶。善和恶是以具体的人为尺度去衡量得出来的判断。古代儒家爱讲人性善还是恶，而道家像老子、庄子在哲学上就比他们高明。庄子讲“物固无美恶，皆因人之心成而识之”，事情本身没有好和坏之分，好坏都是人经过实践用自己的眼光来划定和标识出来的，这种观点和我们现在的观点很一致。善恶不可能是任何事物固有的属性，都是在具体的关系当中，以人的主体尺度去衡量和区别开来的。把价值说成是事物属性的说法很多、很常见。比如说一篇文章有没有“可读性”，我一直不明白可读性是什么意思？黑格尔在大学讲课的时候，一屋子二百人，讲得就剩下两三个人，别人听不懂都跑了。那么黑格尔的文章到底有没有可读性？一方面，二百多人就剩了两三个人，好像没有可读性，但黑格尔的书到现在都很热门，很多人翻来覆去地咀嚼着。同样一本书，对于不同的读者有不同的意义，要看读者本身的准备和素养。所以，好读不好读并不是书的属性，而是书本身与读者的关系状况。我们太容易在一个词后加上一个“性”字，就当作价值判断。我就开玩笑说“小孩的屁股有可打性！”“可打性”是小孩屁股的属性吗？如果说小孩的屁股是肉做的，打了不会扎手，就有“可打性”，这到底是什么意思？实际上，“可打性”并不是一种属性，而是关系中的一种状态。价值不是实体，也不是属性，而是在人的关系中产生和形成的一种状态，我们叫“关系质”或“关系态”。

为什么过去研究马克思主义的人害怕谈价值问题？就是因为价值问题好像很容易导向主观主义、相对主义、实用主义、多元主义等等。既然同一个事物可以说好，也可以说不好，那与马克思主义的精神原则一致吗？其实经过研究发现，过去我们对马克思主义的理解是不够全面的。马克思主义科学理论的彻底性在于坚决承认人的主体地位。人有权利以自己为尺度来衡量一切，而人的主体性不等于主观性，这涉及到更深的问题，就是人的存在，人的社会存在的客观性、必然性等。我们现在讲人的利益，讲广大人民群众的利益，它是主观的还是客观的？我们说，利益的表达可能是主观的，有的人能正确认识自己的利益，有的人不能。所以，表达可能比较主观，但利益是和人的现实生存发展联系在一起的，是客观的。这是主体的客观性问题，理解了这一点，便可区分哲学上的“需要”和“想要”。我们说要满足广大人民的需要，需要有时候表达为想要，而人们在想要里却不知道什么是真正的需要。比如，现在讲知识化，很多人想要学位，而他真正需要的是知识，但他只想要一个文凭，那是一种虚荣。需要和想要是有偏差的。马克思主义哲学讲尊重人的社会存在时，关注的是人的客观需要和能力，这是人的客观的尺度。满足人的需要才对人形成价值。但是人如果没有这个能力的话，只是有需要也形不成价值。比如，我得了胃溃疡，营养不良，需要补充营养。但是，正是因为得了胃溃疡，你给我多少山珍海味，我吃了也是不长肉，因为我没有吸收能力，这些山珍海味对我不构成营养价值。所以，客观上产生价值的前提和基础是主体的需要和能力，我们在学理上叫“主体尺度”。一切价值都是以主体为尺度区别开来的。

马克思主义用“人的社会存在决定人的社会意识”这种观点来理解人，当讲到人的主体性的时候就同唯心主义划清界限了。唯心主义只讲人的精神，讲人的主观性和随意性。西方有些学者认为人喜欢就有价值，人不喜欢就没价值。如果一个人喜欢吸毒，那么吸毒对人到底是正价值还是负价值？用人的生理的、身体的和社会生活中的状况来判断吸毒到底是好事还是坏事，我们可以得出正确的结论，这就是马克思的观点，就是社会存在，是人的客观性的观点。如果用唯心的观点，只要人喜欢的就是好的、就是有价值的，那么一旦吸毒上瘾了，吸毒就是正价值。这是两种不同的结果。所以，马克思主义能够建立自己先进的价值理论，一个理论前提就是对人有一种彻底的唯物主义的理解，这种理解就是把人的精神、意识和人的存在、物质生活相联系并统一起来。马克思总是用人的社会存在来说明人的意识和精神，而不是倒过来用人的观念和思想来说明人的存在。人不是自己想怎么存在就怎么存在，人们的社会生活和社会实践是历史造成的，是和生产力、社会关系的发展联系在一起的。这样来理解人，就不会走向唯心主义，我们是以人为中心的，以人为本的主义不是唯心主义。人当然有精神、有主观，但人的精神和主观最终要服从人自己的物质客观，这是马克思主义揭示的道理。有了这个道理，我们不但不害怕，而且比他们能够更坚定和明确地阐述价值问题的主体性。科学、彻底的唯物史观对人的历史唯物主义的把握，是马克思主义价值论的一个特点和基础。

（二）无产阶级和人民利益的根本立场

价值的特点是以主体尺度为衡量标准的。在现实生活中，主体是多元化的，所以价值现象就是多元的。同一个事物对不同的主体有不同的价值，互相之间不能替代。一件事情对一个人来说是好事，不能断定它对其他人也一定是好事。世界上没有本身固定不变的好和坏。比如大家都知道，阳光是好东西，是宝贵的。这是说对整个人类一般情况下它是好的，但是在某些特殊场合下就不能简单地说它就一定是好的。比如，人家正在暗室里洗照片，你说阳光是宝贵的，让我送你一束阳光吧，人家能不跟你急吗？水是好东西，但是有些东西怕生锈，怕受潮，水也就不一定好了。所以好和坏是因主体而异的。为什么世界上的事情，特别是涉及利益关系的时候，对同一个事物、同一个政策、同一种社会现象，不同的利益群体会有不同的价值判断？这就是多元化。价值不像知识和真理，知识和真理一旦被发现和确立了以后，它对所有的人都是一样的。一加一等于二，不管是对哪个阶级、哪个地区、哪个民族、哪个时代，也不管是用汉语还是用英语说，只要不是在二进制的数学体系中，一加一就是等于二，这是普遍的。每一个主体都是独立的，价值一定是对不同的人来讲不同，不能互相代替。比如贫富不均问题，一碗饭能吃饱人，但是只有一碗饭，这个人吃饱了，那个人就饿着，不能说实现两个人平均半饱，这种平均没有意义。价值问题不能这样，必须以具体的主体为尺度。

所谓多元和多样不一样。我发现社会上有些人宁肯说多样化、多维化，也不肯承认多元化。多元在价值领域里是客观的、必然的。多元是什么意思？比如，人的生活有多样化的领域，有经济生活，有政治生活，有文化生活，有社会公共生活，有家庭生活，有生产劳动生活，有娱乐休闲生活，等等，所有的这些都叫多样。多样的东西有个特点，对一个主体来讲它是统一的。比如一个人吃饭、喝水、呼吸，这些在人身上都是统一的。多样可以是一元的。而有一种彻底的多样，它是不能够在一个主体上统一起来的，这就是多元。比如你的经济利益和我的经济利益，假如你是资本家，我是工人，咱们俩的经济利益就不能统一起来，那么，咱们俩之间的利益就是多元的。不能用我的利益代替你的利益，也不能用你的利益代替我的利益，这是多元。多元是一种实质性的、彻底的多样，是一种不能简单归一的多样性。因为主体，人的社会存在，人的社会地位，人的利益关系，人的价值标准是互相不能够重合，不能够取代，不能够代替的，所以价值是多元的。

承认真理是一元的，同时承认价值是多元的，这是哲学上的一个基本观点，一个基本原理。过去我们只承认真理是一元的，不知道价值是多元的，因此拿着真理的一元的观点来看待各种价值问题，就会导致某种偏差、病态、强制，甚至暴力冲突等灾难。美国“9·11”事件发生以后，我写过一篇文章，说这是两种极端价值普遍主义的冲突。以美国为首的西方，认为自己的价值观是普遍的，全世界都应该接受，所以用一切办法推行他们的价值观。美国有强大的军事、经济甚至传媒的力量，可以用各种方式推行他的那套价值观，把这种价值观全球普遍化。而伊斯兰原教旨主义者则认为他们的古兰经教义才是真正的普遍的价值，全人类都应该统一到这上面来。他们一旦有了权势，像塔利班在阿富汗掌权之后，阿富汗的妇女都得把脸盖上，他们把巴米扬大佛炸掉，因为巴米扬大佛不是伊斯兰教的，属于异教。伊斯兰原教旨主义当然地认为，美国和西方的那些价值观是魔鬼的、黑暗的、罪恶的东西，但是他们没有美国那么强大的力量，在平常情况下很难推广自己的价值观，当他们感到美国和西方的价值观咄咄逼人地威胁到自己的普遍主义原则的时候，就要以死相拼。这就是恐怖行动的价值观根源。那些人肉炸弹，那些极端恐怖主义分子，他们在精神上，在坚持自己价值观问题上，也有自己的很悲壮的崇高感，他们觉得是很高尚的。因为痴迷于自己的价值观，并且认为只有他们的价值观有普遍性，想强加给其他一切人，这样的人就有暴力征服的倾向。人类历史上很多残酷的战争和屠杀，都起源于这种价值唯一主义、极端的价值普遍主义，在价值观问题上不承认多元。自己喜欢什么、信仰什么，就认为大家都应该这样，从而强加于人，这种价值观会导致对人类非常危险、有害的结果。我们古代有个笑话，说一个县官自己不吃肥肉，他判案的时候，就判罚失败的那方吃肥肉二斤。西方的一个笑话也是：法官判定把一条犯了罪的鱼扔到水里淹死。这就是如果不懂多元，就会干很多蠢事。

承认多元，是我们面对价值问题的一个基础、一个前提。承认多元不等于追求多元。价值世界是多元的，而对于一个主体来讲又必须是一元的。所以我提个建议，叫“面对多元化，坚持主体性”。有的人害怕，说是承认价值多元了，是不是就是政治多元化？我们先说一个问题：承认不承认政治是多元的。不同的阶级、国家、民族有不同的政治追求、不同的政治原则，这是多元的。大家总不能认为我们的政治和美国的政治是一元的。在中国，共产党领导下的大陆政治体系和中国香港、台湾地区的政治体系现在也还不是一元的；就我们党内来说也有不同的思想路线，要不然，为什么会有党内斗争？总之要承认多元是一种客观的现实，是一种必然的、普遍的现象。在这种基础上，我们想问题的方式是什么？那就是找准自己的一元，坚持自己的一元。有人说“指导思想多元化”，我不知道这句话是谁提的。它的一个毛病就是没说谁的指导思想。如果就整个社会来讲，不同阶级、不同立场、不同利益集团之间的指导思想是多元的，这是一个客观的现实。就像买东西的和卖东西的人，卖的人的指导思想是多挣点，买的人的指导思想是少花点，这肯定是二元的。不让社会上有多元的思想是做不到的，是不可能的。但是，对于同一个主体，比如说我们党的指导思想，我们国家的指导思想，或者我们每一个单位、一个群体、一个球队的集体指导思想，就不能多元化，只能一元化。一个球队的指导思想是这个球队必须要赢，不能是有的人主张赢，有的人主张输，有的人可以主张不输不赢。同一个主体的指导思想如果要多元，等于犯精神分裂症。既然同一个主体不可能多元，那么就要弄清楚到底是哪一元，怎样坚持自己这一元。我说这就像我们走在十字路口，在十字路口走向四面八方的人都有，不能够把路都取消，只保留一条路。但是对于你来说，你到底往哪边走，你不能同时往四边走，只能有一个方向。一个主体只能有一个方面。所以，对于同一个主体来讲，指导思想和价值取向不可能多元。现在有些企业叫多元化经营，其实应该叫多样化经营。因为是同一个公司经营多种产品，多种服务，最终都是为了挣钱。那是一元多样的关系，所以要弄清楚这个概念。

价值的多元性观点指导我们必须认真地理解、思考、把握自己的一元。我们到底要干什么，到底要朝哪边走，到底以谁为主体，代表哪个主体？世界上的任何事情，不同的主体就会有不同的利益和根据，就会有不同的价值标准和价值判断。那么所有价值问题的根本，就是到底以谁为主体，谁是价值主体和评价主体的问题。就是要弄清楚：我们衡量一切好坏，我们以对谁有利，符合谁的需要和能力为标准？是以某一个利益群体，以某一个集团，某一个个人为准，还是以整个国家民族，以全体人民的利益为准？就是这个问题。马克思主义给我们的回答是人民利益至上。这就是说，马克思主义的价值观在根本上是一种人民主体论的价值观。一切价值判断，都以人民的利益、人民的需要，以人民的能力、人民的反映为准，这是马克思主义的、共产党的、社会主义的价值观。

理解马克思主义的价值观，建立科学的先进价值观体系的根本基础有两点：一是彻底的历史唯物主义对人和人的主体性的理解；二是在人的社会关系多元化、现实的多元主体背景下，坚定地选择以人民为主体，以人民群众的利益为价值标准这样的立场、这样的方法。

价值观的定位是马克思主义理论的一个现实的、必然的结论。马克思自己讲他的哲学时，把自己的哲学叫做实践的唯物主义，“实践的唯物主义者，即共产主义者”。共产主义学说是马克思的实践的唯物主义的结论。这个学说充分地理解人和社会发展的规律，并自觉坚定地站在无产阶级和人民大众一边。价值问题上，不可轻言代表全人类。有些问题是以全人类为主体的。比如环境保护，地球上的环境是以地球上的全体人，而且不光是包括现在的人，还要包括后代的人为主体，才能解决环境保护问题。任何地区、任何国家、任何阶级、任何民族，在以它自己为主体的时候，在环境问题上都达不成统一的意见。环境价值问题是一个以人类为主体的问题，那么在其他问题上，有些是以阶级为主体，以民族为主体，以行业或者单位为主体，甚至是以个人为主体的，是多样多层的，也是多元的关系。

顺便说一下，最近这几年，有一些同志，特别是一些领导同志常问一个问题：我们坚持马克思主义基本原理不动摇，那么，马克思主义到底有几条基本原理？这个问题，我说不能简单化，为什么要规定有多少条基本原理？我说，试图开列真理清单，这个思路是不可取的。因为马克思主义是一个非常巨大的丰富的理论体系。这个理论体系是在吸收人类以往的全部成果基础上形成的。我们以前说得很多的哲学的基本原理，并不是马克思和恩格斯提出的。比如物质第一性原理，就是马克思以前的唯物主义者就达到了的。三大规律则是黑格尔那个时候就有的。什么是马克思自己真正创立的？这个问题学术界还在讨论，很难把那些东西都划清楚。这些就是划清楚了，也没有什么意义。有些人以为讲物质第一性，就是马克思主义。这么简单化是不行的。在历史上，唯物主义曾经是革命的，也曾经是反动的，唯心主义曾经是反动的，也曾经是革命的。所以，试图开列一个马克思主义真理清单的做法不可取，想简单地列出一些条来，十条、八条、二十条，说马克思主义就这么多，符合这些的就是马克思主义，不符合就不是马克思主义，这种方法本身是不符合马克思主义的。因为马克思、恩格斯都讲过类似的道理，反对把他们的学说当作教条，凝固化、简单化。那么，马克思主义有没有最终的东西？我们判断马克思主义有没有标准，有没有个最终的理论上的、逻辑上的根据呢？我说还是有的，但不应叫基本原理，而应对基本原理作新的理解，叫根本原理和最高原则。

（三）马克思主义的两条根本结论

马克思主义研究自然、社会和人类，人类历史和人类思维，马克思主义之所以成为马克思主义，讲什么是马克思主义，什么不是马克思主义，最终可以用两条来检验：第一条，实事求是的思想路线，这是我们党用中国的方式归纳提炼的马克思主义哲学的基本精神。党的实事求是，一切从实际出发，理论联系实际，在实践中检验和发展真理，这个思想路线是从哲学高度上，提炼了马克思主义的全部思想精髓，又有中国语言和文化特色，既是世界观，又是方法论，是便于应用和指导我们实践的一个最终结论。其他结论都是实事求是地得出和实事求是地修改着的具体结论、具体观点。实事求是是个科学原则、科学精神。什么叫科学？科学就是实事求是，理性地处理感性材料。一切结论都不是凝固不变的，只有实事求是这一点是永远不能违背的。这是第一条。第二条，为人民谋利益。如果说实事求是是科学原则、真理原则的体现，那么，为人民谋利益就是价值原则的体现。这两条是马克思主义的。违背实事求是，什么事情都做不成，做不对，做不好；那么不为人民谋利，就不是共产党，不是马克思主义，不是社会主义。为其他人，为小集团，为私人利益而不顾人民的利益，这就不是马克思主义，这是一个价值原则。

所以我说，马克思主义的道理千头万绪，归根到底就这两条：实事求是和为人民服务。所有的现实的具体的问题，科学认识探索当中的问题，以往形成的那些结论和观点，都是可以改变的，都是可以重新探讨的，都是要发展的，都不是凝固不变的。那么，所有的这些过去的东西和新的东西到底是对还是不对？我们应不应该接受和执行它？都可以重新考察，只有这两条是不能怀疑、不能动摇的。第一必须实事求是，第二必须为人民谋利益，对一切都要用这两条去检验、判断。这才叫解放思想，才叫坚持马克思主义大方向。如果把马克思主义理论当中某几个以前得出的结论当作标准，当作原则，就会僵化凝固。当然，要是展开阐述，它是一个非常丰富的复杂的理论结构体系。那是专家要做的事情。马克思主义基本原理说到最后就这两条。这两条也好懂，只要看怎么把握，看在实践中怎么贯彻。实事求是是马克思主义的科学真理观，为人民谋利是马克思主义价值观的表现。忠实地，坚持不懈地贯彻这两条，马克思主义就是科学的，先进的，富有生命力的，就是能够胜利和成功的。相反，如果放弃了这两条，那就不是马克思主义，而且不是一个有生命力的思想理论和学科体系，就会失败，就会走向反面。这是我讲的第二个问题，价值观的哲学基础和哲学特征。

三、坚定贯彻我们党的马克思主义价值观

（一）党的宗旨与社会主义价值观

价值是多元的，价值观也是多元的。现在谈价值观问题时，我比较侧重地讲我们党和国家的主导价值观，我很少讲群众个人，特别是青年应该有什么样的价值观。当然，青年跟我谈的时候，我可以具体跟他们谈。但是，我不主张自上而下地给群众制定价值观。我觉得，我们现在的根本问题，是我们党、政府、国家的主导价值观是什么。首先要解决这个问题。这个问题并不是没有答案。我们党的价值观是什么？在革命战争年代毛泽东同志就表述过了。他说中国共产党的宗旨是为人民服务。宗旨是什么？是最高价值观的意思。“宗”是最高的、统帅，统帅一切；旨，学名叫旨趣，就是价值取向。所以宗旨就是最高的价值取向，或者叫根本的、统帅一切的价值取向。毛主席把共产党的宗旨界定为“为人民服务”，在学理上叫“人民主体论的价值观”。为什么叫人民主体论？因为按照毛主席自己的解释，他在《论联合政府》里讲：“共产党人的一切言论和行动必须以符合最广大人民的利益，并为最广大人民群众所拥护为最高标准。”最高标准就是最高价值观。这个最高价值观包含两层意思：一是我们最高的客观价值标准是什么？就是符合最广大人民的利益，这叫价值标准；二是我们的评价标准是什么？因为任何一个事情，不同的人对它有不同的评价，那么，我们以谁的评价为准呢？“为广大人民群众所拥护”——人民群众的评价是最高评价。那就是说，人民的利益是价值标准，人民群众的反映是评价标准。我们党的路线方针政策，到底是对还是不对，好还是不好？由谁来评价？不能老自我感觉良好，要看群众的反映、群众的评价。所以，人民

群众是我们价值观里的价值标准，也是评价标准。人民群众是价值观的主体，我们党是代表这个主体，服从这个主体，服务于这个主体的。所以说，这是一种人民主体论的价值观。

共产党的宗旨反映了党的价值观。共产党之所以为共产党，从价值观上来讲，就是因为它以此为自己的价值观，它才是共产党，才是马克思主义政党，才是无产阶级和广大人民群众的党，才是一个先进的党。如果它是为某一个小的利益集团谋利的，以某个小集团的利益为价值标准，以某个小集团的口味和评价为评价标准，那么这样的党就不是一个无产阶级的政党，不是一个马克思主义的政党。这是从价值观领域确定党的性质的一个根本原则。

这些年来，我研究价值观问题，总强调这一点。特别是在苏联目睹那场变化回来以后。很多人问我，苏联为什么失败，苏共为什么失败？我说，要让我用最简单的一句话来回答，就是执政党脱离了人民群众。是因为脱离了人民群众，不是有叛徒戈尔巴乔夫出卖，不是美国中央情报局搞阴谋颠覆，不是那些技术细节的问题。我说最关键的问题是，当有人提出来否定共产党，否定社会主义的时候，那些当年在沙皇的白色恐怖下曾经掩护列宁、斯大林的人民群众到哪去了？共产党不是靠有政权才占主导地位的，而是因为占主导地位才有了政权。当时的经过很简单，他们实行戒严的时候，调动苏联红军来执行，向俄罗斯议会大厦进军时，有两三千名莫斯科人拿了桌椅板凳搭了街垒，不让军队过去。苏联红军遇到老百姓就停下了，将军们开会商量怎么办。第二天《红星报》上发表总参谋长的文章，题目叫“苏联红军绝不反对人民”。因为碰到老百姓了，他们就撤了。这边一撤，叶利钦的卫队就把这些政变委员会的人抓起来，把戈尔巴乔夫放出来了。戈尔巴乔夫就宣布解散苏共中央委员会，然后叶利钦宣布苏共非法。我想，这几个人就代表了人民？什么叫不反对人民？那两千人就是人民吗？其他莫斯科大多数人民哪里去了？有的在那排队等面包，有的在家里，看电视听广播，等着上面布置。苏共一千七百多万党员，层层往上请示，怎么办？等请示到中央了，中央一把手被人关着，二把手出来说，应该让戈尔巴乔夫同志出来说话。这等于没说。所以，三天的时间，整个共产党的队伍没有反应，人民群众也没有人出来。如果群众当中，有人坚决拥护，有人坚决反对，军队在中间就能控制局面。但只有反对的人，没有拥护的人，在这种场合下就成为人民意志的一个借口，事情就这么变过来了。所以我当时感触最深刻的是，在沙皇的白色恐怖统治下，莫斯科的人民能够保护列宁、斯大林，能够支持布尔什维克，为什么布尔什维克执政了70年，老百姓不理它了？在它危难的时候不表态了、不出场了？怎么造成这样一种结果？这是最根本的问题。失民心者失天下，得民心者得天下。政权是工具，不是目的，目的是为人民服务，得到人民的信赖和支持，这是政权巩固的根本原因。蒋介石八百万军队为什么打不过我们的一百万小米加步枪，就是因为民心得失的问题。这么简单的道理都忘了，很危险。所以，我回来以后，我就讲人民主体论的价值观，共产党就是为人民服务，怎么落实，怎么体现，怎么让人民理解和信任，这是党的生命根基所在。从价值观上来讲，这是最根本的原则和标准。这话说出来很简单，但是落实下来却很不容易。

（二）人民主体价值观与中国特色社会主义事业

邓小平同志曾说，社会主义搞了几十年了，人民生活到底怎么样？人民生活水平没有提高，没有改善，社会主义这样搞，就搞不得，就得改，就得变。这是邓小平提出改革开放最基本的原因，就是价值观的理由和动机，小平同志讲这个话的时候是很动情的。社会主义应该解放和发展生产力，应该提高人民的生活水平，怎么搞了半天，社会主义好像跟贫穷连在一起，这样的社会主义我们为什么要搞？他从人民的利益、人民的幸福出发，坚决推行改革开放。有人说邓小平理论到底是不是马克思主义？我说，要懂得价值原则和价值观，应该明白这才是马克思主义。把社会主义说成与人民群众为敌、可以不管老百姓死活的那种社会主义，绝不是马克思主义。改革开放这么多年来，最牵动中央的、最牵动我们整个体系的，还是到底怎样能够实现好、维护好、发展好人民的利益，怎么能够体现人民群众的意志和愿望，怎么能够让人民群众满意，有信心，这是一切正确价值观的内涵。没有这种内涵，或者背离了这种内涵，对社会主义来说，对我们党来说，是致命的、毁灭性的一种价值选择和价值定向。

小平同志说，我们不能出现两极分化。如果出现两极分化，改革就失败了。怎么理解两极分化，什么是两极分化？决不容许出现两极分化，尤其是不能让老百姓的日子越过越困难，不能让老百姓的根本利益受损。这是马克思主义的价值原则，这是最核心、最关键的一条。当然，最终结论说出来很简单、很明确，具体执行和操作怎么把握、怎么贯彻，这是非常复杂的事情。但是我现在觉得，不管现在情况多么复杂，我们不能忘了这一条，这是很危险的。

"三个有利于"是从价值上判断我们的社会主义和改革开放，判断现代化建设。小康社会、和谐社会、科学发展观，所有这些都贯穿一个价值观思想，这就是人民主体的价值观思想。一定要有利于解放发展生产力，增强国家综合实力，最终落实到提高人民的物质文化生活，社会主义才是正确的。有些人不懂价值观，把邓小平理论叫实用主义，把"猫论"叫实用主义，这是一种误解，一种错误。"猫论"是民间的一个谚语，最初不是邓小平而是刘伯承说的。1962年困难时期，团中央开代表大会，代表去找邓小平同志（当时是党的总书记），问农村的生产关系怎么搞好？邓小平讲了这番话。大意是：刘伯承同志经常讲一句四川话："黄猫、黑猫，只要捉住老鼠就是好猫。"① 生产关系怎么搞，就要看怎么有利于发展生产力，有利于发展生产力的生产关系就是好的生产关系。当时他还说，当然我说的不算数，供你们参考。后来，他的话就被人记住了，过了多少年之后，还有人说邓小平的"猫论"是实用主义。其实从价值观上讲，什么是实用主义？什么是马克思主义？要有实事求是的态度，划清这个界限很重要。

我拿小孩吃奶这件事来打个比方。可以有三种态度：实用主义的态度是"有用就是真理，有奶就是娘"。大家都知道，"有奶就是

① 《邓小平文选》第1卷，人民出版社1989年版，第323页。

娘”的错误在于它用一种实用价值关系代替了母子之间的血缘关系，是用价值代替了事实，用价值吞没真理，这是实用主义的观点。但是在过去左的思潮中还有另一种极端的观点——教条主义。教条主义的观点是“娘没奶，孩子就饿着，以免吃了人家的奶就管人家叫娘”。所谓“宁可要社会主义的草，不要资本主义的苗”就是这意思。如果不姓“社”，宁可不要。所以，凡是资本主义搞的，我们就不搞，跟资本主义对着干。我们一搞我们好像就姓“资”了。其实，这两种思路是一回事，只是态度不同。他们都认为，吃奶和叫娘是一回事。不过实用主义态度是只要吃了奶，就叫娘，而教条主义的态度是，为了不叫娘，宁肯不吃奶。那么第三种，即实事求是的态度是什么？实事求是的态度是“有奶可以吃，娘还是娘”。我们人类多少年了，吃牛奶吃羊奶，是不是非得管牛羊叫娘？这叫把事实和价值区别开来。哲学上这是两种关系，一种是事实关系，一种是价值关系。是不是娘，这是以血缘、家庭关系为根据的事实关系。奶可不可以吃，是以主体需要和能力为根据的价值关系。这两者不是对立的。所以，按照邓小评理论坚持社会主义价值原则，我们应该有实事求是的态度，既不是教条主义，也不是实用主义。当然，现在有些人吃西方的奶吃多了，也想叫西方为娘。像鲁迅说的，吃了两块牛肉就想变成牛。这种态度也是有的，崇洋媚外，放弃自己的立场和原则，就毫不足取。但是，为了不这样而走向另一个极端，正是过去左的思想特征，天天想跟资本主义“对着干”的愚蠢劲头。比如邓小平说社会主义要解放和发展生产力。教条主义就说，资本主义也解放和发展生产力呀，有什么不同？我说，为什么非要问有什么不同，相同又怎么样？不同又怎么样？山羊长胡子，假如你也长了胡子，我问你和山羊有什么不同？这有必要吗？只要是对自己发展有利，敢于这样做，就是实事求是、解放思想的态度。解放思想，在我们很多的地方，还很不明朗，很不坚决，很不到位。一步三回头，天天在旧的观念体系中来回绕。

总之，要用马克思主义价值观体系来指导我们建设。这方面要研究、要回答的问题还相当多，落实到实践当中，如何能够凝聚大家的人气，统一大家的价值取向，把事情做得更好，作为一个价值理论的研究者，我觉得现在该做的事情特别多，远远多于我们已经做过的事情。对于马克思主义哲学建设、马克思主义学科来讲，有待于探索开拓和发展的问题，远比我们已经回答和阐述的问题要多得多，这就是我的结论。

第三讲　西方哲学与马克思主义哲学的关系

赵敦华，北京大学哲学系教授，现任哲学系、宗教学系主任，人文学部副主任，学位评定委员会分会主席。主要论著有《西方哲学简史》、《现代西方哲学新编》、《人性和伦理的跨文化研究》、《回到思想的本源：中西哲学与马克思哲学的对话》等，发表优秀论文多篇。

我很高兴能给中央国家机关的青年同志，讲一讲哲学。我是学西方哲学出身的，对西方哲学比较了解。团工委的同志和我第一次电话联系的时候，说有些青年同志看过我写的两本教材《西方哲学简史》、《现代西方哲学新编》，想要我讲讲现代西方哲学。我当时很坦率地说，只讲现代西方哲学，对中央国家机关的公务员没有太大的实际用处。为了学以致用，我定了一个现实性比较强的题目：西方哲学与马克思主义哲学的关系。

一、哲学的危机和出路

自从 19 世纪后期，西方哲学就陷入了哲学危机的境地，一直到现在还没有出路。哲学的危机是世界性的，不只西方哲学有危机，哲学在我们中国也有危机。现在，“哲学无用论”还很有市场。应该承认，在中国，哲学确实没有发挥应有的作用。这是因为，哲学学科被分成马克思主义哲学、中国哲学和西方哲学三大块，以邻为壑，互不往来，大大地限制了哲学的现实作用。在中国现有的环境下，不管是什么哲学，不管是中国的西方哲学研究，或者是传统中国哲学也好，只有通过马克思主义哲学，或者和马克思主义哲学融会贯通，才能够在现实中真正发挥作用。我国东汉思想家王充有一句话：“博通有用”，“博”，是广博，视野要宽阔。哲学一级学科下有八个二级学科。除了马克思主义哲学，还有中国哲学、外国哲学、伦理学、美学、逻辑学、科学哲学、宗教学。这八个二级学科，都要懂一些，才能做到博。“通”，是要打通这些不同的领域。否则，只博不通，只堆砌一大堆资料而没有融会贯通的视野和见识，是没有用的。“通”在哲学中主要是要打通中国哲学、西方哲学和马克思主义哲学这三个最大的领域。只有打通了，才会有用。否则，各个二级学科画地为牢是没有用处的——西方哲学只是复制外国人的声音，中国哲学只是钻故纸堆，马克思主义哲学只是为现行的政策作注释，在现实当中不会发挥很大的作用。

我不反对对现行的政策作解释。马克思主义确实具有这方面的功能，但不是全部和主要的功能。因为我们的政策在不断变化，而哲学是有原则的，原则是相对稳固的。如果哲学的原则跟着政策变来变去，就失去了哲学的原则，正过来讲对，反过来讲也对，左说是，右说也是，辩证法成了变戏法，哲学就会闹笑话。

我们需要介绍西方哲学的思想，但如果只介绍西方哲学的思想，不把西方哲学和中国的马克思主义哲学研究、中国哲学的研究成果结合起来，那么只是起到了留声机的作用。同样，我们对中国传统哲学研究也是这样。如果不和西方哲学、马克思主义哲学结合起来，那么，讲传统中国哲学就失去了时代感。所以，贯通才能够有用。但是，想要把中西方两种哲学贯通，谈何容易？西方哲学和马克思主义哲学应该属于同一个传统，而中国哲学属于另外一个传统。现在，我们连属于同一个传统的西方哲学和马克思主义哲学都没有打通，更谈不上要打通西方哲学、马克思主义哲学和中国哲学的隔阂。所以，要打通这三个领域是很不容易的事情。

二、正确理解西方哲学和马克思主义哲学的关系

在西方哲学和马克思主义哲学的关系上，要防止两种倾向。

第一种倾向是不承认两者有历史连续性，把西方哲学当作马克思主义哲学的注脚或反面教材。

我们可以分析一下，西方哲学和马克思主义哲学虽然属于同一个传统，但是至今还没有打通，原因何在？我认为是不承认马克思主义哲学和西方哲学有历史上的联系性，认为马克思主义哲学既然是一个根本的变革，那么，它就超越、脱离了西方哲学。如果讲西方哲学，那只是把西方哲学当作马列著作的一个注脚或者是反面教材。注脚是什么意思？注脚就是马克思经典作家的著作提到了哪个西方哲学家的思想，比如提到了亚里士多德，西方哲学研究者做的工作就是注释亚里士多德是一个什么样的哲学家；如果马克思或列宁提到了柏拉图，那么就根据马克思或列宁的评价来介绍一下柏拉图的哲学思想，注脚式的介绍把西方哲学的研究变成了支离破碎的注脚。什么是反面教材？即认为，西方哲学在马克思主义诞生之前，就有一些进步成分，在马克思主义哲学诞生以后，现代西方哲学就成了反动的、腐朽的、没落的哲学，和列宁讲帝国主义是资本主义腐朽、没落、垂死阶段一样，现代西方哲学是腐朽的、没落的、垂死的，没有任何进步的意义。如果我们现在要介绍现代西方哲学，就是要把它作为一个靶子，要用马克思主义哲学来批判它，当作反面教材。这些观点在“文革”之前和之中很流行。站在这种立场上，当然不可能对西方哲学做实事求是的研究，看不到西方哲学和马克思主义哲学在历史上的连续性，当然也就不能够打通两者。

第二种倾向是不承认马克思主义哲学的根本变革，把它看做西

方哲学众多流派中的一个。

改革开放以后，有另外一种倾向：看不到马克思主义哲学在西方哲学历史上的根本变革的意义，只是把它看做是西方哲学众多流派中的一个。有些人认为，不要把马克思主义哲学单独从西方哲学当中区分出去。因为马克思主义也是西方哲学；西方哲学有很多流派，马克思主义哲学不过是其中的一个而已。用这种观点看问题，也不能够看到马克思主义哲学和西方哲学的真实的关系。

由于这两方面的原因，西方哲学和马克思主义哲学还是处在以邻为壑的局面。但是，改革开放二十年来，中国的哲学界也取得了很多进步，为我们打通马克思主义哲学和西方哲学提供了有利的条件。最近二十多年以来，哲学界可以说有两个令人瞩目的成就。第一个是在马克思主义哲学界，突破了苏联教科书的体系。苏联教科书的体系是辩证唯物主义和历史唯物主义，这是斯大林写的《联共党史》中的一节。以后的哲学教科书，包括中国人写的教科书基本上都是以斯大林的辩证唯物主义和历史唯物主义为版本，以它为提纲，作了一些充实。但是，现在马克思主义哲学界的大部分研究者认为，我们应该从马克思、恩格斯、列宁的经典著作中，原原本本地理解马克思主义哲学。所以，他们提出不少新的解释，突破了苏联教科书的体系。特别值得一提的是实践唯物主义的观点，认为马克思主义哲学是以实践为中心的。这一点，我等会儿还要讲。这是在马克思主义哲学界。在西方哲学界，也有一个突破，就是突破了苏联日丹诺夫关于哲学史的定义。日丹诺夫是斯大林手下管意识形态的原苏共中央书记。他在1948年对哲学史提出了一个定义，他讲哲学史是唯物论和唯心论两军对阵的历史，唯物论一般来讲是代表革命的、进步的力量，而唯心论则是代表反动的、落后的力量。这个定义首先不符合事实，历史上很多唯物论者是代表落后的、保守的力量，有些唯心论者倒是代表社会的进步、革命的力量。并且，西方哲学史的内容也不能够简单化地用唯物论和唯心论两军对阵来概括。有的哲学家既有唯物论也有唯心论，有的时候，唯心论占绝对主导的地位，根本就没有唯物论能够对它提出挑战。所以，两军对阵这种模式现在也被突破了。

有了这两个突破以后，就为我们打通西方哲学和马克思主义哲学之间的关系提供了一个有利的条件。下面我从三个方面来谈谈马克思主义哲学和西方哲学的关系。第一，马克思的唯物主义和旧唯物主义的关系；第二，马克思“以人为本”的思想和西方人本主义传统的关系；第三，马克思的批判性自由理论和西方自由思想之间的关系。在这三个方面，我都要强调这样一个观点：马克思主义哲学和西方哲学既有历史的连续性，又有革命性变革。

三、马克思的唯物主义和旧唯物主义

我们大家知道，物质范畴是马克思主义哲学的一块基石，但是物质范畴并不是马克思、恩格斯或列宁创造的。在马克思主义诞生很久以前，物质就是西方哲学的一个重要范畴，但不是中心范畴。西方哲学的中心范畴有这么几个，一个最基本的范畴是“实是”。教科书上也找不到这个概念，“实是”这个概念的意思，是对中国的成语“实事求是”的概括。在西方语言中，它有中文表达不出来的另外意义。在西方的语言当中，逻辑判断的基本形式是“主语+是+谓语”。这和中国人的思维方式不一样。中国人的一些判断往往不用系词“是”。比如，我们讲，灯红酒绿，天高地远。我们从来不讲，灯是红的，酒是绿的，天是高的，地是远的。但在西方的语言里必须要加系词“是”。比如，如果我们看看窗外，有一个判断，树是绿的。其中，树是主词，绿是谓词，中间必须有一个“是”。那么，树是什么？绿是什么？我们都可以看得到。但是“是”是什么，有些人说，“是”只是一个系词，它并不表示实在。但是西方的哲学家不这样认为。“是”这个词不仅仅是一个系词，它一定要表示一个实在；而“不是”要表示一个非实在。为什么？如果“是”不表示实在，“不是”也不表示非实在，那么我们说，“树是绿的”和“树不是绿的”，这两个判断就没有区别了，真理和错误就没有区别了。在这两句话里，“是”表示一个判断是真的，“不是”表示一个判断是假的，如果“是”和“不是”并不是表示实在和非实在的话，那么真理和错误就没有区别了。所以，“是”一定要表示一个实在，这样，我们的逻辑判断，才有是非可言。并且，“是”表示的是普遍的、统一的、无所不在的实在，而主词和谓词表示的实在是可以变化的、具体的、可感的。比如，树是绿的，花是红的，天是蓝的。主词和谓词可以随意变化，但不管主词谓词怎么变，“是”不变。这说明什么道理？有两类实在：“是”表示的实在是普遍的、统一的、不变的，并且是不可感的，不是我们感觉的对象，而是我们所思考的对象，是外在于我们思想的一个普遍的客观实在；而主词和谓词表示的实在是可感的、具体的、个别的、变化的。具体科学研究的就是判断的主词和谓词所表示的那些实在。比如，树是生物学研究的对象，绿颜色是物理学研究的对象，但“是”不是具体科学研究的对象，它是哲学研究的对象，并且是首要的对象。所以，我把它叫做“实是”，意思是：“是”的意思是要按照客观实在认识真理，这是“实事求是”的意思，也是西方语言的系词“是”所表示的普遍实在，这就是“实是”。

当然“实是”这个概念是非常抽象的，是从逻辑分析、逻辑判断的真理性中推导出来的概念。但是“实是”到底是什么？在西方哲学中有不同的回答。有的哲学家讲“实是”就是存在，有的说它是本质，有的说它是一种本体。所以，研究“实是”，最普遍的客观对象，有时叫本体论，有时叫存在论，有时叫本质论，实际上，这三种名称都有一个统一的对象。存在、本质或本体，都是“实是”的不同形态。不管西方哲学家的回答有什么不同，他们有一点是相同的，就是把“物质”范畴当作是一个次要的范畴。所以我们可以看到，本质、本体、存在它们都是围绕着“实是”这个中心的范畴。“物质”的范畴是一个更低级的、一个次要的范畴，或者是存在的附属物，或者是第二性的本质，或者是本体派生出来的东西。

马克思主义哲学的创新之处就在于把次要变成了主要，把边缘变成了中心。用“物质”的范畴，简化了西方哲学传统的中心范畴，确定了“物质”的中心地位，这就是马克思唯物主义变革的意义所在。为了理解马克思主义唯物主义的变革，首先要理解在西方哲学史上，“实是”、“存在”、“物质”等范畴的嬗变过程。下面我先介绍在西方哲学史上，物质的概念是怎么产生和演变的。

西方哲学的最早形态是古希腊哲学。但在古希腊哲学中，并没有我们现在讲的“物质”的概念。当然，在希腊哲学当中，也就不会有以“物质”概念为中心的唯物主义了。之所以要指出这样一个事实，因为过去用唯物主义和唯心主义两军对阵当作哲学史的唯一线索和内容。但是，我们可以看到，在哲学的最早阶段，在希腊哲学当中，根本就没有“物质”的概念，这个事实说明两军对阵在一开始的时候就不存在。这是我要强调的第一点。

第二点，希腊哲学当中虽然没有我们现在所讲的“物质”的概念，但是它有一个和“物质”相近的概念。这个概念叫“质料”，“质料”在希腊文中，它的原意是木材。最早的哲学家并没有用抽象的概念来说明问题，而是用生活术语来谈深奥的哲学道理。最早的一批希腊哲学家，用木材或“质料”来表示世界有一种原材料。第一批哲学家把“质料”叫做火、水、气，认为这些东西都是“质料”。但是，这些“质料”并不是我们现在讲的物质的形态。不管是火、水、气，都是有活力的一种灵魂。所以，西方最早的哲学家泰勒斯说，万物都有灵魂，也就是说万物都充满着神。赫拉克利特说，世界就是永恒的活火，在一定的程度上燃烧，在一定的程度上熄灭。列宁很欣赏这句话，他认为这是辩证法的一个精彩的表达。但是，列宁没有注意到，当赫拉克利特讲世界是永恒的活火的时候，他的意思是说世界是一个活的灵魂。因为，他讲的“永恒的活火”相当于他讲的另外一个概念“logos”，后来把它翻译成理性。他说，“logos”是灵魂所固有的，即理性是灵魂所固有的。我们可以看到，这个世界是永恒的活火，就是说世界具有灵魂所固有的理性。不管是讲世界是火，还是水、气，物质没有和精神分开，它们既是看得到的原材料，又充满着灵魂，这就是唯物主义。以前的教科书说最早的哲学家都是朴素的唯物主义者，实际上并不是。

后来，亚里士多德正式把“质料”变成了哲学的一个重要范畴。但是，在他看来，“质料”是隐蔽的，它深藏在事物和运动的深处，是我们感觉不到的，是一团混沌的东西。它是没有形状的。为什么？

如果它有形状，就要有一定的形式，有了一定形式以后，就不是“质料”了。亚里士多德哲学是“形式”和“质料”的两分法。比如，桌子是方的，有颜色的。但是方的形状，黄的颜色，硬度都不是“质料”，而是一种形式；而“质料”本身没有形式，没有任何可感的性质，看不到、摸不着，是一团混沌，但如果把一定的形式加在一团混沌上，给了它一定的具体的形状、颜色，就变成了桌子。但是桌子是“形式”和“质料”的复合物，不是单独的“质料”，“质料”本身是看不到，它是深藏在形式后面的、不可感的混沌的东西。这是亚里士多德的“质料”的概念。

“质料”的概念在中世纪时有了变化。中世纪，很多神学家继承了亚里士多德的哲学，但是另外一方面也改造了亚里士多德的哲学。因为中世纪的神学家以基督教的信条为信仰。按照基督教的说法，上帝从无到有创造了世界，“质料”和“形式”都是上帝创造的。一开始的时候，世界上什么都没有，上帝创造了“质料”和“形式”，再用“质料”和“形式”创造了万物。但是“质料”既然是上帝创造的东西，它本身就不可能是一无所有、一无所是的，它一定有一定的形状、性质。根据基督教的信仰产生的观点和亚里士多德讲的不一样。亚里士多德没有讲“质料”是上帝创造的，但基督教讲“质料”是上帝创造的，既然是上帝创造的，就不可能是类似于无的、空虚的混沌状态，而一定有具体的规定性，首先要有一定的形状。

中世纪的大哲学家托马斯·阿奎那对亚里士多德的“质料”的概念作了个区分。他说，有两种“质料”，一种叫原初的“质料”，就像亚里士多德讲的，它是不可辨认的、一团混沌的东西。除了原初的“质料”以外，还有一种能指的“质料”。能指的“质料”是可以区分出形状大小的东西，除了形状大小之外，没有其他的性质。比如，桌子的能指的“质料”是它的形状，至于桌子的颜色、硬度、高矮等等，这是后来加上去的“形式”，但是，一开始的时候，它一定要有具体的形状大小。

中世纪的“质料”已经接近了近代哲学“物质”的概念了。近代哲学之父，法国的笛卡儿区分了两种本体：一是精神，或者叫自我，它的本质是思想；二是物质，物质的本质是广延。所谓广延是长、宽、高的形状。笛卡儿明确地把物质当作与精神相区别的本体。并且，物质的本质属性就是广延。这个时候，有了我们现在所讲的物质的概念。在这个方面，笛卡儿确实奠定了近代哲学的基础。以后的哲学家，不管是否同意笛卡儿的观点，也不管是唯物论者还是唯心论者，他们都接受了笛卡儿的定义，也就是物质是有广延的本体，他们都是在用广延来定义物质的。当唯物主义者要维护物质概念的时候，他们说，因为我们周围有很多有广延的事物，是不可否认的，物质是真实的。而反对唯物论的哲学家，也是从同样的前提出发，说物质的广延并不是真实的存在，是随着我们主观认识的条件的变化而变化的。比如，颜色依赖我们视觉器官而存在，如果我是色盲，我就看不到一定的颜色。在不同的条件下，不同的人看到的颜色效果不一样，所以他们说颜色是主观的性质。同样，广延也是一种主观的性质，物质也不是一种真实的存在。但是，不管反对的也好，赞成的也好，他们实际上都有一个共同的前提，就是把物质的本质当作广延。比如，18 世纪法国著名唯物主义者拉美特利说过，我睁开眼睛，就看到我周围的只是物质，只是具有广袤的东西，可见，广袤这种属性属于一切物质，这种特性的前提是，形体有三个维度，长、宽、高。所以，他说只要睁开眼睛一看，我们周围都是有长、宽、高的东西。那这不就是物质吗？这不就证明了唯物主义是不可驳倒的真理吗？对他来讲，这是一个简单的、自明的真理。当然这是一种直观的唯物主义。

费尔巴哈是马克思的先驱。费尔巴哈摆脱了把物质等同于具体的有形事物简单化的观点。他建立了一个比较系统的物质的本体论。费尔巴哈的唯物论也是从“实是”这个概念出发的。首先，他把“实是”理解为存在，然后又把存在理解为自然界的存在。以前，物质是一个次要的概念，但在费尔巴哈那里，他已经完成了这个颠倒，把物质变成了中心和主要概念。什么叫“实是”？他说，那是指一个东西，要讲一个东西是什么，首先是承认它的存在。那么，存在是什么？存在是自然界的存在。自然界是无意识的本体，是第一性的本体，人和人的思维都是自然界的产物，它们虽然也是存在，但是第二性的存在。他批判黑格尔，黑格尔的错误是把第二性的东西当作是第一性的东西。所以，我们可以看到，物质是第一性的，思维是第二性的，这个观点在费尔巴哈那里已经有了。把物质从次要的范畴，转变成中心的范畴，费尔巴哈已经完成了。但是费尔巴哈是一个自然本体论者，他认为物质就是自然界的本体。下面我们来看看马克思的变革的意义何在。

马克思在《关于费尔巴哈的提纲》中，批评了旧唯物论者，包括费尔巴哈，他说："以前一切唯物主义——包括费尔巴哈的唯物主义的主要缺点是：对于对象、现实、感性，只是从客体的或者直观的形式去理解，而不是把它们当作人的感性活动，当作实践去理解，不是从主体方面去理解。"这段话非常重要，现在，马克思主义哲学界提出了实践唯物主义的观点，其中一个很重要的依据就是马克思的这段话。我们对物质应该从实践的方面去理解它，应该从主体的方面去理解它。马克思在这里批评了以前的唯物主义的两种倾向。一种是把物质的本质等同于广延，等同于运动，物质是感性直观的对象，物质是有形状的事物、运动的事物。这些东西，都是我们的感性直观，跟拉美特利讲的一样，只要眼睛一看，周围看到的都是物质，这是一种感性直观的东西。还有，费尔巴哈把物质理解为自然本体，也是从客体的方面去理解的。马克思讲，这种对物质的理解，都是旧唯物主义的理解，不是他的理解。马克思是怎么理解的？马克思确实是一个唯物论者，他的唯物论的变革之处就在于，他给物质的范畴注入了新的、历史上从未有过的内容，打开了新唯物主义的视野，从人和自然的关系中来看待物质。这就是马克思讲的要从实践的方面去理解，要从人的主体方面去理解。马克思看到，在人类社会中，没有纯粹的自然物，即使我们现在所讲的自然，比如我们看到的山山水水，实际上都打上了我们实践的烙印。甚至几千光年以外的星球，我们为什么承认它们的存在？因为我们从天文望远镜当中看到了它们，观察到了它们的存在，天文望远镜是实践的产物，就更不用说地球上的山山水水了，好像是没有开发，但实际上，都是直接和间接地受到了人们实践的影响。直接的影响是我们的开发利用，间接的影响是我们人类的活动影响了环境，而环境又影响到了那些没有开发的自然环境。所以，在社会中，根本就没有纯粹的自然物，自然界是和人的实践有关的物质，它们或是人的生产资料，或是生产劳动的产品，或是人类生存的环境、劳动的条件，这些都是和人的实践密不可分的。马克思在1844年《经济学哲学手稿》中提出了“人化的自然”概念。他说，现在的自然并不是纯粹的自然，而是人化的自然。他说：“只有在社会中，自然界才是人自己的人的存在的基础。只有在社会中，人的自然的存在对他来说才是他的人的存在，而自然界对他来说才成为人。”从这句话可以看到，马克思在一开始就反对离开人、离开人的实践、离开人的社会性来看待自然界。这是马克思的物质观的一个要点：从人和自然的关系中看待物质。

马克思的第二个视野，是从人的社会关系来看待物质。在马克思的著作当中，物质在大多数的场合，都不是一个名词，而是一个表示人的社会关系和社会实践的形容词。在马克思的著作当中，我们看到的物质概念在大多数时候指物质生产、物质力量、人与物质的关系、物质生活条件等等。在这样的概念当中，我们可以看到，物质是形容词，它不是一个表示本体的名词的概念。他并不是把物质看做是独立于人的社会关系的一个自然本体。在和恩格斯合作的《神圣家族》中，他说：“实物是为人的存在，是人的实物存在，同时也就是人为他人的存在，是他对他人的人的关系，是人对人的社会关系。”非常清楚，马克思并不强调物质是不依赖于人的存在，而是强调人和人的社会关系。我们可以看到马克思的变革之处，他和其他旧唯物主义不一样的地方，并不在于他把物质看做是第一性的自然界的本体，而是在于他用物质表示人和自然的关系，以及人和人的社会关系。如果说物质是自然界的话，那也是人化的自然。人和人之间的关系也是一种客观的，受到物质条件、物质生产制约的社会关系。这两点，是在以前的西方哲学里，从来没有过的一种论述和视野。

当然，我们现在还是把物质看做是不依赖于人的本体，教科书都是这样说的。这种说法的根据主要来自于恩格斯和列宁。马克思主义哲学的自然本体论最早出现在恩格斯的著作中。恩格斯有两本书，谈到了物质的概念，《反杜林论》和《费尔巴哈和德国古典哲学的终结》。在《反杜林论》中，恩格斯说，“当我们谈到‘实是’的时候，它的意义仅仅是存在”，又说“世界的统一性不在于它的存在，而在于它的物质性”。把“实是”归结为存在，再把存在的概念归结为物质，费尔巴哈已经做了这方面的工作。恩格斯继承了费尔巴哈的观点，在《费尔巴哈和德国古典哲学的终结》中，恩格斯又说明了物质第一性，思维第二性，这是哲学的基本问题。教科书里一开始就讲，哲学的基本问题是思维与存在的关系问题。这里讲的存在是自然界，思维是精神。恩格斯讲得非常清楚，存在与思维的关系，就是自然界和精神的关系。到底自然界是第一性的，还是人的精神是第一性的？当然，自然界是第一性的，人的思维是自然界进化、发展的产物，这是被科学证明的真理。这个自然本体论的观点，是对费尔巴哈唯物主义的继承。

列宁在《唯物主义和经验批判主义》中，给物质的范畴下了一个非常著名的定义，这个定义在所有的教科书里都可以看到。列宁的《唯物主义和经验批判主义》是一本论战性的著作。有一些物理学家根据当时物理学的一个新发现——原子可以转化为能量，说物质被消灭了。这些物理学家为什么会得出这种错误的结论？因为他们还是按照旧唯物论的观点理解物质的定义。他们认为，物质是广延的，是有长、宽、高，有具体形状的东西，如原子有一定的形状，但原子转化成能量以后，能量的形式没有广延，因此他们就说物质消灭了。物理学家的这种糊涂的观念，只是在把物质等同于有广延的东西，把物质等同于某种自然形体，比如原子的时候，他们的证据才是有效的。但是这种观点恰恰是马克思批判的旧唯物主义的观点。马克思从来没有讲物质的本质属性是广延，马克思也没有讲物质是离开人的自然形体，更没有把它具体化为原子。所以，物理学的新发现——原子能够转化为能量，根本不能构成对马克思的唯物论的挑战。但另外一方面，这种观点确实对自然本体论构成了一种挑战。列宁为了捍卫自然本体论，捍卫恩格斯关于物质第一性、意识第二性的原则，写了这本书。列宁说得也很明确：“物质和意识的对立，仅仅在承认什么是第一性，什么是第二性认识论的基本范围内，才有绝对的意义。”列宁把物质第一性和意识第二性看做是一个认识论的原则，把物质看做是一个认识论的范畴，而不是看做是一个历史的、实践的、生产劳动的要素，仅仅把物质限制在认识论的范围中加以讨论。正是在这个范围中，列宁得出了关于物质概念的定义：“物质是标志客观实在的哲学范畴，为我们的感觉所复写、摄影和反映。”

四、人本主义和马克思“以人为本”的思想

现在我们来探讨人本主义和马克思“以人为本”的思想。我们中文的词汇中，有“人本主义”、“人道主义”、还有“人类中心主义”，其中“人本主义”和“人道主义”在英文中是同一个词“humanism”。“人类中心主义”是“anthropocentrism”，其实这些中文词汇都有一个共同的含义，就是“以人为本”，马克思无疑是有“以人为本”的思想的。马克思在1843年的一封信中说，“专制政体的原则总的来说就是轻视人，蔑视人，使人不成其为人”，“这种制度的原则就是使世界不成其为人的世界”，世界于是成为“庸人的世界”、“政治动物的世界”。在马克思的著作当中，像这样的以人为本的思想比比皆是，不但在早期，在1844年的手稿中，即使是在他的代表作《资本论》中，在后期的笔记中，我们都可以看到马克思对人的价值的热情推崇，以及对摧残人的价值的社会制度的无情批判。马克思的“以人为本”的思想是不容质疑的。

但是，现在有个关键的问题：马克思这方面的论述能不能用人本主义来概括？有一种观点认为，人本主义是唯心主义的学说，和唯物主义是对立的，我们在马克思的著作中，读到的一些关于以人为本的论述只是他早期的思想，那个时候他还没有摆脱黑格尔唯心论的影响，而以人为本的提法，在他的后期，在他思想成熟以后，就没有重要的理论意义了。现在一些人是这样解释的。

我认为这种解释是站不住脚的。首先，我们要来看，人本主义是不是一定是唯心论？一定与唯物主义相对立？从字面上说，唯物主义是以物为本，人本主义是以人为本，两者在字面上是对立的。但是，我们要看到，人和物的对立是旧唯物论的特征。马克思的新唯物论是把人和物统一起来了。他从人和自然的关系当中，从人的社会关系中看待物质。马克思讲的物质是社会性的，是一种社会存在，物对人来讲，是有价值的东西，具有人的价值。他的唯物论是以人的价值为基础，是一种人本主义的唯物论。马克思在批评以霍布斯为代表的机械唯物论的时候，说过一句话，在那种思想体系当中，"唯物主义变得敌视人了"。"敌视人"是什么意思？因为机械唯物论使物质失去了人的价值，只具有一种抽象的几何特征，把物质看成是广延的，广延是一种抽象的几何特征，根本就没有人的价值，所以变成敌视人。费尔巴哈提出了人本学，人本学是由感性恢复了自然界对人的价值。在费尔巴哈的人本学里，自然界对人是有价值的，但是他不懂得实践的革命意义，人只是消极地去接受和适应自然界，而不是主动地通过劳动的实践去改造环境。马克思的唯物论是把人的价值和物的价值统一起来了。人通过劳动的实践，创造了物的价值（交换价值），同时在劳动创造的过程中，也实现了人自身的价值。我们现在讲的价值，首先是一个政治经济学的概念，包括使用价值和交换价值，交换价值是衡量劳动的尺度，也是人的本质活动——劳动创造的价值。马克思为什么花那么大的力气写《资本论》？因为《资本论》研究了劳动创造价值的全部过程，包括商品的生产、流通和消费。通过商品价值，他揭示了劳动的本性是什么。劳动是人的本性，但劳动被异化了，劳动的异化也是人的异化，人的异化最后要获得解放。马克思的政治经济学，不仅仅是在研究经济问题，实际上也具有哲学变革的意义，他是把以物为本的旧唯物论改造成以人为本、以实践为中心的新唯物论。正如马克思在《资本论》中说："一旦人已经存在，人——作为人类历史的经常前提，也是人类历史的经常产物和结果，而人只有作为自己本身的产物和结果才成为前提。"在其他地方，马克思把人当作"基础"："人本身是他自己的物质生产的基础，也是他进行的其他各种生产的基础”，“人是全部人类活动和全部人类关系的本质和基础。”马克思把人当作基础，人是全部人类活动和全部人类关系的本质和基础，人既是历史的前提，又是人的全部活动和人的全部关系的基础。这不就是人本主义吗？并且是一种哲学的人本主义，是和他的唯物论联系在一起的人本主义，所以他既不是唯心论的，更不是和新唯物论相对立的人本主义。我刚才讲的这种人本主义的论述，都能在《资本论》和后期的笔记中找到。根本不属于他早期的思想，而属于他后期成熟的思想。所以，把马克思以人为本的思想当作他早期不成熟的思想，当作受了唯心论影响，是和唯物论相对立的思想，这种看法，我觉得是站不脚的。

马克思的人本主义是属于他思想的主流，并不是和他的唯物论相游离的只言片语。另外一方面，现代西方哲学的一个主流也是人本主义的价值论。正因为马克思的人本主义和现代西方哲学的人本主义有共同关心的焦点和共同研究的对象，两者才有对话和交流的广阔空间。但是，到现在为止，马克思的人本主义思想，大部分主要是由西方的马克思主义阐发出来的，而不是由苏联或中国的学者阐发出来的。当然，现在中国的学者已经注意到这个问题了。现在我们中国的学者，为什么要讲实践唯物论？为什么要突破苏联教科书的辩证唯物主义的体系，提出实践唯物论？为什么我们要提倡马克思主义的人本主义研究？因为看到了以前对马克思哲学的研究的偏差，认为马克思唯物论只是物本主义，见物不见人。现在要把这个偏差扭转过来，在理论最基本的部分，把以物为本转变成以人为本，转变成以人的实践为中心，强调人的主体性，强调人的实践的意义。但是，这只是最近所发生的转变，还没有完全转变，哲学界仍然有争论。马克思主义的人本思想，现在主要还是由西方马克思主义阐发出来的。我想，造成这种状况的一个主要原因，就是一些马克思主义的正统理论家，把马克思主义的人本主义和唯物主义对立起来，或者否认马克思主义有人本主义的思想，如果在马克思的著作中看到人本主义的论述，就说这是他早期的思想，对他成熟的思想并没有理论意义，或者把马克思主义以人为本的思想边缘化，认为它不重要。这种理论上的解释和宣传，削弱了马克思主义固有的人本主义的思想，使人本主义理论成为西方哲学的专利。好像一讲人本主义，那只是西方的思想，马克思主义只能讲辩证唯物主义和历史唯物主义，这样就造成了我们对马克思的人本主义注意不够，没有把马克思的人本主义放到应有的重要位置。我想，我们理论界在这个方面已经取得了很大的突破，从对马克思主义旧的、保守的解释中，“左”的、僵化的解释当中解放出来。我认为，这个解放是非常重要的，也是非常有现实意义的。

有人提出来，要我讲得更现实一点。其实，我讲的都是很有现实意义的。到底是不是“以人为本”？这就是很有现实意义的。马克思是讲阶级斗争的，但是马克思认为阶级斗争仅仅是一个手段，他最后是要达到消灭阶级的目的。而为什么要消灭阶级，消灭阶级就是要实现所有人的自由。我们可以看到，到底是以人为本还是以物为本？这看起来好像是很抽象的哲学问题。但是，我们如果联系中国特别是解放以后的历史和现实，可以看到，它有很强的政治、思想的针对性。

五、西方的自由思想传统和马克思的批判性自由理论

下面我讲讲马克思的批判性自由理论和西方的自由思想。在1884年的时候，意大利有个名叫卡尼帕的社会主义者要办一份刊物，他写信给恩格斯，要恩格斯给刊物题词，要恩格斯用一句话概括社会主义社会的本质。卡尼帕在信中说，意大利的诗人但丁曾经用一些人统治、一些人受难来概括旧社会的本质。但是到现在，还没有一句话能概括新社会的本质，所以，对恩格斯提出了这个要求。恩格斯在回信中说：“除了《共产党宣言》里面的这句话，我再找不出更合适的了。”恩格斯讲的《共产党宣言》中的这句话是：“每一个人的自由发展是一切人自由发展的条件。”恩格斯是最了解马克思的人，他认为这是马克思主义全部理论的精华所在。确实如此，自

由是马克思终身追求的一个目标。关于自由的理论在马克思的哲学中，占有极为重要的位置。恩格斯甚至用了其中的一句话来概括马克思主义全部的精华或本质。但是，直到现在，还有人说，马克思对自由的关心和追求，只是他早期不成熟的思想，反映了资产阶级的自由思想对他的影响。马克思确实是从青年黑格尔转变过来的，有人就凭这一点，认为马克思的以人为本的思想、自由的思想只是受到了黑格尔的唯心论的影响。在这些人看来，马克思讲到自由，只是要利用资产阶级的民主来为无产阶级革命服务，把自由当作一个手段，而不是当作一个目的。目的是什么？目的是无产阶级革命、无产阶级专政。这种理解又不对了，因为我们刚才讲，《共产党宣言》里说得很清楚，共产主义的目标是，每一个人的自由发展是一切人自由发展的条件。可见，自由在马克思那里，不是手段，而是目的。相反，革命和专政才是手段，是为人类的解放和自由服务的。

忽视马克思的自由理论的人在学理上忽视了一个事实，马克思提出的自由理论是批判性的，他是批判地继承了西方关于自由的学说，建立他自己的自由的理论。我们还是要对西方的自由思想作一个简单的回顾，看看马克思对它的批判、对它的继承表现在什么地方。

可以说，在西方哲学史上，一开始就充满着对自由的思考和追求，我在《西方哲学简史》中谈到，自由是西方哲学的一个重要的范畴，但只是到了18世纪的启蒙运动中，才把自由的思想落实到社会思想和政治生活中。以前，不管是希腊人也好，还是中世纪的基督教也好，自由主要是指意志的自由，选择的自由，完全在精神领域里谈自由。在18世纪的启蒙运动中，自由已经变成了一种政治的权利，要在社会和政治的领域来落实自由思想的传统，启蒙的成果集中反映在《人权宣言》和《独立宣言》这两个纲领性的文件当中。这可以说是人类的一种进步，精神上的进步，也是哲学上的进步。

启蒙运动不但发生在法国和英国，同样也表现在德国，很强烈地表现在德国古典哲学中。黑格尔说过，康德哲学是在理论方面对启蒙运动的系统陈述，他对康德哲学的评论实际上也适合对德国古典哲学的一般评论。德国古典哲学家继承了启蒙时代的批判精神和自由精神。康德说过，我们的时代是一个特别意义上的批判的时代，所有的一切都要服从批判。黑格尔也说过，我们时代的伟大，就在于承认自由和精神的财富，精神本身是自由的。黑格尔又说，理性和自由永远是我们的口号，无形的教会是把我们连接在一起的共同的目标。德国哲学家把对自由的信仰、对理性的信仰变成了一种精神上的宗教。所以，黑格尔说这是一种无形的教会，把我们连接在一起。

马克思正是生活在这么一个时代，他继承了启蒙运动的自由、批判的精神，同时又继承了德国古典哲学中批判自由的精神。他对自由主义的始祖洛克和法国大革命的精神领袖都有过实事求是、中肯的评价。比如，他说，英国的自由思想起源于洛克，而法国的自由思想来自于英国，另外，他对卢梭的《社会契约论》也有很多评述。他一方面肯定了启蒙运动的自由、批判的精神；另一方面，他又用批判的态度去对待这些批判的理论。他的理论和实践是一致的。他看到黑格尔的辩证法里的一个矛盾，本来黑格尔的辩证法在本质上是批判的，是革命的，但是，黑格尔为了建立一个体系，说道，我（指黑格尔）的哲学体系包容了所有的哲学，终结了所有批判的可能性；在政治上，他也说，普鲁士的国家是国家的最高形式，到了普鲁士国家，世界历史终结了。从批判走向封闭，这是一个矛盾，黑格尔虽然提倡辩证法的批判的精神，但是他没有把批判的精神运用于他自己的哲学，运用于他自己所处的国家。

马克思从来没有建立一个哲学体系，因为他知道，如果他要建立一个哲学体系，那么这个体系就是封闭的，它就要终结于某一点，那么就没有批判的可能性了。他以批判的态度对待康德、黑格尔、卢梭、洛克以及历史上一切自由的学说。同样地，他也是用批判的学说来对待自己的哲学。他从来没有讲他自己有一套哲学体系，他不认可马克思主义这样的提法。实际上，马克思的理论在他生前已经广为传播了，已经有了马克思主义这种提法，但是马克思明确地说，他自己不是马克思主义者。因为他看到了把他的思想变成一个主义，有僵化的危险。他的自由理论是一种批判性的理论，他这种批判的精神，克服了以前的思想家的局限性。启蒙学者在自由和奴役之间作了一个简单化的二元对立——或者是自由状态或者是奴役的状态。他们认为，启蒙就是要把人们从奴役的、黑暗的状态下解放出来。好像经过他们主观的努力，人一下子从奴役的状态变成了自由人，摆脱了黑暗，得到了光明，没有一个逐步发展的、进化的过程。马克思克服了这种自由和奴役的二元对立的观点。

另外，马克思也克服了德国哲学家只是在精神领域来寻求自由。他认为，德国哲学家在某种程度上继承了启蒙运动的传统，另一方面也是启蒙运动的一个倒退。因为启蒙运动是要把自由的思想落实到社会和政治的层面，而德国的古典哲学家只是在哲学上，只是在精神的领域来谈论自由。在马克思看来，这正表现了当时德国资产阶级的软弱性。马克思的这种批判的精神，使他超越了历史上的局限性。概括地说，马克思的批判性的自由理论有三种成分：一种是历史的成分，一种是现实的成分，还有一种是理想的成分。

所谓历史的成分，是通过对前资本主义的批判，说明了个人自由和政治自由的起源。马克思认为，个人自由和人权，都不是自然的产物，而是历史的范畴。只是在历史的一定阶段，才被提出来的，具体地说，是在资本主义阶段才被提出来的。资本主义在一定的程度上，在社会和政治的层面上，实现了自由权。在前资本主义时代，没有抽象的一般人的观念，更谈不上政治自由、平等的自由权。马克思对此有一个政治经济学的分析。马克思在《资本论》中，把商品交换的领域称作是天赋人权的伊甸园。伊甸园，我们都知道，是从《圣经》里借来的典故。人权的观念是从商品的自由交换、平等的自由交换当中产生出来的观念。在前资本主义时代，商品经济不发达，人和人之间是一种依附的关系——人或者依附于自然，或者依附于他的统治者，人没有独立的、平等的人格。但是只是到了资本主义社会，商品才可以在全社会范围自由平等地交换，商品的自由平等交换是资本主义发展的一个前提。这种商品的交换当然也包括人的劳动力，人可以在商品市场上出卖自己的劳动力，用自己的劳动力换取商品。但这里有一个前提，要把所有的人的劳动都看成是平等的。起码在法律上，在抽象的意义上，在形式上，人是平等的，人的劳动力是平等的，然后他所创造的交换价值才可能是平等的，才可能有平等交换，这是资本主义商品经济的秘密。正是从这个秘密中，马克思看到了政治的、社会的意义，这就是人的独立人格的出现，平等的自由权的诞生。所以，他说，只是在这个过程的一定阶段，人才成为人。他把前资本主义时代说成是人的史前史。并不是说，人作为一个生物的人不存在，而是说作为有独立人格的人并不存在。但是只是到了资本主义社会，人在人格上才平等、独立了，才获得了现实性。

马克思自由理论的现实成分，是对现实中的自由权的肯定。自由权主要指公民的自由权，包括言论和表达的自由，集社、集会的自由，普选的自由，平等的公民权，这些权利都是现实的权利，因为这些早就写在《人权宣言》和《独立宣言》之中，是社会现实的一部分。马克思对此是充分肯定的。当马克思指出，个人的自由权是资本主义的产物的时候，他的意思绝不是说，这些权利只是资产阶级才享有的自由的权利。相反地，因为在资产阶级革命的时代，资产阶级也是被压迫的，也是属于民众的范畴，这些自由权是包括资产阶级在内的广大民众应该享有的平等权利，也是资本主义社会所必然要求的自由权。当然，我们讲，现实并不等于实现，应该享有并不等于在事实上都享有。如果这些自由权在现实当中不能够实现，也不是因为这种自由权是虚假的，只是资产阶级的一个欺骗，而是因为那些站在资产阶级反面的反动势力，封建贵族的专制逆历史潮流而动。在马克思的时代，主要是普鲁士国家的专制的阻挠，使资产阶级主张的自由权不能在现实中实现。马克思在争取现实的自由权方面是竭尽全力的。他的自由理论和实践最突出表现在他写的一篇文章《评普鲁士最近的书报检查令》中。这是一篇为争取言论自由而战斗的文章。他指出，“自由是人类精神的特权；只有自由的出版物，才能代表人民的精神，只有实现了言论出版的自由，才能实现其他方面的自由。”这些都是马克思自由理论的现实成分。

马克思主义的自由理论并不停留在资产阶级自由权的层面。虽然，他承认这是一个历史的进步，资产阶级是人在历史上第一次成其为人，但他的批判精神超越了资本主义。他的自由理论的理想成分是他的共产主义理想。他认为，资产阶级的自由权在法律上虽然是平等的，但是这种法律上的平等只是一种形式上的公正，并不是一种实质上的公正。在私有制的情况下，虽然有平等的选举权，但是资本家可以通过金钱影响舆论，在选举中要比无钱、无势的工人阶级有更大的影响力。虽然，在法律上规定了他们是平等的，但是在实践生活中，由于生产资料私有制，在实质上是不平等的。所以，只有消灭了私有制才能从根本上消除政治上的不平等、经济上的匮乏和心理上的恐惧。只有在这样的条件下，才能实现“每一个人的自由发展是一切人自由发展的条件”的实质性的自由。这是他的共产主义理想的成分。

下面我简单地说两个问题。一个问题是：现在讲强调自由理论会不会有自由化之嫌？马克思不但充分肯定了自由，也肯定了自由化。自由化就是我们说的“解放”。马克思主义是以解放全人类为目标的。“解放”在英文当中是“liberalization”，比如，我们现在讲“解放军 Liberalization Army”，“liberalization”是从哪里来的？它是从自由来的，liberal 是一个形容词，如果加上后缀 ization，就变成了自由化。这就像我们现在讲的现代化 modernization，它是从形容词 modern“现代”而来的，如果把它加上后缀 ization，就变成了现代化。同样“自由”liberal，把它加上一个 ization，就是解放，但是它的字面意义就是自由化。“化”是什么意思？“化”就是把它推广，使它普遍化，这就叫“化”。把自由权推广，使它普遍化，这就是自由化。这和现代化一样，现代化是什么？现代化就是把现代的东西加以推广，使之普遍化。我们推广自由权，使之普遍化，这有什么不好呢？这种自由化就是马克思讲的解放的意义。当然他讲的是无产阶级的自由化，是要解放全人类。它和资产阶级自由化不一样。资产阶级自由化确实在讲自由权，提倡自由权。但是这种自由权，是形式的自由，虽然写在法律上，但是在实质上，在现实中，由于私有制的存在，这种自由不可能真正地实现，不可能实现全人类的解放。

资产阶级自由化的理论基础是自由主义的学说。现在世界上有两大意识形态，资本主义的意识形态主要指的就是自由主义，社会主义的意识形态主要是指马克思主义。我们通常认为，这两大意识形态势不两立、你死我活。但如果我们考虑到马克思也是充分肯定自由和自由化的，那么这两大意识形态的对话在理论上是可能的。并且，在全球化的时代，这种对话，在我看来，也是必要的。

如何能够对话？我在这里想借助自由主义的一个代表人物柏林的说法。他提出了两类自由，一种叫消极的自由，一种叫积极的自由。所谓消极的自由是免除奴役的自由（freedom from），免除了哪方面的奴役呢？美国总统罗斯福在 1941 年 1 月 6 日国会上发表了一个国情咨文，国情咨文是对法西斯日本、德国宣战。他说，我们为什么要对法西斯宣战？是为了保卫人的基本的自由。他把人类的基本自由归结为四点：一是言论和表达意愿的自由，二是信仰的自由，三是免于匮乏的自由，四是免于恐惧的自由。我们可以看到，这四个基本的自由都是否定的自由，都是免于奴役的自由。自由主义讲的自由主要是否定的自由，他们认为政治的目标就是这种否定的自由，把人从奴役的状态下解放出来，实现人类基本的自由。但是他们反对肯定的自由。肯定的自由是 freedom for——为了什么而自由。自由总得有目标，不仅是从奴役下解放出来，还要有正面的目标。自由主义讲，自由要达到的目标是个人的私事，这不是公共事务，政府不能干涉。哈耶克写了一本书《通往奴役之路》，批判马克思主义。还有波普尔和哈耶克的思想是一样的，都代表了冷战时代的自由主义。波普尔讲，马克思主义以追求人间天堂为美好愿望，结果却是把人间变成了地狱。我们现在来看，自由主义只关注消极的自由，而不关注积极的自由，这不是优点，恰恰是它的缺点。比如，自由主义和社群主义在争论，社群主义的一个代表人物麦金泰尔说，自由主义给政治活动一定的限制，但是它没有为政治活动赋予理想或者远见，它从不告诉人们应该做什么，结果是，自由主义在公共事务领域中一事无成。自由主义在公共事务中，表面上打着“消极自由”的口号，但实际上是用另外一种方式来操作，而不是跟随着自由主义的信念，实践和理论并不一致。如果我们从肯定的自由和否定的自由两方面看问题，马克思主义和自由主义的对立并不像人们想象的那样不可调和。自由主义强调消极的自由，但是它拒绝人类解放的理想和积极自由的远见卓识。这方面，它应该用马克思的关于积极自由的理论的理想成分来补充。另一方面，马克思主义自由理论的现实成分虽然对自由权作了充分的肯定，但是他没有提出一个可操作的、具体的方案。他相信无产阶级专政是人民的主权，是大多数人的统治。但是，在某些情况下，也要重视保护个人的自由。自由主义者注意维护消极的自由。他们的思想以及他们所采取的一些政治的、法律的措施，可以防止对马克思自由理论的误用和滥用，防止在阶级斗争和无产阶级专政的口号下，把大多数人统治变成对大多数人统治。这样一来，马克思主义和自由主义这两大意识形态，是不是存在对话和交流的空间呢？我想是肯定的，这也是我们今天要讲的马克思主义和西方哲学关系的一个现实意义。

第四讲　西方政治哲学的基本知识

李鹏程，中国社会科学院哲学研究所副所长、研究员。主要论著有与王厚香合著的《天下第一家——孔子家族的历史变迁》，学术论文有《跨文化传播的民主概念——对民主概念的文化价值的理解》等。

一、导论

近年来，在西方各大学和研究机构中，政治哲学成为一门“显学”。全世界哲学学术界和政治学术界，甚至包括整个人文研究领域，对政治哲学本身的探讨和对政治哲学理念的跨学科探讨，都正在越来越深入地进行。在这样的大背景下，中国学术界研究政治哲学的人逐渐增多，发表的论文和著作也不断增加，社会各界对政治哲学的兴趣也越来越大。我在这里给大家介绍一些西方政治哲学的基本知识，供大家思考和研究问题时参考。

关于“西方政治哲学”，涉及两个概念：“西方”和“政治哲学”。

什么是西方？东方和西方的区分，原指以罗马为中心的世界和以君斯坦丁堡为中心的世界的区分。罗马人对拜占庭文化地区及其东均称为东方，而其西就是西方。后来以土地疆界为根据，把欧洲地区通称为西方，而把亚洲地区通称为东方。西方人在发现新大陆后，占领了南北美洲。此后欧洲和美洲被通称为西方，也就是我们现在说的“欧美”。

政治哲学是关于政治的基本思想理念，是一门哲学和人文精神学科。在古希腊文中，“政治”这个词与“城邦”是同一个概念(polis)。古希腊人的“政治学”就是对城邦问题的基础思考。亚里士多德的《政治学》实际上就是“城邦学”。他说，人是政治的动物。(参见亚里士多德《政治学》，吴寿彭译本，其中谈到“人类自然是趋向城邦生活的动物，人类在本性上，也正是一个政治动物。”)由于城邦是以“城”为中心的社会权利结构，因城中生活方式相对于乡野生活方式具有“文化”与“自然”的相对比较意义，故“政治”的词义中含有文明、开化、文雅和礼貌等文化价值意义，所以它密切与伦理学有关。

古罗马出现了人对政治的疏远态度。按照古罗马早期斯多葛派的理论，政治只是人的“一种”生活方式。古罗马皇帝马可·奥勒留关心人的灵魂的完美的兴趣高于对国家事务管理的兴趣。这种风气，导致了民间世俗生活对政治的疏远，使古罗马帝国时期基督教进入欧洲并流行起来。形成后来教会权力与世俗权力的两立局面，以致教会权力在中世纪实际上成为欧洲社会权力的中心。这就形成了“神权政治”的概念。

从中世纪晚期到进入近代以来，从文艺复兴强调个人解放开始，个人的主体性问题在政治思想上的反映就形成了“个人权利”的概念。个人自由的根本性和对个人利益的保护，成为近代以来西方政治哲学的主要概念。洛克系统地表述了这种观念，奠定了西方现代自由主义政治哲学的基础。而卢梭强调人类生而平等，强调人类生活在原初自然状态下的平等群居本性，强调“社会化生存”的意义。认为社会平等高于个人权利，只有社会平等才能有真正的个人自由。这就形成了近代西方政治哲学的两种基本模式：“洛克模式”和“卢梭模式”，即个人权利模式和平等社群模式。在这个基础上，形成了西方现代意义上的个人自由、社会平等、个人权利、国家、政府、市民社会、民主等一系列政治哲学概念，也就形成了对这些概念的颇有争议的研究和解释。

关于政治哲学与哲学、政治学的关系问题，西方传统的哲学家都有对相关基本思想理念的论述。

政治哲学不是政治学，它研究的是政治学思想中最基础的思想理念，这些理念都是哲学理念。而政治学要涉及到政治思想和政治实践、政治制度和政治实践的技巧。

哲学的现代形态，把哲学的范围狭窄化了，只谈宇宙（世界）本体论、认识论、方法论、社会历史论。谈到哲学的分支学科，如逻辑学、伦理学和美学等。但实际上，政治哲学和科技哲学也很重要。应该说哲学具有丰富的思想形态。

政治哲学不等于政治思想及其历史。政治思想是关于政治学的学科内容的思想，而政治哲学只是关于政治学的最基本的思想和基础思想的哲学形态。

政治哲学是从哲学理念的层面对人生政治生活现象的形而上学式的思考，是对政治学的基本的“原概念”的哲学批判。

下面介绍一下西方政治哲学的历史概要。

西方政治哲学的历史和西方哲学的历史一样长。可以根据西方历史和学术史与现实的关系，对西方政治哲学的学术思想的历史划阶段或者进行分期。大致可分为五个学术时期：即古代时期、中世纪时期、近代时期、现代时期和当代。

古代时期包括古希腊时期和古罗马时期。古希腊的政治哲学成果主要表现在大思想家柏拉图、亚里士多德身上。希腊化时期的三派哲学的政治理念也很有特色。古罗马时期的政治哲学主要从罗马法的思想成就和西塞罗的著作中得到理解。

中世纪时期就是指从西罗马帝国灭亡后到文艺复兴时期。这一时期，由于日耳曼人对罗马的入侵，古代日耳曼民族的“野蛮”的社会政治传统成为中世纪政治精神的一个根源。而古代希伯来文化中的（犹太人的）基督教的政治化使它成为欧洲的一个大全的政治实体。教会统治欧洲 800 多年，其政治统治的哲学基础，就是以基督教政治理论为主干，辅以被基督教转化了的日耳曼古代传统的政治理念。其思想在早期教士奥古斯丁那里可以看到，而其成熟的形态则由托马斯·阿奎那所建构。在经院哲学晚期，在英国唯名论学者的著作中，个人主体性和主权的民主政治理念得到了初步表达。

近代时期就是指文艺复兴以后到法国大革命前后欧洲启蒙运动这一时期。这一时期是现代政治哲学发展的奠基期和经典时期。马基雅维利、霍布斯、格劳秀斯、斯宾诺莎、洛克、孟德斯鸠、休谟、卢梭、康德、黑格尔等人，都是近代西方政治哲学的巨匠。他们的著作共同构成西方政治哲学思想的丰富宝库。

现代时期可以从超越近代启蒙思想框架的学术潮流的兴起算起。19世纪法国大革命前后，出现了诸多政治哲学的思想流派。主要有：一是边沁开创了现代功利主义政治哲学的发展道路；二是把“历史”和“进化”概念引入政治哲学研究，形成了政治哲学中的历史主义和进化论的思想潮流；三是提倡“价值中立”的韦伯和倡导“证伪”的波普，构成了“科学主义”的政治哲学研究趋向；四是西方政治哲学在20世纪经受了存在主义的解释的推进；五是20世纪法西斯主义思想也对政治哲学给出了自己的解释。

20世纪中晚期以来的政治哲学，作为对西方在近代和现代所形成“现代性”的思想框架的深究和批判，开始探讨一些新的问题和概念。这种探讨主要表现在四个方面：一是“西方马克思主义”的政治哲学，如卢卡奇、葛兰西和法兰克福学派各有特点的重要建树，尤其是哈贝马斯的以交往理论为基础的政治哲学理论在西方思想界形成了广泛的影响；二是随着罗尔斯《正义论》在20世纪70年代初的出版，英美国家的政治哲学研究掀起了一股强大的向道德哲学复归的浪潮，至今涨势不衰；三是20世纪60年代以来的后现代主义思潮，给西方政治哲学带来了许多新的思想问题和实际问题，需要人们进行研究和关注；四是经济全球化所推进的全球人类的更加广泛的交往，提出了人类必须探讨全球政治制度和全球政治秩序的新的哲学理念问题，多样政治思想、政治制度、政治文化思想的自由并存、对话、沟通、合作和复杂性融合，成为当代政治哲学的迫切的、新的研究视野。

二、西方古代政治哲学

西方古代政治哲学包括古希腊政治哲学、古罗马政治哲学和西方中世纪政治哲学。

（一）古希腊政治哲学

如果把 polis 称作城邦学的话，那么，如萨拜因所说，古希腊的政治学“不仅是政治学，而且同时又是伦理学、社会学和经济学”。也就是说，在古代人的思想还没有学科分化的情况下，政治哲学研究的并不是单纯的政治理念，而是研究人在城邦这样的集体（共同体）中生活如何获得幸福，城邦的统治如何达到“至善”。所以，在一定意义上，古希腊的政治学（政治哲学）是一门伦理学。其特征就是：政治与伦理的密切结合，政治的价值标准就是伦理美德，而把追求一种政治理想看做思想目标。

柏拉图是古希腊大哲学家。英国现代哲学家罗素称柏拉图的政治哲学思想是“政治的专制主义”。柏拉图认为，政治和道德是不可分割的。道德高尚的哲学家具有正确的判断能力，因而他们统治城邦内部因道德逐步降低、情欲逐步增加而形成了自高而低的各个等级。城邦内等级的这种不平等的隶属关系，以及各人根据自己的等级地位安分守己地从事自己的工作，就是正义。柏拉图强调，城邦是人们彼此互相需要的产物。他提出，城邦的目的就是为了“全体人民最大幸福”。因而，他的观点是城邦中的个人应该服从整体。柏拉图政治哲学的主旨是精英政治、等级制和整体主义。

亚里士多德是古希腊第二位杰出的哲学家，他是柏拉图的学生，创立了西方古代的政治学。亚里士多德把政治学规定为研究至善的科学。他仍然把政治学与伦理学密切地结合在一起，认为政治学是一种实践哲学，只有具备发达的美德观念和对日常习俗的丰富知识，才能有对政治的科学认识。他把政治学实践化为以活动对目的的追求，而使政治学摆脱了柏拉图式的纯粹理想主义性质。亚里士多德把伦理学看做关于自由人共同体的至善的学说。伦理学确定善的理性模式，而政治学则确定维护这种善的政体和制度模式。亚里士多德认为，城邦是向善的社会团体。城邦在本性上先于个人和家庭，全体先于部分。这个原理应该被看做国家主义的古代起源。他认为，共和制是正当的政治体制，是多数人为了公共利益进行统治。而且，亚氏强调，城邦政体要能够被大多数人和大多数城邦在生活实践中所接受，要依据法律进行统治，依据民主原则处理政治事务。

（二）古罗马政治哲学

罗马法所包含的一系列政治理念，是古罗马对西方政治哲学的贡献。罗马法的成文法就是公元前五世纪中叶罗马王制时期所颁布的《十二铜表法》。罗马法是一个思想丰富的法律体系，它分为“市民法”和“万民法”两部分。罗马法的思想特点主要是：对国家及个人的权利和义务进行了严格的区分。国家虽然被认定为社会存在和自然的必需框架，但个人是政治的主体。个人权利是国家存在的价值。罗马法认为国家是公民的共同财产（res publica res populi），这就是“共和国”（res publica）的本意。国家的权力被有限化，它只能在确定的界线内行使权力。罗马法提出了保护公民私有财产，区分了男人作为私人和公民的两重身份的不同。还提出了不以思想定罪、不能强迫公民违心自辩、禁止连坐等思想。

西塞罗是古罗马的伟大法律思想家和政治家。他自称是“学院怀疑派”，即他对学院派（柏拉图和亚里士多德等人）的独断论思想持怀疑的态度。西塞罗认为法律的基础是人的理性，同时，法律是对美德的实际运用，它使得美德实践化，而没有实现的美德只是虚妄而无意义的。他还指出，法律所依据的理性，作为正当理性，是与自然相一致的。他把公平地对待每一个人看做是有理智的人的素质，他认为这就是“正义”。因而，西塞罗指出，不以正当理性的正义为基础的法律，其实不是真正的法律。他十分强调正当法律对于人的生活的意义。他认为法律的政治生活是人应该过的最好的生活，这种生活优于哲学家的苦思冥想的思辨的精神生活。西塞罗把国家看做人民的事业，他认为国家是一个道德体，是国民根据一致同意的原则结成的共同体，国民之间相互具有义务并尊重他人的权力，他们之间是以公益为目的的合作关系。国家的本质就是其正义性和公益性。

塞涅卡是斯多葛学派的代表人物。他强调社会与国家的区别，是西方历史上第一个提出“自然状态”理论的人。他认为社会高于国家，他把社会看做人在自然状态时的“自然而然”的共同体。人们在这个共同体中道德高尚，财产公有，平等互助，幸福地生活着。而国家和政治是人类道德堕落的产物。人的贪欲瓦解了自己的共同体，产生了私有制。国家就是以暴力和不平等的法律维持富人的统治手段。他强调自然状态与国家的对立，强调人对自然的义务与对国家的义务的区分，看重前者而否定后者。塞涅卡的思想导致了古代国家至上观念的危机。

（三）中世纪西方政治哲学

中世纪是西方古代历史上的一个重要阶段。其特点就是以基督教文化为主体，融合古希腊罗马文化和古日耳曼传统文化于一体，形成了将近1000年的神学和神权统治时期。在这一段时间中，政治表现为“神权政治”，政治哲学则表现为对神权政治的理念的思考。

应该指出，神权政治和古希腊罗马政治不同，它有其独特的基督教宗教伦理学基础。基督教所具有的伦理基础，实际上是一种宗教共同体的社会伦理。这种伦理是构成西方中世纪神权国家和世俗国家的社会伦理基础之一。古希腊罗马的伦理理念通过柏拉图和亚里士多德伦理学对基督教伦理思想的影响，成为中世纪神权政治理念的一个次要的要素，而古日耳曼传统伦理也影响到基督教神权政治理念。中世纪的政治理念是宇宙论的整体主义，世俗的统治单元被以“政府”的形式表达出来，而并不重视国家和公民等古代理念。教徒而不是公民是神权政治所统治的基本个人的身份特征。

基督教《圣经》的政治哲学。基督教教义的文本化的集中表现就是《圣经》。圣经具有极其鲜明的伦理学特色。与人间的世俗国家概念相对立，《圣经》提出了不属于此岸世界的“天国”概念，作为人间生活所追求的最高政治组织的理想；同时，由于基督教强调上帝是绝对的主宰，而人间的世俗国家和人以及实践的一切事物一样，都具有“原罪”的性质，因而对基督和上帝的服从与忠诚，就必须是绝对的，这大于对世俗国家和国王的服从与忠诚。因而世俗的服从和真诚就只具有相对的意义：当这两种服从与忠诚发生矛盾的时候，人应该绝对地、无条件地服从、忠诚于基督和上帝；与此相联系，人间的政治道德与天国的神权政治的伦理相比，也就只具有表象和局限的意义了。于是，人的心灵信仰和宗教的理想道德，也就高于世俗的政治德性和世俗的制度的价值。基督教伦理的“人人皆兄弟”的平等观念，在一定意义上建造着欧洲各个教区神权教阶制与社区生活平等信条及二者之间相辅相成的现实宗教王国的社会政治结构。平等的宗教信条渗入到世俗社会，影响着中世纪及其以后的人们的世俗政治心态。

奥古斯丁是中世纪早期基督教的教父。他是西方中世纪把古希腊罗马政治哲学引入基督教信仰的思想体系之中的第一人。他强调信仰高于理性，政治应从信仰加以理解。他把上帝说成最高的善。他用基督教“创世”理论来论述人类原始状态的正义和美好。他的“两种国家，两种和平”的政治学说认为，上帝之城即天上的国度是永恒的善的国度，而人间之城的政治，只能给人带来暂时的秩序和和平。他以基督教“原罪”学说揭示世俗社会人性的恶劣和世俗国家的罪恶。由于人对上帝的背叛，人间任何社会组织和政治国家都是有根本缺陷的，而人间国度的等级、奴役和惩罚，都是人的“原罪”。而教会则在人间代表了天国的原则和意向，所制定的法律就是正义，人只有爱教会和上帝才能体会到自由。

阿奎那是中世纪晚期的最重要的思想家。他的神权政治论是中世纪政治哲学的高峰。由于它吸收了古希腊亚里士多德的许多思想，他承认并重视人的理性，承认人在本性上是“合群的”，他认为谋公共福利就是正义。他主张君主政体而鄙视“多数人的暴政”，但暴政是对人的罪恶的惩罚方式。他承认世俗国家权力的必要性，但认为上帝的神圣之权和罗马教会的权力是世界上最高的权力，世俗王权是上帝赐予的。君主是“代理”上帝和教会治理世界的，要向人民施“仁政”，保持安宁和福利。他的“代理”理论表现在人民的义务上，就是对教会和世俗国家政权的“双重服从”。而法律有永恒法和世间法之分，前者是后者的本源和标准。法是人类的行为规范，其目的是公共幸福。

中世纪晚期经院哲学中的“唯名论”思潮，反对繁琐哲学和思想脱离实际，重视思考现实，讲求研究具体问题。他们在教会与世俗国家的紧张关系中，站在世俗国家的立场反对教会及其一系列轻视人的世俗生活意义的理论。唯名论政治哲学家的代表是马西里乌斯和威廉·奥卡姆。马西里乌斯是最早的世俗权威鼓吹者和民主意识的倡导者。他认为群居是人的本性，而国家是以世俗的方式自然形成的。人们需要国家的原因，就是为了保证自己过美好的生活。因而，国家的立法权和官吏选举权应该归于人民。而法律就是大多数公民的“命令”。他驳斥教会权威等于上帝权威的说法，指出信徒是教会权威的基础，而神职人员也是公民，他们不能被赋予特权。威廉·奥卡姆强调理性知识和经验与信仰的不同，认为前者是世俗行为的依据，因此人们在世俗生活中有摆脱信仰而获得思想和言论自由的权利。认为国家是在自然时期以后缔结契约的结果。人民有权参与国家立法过程。人的自由是上帝赋予的，教会无权剥夺它们，教会只能管理人的精神事务，而一切世俗事务均应由国家管理。

三、西方近代政治哲学

近代西方政治哲学起源于文艺复兴时期。其根本思想特征就是：以人性论为其思考基础，并贯串着对自由权利的执着。

马基雅维利是意大利文艺复兴时期的伟大思想家。他促成了政治学与伦理学的分离，并超越了中世纪的神学政治论和经院哲学的政治方法论。他把人性看做考察和处理人类政治问题的基础，并重视对实际问题进行经验研究而拒绝思辨的想象。他认为人性恶劣、怯懦而缺乏道义，且追求权力、财富和名誉。他认为人的原初状态就是基于性恶的互相争斗残杀状态，但为了自我保存，人们又不得不停止互相争斗，而组织起来，选举领袖、制定限制（法律），国家就这样产生了。针对意大利当时的情况，马基雅维利从精英主义的立场，从实现全意大利统一的目的出发，提出了以君主专制的政体建立共和国的理想方案。他还阐述了一整套君主治国技术。他把统一、稳定和善待人民作为国家的基本价值，为了这些价值的实现，君主只要无私心，他为达到良好的政治目的就可以不择手段。马基雅维利的倾向民主的精英主义、绝对目的论、强调实现方法超越惯常道德评价的政治理念，对后世影响很大。

博丹是文艺复兴时期法国的政治思想家和法学家。他在西方政治哲学历史上，最先提出国家主权的理念。他给主权赋予三个基本特点：即永恒性、在管辖空间内的最高性和不受法律约束。描述了国家主权的八项主要内容：即立法权、宣战及缔约权、官吏任命权、最高裁判权、赦免权、要求效忠和服从权、铸币和规定度量衡权、征税权。他把合法的君主政体看做最合理的政体。他还认为，公民的权利和义务不可能是平等的。

近代西方政治哲学理念的基础，是自然法理论和社会契约论，它们是高于国家与法的起源的一种比较系统的理论设定。这种理论的根源，一直可以上溯到古希腊的智者普罗泰戈拉。亚里士多德在《政治学》中也曾提到上古的“不成文法”的意义。自然法理论的真正奠基者是斯多葛派。他们认为人类有一个原初状态，而且，在这个状态下人们具有自己的秩序理性，这种理性就是自然法。伊壁鸠鲁明确地提出了国家和法都是契约的产物的思想。近代西方资产阶级思想家把自然法和社会契约论作为他们反对神权和君主专制的思想武器，从这种理论推导出了“主权在民”的思想。荷兰法学家胡果·格劳秀斯是近代资产阶级自然法理论的最初代表。后来的启蒙思想家都发展和丰富了这种理论。格劳秀斯的自然法理论，在很大程度上是物权法：“各有其所有，各偿其所负。”他认为国家的职责是维护公正，故国家主权至高无上。

近代西方政治哲学在其发展的历史中形成了自己特有的政治理念系统。这些理念极大地影响着西方当代政治思想的发展和政治制度建构。更重要的是，由于西方政治思想对当今全球具有扩张式的重大影响，因而，这些理念，也极大地影响着当今世界各地的政治思想和政治制度建构。在这种情况下，认真研究这些思想财富的意义和问题，对于推动当代人类政治文明的进步，会有一定的学术裨益。

近代西方政治理念的主要形态是契约论。霍布斯、洛克和卢梭，都把契约看做政治制度得以成立的基本前提。他们的契约学说是从总体上阐释政治权利和政治权力二者得以成立的正当性的学术理论前设。而他们的契约论又都是以对“人性”的“合理”解释为基础的。所以，“符合人性”就成为契约政治（即近现代西方政治）的根本价值追求。

虽然都在讲“人性”，但什么是“人性”？对这个问题，在霍布斯、洛克和卢梭那里却有着不同的说明。霍布斯、洛克和卢梭三个人所设定的“人的自然状态”是三种不同的“生活场景”。

霍布斯把自然状态理解为人对人皆豺狼（homo homini lupus），人性恶是基础设定，因而，人人皆要在众恶之中求生存，只有缔结契约，让渡“权利”，共同选择“绝对主权者”来行使“权力”管理众人，形成安全和稳定的社会，才得以保全人们的生命。我们可以简称这些内容为“霍布斯伦理”。[①]

而洛克把自然状态理解为“一种完备无缺的自由状态”，人们“在自然法的范围内，按照他们认为合适的办法，决定他们的行动和处理他们的财产和人身，而毋需得到任何人的许可或听命于任何人的意志”[②]，同时，人人都享有同样多的权利而互不隶属、互不制约。自然法作为社会理性是人们在自然状态下生活和交往的准则。但这是一个“有缺陷”的状态。它缺乏明确的法律、是非标准和共同制

---

① 霍布斯：《利维坦》，商务印书馆 1995 年版，第 94 页及其后。

② 洛克：《政府论》（下卷），商务印书馆 1983 年版，第 5 页。

度，缺乏公正的裁判者，缺乏对正确判断予以支持和促进的权力。因而，在洛克看来，这种自然状态潜伏着纷争和动乱的危机。因而，需要国家及其所支持的公断人来保护人们的自然权利。在这里，洛克把自然状态下的人性设定为自由和平等，强调人的自然权利的基础性。我们可以简称这些内容为"洛克理念"。

与洛克有些相似，卢梭也把自然状态看做自由平等的状态，但与洛克认为"自然状态有缺陷"的学说不同的是，卢梭把自然状态看做最完美、最好的人类社会状态，而艺术、技术和思想都使人堕落。走向"文明"其实就是越来越远离自然、远离人的本性。① 尽管如此，卢梭还是肯定了人从自然状态向社会状态过渡是人类生存和进化的必要，他认为，人进入社会状态后虽然丧失了自然的自由，但他获得了道德的自由；虽然失去了自然的本能，但获得了社会正义；虽然失去了感性的冲动，但获得了责任和义务的理性。卢梭强调契约的社会性质而否定其政治让渡性；强调平等地"共同约定"而反对形成高于人民的主权者；强调共同体的"公意"和绝对的社会整体性（即人民主权），在这种整体性中包含了个体的平等和自由。我们可以简称这些内容为"卢梭理念"。②

上述被我们称作政治理念的内容，虽然并不具有按照个体德性标准来说的"德性"规定，但这些是对人的"共同体德性"的规定（设定）。霍布斯强调的是人的"生命"的保全和持续存在，洛克强调的是"自由"，而卢梭强调的是"平等"。因而我们可以看出，生命、自由和平等是西方近代政治思想家所强调的基本的政治德性，也就是关于西方人类共同体生活的三个价值规定。这些德性或者价值并不处在同一个逻辑层次上，而是属于一个政治德性系统中的递升的三个层次。

首先，在西方近代政治思想家（尤其是霍布斯那个时代的人们）看来，保全生命和维护生命安全是最基本的政治德性（伦理），也即政治价值。如果一个政治共同体不能对保全那里的人们的生命和安

---

① 卢梭：《论人类不平等的起源和基础》，法律出版社 1958 年版，第 79 页及其后。

② 卢梭：《社会契约论》，商务印书馆 1982 年版，全书。

全有所作为，不能制止或者结束常年的战争和内乱，不能有效且合理地解决国家和社会内部的纷争和冲突，这个共同体就是一个没有政治德性的、无意义的共同体，它就形同虚设，也就没有人会尊重它的权威和关注它的存在。这应该说是社会和人们对国家和政府的最基本的要求和期望。

在社会不安宁的战乱状态下，霍布斯提出以建构绝对权威为核心的政治伦理主张，具有很实际的政治意义。所以，人们在评价霍布斯所主张的政治德性的时候，不能脱离当时欧洲尤其是英国的人们对政治的实际期望和德性需求。与此相关，我们还可以回溯到对柏拉图和马基雅维利政治主张的道德观念评价。柏拉图的著名的"船喻"[①] 所要说明的，也正是在实际的危机关头，人们到底应该重视什么样的政治德性的问题。

马基雅维利的《君主论》与他的《论图提斯·李维的前十卷》相比，如果说前者是关于政治技术的"小德性"的话，那么，在后者中他所提出的关于制约与均衡的共和政治的思想，才是他的雄才大略、"大德性"。[②] 因此，在谈论政治伦理的时候，我们应该把对政治思想的道德考量与思想家所关心的对实际问题的解决密切联系起来，在这种实践法则的维度上进行哲学反思，才能真正理解某种或者某些政治思想的伦理价值。而不可把某个被绝对化了的政治价值（比如说当代人对"自由"和"民主"的迷信化和泛工具化的执着）作为绝对的标准来对政治哲学史上的许多重大思想进行主观判定。

其次，我们来看洛克理念。洛克强调自由，他所论述的这个价值概念，应该说比霍布斯所论述的要高出一个层次。在人们解决了安全问题即生命得以保全和持续的情况下，也就是人们免除了战争、灾荒、贫穷等来自大自然和社会大恶的威胁之后，人们得以平静生活的情况下，对自由的需求就会成为社会政治的主要需求。在这个

① 柏拉图：《理想国》，商务印书馆1986年版，第333、332页。

② 马基雅维利：《论图提斯·李维的前十卷》，载于《西方法律思想史资料选编》，北京大学出版社1982年版，第119页及其后。

时候，人们的生命主体性得以舒展和表现，个体价值开始成为社会政治价值的基本选择。张扬个性和个体权利成为人们对政治伦理的期望和诉求。

所以，洛克的契约论以“个体价值”的绝对性和交往中的相互“同意”为其实质。从而，洛克描绘的政治蓝图就是以个人“自然权利”（天赋人权）为核心的政治制度蓝图。在这个制度中，个人权利高于政府的工作权力；政府权力是为个人权利服务的。霍布斯的“绝对服从”的指令被调转了方向，而且，政府“权利”应该被限制而个人“权利”则应该得以维护和伸张。在洛克看来，人民权利在制度上的集中表现就是法律，法成为政治制度的最高价值，从而“法大于权（力）”就成为一种政治制度的模式。

而在法与个人自由的制度关系上，洛克强调了法高于自由，这就使洛克与“无政府主义”以及放任的、极端的自由主义划清了制度界线。洛克的自由学说在制度安排上形成了一个三等级的价值链：法高于个人自由，个人自由高于政府权力。当然，按照洛克的解释，理性的法律的内容就是为了自由、保护自由和扩大自由的。所以，建构一个这样的法律制度框架，“依法治国”，才会使个人自由真正成为可能。而在个人自由、法律和政府的“三位一体”的国家理念结构中，法律具有最高的制度价值，个人自由是最高的思想理念价值。只有二者的结合，才能使国家使命和政府的价值得以真正实现。如果把政治理念看做实践理念，那么，在制度上建构法律价值，这就是洛克理念的真谛。

再次，卢梭强调平等，这应该被看做是在洛克的自由基础上提出的更高一个层次的问题。法律问题是洛克提出的，法律如何能够保障某个个体的自由同时又不妨害其他所有人的自由，这是洛克的设定，但如何实现？卢梭认为只有消灭了个人观念以及个人的私有财产，才能达到真正的人人平等，个人才能真正获得自由，洛克的自由法律才能真正实现。卢梭的设定把政治理念问题以彻底否定的方式推到了最高的极致之点，从而以这种彻底批判的思路，对问题实现用寻常思维不可能得到的解答。所以卢梭的理念是超越性的。

最后，卢梭对原始状态的崇拜和执着，以及以此为基底的批判精神，使得他倾向于否定一切文明建制。他对人类未来前景的理想，毋宁说是使人类按照他的理想，回到他津津乐道的辉煌的远古的过去。卢梭所看重的最大的政治价值，就是在缔造绝对的平等中使人类获得原始状态的最大的、无拘无束的天然自由。而卢梭在《社会契约论》中倡扬的“公意”，是对洛克缔造的现代性个人主义的彻底扬弃。但公意如何在制度建构中予以落实，很快就遇到需要“承担者”的问题。谁是公意？谁能代表公意？谁能够在代表公意的时候彻底地、绝对地消除自己作为个体的人的个人意志和个体价值，哪怕是它们的残留呢？这使卢梭的理想成为一个实践伦理的现实难题。

卢梭说：“社会公约赋予政治体对其所有成员拥有绝对的支配权力。”① 如果这个政治体的承担者是一位霍布斯式的君主呢？卢梭不是又从最崇高的“自由”降落下来，回到了霍布斯式的“服从”了吗？不是又可能陷入“主奴状态”的悲惨境界了吗？所以，如果公意无法获得其本来意义上的纯粹的落实，公意就可能成为名义上的公意，而实际上却回到霍布斯伦理状态。所以，卢梭伦理问题的逻辑思路，在预后良好的情况下，最终必然归结到18世纪法国启蒙思想“先觉觉后觉”（公意的承担者和普通民众）的模式，而一旦社会上出现了“先觉”和“后觉”两个等级的差异，也就等于一切等级差异都会恢复其原有的合法性，这与卢梭所激烈追求的社会平等形成两个截然不同的结构模式，这不能不说是卢梭理念的逻辑悖论。但卢梭理念的伟大价值，在于强调广大第三等级利益的正当性，强调社会公共生活和公共领域的逐步扩大对于现代国家和社会的必要性和必然性，也就是强调现代国家建构公共领域的使命和责任，强调对社会资本十分稀缺的弱势群体的生存和发展的道德关注。

霍布斯、洛克和卢梭的时代已经过去了几百年。对他们的政治理念的反思使我们意识到他们都具有不可磨灭的思想价值。他们提出的政治价值的存在论意义和制度意义，都值得仔细深究；同时，他们的学说内部的一些重大难题也值得我们进一步解析。

① 卢梭：《社会契约论》，商务印书馆1982年版，第41页。

当代西方政治哲学学者很多人的价值选择，偏重于“个人自由”。这应该说在思想价值的正当性上是符合西方近代思想传统的，也是符合西方某些国家政治价值和政治理念逐步失落而产生的实际价值需求的。实际上，20 世纪西方的政治价值发生了很大的变化，其思想和运作模式已经远离霍布斯、洛克和卢梭的时代。现实政治中的党派私利集团化、社会结构集团化的趋势十分炽烈，① 随着资本所役使的技术的操纵力的日益强大，个人被资本所役使的非自由状态的新模式也日益增加。这些情况一再被存在主义派思想家和其他著作家所揭示和抨击。这说明，自由重新成为一个处于一般情况下的日常生活中的大众所稀缺的价值。因而，对它的执着和强调也就不足为奇了。

但这种强调在一定的情况下如果被演化为一种对“自由”的绝对执着和对其他政治理念的排斥，对社会大众来说，这在所难免，但对政治哲学的研究者来看，就是一种在学术上失去政治理性而陷入盲目性的表现。洛克给了很重要的启示：没有法律的自由是不可想象的。他写道：“一个没有法律的政府，我以为是一种政治上不可思议的事情，非人类的能力所能想象，而且是与人类社会格格不入的。”② 所以，要真正有效地谈论自由，即把自由作为一种政治伦理来谈论，就应该从对维护人人自由的法律的建构入手来进行，而离开对于自由的法律建构，就很难把既作为政治价值的自由与又作为政治制度理性的自由同“为所欲为”的“自由任性”（作为一种负面的社会行为德性）划清界线。

对于西方当代的政治理念研究，应该继续重视把社会大众的个人自由作为重要价值的意义，以抵抗和防止法西斯主义的陈滓泛起和代表资本利益的国家主义、集团主义对大众个人权利的侵犯和挤压。但是，人们还应该强调与自由同样重要的其他价值的意义。我们应该从政治理念的两个不同类型来把握这个问题。政治理念分为

---

① 曼库尔·奥尔森：《国家兴衰探源》，商务印书馆 1993 年版；《集体行动的逻辑》，上海三联书店、上海人民出版社 1995 年版。

② 洛克：《政府论》（下卷），商务印书馆 1983 年版，第 132 页。

基本价值理念和政治制度理念。应该看到，基本价值理念是政治的根基性理念，而制度理念是为基本价值理念服务的。制度的创设必是以一定的基本价值的实现为目的的，所以，相对于基本的政治价值而言，制度是手段。最核心的基本价值是人的生命的存在和持续，及其优化。所以，在生命危机的情况下，能够达到保存和优化生命的目的的政治制度，就是有意义和有价值的。这是从实践理性上来理解霍布斯的方法。同时，如果在研究和评价当代政治制度的正当性问题的时候，把制度概念（比如制度框架中的自由和制度框架中的民主等）放在第一位，而忽视政治制度对于政治的基本理念的实际依赖和需求，就必然要出现政治价值判断和评价上的失误。

例如，“自由”、“民主”作为人类思想文明的政治伦理价值财富，对于发展中国家来说，从自身的主体性发展中形成这些价值，当然是有益的。但有许多国家仍然处于贫困、灾难、饥荒和战争之中，那里的大众向往的是能够出现权威的政治家及其组织来平息内乱、停止战争，或者采用最有效的社会动员的方法来消除灾害、解决生活中的最迫切需要解决的一大堆问题（如吃饭）。而在不同国家中进行社会动员的有效方法，与这些国家的传统政治文化有着密不可分的关系，因而，适应于解决这些国家的社会问题的政治体制，不一定与西方近代以及当代的“个人自由”的价值联系在一起，反而必然是与这个国家的传统政治文化和政治理念联系在一起的。在这种情况下，发展中国家的政治应该把对保持和维护生命有意义的理念，视作真正的政治理念，而不应该抽象地、盲目地强调和模仿西方的“个人自由”的制度建构。这就是霍布斯理念的理性启示。大众生命的价值高于个体自由的价值，因而在人类的政治生活中，以大众生命为价值的理念高于以个人自由为价值的理念。

洛克理念是相对于一个比较富足和稳定的社会而言的。个人自由是洛克政治理念的基础。近、现代西方自由主义多是以洛克的基本论述为依据来建构自己的学说的。洛克通过对自然状态的设定推导出他所强调的个人的不可剥夺的“自然权利”。但对照当代人类学和民族志学对于许多原始部落社会历史研究的成果，仔细检查洛克关于自然状态的设定，我们就不难发现，洛克设定的可信度是不高的，它比霍布斯的设定离历史实际更远。应该理解，洛克的设定完全是以他那个时代的有产阶级对政治权力的想象为思想基础的。当时的有产者渴望摆脱对封建主和国家统治者的人身依附而独立地进行牟利经营活动，因而他们提出按照个人意志（喜好）行事，自由支配自己的财产和身体的要求。这种要求是形成英国资本主义市场经济的社会前提：资本的自由投资、劳动力的自由买卖和自然资源以及社会资源的自由占有（及至赤裸裸的掠夺）。

所以，洛克所言之个人，也绝对不是社会上的“所有”个人，或者说是以不同角色参与“自由”实践的不同的个人：资本所有者以资本作为买方自由去买，而劳动者以自己的身体作为资源自由地去卖，如此看来，“自由”对于具体的个人而言，是尊严的政治价值还是耻辱的政治价值，是善的理念还是恶的理念，是根本不可同日而语的。可见，洛克的“所有个人的自由”，实际上包含了对同一个交往行为的根本对立的参与角度，因而必然形成根本对立的价值评价，这就从根本上隐藏了明显而严重的社会分裂和政治危机。所以，洛克关于“个人自由”的基本预设不能只按照有产者的解释来理解。对于出卖劳动力的人来说，自由市场并不是他“自由”支配自己的福地，自由投票的政治权利也并不可能轻易就改变他“自由地”在市场上出卖自己的劳动力的生存境遇。

洛克强调法律建设是落实政治自由的唯一办法。这对于真正想建构“人人自由”的社会的思想家给出一个明确的指向：对于自由的讨论应该转变为对于国家法律建设的讨论。自然权利即人权的基本形态，也必须通过建构国家法律的途径来被尊重和被实现。所以，法律是自由的真正德性之所在。当然，法律的建构，必须以对人的自由的保护和尊重为根本价值。这应该说是洛克伦理对人们的最大启示。

对于卢梭理念的伟大之处，我们比较好理解。公意笼罩处，方有人类幸福在。但卢梭的难题是法国大革命的难题，“公意”可能被实践为“雅各宾专政”，公共领域建构的绝对化可能导致公共领域的绝对消失。尝试以对社会公域与私域进行划分的方法来解决个人自由与公权平等之间的关系的问题，应该是对卢梭的绝对化的公意模式的一个现实的校正。当然，私域与公域的界限并不是固定不变的，西方政治—社会理论在这方面的实验性探索，也许会对解决这个重大的西方问题有所促进。总之，卢梭的难题是需要进行深入探索的西方当代政治理念问题。

近代西方政治哲学被“一般地”划分为两种模式，即洛克模式和卢梭模式。言外之意，霍布斯还比较粗糙，而莱布尼茨和康德则过于思辨。因而在讨论政治理念问题时，一般突出洛克和卢梭的自由与平等的对照或者“变奏”。但实际上，霍布斯的理念所描述的是政治的基本价值，研究者确实应该重视它。而莱布尼茨先验地开拓了一条建构“单子”和“宇宙和谐”及其关系的思路，以“准神学”而又世俗化的方式，将个体自由问题与人类整体和谐问题智慧地提出并进行了深入的哲学论证。对于这条思路，当代英美政治哲学显然缺乏足够的关注，因而，莱布尼茨的政治理念的价值还需要开发。而康德对于西方政治理念的意义，则非洛克和卢梭可同日而语。

康德从先验论的立场实现了知识论的“哥白尼革命”，他也以实践理性对先验道德律令的建构，实现了道德领域的“哥白尼革命”。康德扬弃了英法哲学家从契约论、自然状态和自然法的经验论立场论述政治理念的思路，而从理性内省的先验思路另劈蹊径，开拓了一个以自律为基本特色的、“责任论”、“义务论”的建构领域。康德强调政治制度的“意志”原则，即正义原则。而政治正义的原则，必然是建立在他提出的三个普遍道德律令的基础上的。三条先验的律令满足了霍布斯的生命保存原则、洛克的自由原则和卢梭的社会政治制度平等原则。在这里，社会意志、国家意志和个人意志都是符合内在的先验原则的。因而，社会是否公正和政治是否正义，不但应该诉诸法律的检验和制约，同时更应该受到“良心法庭”的裁决。康德把人的道德自律看做人自身的理性对自身的自觉约束，同时也是人自身发挥自己意志的自由。在这里，自律与自由是同一的。在此基础上，政治理念也必然就是人的自律的，同时也是自由的理念。

康德以其对人自身的实践理性的批判，给人们提出了一个建构政治理念的独特的先验思路，他在这个理论框架中提出责任、义务和“自律的自由”的概念，这与霍布斯、洛克强调统治者或者个人绝对权利的概念十分不同，也与卢梭的消解私权而力倡公权的概念十分不同。这就是康德的“道德的政治哲学”：它要求人在实践中在对政治价值进行理性追问时要有“自知之明”，要从绝对知识论的僭妄的思想枷锁中脱身而出，把实践和自身的生命存在都理解为以自己的有限理性促成的自我道德提升、自我道德教化和自我道德设计的图景。所以，无论政治的现实问题多么复杂和困难，或者多么平庸和委琐，或者多么激动人心和震撼，对于政治的理念诸如正义等的思考，都应该以人的实践理性启动“良心”来进行先验的追问和反思。因为正义不但在人们的政治实践的经验之中，而且更重要的是，正义在人心中，既在作为政治制度的承担者的大众的心中，也在作为政治制度建构者的政治家心中。康德认为，心中有的东西，在现实中迟早都会呈现出来，就如我们所知道的那样，会成为大众话语、成为学者的观念，并演化为政治制度。唯心论者的康德对人心中的道德律崇尚不已，并保持着坚定的信念。这就是康德的政治理念对西方学术的人文启发。这种先验论的启发，对英美经验论的思想逻辑具有重要的理性校正作用，它开拓西方人们对政治理念进行思考和研究的另外一条理性思路。

第五讲　中西哲学比较

张祥龙，北京大学哲学系暨外国哲学研究所教授、博士生导师，现象学中心主任。曾发表《海德格尔思想与中国天道》、《海德格尔传》和《从现象学到孔夫子》等多本学术著作。

一、中西哲学关系概论

中国人在当代从19世纪末以来研究的哲学这门学科，实际上从根上说就是比较哲学，因为中国历史上从来没有过“哲学”这个词，它是对西方“philosophy”的翻译。那你会说，这是一个名词的问题，中国古代的老子、庄子、孔子讲的不是哲学吗？不一样，既然用了这个词，里面有重大的内涵。比如，所谓中国哲学史这门学科是怎么建立的？实际上是中国的一些学者如胡适、冯友兰先生到西方学习西方哲学，知道有哲学这门学科了，然后回来写了《中国哲学史大纲》、《中国哲学史》，用西方传统哲学的方法来看待中国传统的古代文献，从中切下来一些部分，说这个属于哲学，那个属于宗教，那个属于文学，这样就建立了中国哲学。所以，在中国用“哲学”这个词，实际上是用了西方人整个的方法和标准，然后把我们的经史子集中认为是哲学的东西，按这样的方法糅成了中国哲学，从一开始就是比较的哲学。

当然，这个比较在我看来是有问题的比较，按西方的方法和标准来比较着建立中国哲学，而且，中国哲学在20世纪整个的发展，一直到现在，无论是唯物主义还是唯心主义，其基本的方法论和视野都是从西方来的。中国人在研究中国哲学的时候针对的是孔子、老子，但用的是西方的方法。从根上来说，它是中西遭遇产生的东西。但是很可惜，中国人迄今为止对“中西哲学比较”这门学科重视得很不够。教育部有学科分类，哲学是一级学科，然后下面分中国哲学、外国哲学、伦理学、科技哲学，就是没有比较哲学，这是我一直呼吁的。中国人研究的哲学从始至终都是比较哲学，但是对这门学问的方法和内在的东西毫无所知，所以出现了许多问题，其中一个重要问题，就是去年和前年哲学界有一个重要的讨论，即中国哲学的合法性的问题：中国历史上到底有没有哲学？这个问题能够提出是因为中国的所谓哲学是一个比较的产物，你比较得不合适，人家就会说了，你用西方的方法解释的老子不是真正的老子，中国古代没有你们说的哲学。当然，这样的说法可能有些贬低的含义，说中国古代没有哲学，表明中国人的思想低一级，只是一些伦理学和世俗的智慧，没有真正上升到概念的角度；还有一种说法有推崇的含义，像当代西方一些人说，中国古代那不是哲学，那是真正的智慧，是更高的智慧，这不一样。

下面我举一个例子，大家看看比较哲学对我们现代理解和学习哲学是何等关键。比如黑格尔，在1949年之后没有谁比他对中国哲学界的影响再大了。黑格尔对中国哲学怎么看？他的《哲学史演讲录》（四卷本）第一卷中谈到所谓的中国哲学时有一番讨论，我觉得是发人深省的。他总的态度是“中国哲学”这种叫法很勉强，是追随当时西方人的叫法。明末清初，传教士到中国，把老庄孔孟的一些书翻译过去，比如以利玛窦为首的传教士对中国思想非常推崇，介绍说孔子是伟大的哲学家，等等。这样的现象，当然都有一些动机在其中，因为他在中国传教，当然要在西方显扬他在那里传教的重要性，所以，会尽量把中国的东西说得高级。当然，他们把中国的东西翻译过去，影响了西方的启蒙运动，伏尔泰、莱布尼茨都深受中国思想的影响。到了黑格尔的时候，他真正读到了翻译的《老子》、《庄子》和《论语》，站在他正宗的西方哲学的立场上，对中国哲学有了一些很严厉的批评。黑格尔对于中国哲学的基本看法是，在中国古代，《易经》被认为是中国智慧的根基和一切学问的基础，用卦象来表示整个世界的抽象结构，这种思想在西方人看来很奇怪。当然，中国人确实达到了一种普遍性的思维，比如用一个横线代表阳，一个断线代表阴，代表整个世界的原则，这毕竟达到了一个抽象的高度。但是他说，这个抽象在西方人看来是非常原始的、低级的，能把这么具体的东西直接赋予那么抽象的意义，在他们看来是缺乏概念思维能力的民族才会这么做的。所以他讲到，八卦、五行这些东西，是中国人做的抽象、但又是极为具体的东西，那么抽象的世界原则，不用抽象的概念和辩证的方式来表达，而是用具体的线段来表达，或者五行虽然符合外在的次序，并没有包含任何有意义的东西，这就是所有中国人智慧的原则，也是一切中国学问的基础。因此在他看来，中国哲学并不能算是真正意义上的哲学，实际上是哲学和原始民族的神话想象中间的一个过渡阶段，然后一直到印度古代的智慧还不算，直到伊朗才开始进入哲学，甚至是到了古希腊，泰勒斯第一个提出世界本源问题，这样才产生了真正的哲学。

而黑格尔对孔子的看法也很有代表意义，说《论语》里讲了一些道德常识，这些常识我们在哪里都找得到，在哪一个民族那里都能找得到，可能还会更好些，这是些豪无精彩的东西，只是一些善良的、老练的、道德的教训，从中我们不能懂得什么特别的东西。所以他的结论是，为了保持孔子的名声，也就是那些传教士传回西方的孔子的名声，假使他的书从来不曾有过翻译，那倒是更好的事，名还在那里。而一旦我们真正看《论语》，什么概念思维也没有，什么思辨的思维也没有，一点也不高深。现在在哲学界实际上也是这种思想，我们受教育的好多东西都西方化了。当代的比如北大，我十几年前开课的时候，一般哲学系的学生读《论语》，也读不出什么东西来。他们觉得《论语》里哪有什么哲学，孟子还讲良知，《易传》里还有哲学。《论语》里有什么哲学？黑格尔讲的，从他的思想角度，不是一种歪曲，他只能这么看，依他的思想方法，中国古代的思想方法，无论是孔子、老子还是《易经》都是一种非常低级的、连哲学的门还没全进去的原始思维。这一点实际上决定了中国从新文化运动以来，对整个中国哲学研究都没跑出的一个大框子。所以，我们现在读中国人自己写的中国哲学史教科书或是这方面的讨论，可以看出最常用的一个积极评价的词，就是“朴素的（辩证法）萌芽”。这已经是最高的评价了。所以这个根是黑格尔的，他认为整个人类思想是辩证发展的，中国哲学处于辩证发展的源头，所以是最贫乏最抽象的。

因此，我的看法是必须研究比较哲学，如果不研究，就会一下子进入西方某个哲学家或哲学流派的思维框架里，在这个框架里面，中国哲学家当然是愿意为中国人多挣点颜面了，所以，我们经常看到在中国哲学研究界里，也有这样的主张，说中国哲学也有概念范畴的发展。前些年还出版过《中国概念范畴发展史》一书，这都是中国当代很著名的一些哲学家或哲学工作者写的书，力争为我们中国哲学争得哲学的权利和声誉。很不错，他们的动机可以理解，但是我觉得如果并没有对整个哲学有个宽广的研究视野，看到哲学不只是一种搞哲学的方法，黑格尔或者是有两千年传统的西方哲学并不代表哲学的全部，一开始就会进到了一个注定对自己非常不利的环境里，最终是为了一张入场券，花费所有的气力。可是换一个角度看，比如在当代西方哲学视野里，中国哲学的地位马上全变了，从一个天生的侏儒一下变成了一个让人崇敬的智慧的长者。比较哲学的一个重要的作用是开拓我们的视野，不要在没有反思、没有审视的情况下就一头栽到对我们绝对不利的哲学方法论和框架里。

二、中西哲学传统的特点

这里只比较两种哲学的传统形态，不涉及当代西方哲学和当代中国哲学。因为当代中西哲学在哲学倾向上恰好有个换位。

西方传统哲学起源于古希腊，而中国传统哲学可以从《易经》

算起，《易经》是从西周开始的。我们先来看西方传统哲学的几个重要特点。

第一，哲学上一个很重要的问题是世界的终极实在到底是什么。因为我们平常认为是真的东西，形式一变，又假了，变得虚无了，那么到底世界上什么是真的？这是哲学上探讨的非常重要的问题，即所谓的本体论问题或终极实在问题。在这一点上，中西哲学有重大不同，西方传统哲学认为，终极实在是一种不变的东西，比如你看到花的颜色是红的，第二天看到另外的花的颜色是蓝色的了，那么，“花是红的”就不代表终极实在。在西方传统哲学中，现象是可以变化的，今天这样，明天那样，但真正终极实在的东西是不变的。我们可以看到，西方哲学起源时的重要哲学家往往都是数学家，如泰勒斯、毕达哥拉斯、柏拉图等都是数学家，一直到当代西方哲学家里也有很多数学家。因为数学这种知识形态对人们的思想启发是最大的，而且是指西方意义上的数学。中国古代的数学跟西方不一样，中国的《九章算术》是另外一种数学系统，跟西方的欧几里德几何不一样。柏拉图的前辈巴门尼德建立了西方哲学里最重要的“存在”，他发现“存在”对于探讨终极实在是最重要的。“存在”这个词用英语讲是 being 或 to be，是个系词，就是“是”的意思。他认为“存在”的本身和“存在”的表现是不一样的，“存在”的各种表现是可以变化的，而“存在”本身是绝对不会变的，就像他的一句名言所说的，“存在是存在的，不存在是不可能存在的”。这句话是大实话，表面上看好像什么也没说，可实际上，西方哲学核心部分就是从这开始起源的，后来出现的逻辑只不过是对它的一种严格化，相当于逻辑里的同一律和矛盾律，但是这里面有很深的思维方式，在希腊人听起来充满了内在的智慧和含义。被西方人认为是最伟大的哲学家柏拉图就是顺着这个思想再往下走，认为世界上有千变万化的现象，但是之所以能够有这些现象，能够使人们认识这些现象，是因为在现象背后有一个理念。比如世界上所有的花，我们为什么都叫花，这不是习惯，不是约定俗成，后面一定有一个花的理念在支持花的表现和人们对花的认识，所以你认识花。光知道这个花那个花，不算是对花有很深的认识，真正的认识是通过花的表现，最后能把握花的理念。这个理念是客观的，是超越了所有现象的一个完美的花的理念和模型。大家读柏拉图的对话，里面充满了一种向上冲的精神，他认为最真实的东西是在现象之上的理念的世界，每一类东西都有它的理念来保证它，最后有一个至高无上的善的理念，成为给所有的事物和人间带来存在和光明的太阳。有一句名言："两千多年的西方哲学史不过是对柏拉图思想的不断注释。"实体不可变，特性可以变，所以西方人认为最真实的东西是不可变的。

黑格尔的哲学是辩证发展的哲学，其最深之处在于以不变应万变，我们学的辩证唯物主义认为整个世界是在运动之中的。我举一个例子，黑格尔认为事物发展是由低级到高级发展的，这种辩证发展永远是一个从低级到高级、从抽象到具体的过程，这个发展方向是不变的。那么凭什么说前途是光明的，道路是曲折的？谁来保证？在这一点上，它的不变性就体现出来了，所以，从黑格尔之后，当代西方哲学家在刚开始都要先通过批判黑格尔，攻击传统西方哲学，攻的就是这一点。有一种不变的核心保证和支撑了世界所有的存在和知识，这是第一点。

相比西方，中国在这一点上的看法是很不一样的。中国以《易经》为代表，认为终极实在本身是在变化的，而西方认为终极实在本身是不变的，但表现可以变化，就像黑格尔讲的发展一样。《易经》认为世界从根本上是流转不息和变化的，但是它并不否认在变化中相对稳定的知识和变化的样式。两边都讲变和不变，但出发点和侧重点不一样，一个是以不变为最真实，是通过不变来理解变；一个是以变为最真实，在变中求不变。《易经》中"易"字有三种含义：第一是变异；第二是不易，不易就是不变化；第三是简易。中国人实际上理解终极实在的方式是立足于变异，而力求达到某种不变（相对稳定）的变化样式，这种思想规则或者说是思想方式，在中国和西方很不一样，黑格尔无法理解《论语》的妙处就在这里。

孔子认为，人们抓住的定义永远只是刻舟求剑、守株待兔，孔子并不看重这些，他看重的只是在人生的生活情境中点拨出的真理并举一反三。学生来问问题，孔子觉得时机没到，根本不说，一定要到学生已经感觉到问题的某种解决可能，但是又说不出来，在这么一种冒出泡来的时机之中，孔子这才教他。而且，教他一次，他不能融会贯通，就不再教了，因为他的时机还没到。孔子的哲学认为，真实的东西是变化的、有时机的、有时间性的动态的过程，没有离开动态过程的花本身、美本身、善本身。孔子《论语》里有一百多处谈到“仁”，没有一处可以被视为定义的。西方人去研究孔子，他们觉得《论语》表面上看很容易读，但实际上却充满了神秘和困惑。孔子认为终极实在是处于不断变化之中的，想把它清楚地当成一个对象固定在那里，就像刻舟求剑一样，是不行的。

第二，真理观。什么是真理？西方人认为，真理一定是唯一的。处理同一个问题只能有一种真理，而且真理往往是一种符合论，“真”是什么？用亚里士多德的话，把存在的东西说成是存在的，把不存在的东西说成是不存在的，是其所是，非其所非，这就是“真”。把存在的东西说成是不存在的，把不存在的东西说成是存在的，非其所是，是其所非，这就是“假”。用我们现在的话来讲，你所讲的、所说的符合实际情况就是“真”。这是西方的传统真理观，当然已经上升到一个哲学高度了，认为真理是不变的，与对终极实在的看法是相通的。“真”是超时空的，是与错误不相融的，或者对或者不对，或者A或者非A。这种真理体现在知识上，最典型的就是逻辑、数学，然后就是科学。科学的真理本身是不应该变的，牛顿力学怎么能错？后来怎么又出来了爱因斯坦相对论？牛顿力学中有些内容是有问题的，爱因斯坦相对论出来以后，尤其是量子力学出来以后，对西方整个的真理观有很大冲击。所以，这样的真理观从根本上是静态的真理观，真理就是我们的知识能把握住的不变实体。这种真理当然是不变的，而且实体只有一个，那么，我们把握它的方法也只能有一种，所以，真理是唯一的。比如中西医，在医学问题上只能有一种真理，是用来解剖实证的。中西医一旦结合，以西医方法论来改造中医，这么一改造，中医思想的生命力和活力全没了。按照这样的真理观，我们的认识对象可以被充分地对象化、定义化、体系化，体现为数字化、可操控化的系统。所以，当代的人类文明以及我们现在面临的全球化，我们脑子里所有的真理观绝大部分是属于这种真理观，包括所谓实践是检验真理的唯一标准，当时的讨论我觉得从根本上也是这样一种真理观。我不认为这种真理观有什么错误，但是，这只是对真理的一种看法。

中国古人对真理有另外一种看法，认为真理不是静态的，真理从根上是一种发生型的，一定是在某个时机发生出来，然后影响到人生，影响到整个局面，这才叫真理。如果用"实践真理"的话语，就应该说"实践是真理发生的唯一途径"。在中国古人看来，真理一定是带有时间性的，但这个时间性不只是物理时间，一定是"时机化"的。什么叫"时机化"？"时机化"是说真理一定是在某个时机、某个时刻生成的，被当下活生生地体验到的，而且是牵一发而动全身的。比如，在20世纪70年代末80年代初的改革开放时期，邓小平发现了那个时代的真理，改变了整个中国人的生活，按中国人的看法，这是真理。因此，中国人认为的真理与西方那种超时空的真理不一样，真理一定带有活的时间性，不能脱离人的生活体验与生活方式。

我举《孙子兵法》为例，《孙子兵法》认为什么是"真"？是只主张知己知彼、百战不殆吗？是事先把敌人的情况了解得非常清楚，做的计划完美无缺，这就是"真"了吗？不是。《孙子兵法》讲的真理不全是这样的，其中讲的真理是动态的，尤其是"势"态的，"势"对于了解孙子在战争中的真理是最重要的。静态的真理在相互博弈、双方打仗、尔虞我诈的情况下，根本没用。做好的计划，如果对方猜出你的计划是什么，则恰恰能利用你的计划置你于死地。这时，如果你不严格遵守计划，说不定还能活；如果你严格遵守计划，就死定了。这恰恰是人生形势的某种体现。比如老子讲的"道"，"道"和西方理解的不变的规律、符合所谓现成的实际状况的真理根本不是一回事。在真正的人生动态情况下，根本无法知道到底符不符合实际情况。只有通过另外的方式才能预测和应对未来，这是中国人理解《孙子兵法》中"兵无常势，水无常形，能应敌变化者谓之神"中的"神"，实际上就是"真"。

另外，中国人比如儒家里讲的"天地良心"也是变化的，刚才讲的孔子的思想特点我就不说了，孟子讲人的发端是其恻隐之心，恻隐之心是在一定的形势中生发出来的。一个表面上的恶棍罪犯，可能也会有恻隐之心，连他自己都不知道。老子讲“唯学日益，唯道日损”，学习是越学越多，而学道则要把知识逐渐减少直至全部忘掉，最后达成和周围的形势合为一体，触机而发，这才叫“道”。所以，中国人的真理观里有一种强烈的历史感，跟时间相关，认为英雄造时势、时势造英雄。英雄应该被理解为掌握时代真理的人，世上没有一个能通贯所有历史的观念化真理，只有在不同历史时期、不同时代，根据时代的需要、势态而变化的真理。中国人对忠奸、善恶、是非的判断永远脱不开历史情境，而且认为一定要把历史情境讲出来，这样才能理解他人的行为，对他的判决才是真正到位的。所以，孔子写《春秋》，春秋笔法，微言大义。中国以前的史书都是这样，即使是讲一个大奸大恶的人，也要对他的生活情境从头道来。《史记》是对于终极实在和真理很深刻的一种表现。

第三，思想后果。对终极实在和真理的看法产生了重要的思想后果。在西方，实际上是对两个世界的划分，一个是我们活着的现象世界，还有一个是更高的理念世界，叫实体世界也好，神的世界也好，或者叫一个更加理想的美好世界也好。对这么两个世界的划分在西方人思维方式中是根深蒂固的，在宗教问题上、哲学上、科学上都有体现。西方的文明处处都有二元分叉，其中很典型的表述是柏拉图著名的四线段之分，他把整个世界一条线切开，分成两个世界，上面的世界是存在的世界，下面的世界是现象的世界，然后再分，各自切一刀，一共分成四块，这四块里，最低级的几乎没有真理，就是现象的世界，纯现象的、想象的世界。第二个世界是我们日常认为的看法，包括对事物的常识认识，这些都属于下面的现象世界。上面又分两层，第一层是数学的真理、数学的世界。数学世界是真实的，但还不能穷尽真正世界上最深的真理。最高一层是存在的世界、理念的世界，也就是哲学的世界，追求存在。所以，在这样一个思想文化传统中，知识与感情、行为是分开的，我可以非常憎恶一样事物，但我对它的认识不应该受影响。比如我很反感一个东西，但我在课堂上，我会给我的学生尽量客观地介绍它，这是西方人认为的一种看法。道理可以讲得头头是道，但可以完全不去做。

卢梭的《忏悔录》写得很动人。卢梭一生追求真理，追求正义，但他本人做人一塌糊涂，把他所有的孩子都送到孤儿院，他的行和知完全是没有关系的两回事，西方人觉得这很正常，他们认为事实和价值是分开的。在学术上，哲学与文学、艺术、宗教都是分开的。

我们现在整个教育体制中的学科都是分开的，文、理分开，文、史、哲分开，还有艺术系都分成几个专业。中国以前不是这样的，中国古代思想的后果恰恰是没有两个世界的隔离。学问、知识都讲究举一反三、一通百通，身心天然合一，认为最高智慧是可以打通这些的。所以中国以前的文人就儒家而言，也是要经史子集都通的，没有谁只学哲学，哲学和历史根本就是融在一起的，而且中国古代也没有这种学科的分别。以前的科举考试，没有这种分门别类的考试。西方的思想有一个很重要的特点，认为知识可以充分对象化，对知识研究的发展往往要靠把对象越分越细，然后研究越来越专、越来越深。西方学术的发展往往通过分科，越分越细，生物学再分为分子生物学、形态学、解剖学，中国古代不是这样的。中国古代的学术思维方式不可能产生西方意义上的科学和学术，但这并不证明中国古代缺少智慧，中国古人对学科分类或这种对象化的学术充满了警惕。大家去读《庄子》或《孔子》，“君子不器”，这被认为压抑了科学的思想发展。实际上，中国古人有另外一种考虑和另外一条思路，跟我上面讲的是很有关系的。

第四，方法论的特点。西方哲学家认为非此即彼，是非、真假、善恶、天堂地狱、革命反革命都分得清清楚楚；中国不是，中国人从来都是时机化、中道化、和谐化，既不是此又不是彼，或既是此又是彼，而不是非此即彼这种思维方式。这不是折中主义，而是说真正的真理是在具体情境中产生的。只用是或非事先来规定后加以逻辑上的判决，这不是真正的中国人古代做学问的最高境界，认为真正的真理不是事先规定下来的。我有一个师长提出：中国哲学思想的特点是像思维，西方哲学思想的特点是概念思维。西方人理解世界是通过概念去把握，通过定义抓住事物的本质，然后用概念来刻画，再通过逻辑推理来扩展知识。所以，我们的认识对象都是可以被概念对象化的。有些抽象的东西，比如，我们如何理解勇敢？柏拉图说："只理解勇敢的一个个特别的事例，那是不行的，要抓住勇敢本身。"把它作为一个观念范畴来把握，通过定义显示它的本质。数学中对什么是整数、什么是分数，都是通过定义来把握的，这就是所谓概念思维。什么是像思维？像表面是指图像，但不是指这个具体的像，而是动态的无定型的像。老子说"大象无形"，并不是说，我认识一个杯子，这个杯子的图像在我的脑子里。比如，学骑自行车，你刚开始不会骑，到你学会骑的时候，你学会了什么？按像思维的说法，是你领会了骑自行车的像，这个像本身是动态的，它没有形状，你只觉得领会到了这个东西，所以你在骑得最高兴的时候，你根本没觉得你和车是两个事物，你们是主客合一的，是你在自动地调解动态的过程。

三、中西哲学特点的来源

比如，马致远的一个小令叫"天净沙"，很短，但是很著名，尤其是前三句，"枯藤、老树、昏鸦"，是由三个名词词组组成的，照西方传来的语法，它不能是一个独立的句子。另外两句"小桥、流水、人家"，"古道、西风、瘦马"都是一样的，每句都是由三个名词词组组成的，没有动词、副词和介词，但是我们谁也不会觉得这句话不完整。西方人就觉得没动词，这句话就不成句子，只是一个短语，而我们不会这么觉得，而且读起来会觉得韵味十足，如果加上了"枯藤缠着老树，上面飞着昏鸦"就不够味了，恰恰要这样直接显示，就像一幅图像，而且充满了韵味。这首词我相信过上千年也会征服人的，只要懂中文的，读起来马上境界大不一样了。可见西方语言具有"形式突出"的特点，而古汉语则是"语境至上"。这两种语言的差距能到这种程度，对人的思想方式潜在的塑造，不是几百年几千年的问题，而是上万年几十万年的问题。我特别看重语言对于思想的影响，语言差得这么远，一定会对思想产生根深蒂固的影响。

中国自古没有种族主义，只有文化主义，不管什么种族，只要学了中文，尤其是把中文作为第一语言，哪怕是第二语言，像那个讲汉语很棒的大山一样，中国人就不认为你是蛮夷了。所以，中国历史上从来没有过大规模的宗教战争，不像西方的思维分得特别清楚，思想方式不允许中间出现第三者。中国在历史上充满了民族交融，它的思想方式，从根本上是宗教宽容、民族宽容、思想宽容，没有产生过重大的问题。犹太人、犹太教在全世界也是以固守文化而出名的，决不跟外邦人通婚，孩子出来都要有形式上的标记，但犹太人到中国来，也被中国人同化了。中国这个融化锅实际上比美国那个融化锅能融化得多。美国是各个民族放在一起，能不能炖得熟，还是另一回事。

四、当代西方哲学对中西哲学关系的影响

中西哲学在当代发生了换位，西方哲学到了当代开始批判它自己的传统。在某种程度上，它和中国古代哲学的距离倒是拉近了。而中国当代哲学，20 世纪的哲学却拼命地学西方，而且学的是传统西方，所以，目前中国研究哲学的主流是按西方的传统哲学方式在研究，无论是哪派哪家，大致都是这样的情况。当代西方哲学对传统西方哲学，从古希腊到黑格尔都做了非常深入的、严厉的批判和改造。我认为，这种批判和改造不是意气用事，而是追求真理，西方传统哲学确实有重大问题。如同当代西方的科学对传统、近代西方科学的批判和改造一样，我们看现在西方的科学到了什么程度？量子力学有了革命性变化，欧几里德几何学旁边出来非欧几何，居然“过两点不一定非以直线为最短”，“过直线外一点不一定只能做一条平行线”，这些东西对西方人的震撼极大。反应在哲学上，从黑格尔之后开始，在 19 世纪末加剧，一波一波的当代西方哲学潮流都在冲击传统的形而上学、不变的终极观和我们讲的静态的真理观。

比如黑格尔之后，有叔本华、尼采等当代哲学家，生活年代比黑格尔晚一点，他们发起了对传统西方哲学的全面批判和改造，认为传统西方哲学割裂了本质和现象。传统西方的思维方式是割裂本质和现象，而当代西方哲学是要攻击它，离开了现象的本质实体不是真正的本质实体，而是以某种方式构造出来的东西。这有点像宗教里“人崇拜的神都非常像他们自己”的现象。巴门尼德的前辈发现，如果埃塞俄比亚人塑造它的神，一定是黑皮肤、圆鼻子、短毛；如果狮子和马把它们的神画出来，一定是狮子样、马样。所以，超越的东西实际上是你造出来的，造是可以的，问题是要意识到这是造出来的，不是这个东西只能这么造，不能有别的造法，这是关键。你说的那一套，不管是学术、哲学、法律，你用得好你用，但是我们也可造一套，可以吸收你的、借鉴你的，但不一定跟你的一样。真理可以是多元的，可以跟人的现实生活和处境相关。这是当代西方哲学对传统的一个最重要的批判，其中一个典型的思想家就是尼采，他自称是炸药，他用自己的生命和天才的创作，炸开了西方传统的哲学观、思想观，炸了一个大口子，从那以后，西方的哲学从尼采那里得到许多的灵感。尼采提出来的一个著名口号就是“上帝死了”。尼采又是一个天才的诗人，具有极大的感染力，影响了几代西方人。尼采说的“上帝”代表了传统西方最核心的价值之所在，从哲学上讲就是实体、不变的东西、不变的真理观，他认为这些已经死了，他号召要重估一切价值。

后来，鲁迅受尼采影响，但形似实不似，鲁迅的实际思想方向和尼采正相反。鲁迅完全否认中国文化，而尼采实际否认的是西方传统的东西。尼采认为西方的文化衰落了，把古希腊的另外一面丢掉了，所以缺少了元气。古希腊除了阿波罗神代表的知识、光明和理性之外，还有更深的叫酒神，我们把他忘掉了，要恢复这种酒神的力量。尼采不认为在这个流转变化的世界之上还有什么永恒的东西，一切都在这里发生变化，所以，后来他提出了所谓“超人”的思想，这一点和中国古代《易经》的思想距离拉近了一些。中国人认为，神不是高高在上的上帝、一个实体，而是让我们能够面对未来的智慧。神妙的思维如何出现？通过老子讲的“唯道日损”、孔子讲的“大仁大义”进入未来。这和尼采讲的有些相通之处，但是还不同，毕竟尼采最后主张世界的本质是流转不息的意愿、对力量的意愿。海德格尔说，尼采是最后一个形而上学家，他在攻击形而上学，但他不自觉地还是采用形而上学的特点。中国古代的思想是周流不息，不是一个线性的发展观，跟尼采讲的有些相似，但不主张最终的实在是人的意愿。

当代西方思潮，尤其是新的后现代思潮都是从这个新的思想传统中演绎出来的，所以和传统的东西是很不一样的。这也是为了应对当前很多的重大问题，它们是传统西方的思维方式无法解决的。比如生态问题、恐怖主义问题等，老是用 A 或非 A，非此即彼的二元分叉的思维方式，没法解决。以这种方式，当代西方哲学拉近了甚至消除了中西哲学之间的距离。比较具体地讲，尼采、叔本华产生于 19 世纪后期，而 20 世纪出现了欧陆哲学和英美分析哲学两大潮流。当然，在这之前，还有美国的实用主义、法国的直接主义、生命哲学，等等，这些思想共同的倾向就是反对割裂形而上学，反对建立在这种割裂基础之上的传统西方哲学的那种超越主义（真理是超越于现象的）、基础主义（真理是有一个不变的基础，比如奠基于数学也好，奠基于事实也好，认为真理一定是有一个不变的基础），这不是当代西方哲学的特点，或者叫本质主义（通过现象抓住本质），还有逻辑主义、唯知主义，等等。当代西方思想都要冲击这些，而趋向于一个思想方向：现象本身就包含着本质。这有点像中国古代的思想，在变异之中求不变，而不是想超出这个变异之流。古希腊著名的思想家赫拉克利特说过，“人无法两次踏进同一条河流”，他的学生甚至说“人不可能一次踏进同一条河流”，但是这个思想家在西方的主流思想里一直是受排斥的，虽然黑格尔也喜欢他，但是黑格尔没有达到他的那种流变观，而中国古代的思想和此人及当代西方哲学的思想倒是比较相近了。在这之后出现了现象学、存在主义、解释学、结构主义，以及后期的分析哲学、科学哲学和西方马克思主义，这些都有一个新的倾向的表现。后现代主义在近一二十年来虽然有所消沉，起码在主流的学术界，比如在大学的教学中有所消沉，甚至出现一些想回归传统西方思路的反动倾向，但是大的方向是难以改变的，因为从静态到动态，从二元割裂到一气相通的这种思维方式的转向，也是西方科学和数学的走向。西方整个知识的根是数学，科学也是奠定在数学之上的，比如说量子力学、混沌理论都是在这种思路中出现的。

五、中国哲学的未来

20世纪，中国哲学的建立基本上是按传统西方哲学的方法论进行的。胡适、冯友兰先生的两本书奠定了当代西方中国哲学史研究的范本。冯友兰先生在20世纪30年代出版的《中国哲学史》前言里说得很清楚，他整个是用逻辑的、科学的方法来看待中国古代文献，写出《中国哲学史》。他的成就大家有目共睹，建立了中国哲学史这么一个学科，但是弊病非常多。我这些年在学术界的活动之一就是要批评这个方向，而且希望为中国哲学研究找一条新路。以前是不管是什么，我们先建立一个再说，现在不一样，我们现在要真正地、全面地有所对比和反省，而且要有自己民族精神作指导来向西方全面开放。我觉得以前开放不够，总是向置自己于死命的方向开放，而不向那些能够让你有真正的启发或让你存活的流派开放。以前我们研究西方哲学史最多到黑格尔，然后到马克思就终结了，认为马克思之后所有当代西方哲学一概是反动哲学。实际上，当代西方恰恰能给我们提供非常多的思想资源，而这种思想资源对于中国古代思想的当代复活，对于我们民族精神的重振恰恰是一个良性的刺激，能引发许多创造性的思维。黑格尔那个时候，把中国思想天生就判为侏儒，认为中国根本就没有资格进入哲学界。这方面的历史教训太多了。在这样的框架里，中国哲学、中国古代思想、中国文明、中国文化甚至中国人是天生的侏儒。而到当代西方哲学，情况就大不同了，与我们有缘的思想出现了。孙中山讲“要联合世界上一切以平等待我之民族”，类似地，我们要联合世界上一切以平等待我之思想，这种思想（当代西方哲学中的新潮流）比传统西方哲学还高深、还深入。但是，比如在现象学的思想里，在海德格尔的思想里，反本质主义、反基础主义的思想里，中国哲学一下子成了巨人。海德格尔终身对道家充满仰慕，从中吸收了许多真实的东西。海德格尔被认为是20世纪最著名的几个西方哲学家之一，我们为什么不向这些人多开放？所以我认为，以前开放得还不够。冯友兰先生学的是新实在论，是柏拉图的一个新的翻版，如此下来，看孔子绝对看不出任何好。

除了现象学，实用主义也是美国20世纪居于主导地位的哲学流派。比如郝大维与安乐哲两位美国的汉学家，他们的著作中已经被翻译成中文的有《孔子哲学思维》、《汉哲学思维的文化探源》等。他们通过真正的实用主义视野来重新解释中国古代思想，认为西方人以前对中国古代经典的翻译，比如把“道”翻译成 reason（理性）或者 law（法则），都不合适。实用主义其实已经突破了传统的西方哲学。但是胡适是真正的实用主义吗？胡适没有吸取杜威的实用主义精髓的部分，胡适的实用主义实际上是被西方传统的哲学改造过的，所以胡适写的《中国哲学史大纲》实际上是按照西方的逻辑科学的思维方式来做的，跟实用主义的根本精神在某种程度上是背道而驰的。实际上，胡适和杜威对中国文化的看法也是不同的。实用主义一定要重视传统，而胡适完全反传统，全盘西化。为什么实用主义会重视传统？因为它认为真理实际上永远是跟人的现实需要结合在一起的，如果我们需要传统，那为什么被打倒、被抛弃？根本不是说非要破才能立，而是说破和立是自然发生的。

简单来说，我们需要向当代西方哲学更多地开放，而且是有选择地、有自己民族文化意识地吸收那些真正和有益的东西，而不要被一家拴死。我不赞成只吸收后现代的东西，我赞成多元化，要有所比较。比较哲学是应该发挥重要作用的。现在最需要的是一种回旋式的真实开放，文艺复兴几乎是一种文化走向繁荣的必由之路，复才能兴，没有复，就没有文化的真正繁荣。所以，文艺复兴、民族复兴一定要复而兴之，没有这么一个回旋的空间，只是直线地向西方发展，朝向全球化发展，根本谈不上文化的复兴，而整个是一个文化的殖民地。“破而立之”这种思路早就该放弃了，而且我反对精华糟粕之说。为什么要对传统吸其精华，弃其糟粕？你要和传统的东西充分地交往，对它尊重，然后在现实生活中，你自然就会有所取舍；而如果对传统没有敬意，又有什么资格去决定它的命运？

实际上，中国文化一百多年来经历了千难万险，乃至濒临灭亡。我觉得，儒家文化已经濒临灭亡了。今天我们应该从中得出教训，该是回归中国传统文化的时候了。真正伟大的民族、伟大的文化哪一个是靠批判传统来进步的？印度那位真正对第三世界产生重大影响的甘地，他的思想是什么？甘地留学英国，但他对他们自己的传统文化很尊重，从中糅合出非暴力主义，不流血地将英国人请走挤走，然后建立自己的国家，整个国家建立在这样的基础上。而在中国，到目前为止，还没有多少人真正意识到这种回旋式开放的必要，都抱有"21世纪是中国人的世纪"这种盲目自信，毫无民族文化源头地全盘西化或全球化。就此而言，我觉得中国哲学在未来面临着重重艰难，任重道远。

第六讲　中国现代哲学导引

张文儒，北京大学哲学系教授、博士生导师，中国现代哲学教研室主任、系学术委员。主要著作有《军事辩证法》、《中外名战与名帅——兼论东西方兵学文化意识》、《中国兵学文化》等，曾发表论文40多篇。

哲学训练人的思维，表面看比较空洞，而经济则比较实际。所以，自20世纪80年代以来，有人称“繁荣的经济，贫困的哲学”。哲学的效用虽然不像经济那样直接和明显，但它的作用也相当大。具有良好的哲学思维的人做事情和缺乏哲学思维的人做事情，效果大不一样。德国哲学家黑格尔说过：“一个国家如果没有哲学，就像一座雄伟壮观的庙中，没有神像一样，空空荡荡，徒有其表。因为他没有可信仰的东西和可尊敬的东西。”我举一个例子，1994年我到俄罗斯去参加学术会议，当时苏联远东所的所长季诺连科跟我们座谈，他说，从现在两国改革的情况来看，俄罗斯采取的办法是彻底的私有化和休克疗法，而中国，不是打破原来的体制，是在原有的基础上改革开放。当然在前进的过程中，究竟哪一个更好？效果可以在进行中间再看。但是他的意思是，中国人为什么会这样做？因为中国有孔子，中国人有中庸的传统，所以，邓小平同志采取了这种办法。我觉得这一点很有启发，说明人的哲学思维渗透在文化传统里，与各方面的工作都有关系。

今天我讲中国现代哲学导引是引导人们去读书，重点讲三个问题。

一、中国现代哲学的历史段落及其主要代表人物

中国现代哲学，究竟指的是哪一段？科学地说，应该指中国的近代哲学和当代哲学之间的历史段落，也就是在中国的近代哲学和当代哲学之间这个段落里产生的哲学思想。

中国的近代哲学是从鸦片战争开始的。胡绳教授过去有一本书《鸦片战争到五四运动》，实际上就是讲中国的近代史。这个时期也出现了很多的哲学家，像严复等很多人。接着在五四新文化运动以后，中华人民共和国建立之前，又是一个特殊的历史时期。1949 年后，我们建立了新的国家，走了一条新的道路，一般认为是当代哲学。所以我们说的中国现代哲学是指中间这一段，就是近代和当代之间的这个历史段落的哲学。

中国的近代到当代，是如何演变的？我想大家都比较清楚。从鸦片战争开始以后，中国原有的封建社会受到了挑战，此后有太平天国、义和团等运动，试图改变中国，但是都没有成功。最后，到辛亥革命的时候取得了胜利，但是这个胜利不是彻底的胜利，虽然推翻了满清王朝，但是保存了地主。按照冯友兰先生的说法，是地主阶级绅士派的代表人物袁世凯当了权，出现了南北对峙的局面，后来是南北议和，孙中山先生北上，与袁世凯合作，即当时的地主阶级绅士派与民族资产阶级的代表合作。孙中山先生满怀希望，曾经在一次欢迎会上提出："给我一个机构，我可以负责修二十万公里铁路，你（指袁世凯）可以负责训练一百万军队，中国可以富强起来。"但是不久，孙中山先生发现自己上当受骗了，实际上袁世凯并不是希望中国走向现代化，而是要维持地主阶级统治，实际上是维持帝制。所以，这次革命虽然推翻了满清，但是没有取得彻底的胜利，中国变成了半殖民地半封建社会。

五四运动之后，这个问题变得很尖锐，在半殖民地半封建社会

里出现了新的情况，就是我们现在要说的中国现代哲学产生的历史土壤。这个时期究竟有什么特点？在五四运动以后有些什么特点？我想大体上有四个特点。

第一，中国变成一个半殖民地半封建社会以后，中华民族到了一个生死存亡的关头。特别是第一次世界大战、巴黎和会之后，中国有被列强瓜分的危险。

第二，中国的传统文化和固有的中国文化，受到了很大的挑战。在中国近代史，曾经有很多人，包括张之洞，提出“中学为体，西学为用”，即主张可以用国外传来的新技术，如枪炮、子弹、轮船、火车，但是不可以用国外的意识形态和文化，还是用中国古老的文化，即中国封建文化，这叫做“中学为体，西学为用”。可是，到五四运动之后，“中学为体，西学为用”看来是不可能了，所以中国传统文化的阵地也受到了挑战。

第三，之所以会出现这样的情况，除了历史情况的变化、变革的因素，还有一个很重要的因素，就是中国人到西方去学习，之后纷纷都回到国内。按照蔡元培先生的说法，新文化运动之所以掀起，是因为从国外回来大批的知识分子。照现在的说法就是海归派，去国外学习的知识分子回到国内，带来了很多新的思想。比如，李大钊曾经留学日本，陈独秀几度去日本，胡适是从美国回来的，李达是从日本回来的，艾思奇也到过日本，冯友兰、金岳霖是从美国回来的，贺麟是从德国回来的。所有这些比较著名的哲学人物基本上都有国外学习的背景，他们回来以后，带来很多新的思想。

第四，在十月革命以后，传入了马克思主义，马克思主义最早是从日本传入的，然后有人直接翻译苏联的思想。马克思主义开始传入中国，成为一个新兴的学说。

这个时期，出现了这样几个特点，在文化界引起了很大的波澜，在哲学界也引起了很大的动荡。为什么哲学会引起动荡？这与哲学的特点有关系。北京大学的校长蔡元培先生写的哲学论文里有句话，说思想起源于怀疑。因为怀疑，所以要求解答。哲学便是从怀疑开始的。哲学和宗教是各走一极的，哲学的基点是怀疑；宗教的基点是信任，是相信，甚至于笃信，执着地相信。既然有很多的思想，有各种各样的对事物的解释方法，而且视点不同，就会有各种各样的哲学思想。这个时期为什么会这样？我的老师冯友兰先生作了一个解释：尽管中国现代社会的政治局面很混乱，但是精神生活，特别是哲学思维却有伟大的进步。所谓混乱，是因为中国的社会正在从中世纪社会转向现代社会，从中世纪社会向现代社会转轨。一切都没有定型，所以人们感觉到很不习惯，生活上很不方便；而且，当时国内军阀混战，国内有很多派系、很多政治力量，大家的生活受到了各个方面的干扰，很不方便。可是，哲学不一样，哲学需要用人的脑子去思考，不受任何束缚，在这个时候，恰好提供了一个环境，就是没有教条和成规，是人类精神的自由运动。此时没有一个被大家公认为占主导地位的学说，虽然马克思主义也传入了，但马克思主义也是多种学说中的一种，并没有被独尊为指导思想。相反，其他的哲学学说虽然影响的大小各不相同，也都有它的一席之地，比如，当时传进来很多的哲学思想，有马克思主义、胡适的实用主义、无政府主义、英国的经验主义、大陆的理性主义。英国的经验主义，以培根、洛克为代表；大陆的理性主义，以狄德罗、斯宾诺莎等人为代表，这是两个主要的派别。还有维也纳学派等很多的思想，这个时候都传进来了。所以这个时期，好像在中国这块土地上变成又一次百家争鸣。张岱年教授曾经说，春秋战国时代是中国社会的第一次大变动。中国近现代是又一次大变动，而且出现了自发的百家争鸣。中国现代这个时期，确实是中国历史上难得的百家争鸣的时代，各种学说都在中国表现，并且都占有一定的位置。

这里牵扯的人很多，我在课堂上不便逐个说，这里提一下这些思想家的主要思想。这个时期，究竟有哪些哲学家？按照冯友兰先生在他的《中国现代哲学》里提到的，有章秉麟、蔡元培、孙中山等，还有其他许多人。我个人觉得，章秉麟不是哲学家，他有哲学思想，但不是哲学家。蔡元培有过哲学论文，但也不能说是哲学家，他主要是美学家。至于孙中山先生，他主要是政治家，当然也有哲学思想，比如知行合一，但总体上来说，他主要不是宣传哲学思想。

我想，在中国现代哲学史上有几个代表性人物：第一位是李大钊，代表作是《青春哲学》。第二位是陈独秀，最著名的代表作是杂志《新青年》，他的哲学思想在五四运动前后不一样。在开始的时候，他的哲学观点是进化论，后来，他接受了马克思主义。第三位是胡适，最主要的哲学观点是实用主义。过去，我们在解释实用主义的时候可能有偏颇，把实用主义解释为：什么有利就干什么。其实实用主义的原意不是这样的，实用主义自己解读就是实利主义，它指的是效用，就是有作用，有实效。第四位是梁漱溟，代表作是《东西文化及其哲学》，这是他二十四五岁时写出来的著作。这个著作的基本观点是提出文化三路向，说世界的文化没有优劣，只是对生活的选择不同，生活的样式不同。大体来说是三个路向，第一个是西方人的路向，是遇到问题解决问题，采取奋斗的态度，这是向前的路向。第二种路向是中国人的路向，是遇到问题时先提问。在这个过程中，对问题本身可能提出质疑，走中间路线。他举一个生动的例子，比如，一位男士喜欢一位女士，要追求她，但是在追求的过程中发现有另外一位男士也要追求她，怎么办？他就要审视一下自己的态度、自己的条件，能不能争取到她。检查过自己的态度后，可能不是狂热的进取，而是取中间路向，这是第二种路向。第三个路向是向后，遇到问题不求去解决，而是把问题取消，然后退隐。这个路向是佛教即印度的哲学路向，不去解决问题，而是避开问题，寻找另外的世界，佛教的世界是天国。很明显三种路向：一个是向前，一个是取中，一个是向后。这代表世界上的三种文化，呈现为三种不同的路向。这三种不同路向是由各自的民族性格、历史传统决定的，没有优劣之分。从梁漱溟先生的这个说法开始，就改变了过去有的人认为中国人是夜郎自大，认为中国文化最高明，西方是蛮夷之地，他们的文化不行，后来又一转而认为西方的文化行，中国的文化不行这样两种极端的态度。梁漱溟先生认为中西方文化没有优劣，大家都有存在的理由。第五位是李达，大家知道，李达长期在武汉大学当教授，他的代表作是《社会学大纲》，在这本书里对辩证唯物主义、历史唯物主义作了一个比较系统的说明，当然也是参照了苏联的观点，以及苏联以外其他国家的观点。第六位是艾思奇，代表作是《大众哲学》。《大众哲学》曾经在我们中国共产党历史上起了很大的作用，很多人是在读了《大众哲学》以后走上革命道路的。他是用比较通俗的方法，结合实际来解释哲学问题的。第七位是毛泽东，按照冯友兰先生对他的评价，最主要的代表作是《矛盾论》、《实践论》和《中国革命战争的战略问题》，即哲学著作或者是军事哲学著作。第八位是冯友兰，冯先生的著作很多，有“贞元六书”，就是在抗战时期他写的六本书——《新理学》、《新事论》、《新事训》、《新原人》、《新原道》和《新知言》，反映他本人的哲学思想。还有一个代表作就是《中国哲学史》。《中国哲学史》分两种，一种是建国之前他写的《中国哲学史》上、下卷。前面我曾经提到胡适，胡适也写过《中国哲学史大纲》，只写了上卷，没有下卷。建国以后冯友兰又有《新编中国哲学史》，这本哲学史是七卷本，最后一卷《中国现代哲学史》在香港出版，在国内也有大量销售。大陆和台湾都公认，在中国现代史上比较系统深入地研究哲学史的当推冯友兰先生。第九位是熊十力，代表作是《新唯识论》，他的基本观点是认为中国最早的哲学思想应该是易学，即以《易经》为代表的易学。《易经》里面讲阴阳之道，是中国哲学的源头。从《易经》的哲学开始，演进到后来的宋明理学，一直到现在，应该以这个作为轴线来解释。叫《新唯识论》是相对于佛学里的唯识论来说的，因为大家知道佛学里有唯识宗，熊先生本身早期也是佛教徒，他是相信佛教的，但是后来，他对唯识宗的观点不满意，就写了《新唯识论》，对唯识论的观点进行了一种新的评论。所以佛教界曾经对他大加挞伐，认为他是佛教的叛徒，这实际只是代表他自己的哲学思想。熊先生在北京大学任教，1955年，我到北京大学的时候，他已经离开到了上海。建国初他住在城里，后来他就不再教学了，因为那时大学里不允许宣传唯心论。而熊先生说，如果让我讲的话，我还是讲我的《新唯识论》，当然不能被同意，不能同意他就不讲了。第十位是金岳霖，金先生是中国当代最著名的逻辑学家。他任教于清华大学，先在清华大学，后转到西南联大，抗战胜利又回到清华。我上学的时候，他是北京大学的哲学系主任。他的代表作有两本书，一本叫做《论道》，一本叫做《知识论》。基本观点应该说是把国外的近代逻辑学思想引进国内，要求人们对任何一个概念判断都要作逻辑的证明、逻辑的推导，对是否合乎逻辑要进行审查，这种思想在中国是很独特的。因为中国古代虽有墨子，墨学里有少许的逻辑思想，但是不为大家所共识，所以，没有逻辑的传统。金岳霖把西方的逻辑思想引进来，有很大的功劳。最后一位，是贺麟。贺先生也是先在北京大学，然后到社会科学院，他是一位哲学家，也是位翻译家。他主要的哲学思想是黑格尔逻辑思想，他翻译的主要著作也是黑格尔的著作。他的代表作是《近代唯心论简释》，还有一本是《文化与人生》。

这些大家秉承的学术思想、学术源流都不一样，并且都有自己的特点。使我不由记起了恩格斯讲到意大利文艺复兴时说过的话："现在这个时代，文艺复兴时代需要巨人，而且产生了巨人的时代。"我们也可以说，中国现代这个历史段落，也需要巨人，而且产生了巨人的时代。我讲的这些人，可以说都是在中国现代哲学史上名噪一时的哲学巨擘，他们都是很有影响、很有创见的一些哲学家和思想家。如果没有他们，中国的学术思想是不可能活跃起来的。作为学术思想是可以并行不悖的，大家可以宣传，彼此之间可以不同意，但不妨碍共存。胡适和李大钊的学术观点不一样。李大钊是马克思主义，胡适是实用主义，他们也争论，但在同一个大学里教课，互相并不妨碍。陈独秀和胡适的观点也不一样。在新文化运动之下，他们是不同的派别，一个是左翼，一个是右翼。但是陈独秀坐牢后，胡适出钱找人，曾经几次把他从监狱里救出来。当然胡适也说，他也不一定是为了陈独秀其人，而是为了一个理念，这个理念就是人们应该有宣传学术的自由，而不应该把人关起来，除非他做了违法的活动。冯友兰先生过去讲过他的唯心论，他自己曾经说在本体论方面可以不取唯物论，但是在历史观方面可以取唯物论，这是他的观点。意思是他不一定很赞成唯物和唯心的说法，但是对历史唯物论，他表示可以接受，这是好的。不过，冯友兰先生在他的著作里还是非常公允地评价了毛泽东的思想。他认为毛泽东思想是有成就的，因为毛泽东是李大钊、陈独秀左翼学派的接班人，而且认为《矛盾论》、《实践论》和《中国革命战争的战略问题》这三部书是有代表性的科学著作。

二、中国现代哲学和中国古代哲学的关系

任何一种哲学思想都有它的根。欧洲的近现代哲学，它的根在哪里？是古希腊罗马哲学。印度哲学的根在哪里？是印度佛学。梁漱溟先生在他的书里曾经说过，讲到印度的时候，没有一部一部的哲学书，有的是一尊一尊的宗教，所以，其哲学思想就反映在佛学教义里，根就是印度佛学。中国哲学的根在哪里？是中国先秦的诸子学。中国先秦时代百家争鸣时期出现的很多哲学流派，他们的思想就是中国现代哲学的根。现在人们在研究哲学思想的时候，有两种意识，一种是全球意识，一种是寻根意识。所谓全球意识就是放开眼睛看世界，博采众家之长，大家的思想都可以接受。特别是法国文化在这方面反映得很明显；还有一个思想就是寻根意识，找到自己的根，不能忘记自己的根，那样才能对自己民族的哲学有一个更深的了解。全球意识和寻根意识并行不悖，不能互相排斥。为什么是这样？我想，这个道理很清楚。一种哲学、文化和一个国家、民族或者地区的文化意识是连在一起的。如果我们把文化意识比作是一方沃土，那么哲学就是在这个沃土上生出来的果实和花朵，它是和自己的文化根基连在一起的。有什么样的人文意识类型就会有相匹配的哲学。从这个意义上，离开文化意识来谈哲学就等于无花之果、无根之木，不可能了解得非常清楚。

为了了解中国哲学的根，我们不妨把中国的哲学和西方的哲学比较一下，就能看得更清楚了。大家知道，西方哲学的源头是希腊罗马哲学，而希腊罗马哲学有什么特点？西方文化开始于什么时候？是从研究神和自然开始的。而中国文化不是这样的，中国文化开始于研究人和社会。这两个起点是不一样的。

大家知道，在西方文化意识里，神话占了很大的比重，而且神话里大多崇拜自然神。希腊有三尊神是最著名的，第一尊神负责管理打雷和云彩的变动，叫宙斯；第二尊神是海的主宰，叫波赛东；

第三尊神是地下世界的统治者，所谓的地下就是地上，这个统治者叫哈德斯。除了这三尊神以外，还有一个很著名的神，就是大家知道的太阳神阿波罗。这是从崇拜自然开始的，阿波罗是一个人格化的神，他用箭去射蛇，蛇被射得没有办法，就变成海豚，变成海豚以后，这个海豚被取名叫特尔非那，后来海豚死掉以后，阿波罗神就住在这个特尔非那神庙里。所以，现在希腊的传说里，阿波罗所在的神庙就叫特尔非那神庙。西方人既然崇拜神，而且认为自然是由神创造的，所以就造成一种思维的习惯，这个习惯就是要寻找宇宙万物的来历。他们认为宇宙是奇中之奇，为什么造成的宇宙是这样的美好和不可思议？这是希腊人提出的一个问题，当时也有解决这个问题的条件。大家知道，从希腊罗马开始一直到东罗马帝国灭亡这段时间里，是一种稳定的奴隶制度。恩格斯说过："只有奴隶制才使古代世界有繁荣，使希腊文化成为可能。没有奴隶制，就没有希腊国家，就没有希腊的艺术和科学；没有奴隶制，就没有罗马帝国。没有希腊文化和罗马帝国所奠定的基础，也就没有现代的欧洲"①。为什么是这样的？因为只有在奴隶制存在的条件下，才可能有一小部分人脱离劳动，专门做奴隶主，专门做我们说的形而上学的工作，就是专门思考和考虑问题。如果没有奴隶制的话，没有这个基本条件，研究哲学也就不可能了。有了这个条件，就造成了一批哲学家专门来考虑上面提出的问题。

我们举一个例子，最著名的希腊哲学家亚里士多德家里有 13 名奴隶，他的一个朋友、学生赛奥弗拉斯托有 9 名奴隶。亚里士多德曾经说，奴隶是财产的最好形式，也是一切工具中最完善的一种。看一下当时希腊的情况，希腊科林斯也是一个城邦国家，这个国家一共有 46 万奴隶，自由民 40000，奴隶很多。雅典有 400000 奴隶，公民只有 21000 人，还有 10000 是外邦人。为什么介绍这个情况？在当时希腊的社会环境，大量繁重的劳动都由奴隶来担负。在这个基础上，有少数脱离劳动的奴隶主和处在奴隶主位置的一些学者和哲学家，他们有闲余的时间，有可能专门研究哲学问题，特别是研究

---

① 《马克思恩格斯选集》第 3 卷，第 2 版。

自然。我们发现，希腊很多有名的哲学家都把世界归结为是一种自然物，比如，泰勒斯认为世界起源于水；还有一位列宁非常赞赏的赫拉克里特，认为世界起源于火；著名的哲学家毕达格拉斯，认为世界起源于数。至于其他很多的哲学家，他们自己都有自然方面的著作。有的哲学家讲到夏至和冬至，有的讲到地象和气象，有的虽然没有具体讲，但是在他们的哲学著作中都有论自然的篇章。总之，希腊过去的哲学，研究的目标是神和自然，这是他们关注的中心。

下面我们再对比一下中国。中国古代人文意识中，信奉的中心不是神和自然，而是人和社会，为什么这样？大家知道，中国古代，夏代历史没有文字记载，从商代始历史开始有记载。夏代大约从公元前21世纪到公元前16世纪，商代从公元前16世纪到公元前11世纪，周代从公元前11世纪到公元前3世纪。从商代开始，有文字记载是奴隶制，一直到周的前期，还是奴隶制。到周的后期，奴隶制开始解体，出现了动乱，奴隶制解体了，封建制开始产生。这是一个交替的过程，中国出现了动乱的状态。动乱的状态是什么？是战争。从春秋战国开始，战争连续不断。春秋（公元前722年—公元前481年）一共是242年，却发生了无数次的战争。有两个统计数字，一个是说战争达到了297次，另外一个是在《左传》的记载里，不分规模大小都排列是483次。两个都有根据，前面说的是大的战争，后面是大小都有。中间竟发生了这么多次战争，意味着什么？意味着人们的生活处在动荡不安的情况下。难怪老子在他的书里讲，政治如果不走上轨道，连怀胎的母马也会被拉到战场上去作战，何况于人？处在动乱状态下，人们的兴奋中心是什么？人们最关注的问题是什么？当然是天下太平，动乱停止，政治走上轨道，这是人们最关注的问题。

中国人有没有神的意识？当然有，像图腾崇拜，崇拜狼、崇拜蛇等也都有，但是最主要的是崇拜帝。崇拜帝又和另外一个观念连在一起，就是认为地上的统治者和天上的统治者是有关系的。每一代的地上的统治者君主都是上天帝的儿子，他本来就受帝的保护。用我们现在的话来说，他头上有一个光圈，这个光圈就是由上面那个帝笼罩着他，所以，他在地上能够实行统治。不过，在中国的历史上，人们也看到另一种现象，不好的统治者常常被人推翻，如夏朝的统治者夏桀被商汤推翻了，商代最后的统治者商纣王被周武王推翻了。于是人们就提出一个问题，既然君主受到帝的保护，那怎么他还会被推翻？这样一来，人们对天的神圣性产生了怀疑。所以，到周代的时候产生了一个新的观念，就是从单纯重视天转向重视人。就是认为：人们是看不到天的，人也不知道天想什么，但是人是能看到君主的。如果统治者做善事好事，天就保护他，如果统治者做坏事，天就甩掉他，不要他，不保护了，所以就产生了敬德保民的观念。能够对老百姓比较关注、比较爱护，能够敬德保民，就是最好的统治者。周代的周公旦是周武王的弟弟，他提出一个观点“民之所欲，天必从之”①。老百姓喜欢的事情，老天爷也会赞成。还有一个观念“皇天无亲，惟德是辅”②。皇天没有亲人，只会去辅佐有德的人。这预示着一个新的思想抬头，就是重民的意识。在这种情况下，统治者就开始注意，如果表现不好，就不会受到上帝保护。当时，各国的统治者都开始琢磨，老百姓的意见到底是什么？大家知道，中国古代的郑国有个大夫叫子产。子产提出一个我们现在来看相当好的思想，叫做“立谤政”，就是当时老百姓平常收完工没事，可以到村口，到街头巷尾，去议论国家的事情，什么意见都可以说，不管统治者爱听不爱听都可以说。有的人问子产，这样的话不是乱套吗？他说，乱不了，防民之口，胜于防川，不让老百姓讲话，等于不让水流。川是河流，如果开一个小口子，让它不断地流，就不会决大口子。如果根本就不让它流，把它堵死了，堵死以后，水愈积愈多，可能突然之间就会倒塌了。所以，立谤政的方法恰好是巩固统治的方法，而不是破坏统治的方法。这从现在的眼光看是相当不错的一种思想，古人有这种思想很了不起。

从这个比较当中，我们可以看出一个现象：西方古代是由崇拜自然到崇拜创造自然的神。中国也崇拜自然，但是更重要的是崇拜人格化的神，崇拜人的德政。中国的人文意识，大约从公元前4世

① 《左传》襄公三十一年引《太誓》。
② 《尚书·周书·蔡仲之命》。

纪开始了中国历史上第一次人文运动。人文运动的内容是什么？就是排除有目的、有意识的天的作用，承认人的作用和价值，这是中国人文运动的特点。显然，这与西方不一样。中国人文意识重视人，我想有两种主要的趋向，第一种趋向是重视人力，第二种趋向是重视人心。重视人力的思想，在中国历史上，有两个代表人物，一个是管子，即管仲，还有一个是墨子。他们都重视人力，用我们现在的语言来说，就是比较重视人的物质生活。我们先举管子为例，管子在他的著作里曾经讲过，假使将一个人和猿猴比较，猿猴可以从很高的悬崖上纵身跳下，轻而易举地喝到水，但是人做不到——这是猿猴比人强的地方。但是人也有自己的特点，第一个是能虑，第二个是能务。能虑就是能考虑问题，能务就是能办事，用现在的话来说，就是能思考能办事。也就是说，当一个人有了想法以后，能够动手去操作，达到自己的目的。就当时来说，达到目的表现在哪里？他说，最主要的是能够生产，打粮食，让人们吃上饭。怎么才能多打粮食？他说，关键在于不违背农时。该种的时候就种，该收的时候就收，不要违背农时。墨子有一句话，“兴天下之利，除天下之害”，就是要做对天下有利的事情，不要做对天下不利的事情——这是墨子的思想。墨子又说，人和动物比，动物可以拿羽毛当衣服，用脚上的蹄爪当鞋靴，用自然的水草当饮料。它们中间雄的不必去耕作，雌的不必去纺织，衣食都不成问题。人不同，人只有劳动才能生存。墨子的哲学观点是，尊重别人的劳动成果，这叫做义，如果不尊重别人的劳动成果，就是不义。所以，墨子反对亏人自利。这是第一个思路，就是重视人力。

第二个思路，是重视人心，重视人的精神生活。在中国历史上，有两个最著名的代表人物，一个是孔子，一个是孟子。孔子有个观点是，人们对生活的体验比生活本身还重要。后来，在《中庸》这部著作里，曾引证了孔子的话，“人莫不饮食也，鲜能知味也”。没有一个人能不吃饭，大家都要吃饭、喝水，但是“鲜能知也”，“鲜”是少的意思，就是大家虽然都是生活，但是很少有人能够体会到其中的味道。能够体会，这是哲学语言，用我们现在的话来说，叫做自觉。比如办一件事，我自己对自己办的事要有一种自觉，有种体验。把这个道理推广到人和人的关系上，便是推己及人，我自己是怎么体会的，我想别人也会这样体会。换成另外一种说法，叫仁者爱人，我既然爱自己，就以同样的态度爱别人。仁者爱人的思想在当今世界上已经被公认为金律，所有国家的人都认为孔子这个思想是对的。为什么爱自己也要爱别人？因为别人也是人。所以他说，“己所不欲，勿施于人。”① 自己不愿意干的事情，也不要让别人干。又说，“己欲利而利人，己欲达而达人。”自己想要利的话，先把别人利起来。自己想要达到什么目的的话，先让别人达到这个目的。仔细考察孔子对人的精神生活的解读，有两个要点。第一个要点是把人和自然的关系暂时可以撇开。人和自然的关系不是没有，是可以暂时撇开，不去计较物质方面的得失，单独评价人的道德行为和道德意识。孔子非常推崇他的弟子颜回，说颜回“一箪食，一瓢饮，在陋巷。”箪，指古代盛饭的竹器，就是一桶饭、一瓢水，这是非常简单的生活，住在一个很偏僻的住所里面，说“人不堪其忧”，别人都觉得很难过，很难生活下去，但是“回不改其乐”，他认为很快乐。孔子说，“贤在回也”，就是说颜回这个人很高尚，不计较物质好坏。第二个要点，在孔子思想里面，对人的政治地位、社会地位的高低和道德行为是不是高尚，作了适当的区分。一个人的政治地位、社会地位高，并不等于他的道德高尚，道德本身需要修养，不是天生的。总的来说，孔子提出了“仁者爱人”的金律，被现代人所接受，而且在世界上广泛被人们所接受，这是很了不起的。

到孟子的时候，更进一步把孔子的思想具体化了。孟子说：“人之所以异于禽兽者几希。”② “几希”意思是很少。很少的东西是什么？就是人有四端，四端是什么？就是人有四个心理状态是天生的。第一个是恻隐之心。比如看见一个小孩在井边快掉下去了，所有的人都会去救他，没有一个人看着小孩掉下去，不去拉他。第二个是羞恶之心，就是干了某一件事情以后，觉得很羞耻。第三个是是非

① 《论语·卫灵公第十五》。
② 《孟子·离娄下》。

之心，人本能地可以判断事情做得对还是不对。第四个是辞让之心。大家知道，古代中国有孔融让梨，很小的孩子就懂得把大梨让给大人去吃，自己吃小的。现在我们教育小孩也是，有了东西以后，先要给爷爷奶奶，然后给爸爸妈妈，最后自己再吃。孟子认为人生来就有这四端：恻隐之心、羞恶之心、是非之心、辞让之心，这就是人的一种善心。按照孟子的说法，这个善心也可以表现为善性。如果统治者有了善性以后，当他去统治别人的时候，就可以有善政。用我们现在的话来说，一个人在家里有善行，那么出门当干部以后，就善政，善待自己的部下，善待周围的人，这就是善政。有善性才有善政。所以他给每一位统治者立了一个思想的根基，就是作为统治者，就应该有善性，否则就应该从这个岗位上退下来，不要再统治。孟子在他的有生之年，到处宣传他的思想，当时接受的人比较少，后来人们愈来愈认识这些话的意义。假使一个人没有四端，没有善性，就不应该当权，当权也搞不好。这就是孔孟所代表的另外一种思想，比较重视人的精神生活。

当然，有的人可能提出质疑：把第一条思路同第二条思路区分开来是不是太绝对？并不绝对。管子、墨子也并不轻视人的道德，孔子、孟子也不轻视人的物质生活。确实是这样，管子、墨子在他们的书里面，也很重视人的道德。比如，管子说："礼义廉耻，国之四维。四维不张，国乃灭亡。""维"在古代指粗绳子，一个国家要存在下去，必须有四个粗绳子把它捆起来，如果没有这四根绳子，国家就会灭亡。可见，他对人的道德、礼义廉耻非常重视。管子说："仓廪实，知礼节，衣食足，知荣辱。""仓廪实"，就是指仓库里面如果装满了粮食；"知礼节"，就是指老百姓知礼节，都讲究道德。如果仓库没有东西，老百姓吃不上饭，就到处抢，就不知礼节。所以，财物是基础。"衣食足，知荣辱"，衣食足的话，就会进一步讲究人的道德情操了，就知道哪个是光荣。如果没有衣服穿，没有饭吃，到处流浪，就难免做坏事。可见虽然重视人的道德，但是仍然要把人的物质生活作为基础。反过来，孔子、孟子也不轻视人的物质生活，也不认为人可以不吃饭，但是他们认为人的精神生活更重要。孔子和他的弟子有一段对话，他说，支撑一个国家，有三点：

一足食，二足兵，三民信。充足的粮食，充足的兵员，还有老百姓的信任，这是支撑一个国家的鼎立三足，这三者缺一不可。他的弟子问他，“必不得矣而去，与斯二者何?”就是假如这里面有的东西需要去掉，先去哪一个?孔子回答去兵，先把兵去掉。还有两个，如果还要去再去哪个?去食。就是把吃饭去掉。为什么这样?他说，“自古皆有死，民无信不立。”每一个人都有死，但是对一个国家来说，如果失去信任，就统治不下去了。所以，道德是比兵和食更重要的东西，德政比富国强兵更重要。这就是孔子的基本观点。可见，他虽然看重物质，却仍然把精神和信仰放在第一位。

下面，我们再讲一下中国古代哲学对中国现代哲学家的影响。我们知道，中国现代哲学家胡适是一个影响很大的人物。过去在20世纪50年代，曾经对他进行批判。改革开放以后，恢复原貌，重新评价。他的《中国哲学史大纲》上册，就非常推崇中国的墨子，说墨子在中国古代是一位非常了不起的学者兼实行家。胡适说自己重视实用，其实就是重视实利。没有粮食，人就没有东西吃；没有房子，人就没有地方住。所以他所说的实用，就是实利，和墨子的思想是一样的。他又说，中国古代的墨子和他的弟子们，为了先天下之利，他们达到的目标是什么?“饥者得食，寒者得衣，乱者得治。”使饥饿的人能够得到吃的，受冻的人能够得到衣服，处在乱世的人能够得到太平。为了这个目标，终日奔走劳碌，对自己要求到了近乎苛刻的程度。他说，连孟子的书里都承认墨子和他的弟子非常了不起，“摩顶放踵利天下，为之。”①“摩顶”，就是光着头，顶着烈日去晒太阳，“放踵”就是把脚都磨破了。墨子和他的弟子们头上顶着烈日，磨破脚底板，走泥路，全是为了天下人的幸福而奔走。胡适称赞墨子，非常推崇墨子重视实用、重视物质生活这样的观点。再比如毛泽东，他在早期的时候，在讲堂录里有一句话，说：“农事不理，则不知稼穑之艰难。休其蚕织，则不知衣食之所自。”如果不去耕地，就不知道种田是多么艰难。如果不去养蚕织布，就不知道衣服从哪里来，也体会不到人生的乐趣。这是他早期的说法，非常

---

① 《孟子·尽心上》。

重视人的生产。邓小平同志曾经讲，马克思主义最重视发展生产力。实际上，我们现在来看，我们改革开放以后之所以把主要的力量放在搞生产上，建设自己的国家，基本上都是按照这个思路来的。

对于人的精神生活，现在的哲学家们也十分重视。比如冯友兰先生，他在自己的书里说，“中国的哲学家又以特别注重人事之故，对于宇宙的研究亦甚简略”，意思是说，对人事研究得比较透，对宇宙的研究比较简略。这是和西方比较而言。西方注重研究宇宙、研究自然，而中国这方面比较简略，更重视人的精神生活。所以冯友兰先生在他的《新原人》里提出很有名的四境界说，即人生有四个境界：自然境界、功利境界、道德境界、天地境界。这四个境界一个比一个高。比如一个画家，如果他仅仅是为了自己的兴趣去作画，没有其他任何别的目的，这就是自然境界，叫顺性，他习惯这样去做。如果说他画画得比较好，他拿自己的画去卖钱，而且画得越好，卖钱越多，就进入第二个境界——功利境界。如果说他画得很多，而且自己拿的钱很多，他用得来的钱，去捐赠社会，去做好事，去做善事，这就进入道德境界了。他就不只是为自己追求功利，而且为周围的人谋幸福。最后是天地境界，就是人和天地合二为一。冯友兰先生说，人都能够认识到自己的道德行为高尚，但是很少有人能认识到自己和天地能够相通，什么意思？说穿了就是人的寿命是有限的。人在世也不过就是几十年。如果能够看透这一点，把一切看得很淡，包括自己的财物、享受都看得很淡，比如有的画家他在自己生前就把自己的画全都捐出去了，认为长久地存在自己的家里没有用，留给后世是有用的，如果到了这一步，这就几乎进入了天地境界。所以他说人能够达到最高的境界是天地境界。

再举胡适为例，胡适在他的《中国哲学史大纲》里说，哲学的研究对象应该包括伦理学、教育哲学、政治哲学、宗教哲学。这是胡适的观点，为什么？胡适解释说，行为的善恶是人生的一个切要问题，这把道德的位置提得很高。还有梁漱溟，他自己讲过，中国人常有句话，叫做“知书达理”，这个“理”是什么？这个“理”不是物理，而是讲情理。知书达理要讲情理，什么是情理？中国人讲父慈子孝，父亲对儿子要慈，儿子对父亲要孝。知耻爱人，知道什么事情不该办，耻辱就不去办，要懂得去爱别人。要公平信实，守信用、讲公平，这是中国人的道德风范。一个人要知书达理，就是要有父慈子孝、知耻爱人、公平信实之类的品格。又比如梁启超，在东南大学一次送别学生的毕业词里讲过：东方的学问以精神为出发点，西方的学问以物质为出发点。如果要寻求知识的饥荒在西方找材料，寻求精神的饥荒在东方找材料。我举这些例子，就是要说明，中国的现代哲学家所秉承的很多思想，根在中国古代，特别是由于中国人文意识特点，造成中国现代哲学的侧重点和西方是不一样的。

三、中国现代哲学与外国哲学

1919 年到 1949 年之间，传入中国的西方思想相当多。按照蔡元培先生的说法，最主要的是英国的经验学派以严复为代表、大陆理性学派以王国维为代表。实际上，并不只是这两位，刚才我讲到实用主义，还有维也纳学派、逻辑实证论，还有达尔文的进化论、无政府主义，当然还有马克思主义，这些思想都进入了中国的思想界。

在这一点上，首先要说明一下，西方哲学，不管是哪种哲学，都有一个最根本的观点，都认为在文艺复兴以后产生的新的哲学思想。大家都知道，文艺复兴运动是在 14 世纪以后，首先从意大利周边的地区开始。所谓文艺复兴是西欧经过中世纪漫长的统治，要从中世纪的黑暗统治下解放出来，把古代的西欧文明复兴起来。按照德国哲学家的话，如果把中世纪的哲学看做是醉醺醺的思辨，那么，现在的哲学就是清醒的哲学。文艺复兴以后的哲学是带有这样的色彩的，并且文艺复兴一个很大的作用就是重新认识人。刚才我讲到中国人对人也非常重视，但是人的概念是不一样的，所重视的可以是个人，也可以是家族，更可以是社会。所以，中国人对“人”这个概念是很模糊的。中国哲学里面常有个词叫“天下”，对现在来说等于全世界，这个概念弹性非常大。但是文艺复兴以后对人的看法不一样，主要指的是个人，因为宗教的统治，把人看成是没有血、没有肉、没有心肝，是完全被动的一个物、一种东西，一种完全被宗教思想禁锢的东西。启蒙思想家认为人应该解放出来，应该是一个有血有肉的人，有感情、有记忆、有追求、有活力，这是西方文艺复兴以后产生的一个最新的观念。所以，西方哲学里对人的看法就和中国对人的看法完全不一样。

西方这种对人的看法，影响到它的资产阶级革命，国家的政治模式也是这样。按照梁漱溟先生的说法，西方的观念就是：公家的事情大家管，个人的事情个人管，互相不要干涉。自己的婚姻、自己的财产、自己的追求，这是个人的事，别人不要干涉。涉及公家的事情有法律、有法规，这是公家管、大家管的事情，这是一种新的观念。但是中国人不是这样的，过去到了公共场所，中国人在一起说说笑笑、吃东西，旁若无人一样。西方人没有这种习惯，他们觉得，在公共场所不妨碍别人就是有公德。举一个简单的例子，在国外上电梯，往上走的时候，人们靠一边，或者靠左或者靠右，把一边让开。有的人愿意超前，就可以从让开的这一边上去。如果开门，就会给你把门先打开，让你先走，这是谦让，是一种公德。当然，西方人的个人私有观念也非常强，我举个例子，比如在法国，警察机关逮人，罪犯跑到一家的房顶上去了，警察要通过这个房顶去抓罪犯，但这家房顶的主人是个老太太，老太太坚决不让他过去，他就抓不了。还有在英国，在伦敦街上，很多家都种着好多花草，你可以在外面看，但决不允许不经主人同意就进去，否则就是侵犯他的私有财产。再比如，韩国人和英国人住在一起，韩国人是讲东方文化的，英国人是讲西方文化的。突然一阵大风刮过，英国人晒了好多衣服，被风吹到地上，韩国人就跨过栏杆把衣服拾起来，而英国人不知道他是来帮忙的，结果把手枪拿出来了。实际上，这是东西文化的差异造成的。西方人牢固的观念就是自己的财产、自己的领地自己来管，别人不经过允许不能进入。而中国人认为帮助别人是义务，是一种好的道德行为。这就是基于中西文化的差异。

西方文化传入以后，对中国有很强大的吸引力，也产生了文化选择的问题。在1919年以后，对西方文化的选择，大体上是三种。

第一种文化选择是文化西化，或者说自由主义思潮，学西方，废弃中国文化，完全改变中国文化，这里面又有不同的派别。第一个派别是全盘西化，代表人物是广东人陈序经，他的基本观点是全盘西化和彻底西化。为什么主张全盘西化？一个最基本的观点就是整体文化论，文化是一个整体，要搬就整个搬过来，不能只把个别的搬过来，其他的不要。另外一个西化派，和陈序经的整体西化不同，叫充分西化派。充分西化的观点是胡适提出的，胡适的起点是全盘西化，结果是充分西化。其出发点是全盘西化，但是实际上做不到，为什么？因为中国文化惰性太大，主张文化惰性论，所以产生了很强大的抵抗力。这个抵抗力的存在，使西方有些东西不能进来，最后的结果是充分西化。按照中国话来说是"取法乎上，仅得其中"。这是一个观点，总之，都是自由主义思潮。这是第一种文化选择。

第二种文化选择是文化保守主义，也可以确切地叫做本土文化派，即中国的文化不应该被取消，应该去改造、去发扬。本土文化最主要的代表是梁漱溟的《东西文化及其哲学》，其中的观点是：物质生活可以变，精神状态、精神追求不能变，或者说不能一下子变。比如，他提出中国的儒学，不是要衰败而是要复兴，不是要取消而是要发扬，而且他认为文化没有优劣。后来还有一个派别学衡派，对本土文化的重要性也作了阐述，这里我们不具体介绍。这是第二个观点，就是文化保守主义，或者是本土文化派。

第三种文化选择是文化激进主义，是以马克思主义为代表的。马克思主义传入中国以后，不仅认为本土文化不妥，应该批判，而且认为西方文化也是资产阶级文化，也应当批判。唯一不应该受批判的就是马克思主义，所以这是文化激进主义。比如陈独秀，他讲到西化和欧化的时候就说过：倘若以新输入的西欧文化为是，那么就不得不以旧有的孔教为非。就是说，要肯定西方文化，就要否定孔教文化，这两个不能并存，这是激进的看法。他在《新青年》中又发表了另外一篇文章《敬告青年》，有六句话，这六句话实际上就是指明西方文化和东方文化的差别。西方文化是自主的而非奴隶的；是进步的而非保守的；是进取的而非隐退的；是世界的而非闭关自守的；是实利的而非虚文的，实利就是实际利益，虚文就是认为中国古代讲的都比较虚；是科学的而非想象的。他敬告青年，应该选择这样的方向，即自主、进步、进取、世界、实利、科学，反对奴隶的、保守的、隐退的、锁国的、虚文的、想象的这些中国文化。五四之后，陈独秀更进一步接受了无产阶级专政的理念，讲到过去我们曾经推崇过资产阶级的民主，结果是工人只有劳动的权利，没有管理国家的权利。在这种情况下讲民主，民主在哪里？五四时期讲的，一个是民主，一个是科学。对于劳动者，他的民主在哪里？没有。反过来说，资本家为什么不去劳动？无产阶级掌权以后，资产阶级也应该去劳动，这就更激进了。所以，在这种情况下，他认为我们应该取一个更激进的姿态。后来他对资本主义也有批评，这就是文化激进主义的观点，是文化选择的第三条思路。

关于这三条思路，到底怎么样，大家可以自己去思考。在评论东西方文化的时候，可能有一个是外观的方法，另一个是内省的方法。这两种方法常常被混淆，所以我想有进行区分的必要。

什么是外观？西方人站在自己的角度看中国人，中国人站在自己的角度看西方人，看西方，都是从外面看，这是外观。内省是什么？内省是西方人站在自己的立场看自己，审查自己；中国人站在自己的立场看自己，审查自己，这是内省。外观和内省是不一样的。如果我们把外观当作内省，或者反过来，便常常会走进误区。下面我举两个例子来说明。

一个是在五四时期。当时喊得最响亮的口号是民主和科学。认为这是包治百病的良药，只要能吃这副药，国家的富强立等可见。科学这一点姑且不说，我们先说民主。民主好不好？民主是很好的，但是民主的发展是有条件的。这一点从西方和中国的差异就可以看得很清楚。刚才我讲到西方在文艺复兴之后，强调个人是独立的，强调每个人都有人权，而且西方的封建色彩没有中国这么浓厚，所以个人独立的理念在西方扎得很牢，西方的议会制、民主制能够实行，是有这样的民意基础的。但是，中国当时不具备。梁漱溟在他的著作里举了个例子，他在上中学时，听说袁世凯搞议会，他当时很兴奋。一般老百姓对此不了解，看这个议会有两种感觉。第一个感觉是很惊异。请了好多人在议会里讨论，好像他们就可以决定事情，过去没有看过，惊奇得很。第二个感觉是很担心。如果国家就由这几个人说了算，他们说什么就是什么，那国家不就乱套了吗？这反映了人们对议会制很担心。陈独秀后来也讲过，说中国过去人们追求的是个好皇帝，是要一个很好的皇帝，不是搞一个议会就能解决问题的。所以，中国当时不具备实行民主制的条件。现在，我们经过这么多年以后可以看到，民主的过程是随着经济发展、人文意识提高逐步实现的，我把它概括成经济商品化，然后是政治民主化。政治民主化必须以经济的商品化，商品经济充分发展为前提。商品化充分发展以后，要求打破地域的界限，要求人们观念的沟通，要求产品的所有者能够独立自主，支配自己的财物。在这种情况下，民主意识滋长，就要求有民主的政治生活。在这种民主的政治要求普遍发生的情况下，国家的民主化就能逐步走上轨道。如果我们不具备这个条件，经济没有独立，家族的观念又很严重，人们对民主不习惯，又没有文化知识，强行搞民主，那确实效果相反。所以，我们要更加理性地对待这一点。我曾经碰到台湾的一个学者，他是研究政治学的，交谈的过程中我问他，你认为大陆的民主是不是应该马上做？他说，照他的观点，现在不行，因为经济的发展还没有到一定的程度。经济启动到一定阶段，就会把民主问题提到日程上来。我后来也考虑这个观点，我们每次都会提出这个问题，大家都觉得民主应该搞，但是如果热衷于搞现代民主的话，首先应该创造实现民主的条件，这就使“外观”变成了“内省”。我们看外观好不好？外观是好，但是如果中国人要搞的话，就要创造这个条件来做，这样会是一种比较科学的态度。这是第一个例子。

第二个例子是西方人看中国。第一次世界大战以后，梁启超到西方去，西方有个记者叫塞蒙士问他，你回中国干什么？是不是要把西方的文明带回去？梁启超说是。塞蒙士说：可怜啊！西方的文明已经破产了。为什么西方文明破产了？西方原来创造民主，但是现在变成了法西斯，结果引起世界大战。西方崇尚科学，但是科学变成制造武器，去屠杀人。所以，西方文明破产，现在要中国文明来救它。梁启超说，你回美国干什么？塞蒙士说我回去关起门来等着，等你们把中国的文明输进来救我们。这就是当时西方人看中国。

梁启超回国以后，发表了一个很著名的讲演《欧游心影录》，讲他旅行欧洲以后的感受，大声疾呼青年们要力争开步走。大海对岸有好几万万人，正愁着物质文明破产，哀哀欲绝地喊救命，等着我们超拔它，我们在天的祖宗，三大圣孔子、老子、墨子和许多前辈眼巴巴地望着你们完成他们的事业，意思就是赶快把中国的古老文明输到西方去救他们。中华的文明是不是对西方有作用？我想是有作用的。但是，中国的文明是不是可以立即涂抹在资本主义的伤口上，就可以把西方的资本主义救过来？我想这是不可以的。因为任何一种文明，要输到另外一个国土上去，都有转化的过程，不是说吸收就吸收。我举个例子，日本在美国开汽车公司以后，美国人看到日本人管理得很好，就说，美国工人如果像日本工人那样敬业的话，那美国公司不是也搞上去了吗？结果他就考察这个日本公司到底怎么管。他一看，日本公司是家族制的管理，每一个工人效忠于他的主人，而且团队精神特别强，宁可牺牲自己，宁可自己受处分，也不能让工作受损失。这是日本人的精神，所以日本的工人受了处分以后，马上说，“对不起，是我的错误，我改正，我受处罚。”他不能影响整个的工作。而自由惯了的美国人哪能够这样去做？找一个美国工人，这么管理他，他根本就不干。所以，日本的文化到美国，美国人马上要去学，这是不可能的。

因此，无论是中国文化到美国，还是西方文化到中国，都有一个转换的过程。这就是外观和内省的差异，我们必须区分清楚。比利时鲁汶大学中国欧洲研究中心有一位韩得利教授，他讲，中国人应该用正确态度对待自己和西方。中国是一个有几千年文明传统的文明古国，值得西方学习的东西很多。中国学习西方也要选择，不能因为学西方，而把自己的优秀文化传统丢了。不了解自己的文化，就不可能真正了解别人的进步。

第七讲　儒家思想精髓

陈来，北京大学哲学系教授、博士生导师，北京大学儒学研究中心主任，北京大学哲学系学术委员会主任，北京大学哲学系中国哲学史教研室主任。主要专著有《朱熹哲学研究》、《有无之境——王阳明哲学的精神》、《哲学与传统：现代儒家哲学与现代中国文化》等。

儒学也可以叫儒家，“儒学”是比较学术化的，“儒家”则比较通用。历史上还有一个名字在东亚比较通用——“儒教”，比如在韩国、日本不叫儒家或儒学，叫儒教。那么，儒家、儒学、儒教之间有什么区别呢？一般来讲，儒学是侧重把儒家作为一个学术思想的形态，就像西方哲学一样，有什么代表人物，有什么学术派别基本都是讲学术思想，在这个意义上它不包括实践。但宗教则是包括社会实践的，这是很不一样的地方。儒教则不同，它包括儒家的一些教化活动，社会实践是其一个方面。比如，大家也做青年工作，当然做青年工作和少年工作也有关系。这几年，北京国子监街道配合人文奥运开展了儿童读经班，这在全国很多地方都开展了。儿童读经班很重要的一部分是学习古代儒家的经典，这类活动属于实践性活动。从儒教的角度，这属于儒教的一部分。而儒学主要是一些理论的说明，学术的研究，思想的阐述。从这个层次看，儒教和儒学还是有区别的，所以这里面不存在好坏的问题，只是一个习惯问题。

历史上我们自己也有儒教的讲法，至少在唐代、宋代、明代都有，所以在古代有三教合一的思想，哪三教？儒、释、道（儒教、佛教、道教）。中国古代对宗教的态度比较宽容，当然宗教之间有批评，但是在中国文化里，没有像西方那样的宗教战争或者尖锐的宗教冲突。从国家社会而言，有一个政教合一的、宽容的、融合的宗教教化传统，这是中华民族比较优良的传统。怎样融合？有各种各样的融合方法。比如，比较流行的说法，认为三教各自解决人的某一方面的问题：儒教是指导我们行为的，道教是修炼我们身体的，佛教是修炼我们心灵的。国家通过强调这样一种将不同方面的功能结合起来对每一个人都有意义的方法，把儒、释、道三教结合起来——这是中国古代的特点。现在我们国家不大讲儒教的概念，但在历史上儒教的概念还是有它的功能的。比如，解放以来我们的教育，不管是社会教育还是青年教育，都是以国家为中心开展的，纳入到我们国家的体制里，而且是由国家的意识形态来主导的。不管共产主义教育、共青团的教育也好，少先队的教育也好，都是在国家意识形态指导下进行的，而且由国家意识形态来主导。在古代则不是这样，我们看西方还有东亚其他的社会，不是由一个主导的意识形态来主导的。美国要求在学校里不能用一种意识形态来讲教育，意识形态这些教育活动通常在学校以外。比如，社会的教育和很多的道德教育，在西方它是由宗教团体、教会在社区里面来开展的。我们历史上的教化很多也是通过儒教性的民间教育，比如，一个村子里，教书先生教大家念三字经，三字经里讲“人之初，性本善”，这就是儒学的命题。这就是通过通俗的教育和教化的方法，把一些文化和价值的观念输送给青少年。不是采取国家主导的教育，而是通过像儒教这样的一个教化的体系。

当然，中国古代讲的三教合一，其实不是今天严格意义上的宗教。严格意义上的宗教需要有对上帝的信仰，儒教里没有对上帝的信仰。古代讲的三教，侧重于作为教化的体系，教化人民向善，弃恶扬善，教化体系通过各种宗教类的组织和教育活动分别展开。今天我们的教育活动越来越多样化了，不管是在青少年还是幼儿的教育方面，我们需要运用更多的社会文化资源，而不是仅仅靠学校。学校当然要贯彻德育，但是应该通过各种不同的途径，包括不同的文化团体以及不同的宗教团体所做的教育活动。像中国台湾、中国香港，韩国、日本有许多宗教团体，它们所组织的很多活动，比如说暑期的夏令营都是有教育意义的，这类教育活动很多是由宗教团体出面组织的。今天，我们仍然有必要从这方面开放我们的一些思考。

一、儒家思想的起源

一个大的文明的宗教，它一定有一种经典体系。我们为什么要讲文明宗教？因为就宗教学所研究的范围，它是很广的，包括很多社会的原始宗教。比如，我们到非洲不发达的地区，它有一些原始宗教的遗存，大家站一个圈跳舞，这是对神的敬仰或是迎接神的一种仪式，在全世界很多地方可以看到这些遗存。这些宗教不像我们今天在基督教里所看到的那种性质的信仰，或者在伊斯兰教或佛教里所看到的。这些宗教是初级的，它有一些宗教行为，有一些宗教信仰，但是它的宗教组织不发达，没有一套经典的体系。而文明的宗教已变成有组织的宗教，而且有一套经典的体系。大家知道，这两年有一个流行的提法，我们北京大学还有一些其他学校在编辑《儒藏》，为什么要编《儒藏》？因为我们历史上有《佛藏》、《道藏》，但就是没有《儒藏》，所以要编《儒藏》。什么叫《佛藏》、《道藏》？这两者都是在中国历史上早已编辑好的佛教和道教的经典系统，“藏”这个字本身就有“包含”的意义，最早是佛教用语，早在唐代就已经编了《佛藏》，甚至在唐代更往前就已经编过《佛藏》了。《佛藏》是指佛教里面包含有万事万物的根源，用这个概念来命名佛教的经典体系，这个体系是无所不有的，把佛教的义理和著述全都包含进去了。最早在唐代以前就有这样的编辑了，唐代到宋代叫《佛藏》，稍后叫《大藏经》，20 世纪 80 年代以来我们编的《中华大藏经》，是中国大陆学者编辑，利用金代流传下来的《赵城藏》。我们知道，在山西有个《赵城金藏》，那是八路军保护下来的。当时日本人很想攫取，因为《金藏》到现在已经快1000年了，很宝贵。当时，日本人在卢沟桥事变以前，已经派了所谓东洋文化的代表到那里去了，去摸情况。抗日战争爆发以后，日本人要求进里面看这些藏，方丈住持知道他们不怀好意，怕这些经藏被日本人弄走，所以他联络了八路军，当时五台这边是薄一波同志负责，最后利用了我们当地的军政力量把它安全转移。一直到解放以后，1949年把它交给北京图书馆，我们的《中华大藏经》是利用这个作为底本，补充了一些其他的材料做成的。但是学术界比较流行用的是日本人编的汉文的《大藏经》，现在流行的叫《大正藏》。大正是日本的一个年号，在昭和以前，大正新修《大正藏》，《大正藏》收了我们汉文的三千多部《大藏经》，有一万三千多卷，其中中国部分占的比重较大（因为还有一部分是日文的），日本人在历史上是用汉文写的。

关于《道藏》，在宋代已经开始编辑了。在明代正统年间编辑的《道藏》有五千多卷，在万历年间又编了《续道藏》，正统是明代的前期，万历是明代偏后，《道藏》是把道教在当时所能收集到的所有文献全部编辑在一起。佛教传入中国是在汉代，到今天已经有2000年左右。道教的产生是在东汉的末期，到今天也有2000年左右，比佛教、道教在中国历史更长的就是儒家、儒学，至少已有2500年的历史。从孔子算起，孔子如活到今天已经是2500多岁了，他是公元前551年生。因此，明清就有学者提出，说我们中国人还是以儒教为本。现在有了《佛藏》、《道藏》，没有《儒藏》，还是需要编《儒藏》，但是都没有编起来。最近北京大学在做这个工作，做这个工作的时候有一个论证会，要论证它的意义。我提出一个观点，我们今天编辑整理《儒藏》，比《佛藏》、《道藏》更有意义。从根源上，《道藏》是道教宗教经典体系的汇集，佛教的汉文经典是宗教的经典汇集。今天我们编儒家、儒教体系的汇集，它不是代表一个宗教、一个学派，从根本上，它是代表中华文明的经典。这与佛道二教的藏经是代表宗教体系的经典不完全相同。佛教《大藏经》是代表其宗教的经典体系，《道藏》是代表正宗道教的经典体系，可是《儒藏》不是代表儒教一个思想体系，它从根源上，实际上代表的是中华文明的经典体系，这是它很不一样的地方。

道教的产生是在东汉，我们看《三国演义》，曹操在打四川的时候有张鲁，早期的道教在这个时候开始出现，佛教的传入大概也是在这个时候，但是儒家的产生在什么时期？一般来说，儒家的创始人是孔子，此后儒家便作为一个定型的学派。孔子生于公元前551年，死于公元前479年，也就是公元前六世纪到五世纪，孔子的思想是从哪里来的？比如，佛释迦牟尼是在菩提树下顿悟的，这是佛教思想的根源。佛教思想不能从释迦牟尼再往前推，释迦牟尼是创教人，所有的佛教思想都是从释迦牟尼佛来的。他是印度诸侯国的一个太子，在菩提树下顿悟佛法创立了佛教。可儒家不是，如果研究儒家历史，孔子的儒家学派在先秦做什么？他们在先秦做的最重要的一件事，孔子已经开始做了，就是编辑整理《六经》，解释传承《六经》，所以整个儒家的经典体系、著作体系可以说都是顺着这个线索来的，是对《六经》的经典做不断的解释、发挥和运用。儒家的经典大部分是这样的。我们说佛教里面最根本的经典是释迦牟尼佛所讲的，其他都是根据他所讲的做阐述、发挥。但是儒家的经典体系，并不都是对孔子的发挥，对孔子的发挥只是一部分甚至是一小部分，大部分是对《六经》的体系不断解释、发挥。历史上说孔子删定《六经》，《诗经》三百篇，孔子在整理中把不太好的删除了，最后只剩三百篇了。孔子已经开始很自觉地对《六经》文献的体系做整理和传承，所以在先秦诸子百家流派很多，不只有儒家，还有道家、墨家、法家、阴阳家等，但是除了儒家之外，没有一家是传承《六经》的。

《六经》是什么？《六经》是我们从夏商周以来文明所积淀的精华部分，我们讲五千年中华文明，但是有文字历史不是五千年。一般我们讲三代，在孔子时期已有明确的三代概念，从夏代开始，到商代、周代，这三代已进入文明的时代。“文明”在考古学上和人类学上有固定的意义。在很宽泛的意义上，我们有农业文明，有早期的种植农业的历史，这是很粗略的。一般我们讲的“文明”是有阶级的分化、国家的出现，有城市、文字，特别是铜器的制造，等等。我们讲从夏代开始进入了真正的文明时代，西方人对此有一些不赞成的意见，他们只承认商代，不承认夏代。五千年文明和三代的文化，本来是从《史记》传下来的，汉代司马迁《史记》详细记载了夏代的世系，有多少代皇帝，每个叫什么，商代有多少个皇帝，每个叫什么，然后到了周代。近代以来，日本人开始抹杀我们的历史，当然这里有双重原因，一方面帝国主义对我们成熟的悠久历史加以贬低，一方面我们没有考古的证据说这就是那个时代的物证。1929年我们在安阳的殷墟中发掘出了商代的档案，乌龟壳、甲骨文等。因为殷墟的甲骨文等基本上都是商代的档案。殷墟的甲骨文本来是用来算命占卜的——先钻几个眼，放到火上去烧，烧了以后就会出现裂纹。事先有规定，如果裂纹横向居多，那么这是吉的兆象；如果竖向居多，那就是凶的兆象。当然还有一些别的规定，烧完了以后看——当然要专业的占卜师来看。在看的过程中，当然是有疑问才问，不是凭空提问的。比如，要问收成的情况，先把这个字写在上面，然后再烤，烤完了以后，结果记载下来，以后占卜究竟是否灵验也要记下来。用得最多的是商王朝的祭祀，例如，第二天要去祭祀，三天以上的天气好不好，吉不吉利，就占卜一下。结果，在几万片甲骨文里，我们在这些乌龟壳上发现了《史记》里记载的人名，这就是考古学的证据。西方的帝国主义也好，东方的帝国主义也好，科学家也好，不信不行。虽然我们没有别的考古学的证据，但是我们在安阳的发现证明了司马迁在《史记》里讲述的商代的世系基本上是可靠的——这对中国历史学家是很大的鼓舞。

再看夏代，司马迁记载的夏代的事件，我们相信它也应该有很强的真实性。夏代皇帝从哪里开始，叫什么名字？我们相信其来有之，不是编造的。西方人不相信，除非再挖出考古的证据来，他们才信。但是这可以看出，我们中国文明的发展，并不像近代西方国家所认为的周代以前的事情都是神话传说，不是神话传说，历史记载都是有根据、有传承的。从夏商周开始，中国已经进入了文明时代，在政治、社会管理、人生的生命体验上都积累了很多经验。这些经验也是积累在一定的文字传承的载体上，最重要的就是《诗经》和《尚书》。孔子以前有《六经》，当时没有叫《六经》，但是有这么六部书。孔子以后，人们便把这六部书排列起来。真正地出现“经”这个词语是在汉代以后，“经”这个概念是国家正式承认为国家的经典。但是，在孔子时代，虽然《六经》没有被叫做经，但它实际上已经获得了经典的地位。因为孔子讲学的时候要引经据典，引的主要是《诗经》和《尚书》。现在的《尚书》是汉初传过来的，上面记载得很清楚，哪些是夏代的，哪些是商代的，哪些是周代的。当然，《尚书》的传承，在历史上有很多变化，但是它有很明确的记载。因此，我们可以笼统地说，《尚书》记载了夏商周三代以来的政治历史经验，因为《尚书》是三代的国家政治档案的汇集。什么是政治档案？不是我们今天记载某人的情况，更重要的是记载了某些文献。例如，中共中央第几号文件，这些当时叫文告，这些文告大部分是由当时的帝王或者代行帝王职权的人发布的。因为这些公告都是一些政治文献，我们可以说《诗经》、《尚书》以及其他的一些经典著作都表现了三代以来我们中华民族在物质生产、人民生活、政治历史方面所积累的文明的经验。《尚书》当然是很明显的。《诗经》里，比如《风》，我们知道记载了很多民歌，但是《雅》、《颂》部分记载了很多夏代以来的祭祀所流传的歌谣。这些歌谣在什么场合唱？在国家的祭祀场合唱。例如，周代对它的祖先，还有商代对它的祖先，祭祀时要颂唱，所以《诗经》里面有《商颂》，就像《尚书》里面有《商书》一样。六经除了《诗经》、《书经》以外，还有《易经》，《易经》中对商代的东西记载很少，周代的比较多。还有《礼经》、《乐经》、《春秋》，《春秋》是历史。因此我们可以说，《易》、《礼》、《乐》、《春秋》更多的是周代的。但是我们知道，周初到孔子有将近300多年的历史。所以，《诗》、《书》、《礼》、《乐》、《易》、《春秋》这六经是代表了孔子以前我们中国文明积累的经验。孔子以发扬、整理六经的思想及学术的传承为己任，孔子的学生也是如此。孔子的学生干什么？每天讨论六经，特别是《诗经》、《尚书》和《易经》等。近年我们有很多新的考古发现都证明了这一点。

因此，儒家思想的根源在六经。六经是什么？六经是中华文明的经典。所以，儒家所传承下来的这套思想，并不仅仅是战国诸子百家中的一家，在文化传承上儒家与其他各家是不一样的。法家没有历史传承，道家也没有，而儒家则有很深厚的历史基础和历史传承。历史传承是三代以来的中华文明所积累的东西。这是我们今天认识儒家的特色。我们刚才从儒藏讲起，儒藏的意义为什么和佛教、道教不一样？它不是宗教，它不是教派的经典，它是中华文明的经典。所以，简单说起来，虽然我们说儒家的创始人是孔子，但是儒家的思想是有根源的，儒家的很多重要的思想命题在《诗经》和《尚书》里已经提出来了。不是没有根的，不是孔夫子凭空想出来的。《尚书》大部分的文稿是周公发布的。所以，如果说儒家的文化有根源，那么就是周代的文化，很大一部分是周公的思想。周公在《尚书》里讲到了很多重要的思想。比如说"明德慎罚"，"皇天无亲，唯德是辅"等。孔子常常梦见周公，就是要传承周代的文化。他经常引用《诗经》、《尚书》的经典，孟子亦然，所以儒家思想有根源。但是，虽然如此，在孔子以前，并没有形成一个系统的思想流派。在周代整个过程中，经典是在一个不断形成的过程中。我们甚至可以说，到了孔子，这六部经书才真正成为经典。比如，《诗经》的内容以前很多，孔子将其确定为300篇。《诗经》三百篇，一言以蔽之，思无邪。把有邪的都去掉了，留下的都是经典。所以，经典体系的内涵和边界都确定了，然后由孔子和他的学生不断传承下去。

我们刚才说儒家的经典体系主要是六经，而六经到了汉代以后就只讲五经了，为什么？因为《乐经》失传了。只有《诗经》、《书经》、《春秋》、《易经》、《礼经》传下来了。这是五经的概念，和其相匹配的概念叫周孔之教，周孔之学。这是从汉代到唐代，儒家思想体系重要的概念。宋代以后，就不这么讲了。宋代以前叫周孔之教，周孔之学，作为儒学的代称，周是指周公，孔是指孔子，以五经的传承为基本。到了汉武帝时，立了五经博士。什么叫五经博士？就是国家确立五经作为国家的经典，要专门找人来研究。五经博士是代表国家最高水平的经师，经师就是解释研究经典的大师。当然，《论语》虽然没有叫做经，但是在汉代，《论语》和《孝经》在实际上也是被作为经，所以，到汉代就明确确定，五经再加上这两经，成为儒家的经典，而且也成了国家的经典。国家也有经典，因为我国与别国不一样，没有上帝，没有《圣经》，但是我们有文明的积淀，这些都需要我们国家要有属于自己的经典。汉代确立五经，五经的概念和周孔的概念可以说是儒家从汉代到唐代的一个很重要的核心。到了宋代就变了，宋代不叫周孔了，叫孔孟。所以，我们今天一讲儒家就是孔孟之道。从周孔之教变为孔孟之道，是从宋代开始的。前面我们讲到，从周孔之教，可以看出儒家的思想是有来源的，不是孔子一个人想出来的，它有很深厚的文明积淀。为什么到宋代以后变了？变有变的原因。我们看基督教的历史，基督教的经典叫《圣经》，《圣经》有两部分，一部分是《旧约》，一部分是《新约》。汉代——公元前 200 年，那时耶稣基督还没有出生，我们现在的公元纪元是指耶稣基督出生以后。那时洋人念的肯定是《旧约》。从耶稣基督出生以后，《新约》变得越来越重要。当然《旧约》对犹太教还是很重要的。《新约》为什么越来越重要？这和孔孟之道的出现有类似性。基督教有很多教训，这些教训在《新约》里面非常突出，如《马太福音》、《约翰福音》。所以，一个文明宗教的发展，伦理道德教训很重要。《旧约》里面有什么？《旧约》里主要是诗歌，讲历史。这很像五经、六经，《尚书》里很多是历史，《诗经》里很多是民歌。所以，虽然五经、六经是中华文明的根源性的体系，但是我们如果从道德伦理的角度看，五经就太差了，它没有突出伦理道德。我们刚才说《尚书》里也讲了很多好的话。但是，比如《礼经》，往往讲述的是人与人交往的形式上的礼节，比如礼尚往来的原则，其中也包含了很复杂的规矩。当然，我们中华文明是礼仪之邦，这些很好，是精神文明的一部分，但是它不能对人的伦理道德的行为或者心灵起到一种作用。《旧约》的作用是一样的，告诉人要信上帝，但是怎样落实到伦理道德方面并不突出。《新约》在这方面很突出。这种情况，在中国也出现了。中国的经典体系，在宋代，开始更多地推崇四书。经典体系从五经开始变到四书。朝廷的考试也是一样，除了五经以外，还要加试四书，四书变得越来越重要，甚至超过了五经。宋代著名儒学大师朱熹讲过一句话，为什么现在要强调四书？他说，五经像粗禾，四书好比是熟饭。四书是什么?《论语》，主要是孔子讲学的记录；《中庸》，子思作的；《大学》，曾子和曾子的门人作的；《孟子》，孟子和他的学生作的，孟子死于公元300年左右。因此，可以说，四书是在孔子死了以后100年以内形成的。这四本书的特点是什么？就是很集中地在道德伦理方面加以发挥。我想，一个大的文明宗教、经典体系发展要越来越浓缩化，要把价值浓缩，历史在经典体系中的地位慢慢减弱，更加突出的是道德伦理教训方面。在世界宗教里都会发现这种现象。宋代以后，四书的地位越来越突出。四书突出了，孔孟之道就突出了。所以，到了宋代以后，我们就叫孔孟之道，不叫周孔之教了。这个变化是和我们经典体系联系在一起的。宋代以后，出现了一些著名的注解，例如，朱熹的《四书集注》，朱熹晚年，将四书合并在一起并称“四书”，加以注解。到了元代，确定科举一定要考四书，明清更加流行。所以，我们说从五经到四书，标志着经典体系的变化。宋代以后到现代，这1000年里面，儒家学者从五经到四书的解释、发挥和阐述，也出现了一些新东西，这就是语录，语录是一个人说话的记载。语录是在宋代时候出现的。这些是从哪里来的？是学习佛教来的。佛教在唐代开始出现了禅宗，禅宗的创始人应该是慧能。禅宗有很大的平民性，由于禅宗的出现才出现了语录。老师如果不会写，学生就把他讲的记录下来。比如，《坛经》，这里面就是慧能法师讲的话，实际上就是语录。到后来，这种东西很发达，很流行。老师对学生讲的话，学生就记下来。其实古代的《论语》就是这样的，那才真正叫语录。宋代、明代、清代，儒学经典体系的第三阶段的发展主要是语录的大量出现。

二、儒家的代表人物和发展过程

儒家作为一个学派，创始人是孔子。孔子的学生很多，弟子3000，贤者72人。这是孔子那个时代讲学的一个状况。孔子以后，比如《大学》、《中庸》的作者，子思、曾子等都是比较有名的。再有就是孟子，孟子是很重要的代表人物，所以后来才能够变成孔孟。孟子以后有荀子，荀子也是一个很重要的人。因为孔子、孟子都是山东人，孟子在邹县，孔子在曲阜，曲阜在鲁国。鲁国为什么会出现孔孟？因为鲁国的礼乐文化传统是很深的。周公封于鲁。周代封建国家，要把自己的子孙分封到各地去做王，这是一个宗法的系统。周公封在鲁，按理说，鲁是诸侯国，与周王朝差了一个等级。按照以前礼仪文化的传统，天子有一套自己的礼仪。可是，照周代的规定，周公封于鲁，但他可以使用天子的礼仪。这样一来，鲁国传承周朝的礼乐文化非常自觉，有传统。所以，孔子那个时代有人从南方来参观完鲁国后感叹说："周礼尽在鲁矣"。周礼在别的地方都看不见了，在鲁国却保存很多。我想这是鲁国能成为孔孟家乡的原因。我们知道，秦始皇反对儒家，焚书坑儒，杀了很多儒家的弟子，烧了很多儒家的书。秦始皇是法家的代表，运用严刑酷法来治理国家。

到了汉代，发生了变化，出现了董仲舒，学习非常用功，"三年不窥园"，他是非常有名的儒学代表。他主要的贡献是解释《春秋》。三国的时代就大乱了，到了魏晋南北朝、隋唐五代，没有出现特别有名的思想家，儒学在这个时代，主要是通过经学的方式来发展的。经学有点像西方的经院哲学。西方中世纪有一段经院哲学，也就是说没有什么思想家出现，大家只是学究性地研究经典。我们知道，经典的传承是很重要的，但是传承要有生命力的出现才有活力。例如，经典要传承，就要结合当时的问题，作出有生命力的解释，能够结合时代的需要，这个传承才能变成活的传承。经学就像中世纪的经院哲学，比较死板，更多地是通过咬文嚼字式地传承，思想上没有生命力的出现。只有结合时代提出问题，才能变成对时代、社会、文化有意义的东西。这一点，在魏晋隋唐时代受到了限制。限制当然和社会结构也有关系。这个时代，从历史上讲是属于世族的时代。比如，后汉以后豪强大族发展，到魏晋南北朝，甚至到隋，到唐，成为世族这种贵族制，出现贵族庄园的这种结构，这种结构里面更多的是家族内的知识的传承，为家族的传承服务，不是更多地关心社会，这样社会结构把它限制住了。只有把它变成和社会血肉相连，关心社会问题，这个经典的新的生命才会透现出来。

这一点，到了唐代后期，才发展起来。唐代后期，唐代向宋代的转型是贵族的结构转变成平民的结构，小地主、自耕农大量出现。我们可以看到，唐代以来著名的知识分子都出生在贫寒之家。像韩愈，河北人，从小父母都不在了，由姑嫂带大，生活很贫苦。在这样一个新的社会结构出现的知识分子，对社会有新的关怀。北宋的范仲淹，“先天下之忧而忧，后天下之乐而乐”，他不是生活在庄园、世族的圈子里。你要代表中央政府去当地做官，要关心民生的疾苦。就算遭到打击，不做官，心里也要关心政治，关心国家大事。这样一种类型的知识分子开始出现，而这类知识分子开始关注四书，阐发四书的意义。

儒学第一个时代是从先秦开始，由孔子和他的弟子传下来的，以孔子、孟子、荀子为第一个时代。第二个时代是汉代到唐代，以董仲舒为代表的是比较有生命力的儒学。他比较会结合实践，把经典的问题结合到实际中来。当然，结合到实际中来也有危险，比如，董仲舒认为天子是天的儿子，也要有道德约束，否则老天爷会惩罚你。但是，皇帝不听，有一次董仲舒提议时，汉武帝要杀董仲舒，虽然后来没有杀，也给他很大的打击。汉代的儒学还是能够结合一些社会问题提出一些思考。接下来到了魏晋南北朝、隋唐，这段时期儒学是比较经学化的，与社会的联系比较少了，仅仅变成了一种学术的传承。

最后一个阶段，宋、元、明、清时期，儒家处于第三阶段。这个阶段，在历史上我们称之为新儒家、新儒学。这个时代如果我们用中国固有的语言叫做理学时代。宋代时理学开始出现。什么是理学？就是专门讲四书的。知识分子到处讲语录，把四书的道理用在他们的教育、理论的传播上，形成了理学。这个时代是儒学发展离我们今天最近的时代。所以，粗略地分三个时代，一个是子学时代，一个是经学时代，第三个是理学时代。当然，子学时代也可分为不同的发展阶段，比如孟子到荀子的发展；经学时代从汉代的董仲舒所代表的能够经世济用到比较学术化的经院性；理学，如果我们讲时代，可以说是时间最久的，在儒学发展史上，也是对我们今天的儒学影响最大的。理学的代表人物很多。如果我们把理学也分成两个部分，前一部分是“程朱陆王”，程就是北宋的二程兄弟，一个叫程灏，一个叫程颐。这两兄弟在北宋特别地讲《大学》、《中庸》，这是了不起的，因为《孟子》在唐代已经有人讲了，但是以前没有人讲《大学》、《中庸》。《大学》、《中庸》实际上是两篇文章。这两篇文章保存在《礼记》里，《礼记》本来在汉代不是经书，是孔子和他的学生讨论礼学的记录。可是《礼记》里面的《大学》和《中庸》后来被人所重视。比如，佛教里，从梁武帝开始到宋代，有很多的佛教信仰人士重视《中庸》。另外，儒家知识分子在唐代便开始重视《大学》，如韩愈就很重视。但是总体上，没有成为时代的风气，《中庸》、《大学》的学者水平也不是很高，没有形成一套体系。而到了二程兄弟，特别将理学加以传播，加以研究，形成了最早的理学体系。到了南宋，出现了朱熹，福建人，综合了二程以来的发展，把理学变成一个很大的体系，可以说是中国历史上儒学的最大体系，文集有140卷，语录也有140卷，另外还有120卷书。从二程到朱熹发展的理学，可以称作是宋代理学的正统派，同时还出现了一个非正统派的代表，这个人叫陆九渊，江西人。这一派经过元代到明代的发展，在明代成为了一个思想影响非常大的主流派。这派在明代的代表人物叫王阳明，浙江人。因此，我们在讲理学的时候说有两大派，一派叫程朱派，一派叫陆王派。程朱派是二程到朱熹的体系，到明代、清代也有发展；还有一派就是陆王派，从陆九渊到王阳明。这两派有什么区别？说来话长，简单说，程朱派以理为本，陆王派以心为本。如果我们从伦理道德的角度看，程朱派认为我们社会遵从的道德法则实际上是整个宇宙和人类历史发展的规律，一个普遍的法则。我们要认识这些法则来提高我们的道德自觉。我们现在遵从的道德法则不是谁编出来的，而是宇宙和人类历史的总法则。我们要通过对宇宙历史的了解，来提高我们道德的自觉。陆王派认为道德法则是什么？道德法则不是天地宇宙的法则，道德法则就在我们内心，如果说根源，就在我们心里。一个人不用看《论语》、《孟子》，就看自己的心，发现本心，每个人都有自己的良知，不要学这学那，就发挥自己的良知，良知是自己的主人翁。所以，这派叫心学。理学有两派，讲理的叫理学，讲心的叫心学。

这是理学的前一部分发展，后一部分发展是在明清之际。清朝入关以后，新的知识分子出现了，他们本来也是理学家，但是痛定思痛，对整个历史做了新的反思。最有代表的比如黄宗羲、顾炎武等。黄宗羲不仅关注税法等局部问题，他对政治体系的根本问题也做了一些批评。他认为中国最大的问题是君主制。他对君主制的批评就是把一家一姓的利益当成了全民的利益，这是根本错误的。所以，他是从孟子的观点出发，认为不能把一家一姓的利益当做全民的利益，不能要求全体人民把对你的效忠作为根本伦理。根本伦理应该是以人民为起点的。这样一些思想的出现，代表宋明理学发展到了一个新的时期。

儒家的发展过程，第一个是子学时代，作为先秦诸子百家的子这方面来出现。儒家作为诸子百家的一家出现，像墨子、老子等，都在这个时代作为诸子百家中的一家来发展。当然这个发展过程有些不同。如孟子是主张“性善论”，人性本善；可是到了荀子，荀子是讲“人性本恶”，那有没有矛盾？理论上有，但是它不是儒家思想的根本矛盾。为什么不是矛盾？因为他们共同的思想是一样的，比如礼义教化。我们现在讲礼义廉耻，仁义礼智，这些都是正面的价值。孟子为什么强调性善？因为他认为只有讲性善，才使得人们有向善发展的可能性和根据，他才有自信，如果他根本没有，怎么启发他？只有讲人性善，才能启发他的自觉和自信。这是孟子的想法。荀子的想法不是这样。荀子更多地是从外在的规范来讲，比如人的本性里面都有一些服从社会通行道德的规范，但要认识到本性所带出的这些东西是不可靠的。一定要按社会通行的规范来约束自己。这是早期在子学时代的发展。第二是经学时代，儒学是以经学的形式发展的，但是也有不同。在西汉，董仲舒的这种经学是经世致用的；到了魏晋南北朝，到了隋唐以后，经学变成比较经院性。但是儒学还是在传承，在发展。第三个阶段，在理学的形态中传承与发展，礼学一派是理学，一派是心学。理学强调理的客观性，理是当时社会通行的道德法则的客观性，强调客观性的原则。心学强调主观性的原则，在这种对立统一中发展。最后一个阶段，明清之际，由于中国历史的变动，出现了一些新的思考，这些思考对于中国历史、政治有了一些反思。这些反思已经走到了近代的门槛，虽然还是儒学思想，但是它根据儒家思想对于社会的反思和批判已经接近了近代思想。

三、儒家思想的基本特点

如果我们说儒家有几个重要思想，大家听起来可能觉得非常有意思。比如，以德治国、执政为民、以人为本、与时俱进。我们说这就是儒家的重要思想，这不是胡说。与时俱进这个观点出现在《周易》里面，《周易》里讲“与时偕行”，就是要跟时代的变化往前走。由于与时偕行，才有了与时俱进。如果我们从哲学上讲，儒家哲学的与时俱进的观念很早就出现了。以德治国的思想是儒家最根本的政治思想。执政为民，以人为本都可以在儒家思想里找到。

以德治国。因为儒家是德治主义，从周代开始，《周书》里面就提出过此类观点，德治主义在孔子里讲得很清楚。孔子有句很出名的话叫做“道之以政，齐之以刑，民免而无耻”，道就是领导的意思，用政令、刑罚领导人民，使社会达到一致，人民可以做到，但是这个社会没有羞耻心。孔子所要强调的是什么？“道之以德，齐之以礼，有耻且格”，领导社会要用道德，使人民的行为达到齐一，是用礼俗而不是强迫性的刑罚，是靠道德和礼俗管理国家，这样人民是有羞耻心的。历代以来，中国是一个非常重视“德”的国家，在中国历史上只有一个非常短的时间——秦始皇时代，完全采取“道之以政，齐之以刑”的办法，因为大家知道，秦朝是二世而亡，历史经验给我们历史上的有识之士一个莫大的刺激。因此，到汉代以后，政治家也好，君主也好，都接受儒家的政治理念，不能仅仅用政令和刑罚，特别是严刑酷法来领导人民，如果用那样的办法，政权不会长久。所以，中国历史上一直强调“文武之道，一张一弛”，有文有武，这是一个很重要的思想。其次，德治不仅要强调对人民的道德教化，更重要的是强调领导者的以身作则。所以，在《论语》

里讲“其身正不令而行，其身不正虽令不行”，其身就是指领导者，身正就是领导者道德行为的端正，有一个表率的作用。孔子说“政者，正也”。政治就是管理，管理的要义就是端正。而这个端正在孔子而言，不是上面的人去正老百姓，而是自己率先正身。“政者正矣，子率已正，孰敢不正？”自己率先做到正了，谁还敢不正？我们看儒家的以德治国的观念，很强调政者正身的观念。这是以德治国。

执政为民。中国历史上有儒家的民本主义，这在《尚书》里面很明显。特别是《尚书》在周初的文献，周初时还有对天的信仰，天是带有宗教性的天。但在尚书里已经提出来，“天视自我民视，天听自我民听”，天是什么样子，我们说不出来，但是老天爷是能看见，能听见的。它怎么看见，怎么听见？通过人民看见，通过人民听见。天的意志实际上是人民的意志，因此政治上，一个君主、所有的执政者必须考虑到人民的意愿和需求。正是因为在这样一种状况下，孟子说：“民为贵，社稷次之，君为轻。”从政治理念上，人民是最高贵的，社稷次之，社稷主要是讲国家的利益，这是第二位重要的，君为轻，君主是不太重要的。因此，儒家思想里把人民的利益作为最根本的利益。这样一个观念，不仅在儒家政治思想理念里，它也体现在中国历代的政治里。中国历代政治或多或少地受到“以德治国，以民为本”思想的影响。这里讲的是“以德治国，以民为贵”。

以民为本。以民为本在儒家思想里是很古老的。当然不仅是在儒家思想，中国哲学一直有以人为本的思想。首先，以人为本有相对性，在古代，以人为本相对于以神为本。周代时还保留了很多宗教信仰，但是从周代到儒家早期的发展，越来越把神的地位弱化，把人的地位推崇起来。以人为本这句话在先秦时代就出现了，所以我们的古代哲学里很突出以人为本，这是中国文化的特点。中国文化不是神本文化，比如基督教文化、伊斯兰教文化，中国文化它是始终把人的问题，人性的问题作为一个根本的问题来考虑。

其次，我们再讲一下儒家的特点。

除了德治以外，我们说儒家很重要的思想是“仁义”。“仁”是儒家里面最重要的。比如，孔子在论语里表达的最重要的一个概念就是“仁”。“仁”，简单来说就是“仁者爱人”。“仁”是代表仁爱的方向，按照我们今天的话，它代表人道的原则。孔子对“仁”的表达，大家以前都知道，孔子在《礼记》里讲过泰山，感叹“苛政猛于虎”，这就是从仁心，从人道主义所表达出来的对暴政、苛政对人所造成的危害的感叹。可以说孔子关于“仁”的思想是最根本的。但是，孔子这个时代很少表达“义”，对“义”的表述不是很连贯，孔子也讲过“义”，但是更多地讲道义，没有和“仁”连在一起。将“仁义”连在一起，是在孟子的时代。把“义”和“仁”连在一起，更多地讲正义的原则。在孟子的时代，这一点应用得很突出。当然，“仁”和“义”是有联系的，比如，孟子正面地歌颂了革命，自然古代的革命和今天的革命不一样，孟子所讲的革命是指把政权推翻。那时候讲“汤武革命”，汤革桀的命，武王革纣的命，用暴力的方式推翻了政权。孟子称赞了革命的正当性。为什么？因为孟子有民本主义的思想，认为夏桀和商纣都是残害人民的君主，因此孟子讲过，像纣王这样的人，杀了他像杀了一个独夫而已，没有什么不合法的，在政治上和道德上都是合法的。中国历史上为什么会不断有革命出现？因为儒家思想里正面肯定了正义的仁义，这里面容纳了革命的思想。相比日本的历史上没有革命，中国历史上的革命却很多，可以说是受儒家思想的深刻影响。这是从政治上来讲的“仁义”。仁的思想还有更广泛的意义，第一句是“己所不欲勿施于人”，孔子有个学生叫子贡，子贡有一天问孔子，说“有一言而可以终身行之者乎”，有没有一句话一辈子都可以实施它？孔子说，“己所不欲勿施于人”。又有一天，子贡问关于“仁”的问题，孔子讲“己欲利而利人，己欲达而达人”。“己所不欲勿施于人”是从消极的方面来讲，“己欲利而利人，己欲达而达人”是从比较积极的方面来讲。因此，“己所不欲勿施于人”是恕道；“己欲利而利人，己欲达而达人”是忠道。比如，我们今天说，“己欲达而达人”，东部发展了，我们希望中西部也发展起来；自己发达了，有钱了，希望别人也有钱，这是忠道。“己所不欲勿施于人”也是一样，我不喜欢别人压迫自己，我就不要去压迫别人。

这些道理都很简单，但简单归简单，这两个思想在全世界已经变成了最重要的思想。20世纪80年代末，欧洲的天主教神父提出一个问题，他发现所有的地区冲突都有宗教的根源，例如巴勒斯坦和以色列，这里面除了有政治、领土的冲突，更重要的是宗教的影响。当时他们提出一个口号，“没有宗教的和平就没有世界的和平”，没有宗教的和平就没有人类的和平。因此，由这些有识之士，欧洲的神学家联合美国的宗教学者在90年代初开了一个宗教的议会，来讨论这个问题，没有宗教的和平就没有世界的和平。怎样达到宗教的和平？就是要达到一个共识。信仰不可能完全达到共识，信穆罕默德的，信耶稣基督的，还有各种大大小小的信仰，因此宗教的共识，宗教的和平要达到共识不能在信仰的层面上，只能在伦理的层面上。一百多个宗教代表开会，谋求达到伦理上的共识，不管信什么，行为上要达到一些共识，哪些行为是共同承认的。比如，基督教提出他们有摩西十诫，其他宗教也有自己的行为规范，结果讨论的共识是“己所不欲勿施于人”，这是大家都能够接受的。你说，你信上帝也要我信，或者说我信佛陀要求你也必须信，这些都不行。信仰的层面不能达到一致，我们在伦理的层面必须达到共识，伦理的共识最基本的原理就是“己所不欲勿施于人”。不能用“己所欲施于人”，比如，我信基督教，要求你也必须信基督教；我认为这个东西好，就要把它强加给你。从前的人认为“己所不欲勿施于人”是一个银律，金律是“己所欲施于人”，银律似乎比金律要差一级。然而，在这样一个讨论里，大家确认“己所不欲勿施于人”是一个金律，这后来形成了大会的报告，突出了金律的概念。什么是世界伦理的金律？就是“己所不欲勿施于人”。然后找各个经典里面的表达，发现每个经典里面都有类似的表达，最早和最清楚的表达是《论语》。因此，我们说，“己所不欲勿施于人”这个恕道就是“仁”，包括仁的含义。这是儒家的最大的贡献。我们讲儒家的仁义的思想，作为它的普遍特点和意义。

接下来讲儒家对个人的重要作用，它的特点是强调人要有道德理想，强调人要有高尚的理想。孔子讲，“朝闻道夕死可矣”，早上了解了世界的真理，那么，晚上死了都没有遗憾。我们在《论语》里可以看到很多对“道”的强调，“道”代表人生的含义，人生的追求，超越了那些基本的生存需求，是更好的人生哲理和追求。孔子不仅讲“朝闻道夕死可矣”，将道和生命联系在一起，还说“君子谋道不谋食”，作为君子，追求的是对道的理解，不是找饭吃；还有“君子忧道不忧食”，真正的君子是对真理不懈地去追求，他所忧心的是那些真理如何实现，却不会因为贫穷感到忧愤。这些表示孔子把有理想有道德看成最重要的东西，把人格的高尚完美看成最高贵的东西。如果用人格的形象来表达就是“君子”。孔子比较强调君子，《论语》到处讲君子。在孔子以前，君子是一个统治阶级的概念，代表身份的概念。孔子把它改造成为道德境界高的人。孔子讲“君子喻以义，小人喻以利”，君子小人，不是政治地位上有差别，而是道德境界上有差距。君子只追求义，道义和理想，小人只追求蝇头小利，这是道德上的差别。“君子求之于己，小人求之于人”，君子是自我批评的人，遇到事情，反省自己；小人把什么事情都推给别人，从不反省自己。这是孔子对君子的描述。更进一步地，我们看到，孔子和孟子都有这个思想，为了理想，人可以牺牲自己的生命，《论语》讲“志士仁人”，什么叫志士，什么叫仁人？“无求生以杀人，有杀身以成仁”，不能以求生去害人，但是可以杀身以成仁。这是儒家的精神，古往今来很多的志士仁人都是在这种精神的鼓舞下成就其人格的。这样的人格在《孟子》里更为强调，“富贵不能淫，贫贱不能移，威武不能屈”等。

这是我们简单谈谈儒家的基本思想的特点。这些思想在中国历史上起什么作用？第一，儒家思想在历史上提供了民族的凝聚力。第二，几千年以来，使我们形成了共同的价值观，我们中国人的价值观是怎么形成的，是什么内容？这是由儒家的思想提供的。第三，精神文明的发展，儒家参与了重要的精神文明的塑造，特别是我们被叫做礼仪之邦，中华文明的礼仪是由儒家来塑造的。第四，关于人文和教育的重视。孔子本身就是一个大教育家，儒家，对人文教育本身非常重视。第五，积极地塑造了中国文化的基本精神。中国文化的基本精神，概括起来，就是“刚健不息、厚德载物”。这两句话是《周易》里的话。《周易》说，“天行健，君子以自强不息”，健是刚健，中华民族的生命是刚健有为的，不能无为。道家、佛教是偏重无为的，无为也有它的智慧，但是要应用在不同的方面，整个民族的生命不能无为，需要刚健的有为。应该说，儒家在这方面起了重要的塑造作用。因此，我们可以说，儒家文化是中国传统文化的主体部分。因为它提供了几千年以来我们中华民族的共同的价值观，凝聚了我们中华民族志士仁人爱国的努力，赋予了我们中华文明礼仪之邦的特色。另外，像对于教育、文化的重视，直到今天我们都可以看到其对海外华人的影响。

四、儒家思想与现代中国

最后，我想谈谈儒家思想与现代中国。一个是革命的问题，一个是现代化的问题。20 世纪走过来，哪些问题是和儒家相关的？一个是革命的问题，一个是现代化的问题。革命的问题是从五四开始一直到“文化大革命”。五四时代，我们经历了文化的革命，当时有人提到“打倒孔家店”，全盘推翻儒家文化，这是当时一部分青年的口号，满怀着爱国的热情和把中国推向进步的热情，要求批判历史上那些阻碍中国进步的东西。一直到“文化大革命”，我们仍然有这样的想法，“批林批孔”。不仅是与一切旧思想、旧道德、旧习惯要实行最彻底的决裂，而且有“批林批孔”运动，用了很大的精力来批判孔子和儒家。基本的想法就是认为，儒家是革命的障碍。如果要革命，就要把儒家彻底推倒。到了70 年代末改革开放以来，80 年代、90 年代，我们有一个新的提法，不是从革命的角度，而是从现代化的角度。我们要实现现代化，就要把传统文化丢在脑后，我们破除了传统，才能够走向现代化。可以说在这些问题上都和儒家发生了或多或少的关系。经过这么多年，我们再回头看这些问题，并不是如此简单的。首先，我想，如果儒家和革命有冲突，当然我刚才讲了从理论上，儒家是不反对革命的。但是，另一方面，儒家确实不是革命的意识形态，因此，在一个以革命为主要基调的社会潮流里面，儒家受到冲击是必然的。如果革命是合理的，应当积极推进革命。但是问题在于，人类社会，革命不是常态，革命是一种手段，革命不是目的，我们不能永远革命下去，革命是我们达到一种新的目的的手段。同时，革命在其根本立场上是诉诸暴力的。用暴力的手段来解决社会、文化问题，不可能是一个社会的常态，它只是解决一定时期，一定社会矛盾的形式。因此，对于文化问题的反省，必须随着时代的改变而改变。比如，最近几年，很突出的是提出执政和执政党的问题。我相信，执政党的意识不同于革命党的意识，这是很重要的。如果说执政党与什么不同，那么我们说和革命党不同，它不是一天到晚革命，执政党要建设，建设需要建设的文化。这个道理，古人早就明白了。古人对革命党和执政党的区别也是知道的。革命时有革命的办法，不能把革命的办法用到和平建设时期。现阶段，我们对儒学、对儒家思想的理解要从执政党的角度来认识这个问题。我们不能再用那种革命的意识形态来解决今天的社会的、政治的、文化的问题。古人知道"马上"不能治天下，要靠儒家思想治天下，为什么强调道德，强调文化，要讲以德治国？不是说有问题不去解决。社会有很多矛盾，体制要改革，经济要发展，很多问题要一件一件去做，但是社会一定要加强思想道德方面的教育，维护世道人心。

其次是现代化的问题。五四以来，我们有一个观念，只有把儒家文化全部都打倒了，我们才能实现现代化。确实，传统文化中有束缚我们的包袱，但是，是不是儒家所有的内容都需要打倒？是不是都能打倒？事实上是不可能的。传统文化的很多东西已经变成我们心底的东西，已经成为文化的积淀，只要生活在这个文化里，就要受到影响。不可能把它连根拔除，重要的是我们怎样才能利用这些资源，把这些有益的资源和我们想要做的事有益地结合起来。当我们走到20世纪80年代的时候，我们看到，整个亚洲和我们共享儒家文化的地区，日本、韩国、新加坡，中国台湾、中国香港，没有一个地方是先进行文化革命再进行现代化的。恰恰相反，他们更多地利用传统文化，积极地把传统文化结合到现代化的应用中去。所以，当我们还在一天到晚地把我们中国人的问题，把我们现代化的问题算账算到孔子和儒家头上的时候，别的国家和地区更多地在市场经济、在政治文明上下功夫，在思想文化和道德建设方面更多地利用传统文化。例如，韩国的儒学并没有妨碍其现代化。我们只是希望今天的政治家和知识分子要从革命党变成执政党的角度，要从革命的意识形态转变到建设和谐有序的社会的角度，从对中华文化、中华民族的伟大复兴负责任的角度来看待这个问题。现代化的问题更是这样，20 世纪 80 年代我们的想法和美国的一些旧的现代化理论有关系，从 50 年代以来在美国形成了一种现代化理论。这种现代化理论从 50 年代到 70 年代有一个讲法，就是非西方国家要现代化，一个条件，就是先把传统去掉。这是旧的现代化理论，这是全盘西化的模式。到了 80 年代，这个理论已经基本被抛弃。因为从东亚"四小龙"一直到中国的发展，都不走这条道路，说明那种全盘西化的理论是没有说服力的。而整个东亚儒家文化圈的发展过程也证明了并不是要打倒儒家文化才能现代化，恰恰是如果能够积极地转化利用儒家文化的资源，才能使我们现代化进程走得更顺利、更扎实。

第八讲　道家、道教与中国文化

牟钟鉴，中央民族大学哲学与宗教学系教授、博士生导师，宗教学学科学术带头人。主要学术著作有《〈吕氏春秋〉与〈淮南子〉思想研究》、《中国宗教与文化》、《中国道教》、《走近中国精神》、《中华文明史》十卷本（宗教史分科主编）等，发表学术论文240余篇。

中国一百多年来，从一个堂堂中华帝国变成一个贫困落后、被动挨打的半殖民地国家，中国人是不甘心的，有志之士都想很快改变落后状态，千方百计寻找中国落后的根源，以便改革图新，来不及对传统文化认真进行研究，就觉得根子是我们的文化不好。我们应该承认我们的文化有不好的方面，任何文化都有糟粕的成分，但是我们的文化有非常优秀的传统，其精华的成分有独特的价值。而民国以来许多中国人全盘否定自己的文化，认为只有全盘西化，中国才有出路。而他们评判文化优劣的标准只有科学与民主，缺少人类学、社会学、文化学、宗教学、心理学等多学科的开阔视野。当时先进的思想家不论政治信仰如何都是反传统的，整个中国笼罩在文化激进主义思想大潮之下，时间长达大半个世纪。从五四运动开始，到文化大革命达到了顶点。我举三个例子。

第一个例子是提出“打倒孔家店”的口号，否定孔子和儒学。今天看这是一个错误的文化口号，因为孔子是中国文化的代表，儒学是中华文明的主干，不应该打倒，也打不倒。在世界上没有第二个文明大国的“精英分子”哪怕是最激进的分子，像中国新派人物那样要打倒自己的历史文化名人。英国没有人要打倒莎士比亚，希腊、罗马的后裔没有人要打倒亚里斯多德、苏格拉底，俄国没有人要打倒托尔斯泰，更不会把国家衰微的责任归咎于古代思想家。中国批孔反儒的后果是使儒学从原来主流的文化变成边缘性的文化，中华文化的主根被动摇了。

第二个例子便是宗教取代论的流行。一批有代表性的学者受西方科学主义的影响，认为中国在走向现代化富强繁荣的道路上，宗教没有正面价值，可以被取代。蔡元培提出美育取代宗教论，冯友兰提出哲学取代宗教论，梁漱溟提出伦理取代宗教论，胡适、陈独秀主张用科学取代宗教。我们可以看到在宗教问题上，社会主义者和自由主义者，文化保守主义者和文化激进主义者，在取代宗教的目标上完全达到了一致。但是我们今天可以看到，取代论彻底失败了。因为宗教将长期存在，经过引导和调整，它可以与现代化相适应。民国时期的先进知识分子主张学习西方的民主与科学是对的，但他们没有看到西方在科学民主背后有基督教。西方的现代化过程并没有取消基督教，而是调适它，使基督教成为现代化过程中稳定社会（特别是稳定公共道德）的精神支柱。文化激进主义在社会大变动时期，在社会转型时期，在社会革命高涨时期，是不可避免的，它有历史的合理性。但是文化激进主义是勇于破坏而拙于建设的，若任其泛滥，也会造成灾难。

第三个例子是汉字落后论和汉字取消论。在民国年间，有一股很强的社会思潮，认为我们的汉字是落后的，妨碍中国的现代化，因此提出了要取消汉字，要走世界共同的拼音的方向。当时瞿秋白、鲁迅，甚至我们党的元老林伯渠等都有这样的主张，觉得我们应该使用拉丁拼音。所以，在 1931 年，开了一个会，提出 11 条原则，总的观点是要取消汉字，将来用拉丁拼音来代替。简化字是取消汉字的第一步准备。解放以后很长一段时间，文字改革还是以此作为方向。但是今天汉字的研究和当时不一样了，汉字绝不能取消，它是我们文化的载体，是中华文化带根本性的符号，倘若真的被取消，则中华文明的主体将无存身之地，后果是严重的。另外汉字有很多优点，并不落后，与拼音文字相比，表意的汉字是人类文字的一种形式，彼此无高下之别。汉字并不妨碍现代化，汉字在现代信息化技术处理上已经解决了。汉字走拼音的道路既不需要也是不可能的。现在的拉丁拼音是作为一种读汉字的拼音方案，不是文字改革的方案。简化字应该说还是必要的，但是有些也简化得不好，如“爱字无心”、“进字有井”、“亲字缺见”、“产字不生”、“厂字空空”等。

举这三个例子是想说明，在文化激进主义大潮下，中国人不可能很客观地认识自己的文化，情绪化的成分很大，而文化问题不同于政治、经济问题，只能逐步改良，不宜大破大立。改革开放这二十多年以来，整个中国文化界的思想方法趋向于理性化和多元化，对社会主义的理解也丰富起来了，打破了以往“左”的思想一统天下的局面。所以，我们现在对中国文化有了新的认识。越来越多的人认识到我们中国文化有非常多的珍品，是很伟大、很了不起的。我们中国人自己应该有一个新的认识。我们既要超越传统，又要超越反传统，努力把传统与现代结合起来。一个民族没有自己的特色文化是不能自立于世界民族之林的，而只能成为别人的文化殖民地。费孝通先生在去世之前提出一个很重要的观点叫“文化自觉”，我们这个民族对我们的文化应该克服文化自卑，树立文化自信，最后实现文化自觉。文化自觉要求我们对自己文化的优点、特点有清醒的认识，但也要认识到自己文化的不足，认真地吸收其他文化的优点。文化自信在某些时候还带有盲目性。文化自觉要求我们非常理性地对待我们的文化，我觉得这是个很了不起的观点。社会长期以来，不仅有一种反传统的思潮，而且重理轻文，现在正逐渐地改变，我觉得非常好。

下面就用道文化来解析中华民族的传统文化。

一、道文化是中华民族传统文化的核心组成部分

道家和道教的文化叫道文化，因为它以“道”作为其最高概念、最高理念。儒家文化可以叫做礼文化，佛教文化可以叫做禅文化。中国的传统文化在佛教传入以前，其核心是“儒道互补”。佛教传入以后是儒、佛、道三教合流。无论前期和后期，道文化一直处在核心的位置上。现代提到中国传统文化，其代表人物是谁？一个是老子，一个是孔子。在我看来，孔子和老子，可称之为大宗师。全世界的文化名人里，称得上大宗师的只有五个人——孔子、老子、释迦牟尼、穆罕默德、耶稣。这五个人创立的信仰、思想流传了几千年，完全跨越了民族和国家，不是一般的思想家所能够比拟的（有的人各领风骚数十年，甚至多达上百年）。我认为孔子是中国古代的道德大师，中国文化中的道德思想特别丰富。中国是礼仪之邦，自古就有很高的文明程度。这方面的资源主要是孔子和儒家积累起来的，老子称孔子为智慧大师。老子现在留下来的书是《五千言》，又叫《道德经》。为什么叫《道德经》？它最早不是八十一章，而是道经和德经，即上经和下经两部，所以叫《道德经》。可是到现在为止，后人还没有将其内涵完全清楚地诠释出来。无穷无尽地解释使得各家都创发出新思想。这是经典的伟大，任何东西都替代不了。据历史上的学者讲，有三千家之多注释《老子》，现在能够看到的有几百家，老子的书已经流传到世界各地。

孔子的思想以“仁和”为核心，体现了古代的人本主义与和平、和谐的精神。社会要健康发展，必须以人为本，必须构建一个和谐的社会。

老子的思想是以道德为核心，体现了古代的自然主义与自由平等的精神。一般的人提到“道德”二字，“仁义道德”，觉得肯定是儒家的，最早不是这样，“道德”这个概念最早是老子提出来的，是

道家的思想。道和德是分开的，不是连在一起来使用的。最早联系起来使用的是唐代文学家韩愈，他有一篇文章叫《原道》，讲道德，讲仁义。从此以后，“道德”成了儒家经常使用的概念。

老子的道德概念和今天的道德概念有所不同，今天我们使用它都限制在伦理的范围，在老子的时候，道和德的概念建立在宇宙论、本体论的高度。宇宙的真理、宇宙的规律、宇宙的法则可以用“道”来形容，而“德”是指每一种事物里体现的“道”的精神，即“道寓于物者为德”。为什么说道家体现了古代的自然主义？因为老子提出“道法自然”，主张无为而治，即顺应事物的本性和发展趋势，不人为地加以改变。儒家是一种体现伦理性的人文主义精神。老子的思想主要体现为自然主义。道家和儒家正好形成互补。说它叫自由平等就是用今天的话语了。庄子有篇文章《逍遥游》，“逍遥”就是讲个人的自由，强调的是精神自由。至于平等，老子之道最反对占有，它主张“生而不有，为而不恃，长而不宰”，老子要消解“道”的占有欲、主宰性。“道”自然生成万物，但并不主宰万物，和上帝不是一回事，它体现的是一种平等的精神。中国近代思想家林语堂说：“儒道两家是中国灵魂和中国文化的两面。”中国人无非儒道两面，一个人可以不看孔子、老子的书，但是他的性格体现了一种精神风貌，是儒道互补的。比如中国以前的知识分子做官时是儒家，弃官了，就是道家。因为儒家讲进取，讲治国平天下，忧国忧民，以天下为己任，关心社会，关心集体，有一种积极的参与精神，这是儒家的精神。既然为官，就要担起一定的责任。离开官场，就以道家为精神依托，过好比较自由自在的生活。中国人有“无可无不可”的心理，做事情可以顺其自然，不强行地、刻意地去追求一个目标，如果条件不成熟，可以放一放，如“退一步海阔天空”就是道家的思想。儒家有进取的智慧，重视“人文化成”；道家有放弃的智慧，重视“返朴归真”，当进则进，当退则退。中国的知识分子中宗教信徒不多，遇到问题的时候，常用儒道两家的思想来解决，而且可以左右逢源，进退自如。人们总是觉得进取难，其实放弃更难，因为得到了的不愿放手，结果贪多嚼不烂，不懂得“有所不为才能有所为”。道家使得中国的知识分子有一种很强的自我调节能力。

这里还有个群体和个体的关系问题。儒家的群体意识很强，它考虑问题的角度是基于社会、家族、家庭等，有很强烈的社会责任感和历史使命感，但往往忽视个人的利益和幸福。在中国历史上，比较重视个体的生命、自由的是道家，它总是要给每一个人留下一个空间，可以随意支配。道家是中国文化流派中很少的支持个人自由、个人养生的学派，它和儒家形成互补。到了魏晋南北朝以后，中国的文化形成了儒、佛、道三家合流的“三足鼎立”的态势。佛教是两汉之际引入到中国的，其正式形成是在南北朝时期。从此以后，中国的思想文化就以儒、佛、道三家作为核心。儒、佛、道三家之间既彼此争论，又互相渗透，互相学习，互相补充。所以，佛教徒也需要懂得儒家和道家的知识。中国后来的禅宗，后来的佛教思想里，既有儒家的成分又有道家的成分。中国的儒家思想既有佛教成分也有道家、道教成分。研究中国佛教史，必须懂得一些儒家史和道家史，反之也一样。中国人可以儒、佛、道三家共信。这一点和西方的宗教是完全不一致的，西方人只能信奉一种宗教，而且只能信奉其中一个教派，彼此之间的界限是很严格的。可以这样讲，在社会主义思想进入中国以前，在西方思想进入中国以前，中国的文化就其思想层面而言，儒、佛、道三家占据了最核心的地位，并且影响到了56个民族的思想。费孝通先生提出多元一体，即中国的民族格局是“多元一体”的。“多元”是指56个民族，56种文化，各民族内部还有不同的支派；“一体”是指互相分不开，有共同的命运，而从文化上，儒、佛、道三家则形成中华民族共同体的文化基础，三家的辐射面和渗透面是广大的，使得中国在历史上虽然有政治分裂的时期，却没有文化的分裂，文化共同体的牢固成为国家从分裂走向统一的思想基础。

儒、佛、道三家对各民族的文化都有或多或少的、直接或间接的影响，这就是一体性。我们的中华民族是不容易分裂的，因为我们的文化是一个整体。我国大陆和台湾地区是同种同文，两岸统一的思想基础不在于政治意识形态，而在于传统文化上。

二、道家和道教的异同

（一）两者之异

儒、佛、道三教中的“道”所指为何？是指道家还是道教？这是一个很模糊的概念。在中国历史上，在《二十四史》的记载里，道家和道教的概念是常常混用的。建国以后，我们有些学者则强调要对二者加以区别：道家是哲学，道教是宗教，不能混为一谈。老子是哲学家并非宗教家，他讲的道是指“天道”，道“自然无为”，没有意志，没有主宰，所以他的思想并不是宗教思想。《老子》和《庄子》这两本书都属于哲学的范畴，并非宗教。而道教是宗教，而且是我们现在五大宗教里唯一土生土长的宗教。它们之间的关系应如何全面把握？是否只有异而无同？这是一个很难理清的、复杂的问题。

首先，道教和道家是有差别的，道家是由老子创立、经庄子而形成的一个哲学派别，其追求的大道为宇宙的真理，不是主宰人间的神灵。道教是汉代末年产生的宗教，最早的道教是民间道教，如五斗米道，即现在的天师道，流传到现在。道教是多神宗教，譬如其最高的神是三清。这是第一个差别，即神灵观上的差别。

第二个差别是生死观的差别。道家的生死观是自然气化说，以顺命的态度处之。从自然中来，到自然中去。道教则反乎自然，追求长生不死，得道成仙。道教认为“我命在我不由天”，要打破“有生有死”的观点，要“有生而无死”。道教的宗旨是“长生不死，得道成仙”，它总是提出这样一个问题：凭什么有生就有死？我们说，这是生死辩证法，但是这并不足以说服它。道士葛洪认为，人的死亡主要有六个原因，他说把这六个原因都解决了，就可以不死。葛洪给后人出了道难题，即为什么人会衰老死亡，而不能永久地保持新陈代谢的机制？现在医学上、生理学上都还没有解决这个难题。道教要打破生死自然法则，认为通过练养，最后能做到长生不死。可见，在生死观上，道家和道教差别很大。

第三个差别在人际观上。道家是一个思想的流派，强调个人自由，不喜欢群体活动。如《庄子》中所讲，“相濡以沫不如相忘于江湖”。道家不赞成结社，从来没有严格的组织制度。但道教不是，道教是一种宗教组织，而宗教从来都是群体的行为。它需要组织、制度来约束信教群众的活动。道教作为一个团体要与社会各界打交道，所以它有自己的规范。我们现在看到，道教有自己的教会组织、自己的场所、丛林制度、戒律道术等。

（二）两者之同

只看到道家和道教的差异是不完全的，两者也有互相联系的一面。

1. 道家是道教的重要来源。道教是通过神化《老子》和《道德经》而形成的。从历史上，道教的来源有三个：第一是古代的原始信仰，早期的很多神最后都进入到道教，例如，玉皇大帝、天地水三官神等，都是道俗共信的。古代宗教还有巫术，后来也被道教所吸纳，充实了它的内容。第二是春秋战国时期流行的神仙崇拜。神仙的信仰后来成为道教的核心信仰。我们现在讲道教的宗旨，可以分为最高纲领和最低纲领。最高纲领是长生不死，得道成仙。当然这并不容易。没有仙根，后天无论如何也练不成，就算有仙根，没有得到名师指点，也练不成。最低纲领是逢凶化吉，消灾免难。这是为社会、民间做宗教服务。第三是道家，老庄之道。我们可以这样讲，没有老子，没有庄子，道教始终只是民间状态的信仰，不可能形成大规模的高层次的宗教，因为没有理论基础。有了道家后，条件便具备了。而且有了老子这样有号召力的精神导师，才把道教提升起来了。汉代以后，老子被神化为太上老君，最后成为三清里的道德天尊。从这个意义上讲，没有道家就没有道教。

2. 道家和道教都崇拜大道，视道为宇宙之源、万事之理、成人之本、修身之要。道家和道教在解释“道”的时候是没有差别的。我称道家和道教为“道”文化的原因即在于此。

3. 道家的重生轻物、清静无为、形神抱一，以及玄同、坐忘、心斋等思想皆为道教吸收，成为修道练养的准则。所以，在养生、重生这一点上，道家和道教是一致的。我们可以这样讲，在世界的各种宗教里，道教很特别。别的宗教大都强调灵魂解脱，而轻贱肉体。只有道教非常重视身体生命，认为通过练养使其脱胎换骨，达到永生。儒家认为道德是最重要的，寿命长短是不重要的。佛教更是把身视为臭皮囊，人要成佛，必须破除我执，从个体生命中解脱出来。只有道教既重视精神生命，又重视肉体生命。

4. 道教在发展中不断向道家回归，以保持其健康的发展方向。在道教发展早期，比较重视肉体长生。后期道教主流派全真道就强调精神解脱，在很大程度上返回道家。所以我们看到，道家和道教在历史上是不可分割的，道家可以离开道教，道教却离不开道家。道文化从老子、庄子奠定基础以后，分成几个大的流派：一个是隐逸派，历代都有不少隐士，其思想符合老子清静无为的观点；另一个是异端派，激烈地批判社会，老子和庄子在当时都曾激烈地批判过主流的礼教和当时的社会制度；还有一派是黄老派，吸收了儒家、法家的思想，主张参与治理社会，但其治理社会与儒家不一样，讲求“无为而治”；最后还有一个神仙派，将“道”神格化，即是道教。道教是道文化宗教化的产物。

5. 道家哲学借重于道教普及于民间，成为民众的生活智慧。我认为老子是道教的导师，道教是老子的功臣。道教在发展过程中出现偏差后，要回到老子，拨正发展的方向。而道教因为接近民众，将老子的思想通过其组织活动传播到民间。如果没有道教，道家只是存在于知识分子里面的学派；有了道教后，道家的很多思想才普及到老百姓。所以，道家和道教是有同有异、互相纠结的关系。

三、道家哲学的精要及其对中国文化的影响

1. 尊道贵德[①]。这句话是《老子》里面的，后来有的学者将“道”解释为宇宙万物生命的源泉和秩序，有永不枯竭的动能。过去，在哲学界存在一种争论，就是说老子的“道”究竟是物质性的还是精神性的，如是前者便属于唯物论，如是后者便属于唯心论，长期争论没有结果。现在看来，唯心和唯物的区分合乎西方近代哲学，但它并不适用于中国哲学。中国哲学首先并不在于区分唯物和唯心。非要用西方哲学标准来套老子，必然是没有结果的。如果一种标准很难使用，其本身就有问题，它不适用于中国，所以争论不休。我认为“道”是指宇宙内在的生生不息的生机。世界永远不会停止，永远在变化、分化，需要一种能量来推动。宇宙本身就有，就是所谓“道”。我们地球的能源是有限的，当地球的能源枯竭的时候，地球便要灭亡，但是宇宙不会灭亡。老子早就看到这一点。生生不息的就是“道”。“道”实质上是一个生命哲学的概念，同时也是宇宙的真理。宇宙看起来纷纭复杂，却是有序的，不是杂乱无章的。中国哲学有一个坚定的信念，宇宙是有真理可循，有规则可循的。无规则的偶然论在中国是不能成为主流的。“道”的终极真理性使它成为一种信仰。“道”具有哲学的、宗教的、科学的三重属性。德是道体现于万物之中的性能，得道则生，失道则死。尊道贵德、向道爱德、修道积德是道家生命哲学的追求。

2. 道法自然。外加于物、矫揉造作都是反自然的。有人误解，认为老子讲道法自然是什么也不做。不是这个意思，老子说，你可以做，但是不能违背事物的本性，不能胡作妄为。老子有一句话叫做“辅万物之自然而不敢为”，“辅”字还是有的，可以辅佐它，但

① 本文引《老子》，均据陈鼓应《老子注译及评介》中的“老子校定文”，下同。

不能破坏它。我们去补天是可以的，但不能去战天。比如现在小孩子在成长过程中喜欢玩耍，这是儿童的心理，而有的家长给小孩子报五个学习班，一会儿绘画，一会儿弹琴，弄得孩子没有时间去玩，就违背儿童的本性，是不好的。再有，假如老子还活着，也不会赞成现在泛滥的女同胞的化妆品，因为反自然。人的本然的状态是最好的，关键是自己的身体要健康，心态好，这是最好的美容，然后适当淡妆，老子也不会反对。道家要回归自然，人要不断地回归自己的自然本性，不能全都被异化了。比如儿童，儿童不会撒谎，可是随着知识的增加，人越学越圆滑世故，会说假话来掩饰自己，这确实是一个矛盾。随着知识的增加，人能不能保持儿童纯朴的本性？按照老子和道家的要求，知识可以增加，但是人的本性要保持纯朴，道法自然就是这个意思。

3. 重生贵养。我觉得道家的哲学是一种生命的哲学。道家对生命的两个方面都非常重视，一是生理的生命，怎样减少外界对人的损害。有时候人不会养生，不仅不锻炼，还摧残自己，如抽烟抽得很厉害，甚至是吸毒，还有酗酒，那都不是别人强加的，是自己来危害自己的生命。另外一个是心理的生命，道家反对大喜、大悲、大怒，主张心平气和，永远保持很自得的、很自在的状态。道家的养生主张以和、以啬、保精、爱气、守神。有一次，一位美国教授和我聊天，这个人很开明，他说西方的心理学要到世界各地去传播，必须和世界各地各国各个民族的传统文化相结合。他问，你们的心理学现在情况怎么样？我说，我不研究心理学，说不出多少。但是根据我的印象，我们早期好像受苏联的影响，后来受西方欧美的影响，对于自己的文化资源不太重视。在我看来，儒、佛、道三家，特别是道家的哲学，其实是一种高级的心理学，是很珍贵的、具有东方特色的心理学。假如我们能够吸收其中的一点智慧，就能够极大地增强自我调适的能力，不至于遇到一些挫折和问题就承受不了。大家知道，现在的大学生和我们那个时代相比，心理疾病多了，得抑郁症的增加了。为什么？当然社会压力增加，社会竞争激烈是一方面的原因，但是从另一方面，我感觉现在经受挫折的教育、吃苦的教育不如我们那个时期。我们的青年时代，不是谁来教育我们，而是环境比较艰苦，我们从小得到一些锻炼。小时候和青年时代吃点苦，对一生都有好处。所以，我想我们能不能从道家的哲学里吸收一些智慧来补充我们今天的教育，可能有一定的价值。例如，老子讲“柔弱胜刚强”、“胜人者力，自胜者强”、“反者道之动”等，都可以提高人的韧性。

4. 超脱逍遥。庄子提出了一个逍遥的概念，逍遥的概念是说，一个人一生不在于活多长时间，而在于生活的质量、心理状态是不是感到很快乐，是不是觉得非常自由自在，这需要自己去创造精神空间。怎样逍遥？社会生活太复杂了，矛盾那么多，世务那么难，庄子在《养生主》中提出要学习庖丁解牛，“以无厚入有间”，便能够做到“游刃有余”。这是什么意思？庖丁解牛，宰牛的刀用了许多年以后，和新的一样。有人问他怎么回事，他说，我的刀刃是非常薄的，牛的骨头总有空隙，避开骨结，用没有厚度的刀刃，进入到有空隙的骨缝空间，刀怎么会坏？这也是一种人生的艺术。社会生活再复杂，总会有生存的空隙，每个人不要去和别人挤同一个空间，在任何情况下，要找到属于自己适合自己的空间，并且可以从精神上无限地扩充这个空间，从艺术的方面去扩充，从哲学的方面去扩充，没有人能限制了你，你就可以活得潇洒。道家超脱逍遥的思想非常重要，现代社会竞争激烈，越是繁忙，越要注意，自己要想办法活得逍遥自在一点，越是从容，越能做好事情，健康也能维持。单纯的儒家，责任心太强，不会调节，精神上放不开，容易陷于焦虑，人活得很累，最后工作和生活都会受到消极影响。

5. 贵柔守雌。这是道家的辩证法思想，和辩证唯物主义讲的辩证思想在精神上是一致的。我们的辩证法没有讲以柔克刚，道家的特点是以柔克刚。人应该像水一样，水看起来是很柔软的，但是抽刀断水水更流，水的力量也是很大的，要学水一样，往最低的地方流，要承担社会上别人不愿意承担的任务，这样才能成就自己。以柔克刚的思想很重要，老子思想里还有“两兵相争，哀者必胜”，就是所谓的哀兵必胜，以及后发制人、厚积而薄发、欲取固与，这些智慧都是从老子那里来的。看来越强越好，其实不是这么回事，“兵强则灭，木强则折”！强是什么意思？是逞强。柔是什么意思？不是弱的意思，而是人的生命要有弹性，韧的意思。老子提倡不争之德，“夫唯不争，故天下莫能与之争”，这什么意思？我们平常看到两种人，一种是不断证明自己正确，是最好的，每次有什么好处，他拼命去争，但不一定争得到。老子说要争，但不是这个争法。自己的素质怎么样？自己的贡献怎么样？不要斤斤计较，要努力提高自己的水平和能力，使自己更完善，对社会有大贡献，到了一定的时候，天下莫能与之争，不用去争，别人没法和你争。所以老子的不争之德不是说什么也不争，而是从积极的方面、根本的方面去做。

道家的哲学对中国的思想文化影响太大了。按照黑格尔的观点，他承认老子是哲学家，不承认孔子是哲学家。我们觉得这是西方的偏见，但是从理论思维的水平来看，道家的理论思维水平是最高的，确是事实，比儒家高，或者说儒家的哲学发展要靠道家，吸收道家的思想。道家哲学推动了中国理论思维的发展，对中国哲学的宇宙论、认知论、人生论有重大贡献，它的辩证法对中国后世影响很大。大家知道《毛泽东选集》第四卷里专门引老子的辩证法思想，如“福祸相倚”，“民不畏死，奈何以死惧之”，可见老子的辩证法是很有生命力的。另外一点，中国的美学史、中国文艺思想的发展主要不是受儒家的影响，而是受道家的影响，因为儒家的文艺思想有一个特点，讲“文以载道”，太现实，与政治结合太紧密，文艺不容易按照审美的要求发展。道家讲含蓄、自然、天真，“清水出芙蓉，天然去雕饰”，这是中国对美的一种追求。大家看国画，不讲形似，讲神似，要表达个人的一种情感、一种体会，所以中国画和西方的油画有很明显的差别。西方的油画讲逼真，它有解剖学的基础，是非常严格的；中国画一看人物很简单，甚至有点千人一面，但中国人不重视这一点，中国人讲究情景合一、气韵生动，要通过画给人一种联想，让观众补充、发挥，这是中国画的特点，有无相间、意在画外。李白叫“诗仙”，他本身是个道士，有丰富的想象力。杜甫叫“诗圣”，他受儒家的影响，关心社会现实，两个人的风格不同。大家都知道《红楼梦》，《红楼梦》的思想是哪一家的？大家可以讨论，我认为，《红楼梦》很大程度上是道家的思想，它对儒家是批判的，但也受了佛教的影响，是佛道二家的。贾宝玉是什么人物？在中国历史上有个人物特别像贾宝玉，即魏晋时期的阮籍。这个人是玄学家，他特别喜欢女性，看到邻居卖酒的妇人长得美，便经常去买酒，在那里喝，喝醉了便躺在旁边，其夫开始很警惕，后来没有发现问题，便也罢了。[①] 阮籍不是贪色鄙俗之徒，他是从美学的角度去欣赏女性之美。贾宝玉喜欢漂亮姑娘，但不乱来，只是怜香惜玉。他的理想是什么？在大观园里和女孩子一起高高兴兴地玩、作诗、吟赋，最后化成一股烟，干干净净地死去。这是道家的思想。我写了一篇文章说，贾宝玉是阮籍的再生，写完后，香港的一位教授给我写了一封信说，我给你提供一个信息，曹雪芹有一个号叫梦阮，就是以阮籍为梦中理想人物，可见曹雪芹很看重阮籍这个人，可能吸收了阮籍的一些思想特点，来塑造贾宝玉。道家思想对中国文学学术思想影响非常大，可以这样讲，中国的古典小说中有名的作品，纯粹是儒家的很少，比如《西游记》、《水浒传》、《三国演义》里佛道的因素比较多，这一点将来大家可以去分析。

道家的哲学作为一种人生的导向，成为历代的隐逸之士的价值取向、生活方式。道家的哲学还为兵家、纵横家、法家、儒家以及玄学提供了理论基础。大家知道，法家没有哲学，道家的哲学就是法家的哲学。兵家——《孙子兵法》讲的用兵之道从老子来。道家给各家提供了一种哲学基础。它还有一个重要的贡献，即接引佛教。佛教是一种思辩性很强的宗教，可以说，世界上没有其他宗教比佛教的哲理更丰富，它的教义本身就是一种哲理。但是佛教的基本教义，如“四缔”、“十二因缘”、“八正道”，它们本身就是哲理性的。这样一种哲学性的宗教传入中国时，恰恰赶上中国两汉时期是经验主义占上风，儒家的经学走向繁琐。中国人要接受哲理性很强的佛教不容易，它们之间的差距太大了。中国人靠道家的哲学、道家的理念来翻译和介绍佛教的思想进入到中国。在我们看到佛典的翻译作品里，大量使用道家的词汇，如“有无”、“道”、“真”等。这样，中国人通过道家可以更好地理解佛教，因为道家抽象思维发达，更接近佛教。当时许多人开始学儒，然后修道，最后信佛，如慧远、

① 故事见《世说新语·任诞》。

梁武帝的人生就经历了这个过程。如果没有道家，佛教要顺利进到中国来，会增加若干倍的困难。

道家的哲学在今天的意义上，我觉得并没有过时，可以从不同的角度去开发这种资源，从管理思想、文学艺术、科学理论、策略学、心理学等角度去运用。现在世界范围内的科学家很重视老子和道家。英国的李约瑟写中国科技史就很重视道家的思想。日本的科学家汤川秀树也喜欢《老子》。诺贝尔奖获得者李政道认为，“测不准定律”与老子的“道可道非常道”相符合。坐在轮椅上的现代宇宙学家霍金，提出“宇宙生于无”，与老子的理念相通。老子讲，“天下万物生于有，有生于无”，但这个“无”不是什么也没有，而是潜藏着万有、包蓄着能量的原初状态。梁思成先生早年去美国留学，拜一位建筑学家为师的时候，那位教授说，你怎么到我这里来学？建筑学的鼻祖是你们中国的老子！老子说：“凿户牖以为室，当其无，有室之用”，用我们今天的话，建筑的本质是去做一个与外界相通的空间以适应某种需要。建筑千变万化，花样翻新，其功能也是多种多样的，但老子那句话，即构建特定的物质空间，满足人类的需求，就把建筑最重要的属性揭示出来了。可见，老子的思想能够激活人的智慧。从不同的角度去解释它，可以引申出许多新的思想、新的观点。所以，它一直流行在世界范围之内。

我希望社会人士不论从事何种职业，都能读几本中国文化典籍，比如《论语》、《孟子》、《老子》、《庄子》，我觉得这四本书还是值得我们看一看的，以增加智慧。《老子》里有一句话：“名与身孰亲？身与货孰多？”有些人就是算不过这笔简单的账，宁可坐牢掉脑袋也要去贪求虚名浮财。老子说“功遂身退，天之道也”，功业已经成功了，身体就可以退回来了。有人说这是中国最早的退休理论。最近我还听到流传的关于退休的一幅对子：“早也退晚也退早晚都要退，早也死晚也死早晚都要死”，横批是“早退晚死”。老不想退，该退也拖着不退，结果累得很，还不如早退，养好身体。我觉得这有点道家精神。老子讲：“善闭无关楗而不可开，善结无绳约而不可解。”意思是说，理想的状态不需要外部的强制力量加以约束，而靠内在的精神的纽带，自然用不着人为防范。如果道德风气好，达到了夜不闭户、路不拾遗，防盗门就无用了。我们现在有些单位要留人，留不住怎么办？就用硬的方法限制，也许暂时能留住人，但是留不住心。如果这个部门非常好，很有吸引力，就如老子说的，不用强拉硬拽，人都会留下来。现在美国、英国费多大劲在防备恐怖主义，惶恐不安，不知道哪里会出问题，但没有抓住根本，所以不能解决问题。美国在全世界范围内搞霸权主义，得罪了整个伊斯兰世界。恐怖主义宣传什么？宣传你占领了我的土地，掠夺我的资源，不尊重我的信仰，屠杀我的人民，所以我要报仇。你说有没有道理？因此，有煽惑力，便有人去和美国干，你有导弹，我有人体炸弹，各有各的高招。有人估计将来最大的危险是人体核弹。应该说，中国现在基本是平静的，整个国家是安宁的。中国广交朋友，和平崛起，绝不威胁别人，以平等友好的态度对待所有的国家和人民，到处是我们的朋友。国际恐怖势力绝对不会把中国作为主要攻击目标，这是肯定的。这比用高科技设防要重要得多。这是老子的智慧。老子讲"以正治国，以奇用兵"，很简单的八个字，用兵要出奇招，兵不厌诈；但是治国要正，堂堂正正地依法治国。

四、道教哲学的精要及其对中国文化的影响

下面简单介绍道教。道教产生于汉代末年，原来有两派，一派叫符箓派，一派叫丹鼎派。到了金元之际，符箓诸派都归为正一道，以江西龙虎山为中心，主要在南方流行。丹鼎派演化为全真道，以北京白云观为中心，主要在北方流行。丹鼎派最早炼丹是炼外丹，说是服食金丹可以长生，结果未得长生反致速死。唐代有很多皇帝，吃了丹药死掉了。后来外丹炼不下去了，转而炼内丹。内丹是以身体为鼎炉，精气神为丹药。内丹讲炼精化气，炼气化神，炼神还虚，炼虚合道。我们后来流行的气功主要是炼精化气，就是从它的初级

阶段衍生出来的。我曾经心脏非常不好，不好到什么程度？在屋子里看到外边走路的人都羡慕，别人离开家，在路上随便走，我不能。后来我学了一种“性命神功”，是从明代道书《性命圭旨》中演化出来的，由一位解放军军官气功家在公园里传授。我练了两个月后，没事了，全国到处走，现在身体状态很好。我相信气功能够治病健身，它是中国传统养生的重要资源，不能因为鱼龙混杂就彻底否定，禁止气功我是不赞成的。现在公园里跳迪斯科，就是没人敢练气功，怕被人误解为邪教，这是两回事，政策上要区分。中国现在的五大教，有四个都是外来的，只有道教是中国自己的，而且是一个弱势的宗教，需要加以关照。就绝对人数，道教和佛教都没法和基督教、伊斯兰教相比。但是后者是局部的影响，道教是全局的影响。因为道教最具有草根性，和民间的信仰紧密地交叉在一起，最能反映中国民众特别是汉族农民的多神崇拜的心理状态、信仰特点。鲁迅说“中国的根底全在道教”，这句话到处被引用，道教界最喜欢引用鲁迅这句话，确实有道理。

我把道教哲学归纳如下。

1. 尊道贵德。尊道贵德和道家是一样的。但这个“大道”在道教里被神格化了，成为高位神。贵德就是要行善积德，而且要积大功德，便可以功德成神，有大功德就是神。道教讲成仙要“功行两全”，内修性命之功，外行济世之事，单务方术不能成仙。

2. 生道合一。这是道教内丹炼养的基本原理。我刚讲过了“大道”是永恒的一种生命、生机，它的生命是不会止息的，个体的生命则有生有灭。怎样使个体生命获得永生？要逆向地炼，叫做逆则成丹，顺则成人，大道生成天地万物，生成人。反者道之动，向着原来的方向去炼，最后和永生的大道合为一体，个体生命不就永恒了吗？这是它的原理，叫“生道合一”[①]。究竟能不能炼成和大道合为一体，那是一种信仰。有人信有人不信，但它的理论是这样的，它的精神也是这样的。道教为了长生而重视养生，虽然实现不了长生的目标，却积累了丰富的健身卫生的知识，这就是所谓的“取法

① 见《内观经》。

乎上，得乎其中”吧。

3. 崇神敬仙。神仙长生不死，逍遥自在，神通广大。大家看不到神仙，所以很多人不信。现在的道教界给出新的解释，神仙就是永远快乐，有了烦恼能化解。在台湾地区的一次会上，我提出神仙有四大。哪四大？大智慧，表现在有预见性，不受蒙蔽；大寿数，活的年龄要大，至少要八九十岁以上，而且要健康长寿，我的几位老师如冯友兰先生、张岱年先生都活到九十五，我的父母都九十多了；大自在，活得比较愉快，比较快活，也有临时的烦恼，但善于化解，不会长期拖累；大功德，要给社会、给他人做大贡献，由于你的存在，由于你的活动，他们都受益，他们能生活得更好。如果能做到这四大，就是神仙，没什么奇怪的。在我们的生活里神仙多得很，这就行了。天上飘来飘去的神仙是没有的。

4. 性命双修。这是道教炼养的基本原则。一是性功，是心性的修炼、心理的训练；二是命功，是生理的训练。一个炼神，一个炼气，性命双修。只有性功，没有命功不算道教，因为性功方面佛家、儒家和它是相通的，但是命功为道教所特有。性命双修具有普遍意义，是今天我们讲的生理的健康、心理的健康。四肢发达大脑也发达，但是心理脆弱，就不是一个健康人。尤其在现代社会，心理的训练太重要了。一个健康的心态必须是善的，要有道德。儒家讲“德润身”、“仁者寿”，这是有道理的。同时要学一点道教的性功，提升思想境界，淡泊名利，开扩心胸，克服自我中心主义，学会以天下观天下。当我给学生讲修心的时侯，有的学生说，老师现在光是讲做好事，做好人，但是这种做法在社会生活中很吃亏。后来我补充说，要做一个有智慧的好人。好人还是要做，它对你本身就有好处，你要身心健康，你每天都非常自私，每天都在计较、算计，绝对健康不了。但要做个有智慧的好人，有辨别力、洞察力，不上当受骗。教孩子做好人，但要有防范意识，学会自我保护，否则单独在家，来一个生人就让他进来，把防盗门打开了，那要是坏人怎么办？害人之心不可有，防人之心不可无。

5. 阴阳交合。阴阳交合是道教的哲学思想。道教认为人体内有阴有阳。有阴有阳而为人，有阴无阳而为鬼，有阳无阴而为仙，这是道教的说法。有阴有阳的人最后必然都要走向有阴而无阳的鬼，就是要死。怎么避免？要炼，把身上的阴气炼尽，变成纯阳之体。纯阳之体究竟是怎么回事？这是宗教神秘主义。按照它的说法，已经和普通身体在质上有了飞跃，纯阳之体可以离开躯壳到天上去了，可收可放，水火对它都没有伤害。炼养过程的关键是“取坎填离”，取坎中之阳，填离中之阴。坎是什么？坎卦代表水，上下两爻是阴爻，中间一爻是阳爻；离卦代表火，上下两个阳爻，中间是一个阴爻。把坎卦中的阳爻填到离卦中的阴爻的位置，取而代之，这样，离卦就变成一个纯阳的乾卦，表示在人体内通过这样的炼养，变成纯阳之体。这是道教的哲学。

道教的哲学和道家的哲学应该有区别。现在关于什么是道教的哲学，还没有一本书能说得十分清楚。为什么应该有区别？道教虽受了道家的影响，但毕竟是宗教，它的哲学应该有宗教性。

道教哲学对中国文化最大的贡献是突出生命的价值、生命的结构和生命的优化，它发展出一套养生长生之道和身心自我调节的方法。在生命信仰、生命哲学、生命科学三个方面都积累了丰富的智慧和知识，弥补了儒佛两家的不足，所以我感觉到道教应该构建自己的生命科学，或者叫道教生命学。现在西方的生命科学还是比较发达的，基本上没有脱离实验科学的思路。而道教对生命体有很多很深入的研究。我觉得生命是人世间最可贵的，我们一切都是为了生命，为了个人的生命、家庭的生命、民族的生命、世界人类的生命。为什么要维护和平反对战争？因为战争会大批死人，以正义的战争反抗侵略压迫战争，那是不得已而为之的。“非典”期间，我国领导人提出人民群众的健康和生命是第一位的，这非常好。凡是损害生命的事情都是不文明的。我觉得道教集中地探寻生命的奥秘，推崇生命的价值，给人类提供了很多值得借鉴的东西。

中国哲学有三个高峰。第一个高峰是佛教的禅宗；第二个高峰是儒家的宋明理学，也叫宋明道学，比如朱熹、王阳明；第三个高峰是道教的内丹学，全真道内丹学。中国哲学的三个理论高峰，都是在三教合流的情况下出现的。另外，道教影响了中国的科技，特别是中国的医学。现在有的学者已经写出作品介绍道教医学，成为中国医学的重要组成部分。道教以医传教、借医弘道。厦门大学盖建民教授著《道教医学》，指出："道教医学模式是一种熔生理治疗、心理治疗、社会治疗和精神信仰治疗为一炉的综合性医学模式。"① 古代的很多医生、重要的医药学家都是道士，比如葛洪、陶弘景、孙思邈既是道士又是大医药学家，对中国医药学贡献很大。道教对化学贡献也很大。炸药、火药就是道士在炼丹的时候炼出来的，后来传到欧洲又传回来。道教的神仙信仰及其仙话为文学艺术提供了生活理想、艺术想象力、故事素材及生动的语言。古典小说和诗歌讲到美好的地方，总是形容为蓬莱仙境；讲到人物的飘逸，则形容为道风仙骨，用的都是道教的词语。佛教对中国的语言文学影响也非常大，大量的词汇都是从佛教里来，赵朴初作了总结，归纳出一百多条，现在人们用起来习以为常了，都不知道从哪里来的。例如，道教词语有：腾云驾雾、终南捷径、神通广大、脱胎换骨、走火入魔等；佛教词语有：不二法门、大千世界、皆大欢喜、当头棒喝、不可思议等。

应该承认道教在近现代衰弱了，原因很多，其中有人才缺乏、教理陈旧、封闭固陋，以及与世俗迷信混杂不清，不能与现代科学相衔接等，因而受到社会进步力量的质疑和批判。那么怎样复兴？佛教提出"人间佛教"。道教也在想提什么好。民国年间道教大师陈撄宁提倡新仙学。现在道协的副会长张继禹，曾提出"生活道教"，也讨论了几年，理论上总得有创造。另外，还得有人才，孔子说得好："人能弘道，非道弘人"。有一个好的主义，有一个好的宗教，有一个好的学说，并不能解决问题，关键是有没有弘道之人。这是道教目前面临的最大挑战。人才成长起来了，教理教规的改革便能健康进行，他们正在做这件事情。

道教尊道贵德、重生能忍、不贪抱朴、有容乃大、回归自然等品格都和当代的文明发展是一致的。怎样来取其精华、弃其糟粕、开拓创新？这是道教界人士和道教研究者共同的任务。这还需要做许多工作。比如，我讲到道教界有很多历史人物，我们就没有很好

---

① 盖建民：《道教医学》，宗教文化出版社 2001 年版。

地研究。我写过相关的文章，其中我特别表彰了丘处机。他是山东栖霞人。栖霞出了两个道教界名人，古代是丘处机，近代是牟宗三（当代新儒家的代表人物）。丘处机的历史贡献不亚于玄奘。大家都知道玄奘西天取经，由于有《西游记》，传播很广，但是知道丘处机的人不多。丘处机道号长春真人，我们现在的北京白云观就是他的道场。成吉思汗当初做游牧民族的领袖，军事征讨当然是血腥的，游牧文化还没有受到中原农业文明、礼乐文化影响的时候，相当野蛮，一直打到俄罗斯，横跨欧亚两洲，战争很残酷。他的一个原则是，这个城市只要不投降，一旦攻破以后，屠城，一个也不剩！但成吉思汗又是一个了不起的政治家，他觉得要稳定中国这个以汉族为主的社会，也得有人帮忙，他看到丘处机的全真道在北方已经流行了，他就想请丘处机。而且成吉思汗想长生不死，问丘处机能不能给他一点神仙方术，丘处机当时已经 73 岁了，带了 18 个徒弟从山东的莱州出发，经过北京（当时叫燕京）、河北、内蒙、蒙古、新疆，以及哈萨克斯坦、塔吉克、吉尔吉斯、乌兹别克这些中亚国家最后到达阿富汗的雪山，往返三年。靠骑马、走路，那时路途艰难极了，最后见到成吉思汗。成吉思汗问他有没有长生术，丘处机说我没有那套东西，健身之道以清心寡欲为要；成吉思汗问治国之方，丘处机对曰以敬天爱民为本，不嗜杀人，要保护老百姓。后来成吉思汗接受了他的意见，减少了杀戮。丘处机回来以后，全真道也发展起来，他又做了许多慈善事业，救了好几万人。佛家说，救人一命胜造七级浮屠，丘处机救了那么多人，是一个很伟大的人物，他当时要面对的是一个军事统帅，是一个打仗打红了眼的人，不一定能说服他，有风险。没有宗教的情怀是做不到这一点的。玄奘的西天取经是文化之旅，丘处机的西行是救人之旅、和平之旅。我觉得应该把他的精神加以发扬。现在世界上还有这样的人物吗？比如，现在有几个宗教领袖去找布什，去找布莱尔，说伊拉克的仗不能打？我没有听说谁去找他们，就是真找到他们，他们也不听。现在没有这样的宗教领袖。丘处机其实是中华民族的优秀人物，我曾写过一篇文章叫《纪念丘祖雪山论道，发扬和平慈勇精神》，倡议道教界、学术界和文艺界、新闻媒体共同组成一个小分队，沿着丘祖西行路线重新走一趟，一定会有很多收获。我与五位朋友合写了一本书《全真七子与齐鲁文化》，由齐鲁书社出版了，其中以写丘处机为主，他的精神是很感人的。

我还要说明一下道家和道教文化的不足。道家的长处在于能顺应自然，柔和能容；而短处在于忽视人的主观能动性和创新能力，参与意识和竞争意识严重不足，所以需要和儒家互补，单独用之不足以成就大的事业。北京大学张岱年教授用《易传》上的两句话概括中华精神，即“自强不息，厚德载物”。前者是进取精神、奋斗精神，刚的成分大；后者是宽容精神、开放精神，柔的成分大。中华民族之所以能够与时俱新、衰而复兴，靠的就是艰苦奋斗和善于学习。我觉得再加上一句就完美了，即“以人为本、自强不息、厚德载物”，这就是比较完整的中华精神，是儒道互补的。

道教文化重视生命、贴近民众是好的，但其神秘的非理性的成分太大，掺杂着很多低俗的迷信，容易导向怪异虚玄，需要用理性加以补救。在教义教理上如何进行现代转型而又能保持其基本信仰，更好地服务社会、有益大众，还要走很长的路。我认为道教的养生文化最为丰富，最有价值，应当花大气力进行研究。

现在出版的道家老子、庄子的著作很多，道教的著作也很多。大家如果要看关于老子、庄子的，我觉得比较好的是台湾学者陈鼓应的《老子注译和评介》、《庄子今译今注》，想了解道教，著作就更多了。四川大学卿希泰教授主编了《中国道教史》四卷本，中国道协李养正教授写有《道教概说》、《当代中国道教》、《白云观志新编》等书，我和胡孚琛、王葆玹二位研究员主编了《道教通论》。现在出了一本书叫《宗教研究指南》，是北大张志刚教授主编的，有关于五大教的介绍。世界宗教研究所王卡教授主编的《中国道教基础知识》也很值得一看。道教研究在最近二十多年时间里，后来居上，有了突飞猛进的发展，成为一门繁荣的学科。以前有的外国学者说，道教在中国，道教学在外国。现在没有人这样说了，因为中国的道教学已经走在了世界的前列。

我们的文化是伟大的文化。要建设现代化的中国应该是建设现代文化大国（这是作家王蒙提出的），中华民族的复兴必须伴随着一场文化的复兴。文化资源是我们中国现代最有优势的、最丰厚的资源。它不仅能够大力推动我国的物质文明建设、精神文明建设和政治文明建设，如果把它拿到世界上去，还可以促进世界文明的对话和世界文明的发展。

第九讲　佛教文化与中国

楼宇烈，北京大学哲学系、宗教学系教授，北京大学国学研究院中国传统文化博士研究生班导师，北京大学宗教研究所所长，北京大学京昆古琴研究所所长。主要论著有《王弼集校释》、《郭象哲学思想剖析》、《玄学与中国传统哲学》、《中国儒学的历史演变与未来展望》等。

在中国的传统文化当中，以儒治国的思想很突出。儒家文化是中国传统文化的一个主干。长期以来，治国的理念以及我们政府的基本制度、政治制度确实都是按照儒家的这一套理念构建的。从这个角度讲，以儒治国还是有一定的道理。当然，我们讲以儒治国并不是说儒家在养生、修养、修身方面就没有作用了——只是相对而言。中国的道比较复杂，既有道家又有道教。本来是道家，到东汉以后出现了一种宗教的组织——道教。道家讲养生的地方相比较多一些，所以，过去把它说成是养生，其实也不完全如此。因为道家里面也有很多治国的理念，甚至于很多治国的战略思想。特别是在中国汉代，西汉初年，很长一段时间是以“黄老之学”，即道家的思想作为一个治国的根本理念，道家的很多思想一直延用到现在。其实，道家的“无为而治”思想现在还是许多管理方面的一种思想理念。过去也常常讲，老子的思想是君主南面之术，说明道家也有治国的方面。同时，它也有养身修心的作用，但是总体上跟儒家比较各有侧重点。同样地，佛教也是如此。我们讲以佛治心，当然并不是说，佛教没有关于治国方面的一些理念，没有修身、养生方面的一些理念。因此，我们也可以看到，不管儒家也好，道家也好，佛教也好，在中国的传统文化中是一个不可分的有机组合。但是，儒、道两家都是中国自古以来就有的。儒家真正形成可以说是从西周的时期开始的。道家也差不多是这个时候，后来又发展成了道教。佛教是后来传进来的。这三者中，佛家是外来的，外来的这样一种文化，能够跟中国传统文化结合得那么好，当然有很复杂的原因。下面就此问题加以阐述。我们首先要来看，佛教是如何产生的？它是如何传入中国的？传入以后又是怎样跟中国的传统文化融为一体的？

一、佛教的创立、发展与传播

佛教在印度的产生，大概是在公元前六世纪。当时，印度的释迦牟尼创立了佛教。他创立佛教主要是针对当时印度有许多的宗教。印度是一个有悠久宗教传统的国家。释迦牟尼生活的时代，是印度的婆罗门教占据统治地位的时代。同时，印度还有许多其他的宗教和哲学流派。释迦牟尼开始是信奉婆罗门教。婆罗门教经过历史上的几次改革，发展到现在，就是当今的印度教。印度教在世界上还是有相当大的影响的。我们可能也听说过，当今世界上有三大宗教。最大的当然是基督教，其次是伊斯兰教，第三是佛教。其实，从信仰人数来看，印度教的人数超过了佛教。所以，如果排序的话，世界上信仰人口最多的，第一应该是基督教，基督教包括了新教和旧教。我们这里把基督教的旧教称为天主教，新教称为基督教，除此之外，还有一个东正教，在东欧和俄罗斯，他们信仰的基督教是东正教。这三个派别其实是很不相同的，但都笼统地称之为基督教。全世界信仰基督教的人数是最多的。其次是伊斯兰教，伊斯兰教其实创立很晚，公元六世纪才创立。佛教是公元前六世纪，伊斯兰教是公元后六世纪，这中间相差 12 个世纪，相差很久远。但是，伊斯兰教的影响力很大，现在可以说整个中亚地区、南亚的广大地区，包括大量的原来信奉佛教的地区，现在也都改信伊斯兰教，所以伊斯兰教的信仰人数是世界的第二。第三是印度教，接下来才是佛教。

佛教在公元前六世纪的印度创立。当时，它面对婆罗门教和其他许多的宗教。释迦牟尼出生在一个帝王家庭，他是在观察人生问题中来进行修养。释迦牟尼当时按照婆罗门教的修养方法来进行修养，后来，他感觉到通过这样的修养，不能真正地解决对世界、人生问题的困惑。因此，他后来自己到处参访，最后悟出了一个道理，觉悟了。所以，我们称释迦牟尼为佛陀，或者佛。佛的意思是觉，佛是一个音，佛陀、菩提。这个音就是觉的意思，就是觉悟。所以，我们称释迦牟尼为佛。佛实际上就是觉者、觉悟的人。那么，他觉悟了一个什么道理？就是一切事物都有一种因果关系，都是因缘而起。在当时，婆罗门教讲因果，也有很多其他的哲学也讲因果。婆罗门教所讲的因果是什么？婆罗门教信仰的是梵天，像基督教里面信仰上帝一样，基督教里面认为一切（世界万物，包括人）都是上帝创造的。婆罗门教认为一切皆由梵天创立。所以，最终大家还是要回到大梵天，最好就是和梵天合而为一。这种情况在释迦牟尼看来，是信一种外在的因果，而且是一种神的因果，他称之为“邪因论”。许多宗教在他看来是一种邪因，寻找一个神作为最后的决定因素，所以是一种“邪因论”。当时的理论，除了这种“邪因论”，还有一类可称之为“无因论”，就是没有原因，很多事情就出现了。怎么回事？不知道，它自然而然就是这样，本来就是这样。释迦牟尼认为，这种邪因论和无因论都是错误的。一切事物都是有原因的，没有无原因的事物。但是这个原因不是外在的，特别不是神，而都是事物本身的原因。比如，当时在印度很流传一种因果报应的思想，一切事物都会有因果报应。因果报应的原因就是，比如没有按照梵的意思去做，没有按照哪个神的意思去做，得罪了哪个神，没有做好事，因此下一辈子如何如何。佛教就来否定这种说法，认为有因果，但是这个因果不是得罪了某一个神，而是人自己。所以，佛教讲的因是“业”，即身、口、意三业。所谓身、口、意三业，用我们现在的话来分析，“身”就是人的行为；“口”就是人的嘴，人的言论；“意”是人的思想。所以，他认为原因实际上是在每一个事物自己。作为一个生命体，就是它的行为、言论、思想，所以叫做身、口、意三业。因此，由于你自己造下的身、口、意三业，那么你就要受这样一种果报。业是因，报就是果，就是结果。因果的关系完全是内在的，不是任何外在的。应该说释迦牟尼创立佛教的时候，是针对当时印度的一些宗教和哲学思想的，他是提倡无神论的。佛教从开始创立就提倡一种无神论。在当时印度，它是一种异端。释迦牟尼觉悟到这一点，但是他认为既然你造了孽，所以你就一定要受果报。因此，你就永远地会在生死中间轮转、轮回。一直在生死中间轮回，这就是人、生命体的痛苦和烦恼的根源。凡是在生命体中间轮回，有生有死，就一定有痛苦、一定有烦恼。所以，他要解决这个问题，就是怎么样超脱轮回，或者是超越轮回，解脱生死轮回。佛教追求的是怎样能够超脱生死轮回，而不是讲生死轮回。当时，在印度的社会中间，都在讲生死轮回，不过佛教认为那样的生死轮回的讲法是错误的，是一种邪因论或者一种无因论。佛教要讲造成生死轮回的正确原因，但是并不是要停留在这上面，而是最终要怎样超脱生死轮回。所以，佛教追求的最终目标是超脱轮回，从生死轮回中间解脱出来。佛教最初创立就是这样一种背景。

佛教创立以后开始传播它的教理，慢慢地扩大了影响。后来有很多人追随它，形成了教团。大概到了释迦牟尼佛去世以后的一百年左右，佛教内部开始产生认识上的分歧。比如，当时对怎样认识因果的关系等一些问题，有很多不同的看法。前前后后经过了两个多世纪的分裂以后，形成了20个大大小小不同的部派。这个时期叫部派佛教时期，释迦牟尼在世的时候以及他去世以后一百年左右的时期，在历史上就称之为原始佛教。所谓部派，总体上它实际是两大部，一部叫做上座部佛教；一部叫做大众部佛教。上座部是原来僧团里那些有声望的人——长老、有资望的人、有地位的人；大众部是僧团里的一般成员，特别是一些年轻的僧侣。他们对这个问题认识是不一样的，当然就产生了分歧。后来，大众部佛教开始发展出了一些新的理论，大概到了公元之交的时候，我们也可以说是公元一世纪开始的时候，形成了新的佛教。这个佛教里面的一个新的面貌，后来我们称之为大乘佛教。那么，还有一个上座部佛教，继续生存、流传，甚至于一直到现在。现在，在东南亚地区流传的，我们都称之为上座部佛教，因为它是从印度往南传的，南传上座部佛教，像现在的斯里兰卡、缅甸、泰国、老挝、柬埔寨，这些地区流传的佛教都是上座部佛教，而且我们有时候也称之为南传佛教。站在后来发展起来的大乘佛教的立场，就把这些都称之为小乘佛教。大乘佛教发展起来以后，强调它不仅仅是个人解脱和个人觉悟的问题，个人解脱了、觉悟了，还要去帮助所有的众生，让他们也能够得到解脱。所以它说，我的车子是很大的，不仅仅要乘我自己，还要带上所有的众生。而它认为上座部佛教主要是为了自己的解脱、个人的解脱，它的承载工具是比较小的、只能承载自己。后来主要是这样来区分了。当然发展到现在，南传的上座部佛教也不是一个简单的、只是个人自己解脱的问题。历史的发展，开始的时候就是这样。

中国的佛教主要是大乘佛教。因为大乘佛教是从北边传过来的，我们又称为北传佛教。传过来以后，我们把它主要的佛教经典都翻译成了汉文，有的时候也称它为汉传佛教。汉传佛教除了在我们中国之外，还往东北亚方面传播，传到了朝鲜半岛，传到了日本。所以，这是一个系统，南边也传到了越南，因为越南很长一段时间是作为中国的文化影响地区最大的一个地方，这是从中国南面来讲。传到越南的也是中国的汉传佛教。大乘佛教发展起来以后有一些变化（从教理方面，我后面会提到）。这个变化中间，有一些是值得注意的，就是从大乘佛教发展起来以后，它有一个把佛教神化的过程。因为在原始佛教和部派佛教时期，没有造像，没有像现在我们庙里、大雄宝殿里供着的佛。造像，也和大乘佛教的起源差不多是同时的，也就是公元一世纪的前后。根据历史、考古学考证，佛教造像的兴起，在某种程度上也受到了希腊文化的影响。因为有一段时间印度的一部分曾经被希腊征服，所以，它受到了希腊文化的影响。我们知道，古希腊的塑雕、雕刻艺术很发达，所以也影响了后来的佛教。到了大乘佛教也开始有雕像，对佛，也开始有一点从神的角度去崇拜了。因为佛陀已经离得很远了，几百年过去，就开始把他神化了。

我们知道，开始的时候，佛就是释迦牟尼，他是先知先觉，是个觉者。其他跟着佛陀、跟着释迦牟尼也觉悟的人称作什么？我们现在到庙里，常常可以看到——罗汉、阿罗汉。阿罗汉本身也是音译的概念。它的含义是离欲，离除了欲望，离欲、去欲的意思。我们在庙里可以看到罗汉，至少是常常在大雄宝殿里，可以看到两边有十六罗汉、有十八罗汉，更多是五百罗汉。五百罗汉相传是当时佛的弟子们，其实当然也不止这些。根据史书记载，当时，佛去世以后，有五百罗汉聚集起来，回忆佛所说的法，把佛说的法记录下来，就是我们现在的佛经。但是，同时也记载着，当时有五百罗汉聚集在石窟里，而在石窟外，还有五百罗汉也在聚会，他们又另外诵出一些经来。这也说明佛当时的弟子不止五百罗汉。当然，我们现在在寺庙里面看到的，是五百罗汉。这都是当时悟到了佛所说的法，能够离欲、能够求得清净，这样也得到了一种解脱。所以，在原始佛教、部派佛教之中，佛就是指释迦牟尼，其他得道的人，都称为罗汉。罗汉里当然也有不同的名称。另外还有一个名称，我们现在也叫做菩萨。菩萨，这也是音译，全名叫做菩提萨埵。菩提，是觉的意思。萨埵，是有情的意思。所谓有情，就是佛教把一切的现象分成两类，一类是有情，一类是无情。所谓有情就是指有生命体的现象；所谓无情就是指那些没有生命体的现象。在那个时候，生命体一般是指动物；当时，把植物都看做是无生命的，至于山河大地更是无生命的。菩萨这个概念，它原来的含义就是觉悟了的有情，所以叫“觉有情”。但是，到了大乘佛教，我们可以看到，已经不仅是释迦牟尼一个佛了，还有很多佛。比如，我们现在经常可以听到的阿弥陀佛等。阿弥陀佛是西方的佛，弥勒佛是未来的佛，东方还有药师佛等很多。那么，我们可以从这里看到，开始把佛神化了。同样地，菩萨也是，菩萨本来是一个统称，没有具体的什么菩萨。到了大乘佛教以后，就出现了各种各样的菩萨。比如，在中国，大家最熟悉的菩萨就是观音菩萨。中国有四大名山的说法，佛教四大名山就是四个菩萨的道场，五台山是文殊菩萨的道场；峨眉山是普贤菩萨的道场；普陀山是观音菩萨的道场；安徽的九华山是地藏菩萨的道场。除了这四大菩萨之外，还有成千上万的菩萨。我们现在看佛经，早期的佛经里没有一个有名字的菩萨，菩萨都是一个笼统的称呼，觉悟了的有情都可以称之为菩萨。这一点，我们通过明清小说里看到出家人见到善男信女，特别是见到女信众，一见面就称之为女菩萨。菩萨，本来就是一个普通的说法。本来菩萨和佛也没有等级之分，只不过是对于释迦牟尼，这样觉悟了的人特别称之为佛，其他的都称为菩萨。现在，我常常碰到有人这样问道：是佛高，还是菩萨高？好像佛是最高的，然后是菩萨，菩萨里又分为不同等级。其实，佛教里最反对讲等级，佛教讲平等。

大乘佛教发展起来有这样一个趋向——在印度大乘佛教发展的过程中，又受到了印度当地原来的其他宗教的影响。一种文化在另外一种文化环境中间，必然是会互相影响的，在中国也是这样。我们现在讲儒、释、道三教，它们也是互相影响的。在印度，尽管开始的时候，佛教是为了反对那些传统的宗教，但是在生存的过程中，它不可能不跟这些传统的宗教打交道。所以，印度佛教在发展过程中，对婆罗门教也有很大的影响。反过来，婆罗门教对佛教也有很多影响。婆罗门教第一次理论上的改革，就是受到佛教影响的结果。那么，反过来，佛教在印度的文化环境中，也不断地受到婆罗门教的影响。所以，大乘佛教后来就发展成为它的后期形式，我们称之为密教，或者也称之为密宗。

密教，显然受到很多东西的影响，包括婆罗门教等的影响，有人说，还受到中国道教的影响，形成了密教。密教，大概是在公元五六世纪的时候开始的，当时也传入中国。但是，密教在中国内地没有很好地发展起来。后期的密教，在西藏地区得到了很大的发展。因为中国西藏地区的佛教，实际上，有两次传入的过程。在西藏历史上，称之为佛教的前弘期、后弘期。前弘期主要是内地中原地区传过去的佛教。但传过去一个多世纪以后，西藏地区原来吐蕃国的一个赞布在西藏原来的宗教、本教影响下，禁止了佛教。所以，大概有一个世纪左右，佛教在西藏停止了。第二次再传入，主要是直接传入，直接从印度传入，传入以后跟内地的佛教也有很多交叉、冲突和融合。那时传过去的主要是印度后期的密教，我们称之为藏传佛教，也称之为“藏密”。之所以称之为“藏密”是为了跟唐朝时被传到中原地区来的密教有所区分。所以，我们讲到密教时说唐密。唐代以前也有一些零零碎碎的、带有秘密性质的一些佛教，在中国历史上称之为杂密。唐代传入的密教，我们称之为唐密，唐密有的时候也称为纯密，相对于前面的杂密，是纯密。唐代的密教又传到了日本，在日本称为东密，这都是密教，但都是早期的。西藏地区是公元十世纪以后才传入的，后期的密教称之为藏密。

现在世界上佛教所存在的形态主要是三个：一个是南传的上座部的佛教；一个是汉传的大乘佛教，大乘佛教中，跟密教相对叫做显教，相对密教，汉传的称为大乘的显教；第三个是藏传的密教。现在留存在世界上的佛教的形态，主要就是这三大形态。南传的上座部佛教所使用的语言是巴利文。巴利文实际上是一种拼写式的语言。按照当地的发音来拼写，巴利文原来在东南亚地区流传，并不统一，因为各地的发音不同，拼写也不同。经过几次整合，现在有比较统一的巴利文经典。所以，我们从语言上来分，现在也分三个系：一个是巴利语系佛教，即南传上座部的佛教；另外一个语系是汉语的经典，即用汉文翻译出来的佛教经典，现在绝大部分已经没有原文了，所以称它为汉语系的佛教；还有一个是藏文的佛经，是藏语系的佛教。在中国，这三大语系、三种形态的佛教都有。但是整个中原地区都是汉语系的大乘显教，西藏是藏语系的密教，云南傣族地区的佛教是属于南传系统的巴利文系统。比如，现在云南大理有三个塔很著名，去旅游就会看到大理三塔。大理三塔标志的是南传巴利语佛教。

二、佛教的基本教义与主要理论

佛教的基本教义可以概括为“苦”、“空”。这两个字就可以把佛教的全部教义概括了。“苦”，我们可以说是佛教的一种人生观，也可以说是佛教的所有教义和它解脱的一个出发点。佛教认为，生命体就是有情、有情众生，有情众生是指所有的生命体。佛教认为释迦牟尼开始觉悟就是从这个地方出发的。他看到一切生命体实际上都生活在痛苦或烦恼中。凡是有生命就会有烦恼，就会有痛苦。佛教把这种苦概括为八类苦，称为八苦。最基本的有四苦，这四苦不仅仅是对生命体而言，包括无生命体的、无情的也一样。对于有情的生命体，这基本的四苦即生老病死。实际上一切现象、一切事物都是这样。对于非生命体是生住异灭。对于生命体，我们讲生老病死。对于非生命体，一切事物都有一个过程：开始产生，然后保持一段相对稳定的时间，然后慢慢变化，最后灭亡。自然界也是这样，沧海桑田都不断地在变化，所以，它有一个形成的过程，然后相对稳定的时期叫住，然后有变异，最后消亡。一般的事物都有生住异灭，没有永恒的东西。佛教观察的一切事物都这样的。对于生命体是生老病死，这是基本的。从某种程度上，释迦牟尼是观察了这四种苦，才去求道。因为他出生在一个帝王家庭，他出去看到老人没牙了，什么东西也吃不了，腿脚又不利落，走路也很困难，这样的生命多痛苦，有病的人会更痛苦。他甚至于看到宫廷里有许多美丽的宫女，看着挺像模像样的，可是她们睡着的形态实在也很丑，有的咬牙，有的打呼噜，有的流口水。透过现象再去看看这些并不美，特别是看到那些老弱病残的人，就感到这种生命、人生真是苦。所以，怎样来解脱？这是最基本的四苦——生老病死。

另外，他还总结出来其他四苦或四个烦恼。第一个是爱别离苦，我们常常讲生离死别，关系非常密切、非常亲近的人临分别的时候，哪怕一年、半年、几个月都要痛哭流涕，所以叫做爱别离苦。死别是苦，生老病死是苦；生离，特别是相亲相爱的人分别，这也是痛苦。第二个是怨憎苦，冤家碰头也是很苦恼的。第三个是求不得苦，想要得到又得不到，欲望很盛，可是得不到满足，很痛苦。第四个是五蕴炽盛苦，什么叫做五蕴炽盛苦？因为佛教认为一切的有情众生都是由五蕴积聚而成的。那么，五蕴包括哪五个方面？佛教讲的是色、受、想、行、识。一切有形的生命体都是由色、受、想、行、识五个方面聚合而成的。色、受、想、行、识中，色是属于物质方面的；受、想、行、识都是属于心理和精神方面的。色、受、想、行、识五蕴组成生命体，每个生命体实际上都是由肉体和精神这两个方面组成的，肉体和精神都有各种各样的追求，肉体有生理上的种种追求，精神上有心理的追求，也有更高层次的智慧、知识、理智方面的追求。各个方面追求非常强烈的时候，是很痛苦的。所以一个人，一个有情众生都会有这八方面的苦：生老病死、爱别离、怨憎、求不得、五蕴炽盛。

试想生命体烦恼不烦恼？那当然就要解脱了。怎样解脱？佛教提出来，要明白“空”的道理。因为没有明白“空”的道理，所以有这样一些痛苦。“空”实际上主要是从烦恼中间解脱出来，或者从生死中间解脱出来，从现象中间解脱出来，“空”是佛教一个最基本的教义。佛教所讲的“空”，是从哪个意义上来讲的？从佛教自身的发展来讲，前后期有很大的变化，对“空”的理解有很大的变化。在原始佛教开始的时候，“空”主要是从主观意识上去摆脱现象的诱惑。能够不受现象世界的种种诱惑，能够克制自己的欲望，就可以得到解脱，所以在佛教里叫做“我空”。外在的事物本身如何？它并不去认真地考察这个问题，因为它只强调主观上能够断绝这些欲望，克制自己的欲望，最后没有欲望，离欲。我刚才讲阿罗汉就是离欲，离欲清净，最后达到清净，就没有烦恼了。因为所有的烦恼都来源于种种的欲求，有种种的欲求又得不到满足，烦恼就来了。满足了欲望以后，也不见得就痛快了。我们现在也常常讲，生活好了并不见得就没有烦恼了，照样烦恼很多，甚至于生活越富裕烦恼就越多。所以，离欲，主观上能够离欲，就可以达到清净，所以叫做我空。至于现象世界本身究竟如何，它并没有认真地去追求，甚至于早期有的派别还认为客观的现象是实实在在的。这是一个阶段，到了大乘佛教以后，理论上有很大的变化——出现空的理论。不仅仅是主观上不受诱惑，且主观上把它看空了。实际上一切的现象本身就是不实在的、不真实的，或者叫做虚幻不实的。所以，不仅仅是“我空”的问题，而且法也空，法是相对于“我”来讲的，法在这个意义上指一切的现象。佛教的法分为“有为法”和“无为法”。有为法是指现实世界里的一切现象；无为法是指佛教所要追求的超越现实的理想境界。佛教有一部经叫做《金刚经》，这部经大概是名声最大的，大家肯定也都是听到过的。《金刚经》里最后有这样一句话，

“一切有为法，如雾亦如电，如梦幻泡影，应作如是观。”这是讲一切有为法、一切现象世界，实际上都像雾、像闪电一样，一下子就消散了，也像梦幻泡影一样，一刹那就没有了。所以，现象世界是虚幻不实的、或者是不真的。大乘佛教发展起来后，认为“空”不仅仅是“我空”，而且法也空，佛教常常讲“我法二空”。这里有个问题，就是“空”是不是什么都没有的意思？不是。佛教讲的“空”，不是讲什么都没有。从它的因缘理论来说，是一切都是有因才有果，一切的果都是由各种各样的因积聚在一起才形成的，在佛教里也称之为缘起或者缘生。一切的现象都是各种因缘聚集在一起才形成的。比如，佛教常常喜欢举的例子，一个瓶子是什么东西？一个瓶子无非是由制造瓶子的泥巴加上水，再加上工匠去制造，再加上火去烧。所以，一个瓶子，无非是泥土、水、火、工匠这样一些因素聚合在一起的。当然，要有一定的条件，泥要什么样的泥，水要多大分量的水，火要掌握到什么样的分寸，工匠又要有什么样的手艺，各种因缘聚合了，才可能有这个东西。工匠的手艺再好，如果没有合适的土，没有合适的水，没有合适的火也做不出这个东西来。所以，常常可以听到佛教讲因缘。因此，一切事物都是因缘聚合。这个道理强调两点：一是有聚就有散，因缘有聚就有散，一切的现象不是永恒的，因为它是有生有灭的、有聚有散的，用佛教的话叫做无常。又以瓶子为例，当土、水、火、工匠没有聚集在一起，它也不是瓶子。作为瓶子，它是很短暂的，佛教叫刹那生灭。刹那在佛教里面，是印度语的一个形容极短时间的名词：一刹那。一切的事物都是刹那生灭。作为瓶子，它既然是由各种因缘短暂的聚合，因此它也可以说是没有一个独立的自性，这在佛教里叫做无我。在佛教看来，一切现象都是无常的、无我的。所谓的“空”，在这个意义上，即无常和无我。所以佛教有一个标志是三法印，印是印章的意思。佛教的标志有三条：第一是诸行无常，行是指一切的现象，因为一切的现象都是在不断地流转，所以叫做诸行无常。这是一个法印、一个标志。第二是诸法无我，没有一个独立的自性。第三是涅槃寂静，涅槃是佛教里追求的境界。涅槃是音译，它的含义是寂静。涅槃寂静，上面两个字是音，下面两个字是义，涅槃寂静是音义结合在一起的一个词。涅槃就是寂静，寂静就是涅槃。佛教这三个法印、三个标志就是诸行无常、诸法无我、涅槃寂静。它讲的“空”，就是在无常和无我这个意义上来讲的，并不是说连现象都否定了，不是的，不是我面对着面前一群人，我说没有！可是将来总有一天这一群人都不在了，对不对？这是无常，生老病死，总有一天要死的。所以，它是从这个意义上来讲的。当然这个问题也有一个发展。

佛教讲四大皆空。“四大”是什么？“四大”是指四种最原始的物质现象：地、水、火、风。现象界是各种因缘的聚合，我们可以分析。比如说，一个现象是由五个条件、因缘聚合而成的，那么你说这个东西没有，每一个条件、因缘还有没有？我们讲每一个条件、因缘，又是由哪五个条件组成的？这样分来分去，分到最后总还有个东西是不是在啊？在佛教里，最初讨论的叫做极微——最小的。极微是实在的还是不实在的？这样就产生分歧了。所以后大乘佛教发展起来以后，说这个问题不应该这样来讨论。我们要把握，我们讲的“空”并不是说否定现象的存在。既然如此，我们讲的问题就是讲因缘所生的法，它本来就应该是如此的。它的虚假、不恒常，并不是说它连现象都不存在。所以，到大乘佛教，最开始的时候讲“空”的问题，有一句很有名的话叫做“因缘所生法，我说即是空”。因缘所产生的各种各样的现象，我说都是空的。我不是指别的意义，我讲因缘所生的法，我讲它是空的。因为因缘所生的法，它是无常的，是无我的，所以我说它是“空”。接下来又说，“亦为是假名”，所谓假名，是说现象上还是有，张三、李四都还在，张三、李四无非是一个代名词，所以叫做假名。“空”和“假”，并不是说我们讲“空”的时候就没有“假”，或者讲“假”的时候就没有“空”。总的来讲，到大乘佛教阶段，他们讲的一些现象叫“性空”，它的本质是空的；“幻有”，现象是有的。所以，现象的有和它的本质的空不是截然分开的。在早期的佛教里面，它是一种分析空，好像是一点一点地剥掉，这个东西是由这些因缘组成的、那个东西又是由那些因缘组成的，因缘都不在了，所以事物也就没有了。“空就又变成了一个完全的“空”，而且这种“空”的办法是通过现象，分析这种色来得到的。到大乘佛教，刚才讲的，“因缘所生法，我说即是空，亦为是假名，亦为中道义”，这样一个认识，就是我们认识的现象，它的本质空，它的现象还是有的，所以叫做不离色而谈空。“色”和“空”实际上是一个事物、一个现象的两个方面。《红楼梦》就引了《心经》里面的两句话，就是讲明刚才我讲的这个道理，这两句叫做“色不离空，空不离色；色即是空，空即是色”。“色”不是女色，“色”是讲现象世界了，现象，用佛教的话就是指一切的有质碍的东西。所谓有质碍的东西是什么意思？就是看得见、摸得着的。“色”指颜色、形象，各种各样的形状都在内。但是“色”不能离开“空”来讲，也就是要认识到它的本质是“空”；谈“空”又不能够离开现象，离开现象还有什么“空”。所以，“空”和“色”实际上是两个相对的概念，一个事物的两个方面，我们从现象上看它是存在的，但是存在是短暂的，所以它又是不真实的。所以在这个问题上，常常很多人可能将佛教中“空”的含义理解成为四大皆空，什么都没有，看见了也好像没有看见一样。不是这样，佛教认为，人的烦恼来源于什么？来源于把事物看成是实在的，所以对事物就会起一种分别心。这个东西是好的，那个东西是不好的；这个人跟我是亲的，那个人是冤家，看实在了，好的就想永远地能够抱住，不好的希望它一下子就没有了。看实在了以后，就开始有分别心，有了这种分别心，就会有一种执着心，有了执着心以后，就会产生种种的苦恼、烦恼。如果认识了事物的“空”，事物无非是过眼烟云。什么东西能够永远地保持住？我们可以到博物馆去看，特别是到历史博物馆，许多大的鼎上面有铭文，[illegible]铭文的最后一句是“子子孙孙永宝”。那么，有没有“永宝”[illegible]没有。从这样一个角度，如果真正能够认识到一切的事物[illegible]实际上都只不过是无常的、都只不过是无我的，消[illegible]分别心，就可以从苦恼、烦恼中间解脱出来了。[illegible]物本质的东西，消除烦恼，才能够没有执[illegible]

[illegible]叫做般若，般若也是音译，它的意思是[illegible]面也常常称这种智慧是一种对于“空”的

认识的智慧，为空慧。这种智慧就是以无分别心去认识一切事物，以一种平等的心去认识。般若这种智慧，它是一种无分别的、平等的智慧。这种智慧确实跟我们平常的智慧不一样。因为我们平常的智慧是建立在分别的基础上的一种智慧。我们的认识，如果没有分别，没有比较，怎么可能有认识？正常人的智慧、正常人的知识都起源于分别，也就是需要对比、比较才可以认识事物。实际上世界上任何一个东西都是以另外一个东西作参考，然后我们才能说这个东西是什么，永远是通过分别来认识事物。佛教的智慧之所以是一种高明的智慧，就在于它看到了我们习惯的、一般人的这样一种智慧，是会从分别认识中间带给我们对事物的这种执着，以及引起的烦恼。要解决这个问题，只能透过现象去把握它的本质，也就是要在平常的认识基础上达到更高的一种认识，能够超越这种对立。所以，佛教具有很强的辩证思维。佛教排斥一切绝对化，强调事物是相对的，这就叫做中道思想。中道，就是不偏于一边。只有不偏于一边，才能够获得一个中道。不偏于一边，就是不要把两个绝对的事物对立起来。比如，生死太苦恼了，人要摆脱生死，要去追求涅槃的境界，这对不对？通常来说，这当然对了。周围太乱了，要找一个安静的地方去呆一呆，对不对？当然是对的。佛教讲，这地方是很嘈杂，但是如果你心静，也不会感觉到嘈杂。那个地方是安静，但是如果你心不静，你到那里，心也静不下来。所以，想离开现实的环境，去找另外的东西，不可能。到了大乘佛教，在刚才讲的这样一些理论体系下，认为生死即涅槃。我们想象，好像佛教中，当然要出世间，就是要出家。但是出家是不是离开这个世界？不是。离开这个世界要去寻求一个清净的世界？那也没有。世间出世间，不二。比如，我现在很烦恼，想去求觉悟，是不是有另外一个觉悟、一个离开烦恼的觉悟？没有。只有在烦恼中，认识到烦恼是怎么来的，你也就觉悟了。烦恼即菩提。很多信佛教的人都常常问这个问题，信了半天，我要求佛。它告诉你了，求佛是一种执着，佛就在你心里。离开了世间去求觉悟，那是没有的，没有离开世间的觉悟世界。因为它是相对来讲的。

佛教常常把这称为：一个染，一个净。烦恼是有污染的，认识到、觉悟了就清净了，所以一个是污染、一个是清净。打个比方，一件衣服脏了，我们就要去洗，所以说它脏了是相对于干净来讲的。我们说这件衣服很干净，这件衣服太脏了，如果把脏的都洗干净了，所有的都是干净的，还要说干净这个词吗？干净这个词都没有了。所以，干净和脏本来是相对的，把脏东西洗了，就干净了，沾染上脏东西，就是脏了。佛教最推崇莲花，因为莲花最干净，但是不要忘了莲花正是在污泥中间长出来的，离开了污泥，哪里来的莲花？没有。所以，大乘佛教发展到后来，就是强调这一点。那么，这实际上又回到了非常现实的世界，回到非常现实的人生中间来了。大乘佛教发展到后来，非常强调我们要活在我们的现实的生活中间，要在现实的生活中来求得我们精神的解脱。中国现在的佛教都是禅宗，禅宗的创始人——现在流行的说法认为禅宗创始人是六祖慧能，慧能有一部经叫做《坛经》。《坛经》讲到离开我们现实世界去求觉悟、求菩提，离世求菩提，犹如觅兔角，就像去找兔子的角一样，永远找不着。所以，到了中国的佛教，特别是禅宗，非常强调不离世，世间和出世间不是两个截然隔离的世界，只有在世间才能够求得觉悟。

佛教讲修正。佛教修正方法里最基本的就是戒、定、慧三学。戒，是各种各样的戒条，比如五戒：不杀生、不偷盗、不邪淫、不妄语、不饮酒等。戒实际上是一个自我约束的一种自觉的行为。定，是禅定。禅定是让思虑安静下来，禅定的含义是静虑、安定、专注、专一，让纷乱的心绪能够安定下来。慧，是智慧，智慧就是我们刚才讲的般若的智慧。佛教讲的戒、定、慧三学是最基本的修正方法。为什么要提出戒、定、慧三学？实际上，它是有针对性的。针对什么？因为佛教认为，刚才讲到的各种各样的苦、各种各样的追求，比如五蕴炽盛，有物质上面的、生理上面的、心理上面的、精神上面的，所以佛教把人的这种追求归纳成三个方面，叫做贪、嗔、痴。佛教称之为三毒，认为一切的问题都来源于这三方面。贪、嗔、痴三毒就是五蕴炽盛里边我们讲的这些东西。贪实际上主要是相对于生理方面的，生理方面的种种贪欲，贪是讲贪欲、追求。戒是来治贪的，比如说不杀生，对这些东西不需求，都是针对贪来讲。嗔，是心里的一种嗔恚了，嗔恚就是不平衡，看到别人有什么，自己没有什么，心里不平衡，看到别人比自己强心里也不平衡，等等。定就是来治嗔的，嗔就是思想很纷乱，老是想这想那，老是跟这比跟那比，定让你静虑下来，好好地安静下来。慧是针对痴的，佛教讲的痴是愚痴、愚昧。用佛教的话来讲，为什么人们这样愚昧？因为无明。其实我们口头上也常常讲，无明火起。无明，在佛教看来，就是指那些颠倒妄想——本来应该这样的，可是认识却颠倒了。本来不应该有这样一些想法，却拼命这样想。所以，无明是指那些颠倒妄想。所谓颠倒妄想，刚才我讲了，本来事情本质是空的，只不过是一个现象，现象是花花绿绿的，这花花绿绿的能够给人多少的享受？不是一闪而过的吗？可是，你把它看成是好像会永远留驻的，这就是一种颠倒、一种妄想。所以，戒、定、慧三法就是针对贪、嗔、痴三毒的，能够改变贪、嗔、痴，那就可以真正地获得一种解脱了。

这是佛教最根本的一种方法。从原始佛教开始就是这样，一直到大乘佛教，大乘佛教讲的修正方法主要是六度。六度里边其实也包括了这三学——守戒、禅定、智慧，它只是加了布施、忍辱、精进，精进是不断地往前进、努力，不要松懈，精进是相对于懈怠来讲的。懈怠就是不努力。精进就是不断地努力。忍辱实际上是对人一种很好的锻炼和考验，忍辱是不容易的，我们不要看到忍辱就是别人踢你一脚，骂你一下，你忍着——不是这样。当然，也包括这个意思，人能够有大度，大肚能容，容天下难容之事。我们常常可以看到，弥勒佛大肚能容，容天下难容之事——这是一点。但哪能仅仅是这点容，别人吹捧你，给你抬轿子，你能不能忍住不动心？这大概是更难的。比别人骂你，你能够忍住更难。我记得我年轻时候看冯友兰先生写的一些书，他在《贞元六书》里讲到一个故事。故事是讲明朝时，有一个非常清廉的官，他不仅仅是自身清廉，对别人要求也很严，他最讨厌的就是吹牛拍马。有一次他到一个地方去巡视，这个地方有个地方官最善于拍马。人家告诉他，这个钦差大臣最讨厌人家拍马屁，你可得小心。他说，没关系。等到那天来了，他也跟着大家一道去迎接。见了面，行过礼，他就对那位钦差大臣说，听说您最讨厌别人阿谀奉承，我最敬佩的就是您这样的人。那位钦差大臣听了以后，心中不免暗暗高兴。马屁拍的是地方，这位最讨厌拍马屁的钦差大臣也不免心动。由此可见，忍辱并不是那么简单的。过去佛教里还传说这样一个故事，宋代著名的文学家苏东坡和一个佛印禅师非常要好。一个住在江南，一个住在江北，所以苏东坡经常过江去看佛印禅师。有一天他进到庙里，正好佛印出去了，他就转着看看。一眼看到那个大殿里面的佛像，越看越庄严，他提笔就写了一首诗。诗是这样的："稽首天中天，豪光照大千。八风吹不动，端坐紫金莲。"意思是我朝拜、稽首，"天中天"是形容佛的光芒照着大千世界。佛八风吹不动，端端正正地坐在莲花台上。"八风"是佛教用语，指的是各种各样的风——讥讽的风、表扬的风、得利的风、失败的风、苦的风、乐的风，正反两个方面都有，各种各样的荣誉或者是诽谤都有。苏东坡自己很得意，写了这么一首诗，交给小和尚说，等佛印禅师回来给他看，然后就走了。佛印禅师回来看了以后，在纸上写了两个字：放屁，然后让小和尚给苏东坡送去。苏东坡一看，赶紧坐船过江来找佛印。苏东坡说，你为什么说我放屁。佛印说，你上面不是写的"八风吹不动"吗？我一"屁"你就过江来了。所以，做到不动心真不容易。忍辱不是那么简单的事情，不是单纯地忍。忍，忍什么？骂你，你可以忍下去；捧你，你能忍下去，你能不动心吗？不容易。所以，大乘佛教就讲这一点。还有布施，布施是佛教里最根本的、最基本的。因为只有能够做到布施，才能够做到无我。自己的什么东西都可以拿出去。布施不仅仅是钱财的布施，佛教里讲布施有两种，一是财布施、一是法布施。财布施是财物拿出去。还有法布施，像佛那样，很多佛经里讲，佛为了众生甚至于可以割下自己身上的肉，喂老虎。佛经里常常有这样的故事，这也是一种布施。实际上，佛教最强调的布施是一种"无相布施"。什么是"无相布施"？一般人的布施都会有一种想法：谁在做布施？我在做布施，我拿出去那么多东西，你拿出去什么东西？哪些人接受了我的布施？这里面我们可以看到有三个相，有我相、有物相、有受施者的相。如果着了这三个相，说实在的，这个布施都是白做了。因为这样，你实际上心存回报。我们现在看到庙里都有功德箱，广种福田，目的都是让人有一个求回报的心。其实，这从佛教的根本意义上讲是不对的。做这些布施，不应该存任何的想法，不要老想着我在布施，更不要想着我布施了什么，最不应该想的是哪些人受了我的恩惠。所以真正的布施，应该是不着相的布施，无相布施。这也是大乘佛教发展起来的更广大的一种精神。大乘佛教里的这种精神，我们可以看到，大乘佛教里的佛、菩萨，在某种意义上都不愿意成佛，都希望"乘愿再来"。什么叫"乘愿再来"？就是回到人世间来。为什么？因为没有被救助的众生实在是太多了，还需要我回来。所以，我们到九华山地藏菩萨道场去看，可以看到这样一副对联："地狱不空誓不成佛，众生渡尽方证菩提"。他有这样一种大愿，才有这样的情怀。现在可以看到，我们一些高僧们去世了，比如佛学会长赵朴初，他去世以后，悼词里面都希望他乘愿再来，再来普渡众生。

三、佛教在中国的传播与发展

佛教是在公元之际传到中国来的。一般人认为是在公元前二年佛教传入中国。所以在1998年，曾经举行过一次佛教传入中国两千年的大型活动。当然，看法并不完全一致，有人认为要晚一点，也有人认为更早一点，这一点历史上就有争议。现在大部分的人都赞同是公元前二年传入的，到现在是两千多年了。佛教传入中国后跟中国文化有一个冲突、融合的过程。在佛教跟中国文化融合的过程中，首先在形式上有很多的冲突。比如，佛教首先强调要出家，出家跟中国传统的文化有很大的不同。从中国传统文化、儒家文化的角度，就是父母在不远行，更何况出家。佛教特别跟中国传统的儒家的观念相冲突。中国的传统儒家思想就是讲忠孝。出家、不顾家、不顾国、不忠不孝，那怎么行。所以是很大的冲突。出家要剃光脑袋，要穿那种印度的服装，这都不符合中国的礼仪。中国人非常注重身体发肤，身体包括每一根头发，都是受之于父母的，不能随便毁伤。如果我们读《孝经》，都可以读到这些。身体发肤受之父母，哪能够随便损伤，何况推光了头？所以，这些都有很多的冲突。这些冲突当然都要通过磨合，特别是佛教怎么样才能够适应中国本土的文化、传统的观念。所以，我们反复才强调，佛教不违背忠孝，甚至于是在更大的意义上来讲忠孝。因为它不是为了一家，也不是为了一国，是为了整个天下。佛教这样做是为了要把整个社会都净化了，这是更大的忠、更大的孝。所以，尽量来磨合，让中国人能够接受，实际上它并不违背忠孝，甚至于让大家知道，我为了更好的尽忠孝，主动地送自己的子女出家，让他为大众谋求更大的幸福，那是更大的忠、更大的孝。

从形式上，佛教在语言上面与中国文化也有很多的隔阂。印度的语言和文字非常繁琐，而且语法根本不一样，是倒装的。比如，我们现在看大部分佛教第一句话是“如是我闻”，这句话实际上是一个倒装句。这句话按照中国话的习惯是“我闻如是”，我听到佛是这样讲的。可是梵文里却是“如是我闻”。像这些倒装句很多，要翻译过来，翻译的技巧方面有很多改变。中国人喜欢简约，遇到很繁琐的语言，就会有很多的改变，这样一改变，有的地方可能就确实跟原来不一样了。领会好的，可能将意思把握了，领会不好的，就把它的意思改变了。所以，会有一个很长的磨合过程。翻译也是经过了很长时间。古代的翻译比我们现在认真多了，一个译场常常是好几十个人在一起，反复地讨论，反复地斟酌，不像我们现在一个人拿起笔来就翻译一本书了，不是那么简单的事情。所以这也要有个磨合的过程。

四、佛教文化在中国传统文化中的地位及影响

佛教跟中国人传统的因果观念是有很大的不同的，其理论上最根本的一个矛盾，是在因果观念上面。比如我刚才讲到，中国传统

文化中的因果排斥各种神和外在的因果，强调一个人内在的因果。佛教强调的是个体自身的因果。佛讲的是自作自受。既然是自作自受，反过来另外一条，佛教也强调自性自度。靠别人是没有用的，要靠自己去解决，只有自己才能解脱自己，因为那个套儿是自己套上去的。所以，禅宗里边也常常有个故事，即我怎么才能够解脱。禅师就说了，谁捆住你了？意思是谁也没捆住你，是你自己捆住你自己。所以，解这个扣也是要自己解。我们平常说“自寻烦恼”，这都是佛教的话。烦恼是自寻的，不是别人给的。自作自受、自性自度，这种佛教的因果观很重要，这种因果观在中国传统思想里是没有的，中国传统思想里的因果观念，是一种什么样的因果观念？是子孙相承的因果观念，父母做了好事，父母积了德，子女能够受到果报，这就是《易传》里讲的话了，“积善之家，必有余庆；积不善之家，必有余殃”。中国人非常强调要积德，积德不光是为了自己，主要是为了子女。中国的观念大概主要是这一点，跟印度不一样。所以，中国人才有父债子还的说法。这种说法到印度、西方去说，人家都没法理解。印度人认为，我现在这样是我自己造成的，跟我父亲有什么关系。父亲欠的债是他的事情，父亲的债要我来还，这不能理解。西方人更是这样的。但中国人的观念不是这样，中国人的观念、生命观不一样，因为中国人强调对于个体生命有生就有死，中国人实际上对生死看得很透：有生就有死，自然的死亡是很正常的，并不去斤斤计较于个人的死亡。我们现在很多的东西实际上是受到西方或者是印度思想影响的结果，按照中国传统的观念，中国人是很坦然地面对生死的，并不担忧自己的生命延续，担忧的是没有后代，无后就没有生命延续，一旦有后，生命就继续下去了。中国人并不担心个体生命的结束，所以，中国人才有“不孝有三，无后为大”这样一种观点。中国人的生命观是子子孙孙延续的种族的生命观，西方人认为生命都是上帝给的，做坏事死了以后就下地狱，做好事就到上帝身边去，生命就一次，是个人对个人负责，个人对上帝负责。印度人的生命观完全是自己对自己负责、自作自受。所以，或者是像婆罗门对梵天负责，跟基督教的习惯一样。中国的观点和西方、印度不一样，磨合起来是不容易的，但是中国人接受了这样一种观点。所以，我想中国人是有两重因果负担的，既要为自己负责，还要为子女负责，比西方人、印度人多一重。这有没有好处？对于现在，我说大有好处。为什么？因为如果完全是个人，不要考虑别人，也不要考虑以后的事情，只要考虑我这一辈子就可以了。但中国人不能这样考虑，我这一辈子还有下一辈子，下一辈子不是自己，是我的子女。所以，中国的这种生命观是一种大的生命观——它不能够把东西都用尽了，不能让我子孙吃的也没有、喝的也没有，我得想办法让我的子孙吃得更好，活得更好。这样一个想法，这对于整体的环境保护、持续发展是有意义的。所以说，中国的这种生命观更具有现代的意义。

至于理论上面的冲突，则是通过了长时间的融合。比如，一开始的时候，中国人认为佛教是讲虚空的，否定一切的。讲空就是什么都没有，追求的不是现实世界，是另外一个世界。这实际是一个误解。对于佛教真正的“空”的含义开始有所了解，是在东晋以后——“空”并不是否定现象世界。再加上后来的大乘佛教在很多经典、很多思想上，更明确、更清楚了。出家也好，讲空也好，恰恰应该是在现实的生活中间、现实的世界中来落实它。这是经过相当长一段时间才慢慢了解到的。了解以后，才能够把佛教更好地跟中国的文化思想融合起来。这以后，佛教就对中国的整个文化发生了非常大的影响。在我们现在生活、日常用语中间，可以说如果没有佛教，我们很多概念都没有。比如“世界”这个概念，就是从佛教里来的。我们艺术里讲的境界，也是佛教里的。刚才讲的无明、自寻烦恼，甚至于我们常常讲的“不是冤家不聚头”，这些都是佛教里的用语。我们现在可以找到，从网上也可以找到，有一本书叫做《俗语佛源》，就是日常生活中间很多语言实际上都是来源于佛教。我们有拼音文字，我们可以用元音、声母、韵母组成一个字。声母、韵母，现在我们是用拉丁文拼，最初是用“反切”，读过一点古书的就会知道。“反切”的原理就是取一个字的声母，再取一个字的韵母，两个字合在一起来拼出这个字。但是这种拼法，这种语言学上的“反切”是从哪来的？是佛教传来以后，把梵文里边的拼音方法，用在我们汉语、汉字的拼音方式上。所以，我们语言学，特别是音韵学都是产生于佛教，离开了佛教就没有我们现在的音韵学。语言学、文学方面就更不要说了，我们不仅在大量的文学作品里有佛教的题材，我们很多的文学体裁，比如通俗文学也是借鉴于佛教的俗来讲的。我们敦煌文书里面有很多佛教的俗讲的东西留存。我们的通俗文学很多是从那里发展来的。我们知道，现在有很多所谓的语录体、语录，宋明理学家有很多语录，一直保存到现在。这些语录体从哪里来？就是从佛教来的。所以，佛教是渗透到我们的生活中间的。至于我们的民俗，那更多了，如傣族地区的泼水节，泼水节实际上就是佛教的浴佛节。传说佛生下来，九龙浴佛。现在在无锡的灵山，做了一个很大的太子佛，采用现代声光电化技术，到时候站起来九条龙喷水，莲花瓣开，里边一个小佛出来。太子佛就是佛刚出生的时候，然后九条龙给他喷水。浴佛节、泼水节就是这个节日。民俗中有很多节日，每年的四月初八为佛诞节，香港从 2005 年开始已经将其定为法定的休息日。至于中国的哲学思想，没有佛教的文化影响，绝对不会有宋明理学的出现。宋明理学也就是所谓的新儒家，可以说从根本上吸收了佛道，特别是佛教中的很多思想才形成的。

整体上，佛教渗透到我们中国传统文化甚至于我们生活的方方面面。我们刚才也讲了，中国传统文化的整体结构是儒、释、道三家，三种文化结合在一起。这三种文化之间是你中有我，我中有你。这里面特别应该讲到的是中国文化一个最大的特点——合而不同。所谓的“合”是指多种文化并存和相互影响，这种并存和相互影响并不是把对方吃掉，或者是把自己完全同化于另外一种文化，所以叫做“合而不同”。儒、释、道三家，你中有我，我中有你，但是另一方面，仍然是你是你、我是我，各自的个性都还是非常明显的，这就是它的生命力。因为中国古代也有诸子百家，但到了汉代诸子百家基本上都融入到了儒、道两家里边去了。很多学派消失了，所谓消失就是它不能够再保持自己完全鲜明的特色，但并不是说这些学派就没有了，其中很多合理的东西或者优秀的东西，被儒、道两家吸收了。比如，我们讲先秦有阴阳家，后来没有了，到哪去了？阴阳家的思想哪去了？到儒家里面去了，道家里面去了。比如，法家，先秦有法家，法家后来没有了，没有单独延续下来，我们讲儒、释、道三家，法家很多东西到哪去了？实际上也在儒家、道家里面。所以，儒、道两家能够独立地延续下来，不只保持了它们自己，还广泛地吸收了其他合理的、优秀的东西，同时还能够保持自己的个性。

在这样一个过程中，任何一种文化到了异地，在异文化的环境里，肯定会发生变化。所以，文化必然会有本土化的过程。佛教到了中国也会有本土化的过程。刚才讲的，佛教在中国经历冲突、融合，渗透到中国文化里，它自己也适应了中国文化。佛教之所以能存在于中国传统文化里面，我刚才讲了。佛教在印度可以说是一种异端，在印度不断受到正统的、传统的冲突和改造，改造到密教以后，实际上慢慢地跟印度原来正统的宗教分不清了。所以，到了13世纪后，印度的佛教就消亡了。现在印度的佛教是在18世纪、19世纪以后从斯里兰卡重新传入的。目前在印度，事实上佛教的影响是极小的。在印度现在的佛教里，也都在传授各种各样的修行方法，实际上也都是南传佛教的修行方法。在中国，佛教恰恰是经历了生根、开花、结果，一直延续到现在。那么这里边，也可以说有它内在的一种跟中国传统文化契合的地方。这种契合的地方应该说很多，那么我想其中最重要的一点就是我从一开始就讲到的，佛教本身起来的时候，它实际上是很富有一种人文精神的，强调人的主体性、人的主体的能动性，自作自受，要自己自悟、自觉，自修或者说自证，不是依靠外在的。到了大乘佛教开展起来，有这样一种倾向，求神拜佛，一直到现在，我们的民间佛教信仰实际上大多是为了祈福去灾。在国外也是如此，比如在韩国汉城，现在叫首尔，最大一个寺庙叫曹溪寺，大殿里大概能够容纳一千多人。高考前夕，这个大殿里人山人海，都是家长，在为子女求考试能够成功，这就是民间的一种佛教信仰。在中国，民间的佛教信仰，更多的是为了求福。但是在佛教的根本意义上，它不是为了求回报、果报，根本的是为了求得一种自我的解脱，获得一种自心的清净，不光自心清净，还要让整个社会、众生都能得到解脱，得到清净。所以，大乘佛教的根本精神就是两个字“悲智”，悲智双运。“悲智”这两个字是指什么，“智”就是智慧、觉悟，可以说是自觉、自度。“悲”，我们讲悲天悯人，那是为了救助众生的。如果“智”是讲自觉、自度，那“悲”就是觉他度他。大乘佛教根本的精神就是自觉觉人、自度度他。不是仅仅求自己的解脱，自己的觉悟，还要让众生也能够觉悟、也能够得到一种救助。所以现在有的寺院，比如像河北赵县柏林寺，他们每年搞一个夏令营，生活禅夏令营，今年已经第十三年。他们有个口号是“觉悟人生、奉献人生”。这两句口号实际上就是刚才我讲的，把悲智双运的精神，用现代的话表达出来。觉悟人生就是智，奉献人生就是悲。

佛教到了中国后，产生了很多宗派，很多宗派按照印度原来佛教的修行办法，一步一步来修行。但是中国整个的佛教都非常强调每个人的自觉，靠自己的力量来解脱。中国讲净土宗，只有净土宗强调往生西方极乐世界，强调西方的阿弥陀佛来接应。它是有一种他力的信仰在里边的。中国的佛教，主流是强调自力的信仰，相信自己，要依靠自己的力量。这特别是到了中国的禅宗里，得到了更进一步的发扬光大。还有刚才讲到的慧能的《坛经》里有这样一个故事，说东方人有了罪恶、有了罪孽，就向往往生西方，到西方。那么西方人如果有了罪孽，到哪里去？所以佛不在外面，佛就在心中。觉悟了就是佛，迷了就是众生。众生和佛，不是截然不同的，实际上就是迷、悟之间的问题。迷了就是通常人，烦恼重重。悟了就是佛。所以，佛教非常强调人自身的能动性、主动性，实际上也就是在日常的人格的完成上。中国近代有一位著名的高僧太虚大师，他讲了这样一句话，他说“仰止唯佛陀”，我所敬仰的是佛陀释迦牟尼，“完成在人格”，人格的完成也就成了佛了，“人成佛即成，是名真现实”。这就是真实的现实。这样一种认识、这样弘扬佛教，从原始佛教以来的这样一种以人为主的，充分发挥人的主体性和能动性的精神，我想它跟中国传统的以儒家为代表的、包括以道家为代表的文化的内在，就是一个契合。中国从儒家以来、至少从西周以来，儒家的思想就强调人格的自我完善，最重视的就是人的自我的修养、德性的培养。儒家常常强调，儒家的学问是什么？是“成人之学”。这个“成人之学”，不是现在我们讲的成人教育，“成”是完成的意思，使一个人成为一个真正的人的意思，这就叫做成人。儒家的学说是让一个人成为一个真正的人的这样一种学说。儒家强调一个人自己的主体性和主动性。西周以来，就有这样一种思想，叫做“皇天无亲，惟德是辅”。皇天不认亲，不会因为谁跟我亲，我就保佑他；谁跟我不亲，我就不保佑他。中国为什么会出现这样的话？因为中国对天的理解就是自己的祖先。祖先是什么？祖先当然是保佑子孙的。但是皇天无亲，惟德是辅，就看你有没有德性，有德就辅助你、帮助你。德性靠什么？德性靠自我的修养，人格的提升。佛教正是出于此，所以它跟中国的传统文化有这样一种内在的契合，于是佛教在中国得到了发扬光大。这种思想也一直流传，在汉文化圈里面，包括朝鲜半岛、日本、越南（可以说这些地方自古以来就受到中国传统的文化的影响），佛教的影响也是同样的。当然到了他们这些国家也都有变化。

在中国整个文化里面，佛教里的禅宗最受到人们的关注。因为禅宗有这样一个特点，唐五代以后，其他的宗派都开始衰落，唯独禅宗兴盛。当然到了明代、清代，其他各个宗派都有一定的复兴，甚至于到了民国期间也都有一些复兴，也有很多人想把某一个宗派复兴起来，但是成效都不大。现在我们可以看到绝大部分中国现有的寺庙，大多数都是禅宗的寺庙，教义上面主要也都是禅宗。有一些寺庙，比如，浙江天台山的国清寺，是天台宗的祖庭，但是它并没有发扬光大天台宗，基本上也还是禅宗的。禅宗是非常注重现实世界的。禅宗认为，禅宗所以成为这样一个宗派，是强调了禅不在于一种形式。我们讲戒、定、慧三学的“定”就是禅定，禅定非常强调一种外在的形式。比如，我坐禅，盘着腿，坐禅，眼观鼻、鼻观心，可以说形式是让人心静下来的一个必要的外在形式。禅宗讲的禅不是简单的这些禅。禅宗强调一种行住坐卧都可以的禅，不在于单纯的一种形式，所以，禅宗讲的禅实际上是在生活的方方面面都体现出来的。禅宗里常常这样说，“担柴挑水，无非妙道”。这是把握了禅的根本精神。所谓禅的根本精神也是佛教的这种根本精神，就是要悟到，觉悟自己本来是清净的，本性是清净的，所谓本性清净也就是空的，要悟到这一点，那就可以成佛了。悟不到这一点，那就永远在烦恼中间。因此，不是说离开生活去磨练，而恰恰是在生活中间磨练、体会。禅宗最注重现实、当下，当下即是不离开生活，也可以说是时时是禅、处处是禅、事事是禅，无所不在，就看你是否做一个有心人，真正能够从现实的生活中去体会佛教的根本的精神、根本的教义。禅宗强调做本分事，禅是什么？禅就是本分事。你在做什么，你就要去做好它，这对现代人来说是很难的，现代人总是想着做更大的事情。当时禅宗讲，不能够脱离现实、脱离当下该做的，去空想虚无飘渺的事情，做好本分事是最根本的。然后要保持一种平常心。所谓的平常心是不为名利所动，不为毁誉所动。就像刚才讲的“八风吹不动”，这就要保持一种平常心。因为有这样的想法、那样的执着，很多事情就做不好。平常心是什么？饥来吃饭、困来睡觉。肚子饿了就去吃饭，困了就睡觉。有个禅师就是这样来回答别人的问题的：你是不是修禅了？我是修禅了。你怎么修？我就是饥来吃饭、困来睡觉。饥来吃饭、困来睡觉也叫修禅？他说，怎么不是修禅？有多少人吃饭的时候不好好吃饭，千般计较；又有多少人睡觉的时候不好好睡觉，百般思量。千般计较、百般思量，当然不是一种平常心了。所以就是这样简单，越简单的越难做到。平常心也难做到。只有按平常心去做，最后才能成为一个自在的人。

佛教追求的是一个自在。我们哪个人不想自由自在？佛教追求的也是自由自在。佛教里边最高的境界，涅槃也好，什么也好，就是一个大自在。《心经》第一句话是“观自在菩萨”，“观自在菩萨”就是观世音菩萨，但是它说“观自在菩萨”，自在，实际上就是佛教追求的最高境界。怎么才能自在？一天到晚想这想那，能自在吗？不能自在。禅宗里又讲这样的话，什么叫自在？它说，整天吃饭，未曾嚼到一粒米；整日行，未曾踏着一片地。这违背我们的常识了。整天吃饭怎么一粒米都没有嚼着？整天在走路，怎么会没有踏到一片地？反正真正做到这样，就自在了。这是什么意思？拿佛教的话就是“对境不起”。吃饭时，你面对着这些米饭，你就会想我在嚼这些米，今天吃的是红米，明天吃的是大米，后天吃的又是黑米。如果你注意就会想，今天我走的是山路，明天我走的是平路，后天我又走什么样的路？这就是比喻我们整天都面对着各种各样的事情，对这样一个“境”，能不能够不起心、不起念、不起相、不起想？就像刚才讲的一样，人有各种各样的想法，我可以“对境不起”。整天吃饭嚼着米了，可能就会想米是什么样的米，米好吃不好吃，是香米、糯米还是什么。根本就不去想，对境能够不起心、不起念、不起相、不起想，就大自在了。

五、现代中国佛教发展趋势

中国的佛教，特别是发展到禅宗，是跟现实的生活密切相关的，在现实生活中去启发人。立足于佛教要为整个社会、为净化社会来贡献自己的力量，佛教强调一种所谓的“人间佛教”。大概现在两岸三地佛教共同强调的或者共同的目标都是建立一种“人间佛教”。所以，现在两岸三地，这一点是大家的一个共识。当然大家对人间佛教的理解差异很多，在实践中的做法差异也很大，但是共同的目标是相同的。目标是什么？就是不脱离人的自身的提升以及对社会的贡献——这是主题。拿赵朴初的话，什么叫人间佛教？就是庄严国土、利乐有情。所谓庄严国土，是让我们的社会得到净化，很清净庄严；利乐有情，是让众生都能过很好的生活、快乐的生活，这就是“人间佛教”。同时，佛教也是对人生的自我提升，刚才提到太虚的说法，完成在人格，就是怎样提升你自己的人格的问题。“人间佛教”实际上是净化心灵、净化社会。两岸三地的佛教，现在的目标都是这一点。“人间佛教”的目标、做法很不一样，有的偏重于慈善事业，像台湾地区那个“慈济功德会”，做了很多慈善的事业，包括对大陆的很多灾害，它都捐了很多款；它还做医疗方面的救助工作，我们大陆有很多得了白血病的人，需要脊髓，早期多是从那里来的，报道过好多次。也有的强调做文化事业，通过文化事业来使社会净化；有的强调做教育事业。但是总体来说，都是提倡建设一种人间的净土。这个净土不是在世间之外的一个地方去寻找、建设，而是在我们的现实生活中去找。所以，他们也强调要维护世界的和平，等等，这些方面已经做了很多工作。任何事物实际上都有它的两面性。那么这里，关键在于正确的认识、正确的引导。

总的来讲，佛教应该分成两个层次，民间大众的佛教、精英层次的佛教。两者应该是有很大的差异的。大众的佛教主要是以祈福为主的，里边也会夹杂着很多迷信的成分。甚至于佛教本来要放弃执着的，可能它还会有更多的执着。可以说大众层次的佛教，现状也是如此。我们可以看到拜佛烧香，东南沿海地区香火很盛，有的地方更是不得了，如湖南、江西，不光是烧香点蜡，在香炉里边还放鞭炮，常常吓人一跳。这方面需要很好地引导、规范、加强管理。但另一方面还有一个精英层次，以研究佛教的文化、内涵、意义为主，这里也有很多对佛教意义的正确认识和把握。特别对佛教的因果观念的理解，对空、虚幻不实的理解——这不是很容易的。因为我们有时候一想到因果就会马上想到命定、因果，你做了这样就是可以定了，完全是定死了的。其实不是这样，讲因果，有决定。但是，既然有因来决定果，那么反过来，改变了因不就可以改变果了吗？从这个角度，因果恰恰又是改变命运的一种理论。既然是决定命运的理论，同样也是改变命运的一种理论。

我看过一本书，叫《了凡四训》。《了凡四训》是讲明代有一位学者叫袁黄，号了凡。他小的时候，母亲请了一个算命先生给他算命，说他身体比较单薄，命也比较薄，他大概一生也就是那样平淡的，能保证他一步一步生活过来就不错了，而且算的他连子女都没有，没孩子、没后代。他母亲说那我们就好好地养他吧，他也知道自己的命是这样，就不去求飞黄腾达。学点儿手艺，学点儿中医能够糊口就行。所以，他很安命，就简单地生活。而且那个算命先生说得挺灵，说他多少岁的时候可以考取秀才。还挺灵，所以他挺信。到四十多岁也还没有子女，他也觉得命里注定，没有什么。有一天，他碰到一个和尚，当时也是很有名的一个和尚。他说，我看你这个人很好，也很本分，怎么回事？他说，他从小就算过命是这样的。和尚说，错了。因果的理论不是这样的意思，因果的理论是有什么样的因就有什么样的果。所以，你现在如果不是这些因，果就会改变。命不是固定的，而是会变化的。袁了凡一听有道理，从此以后他就改变了，积极地做事情。我们知道中国古代有一种记载你每天做什么好事坏事的《功过格》，做一件好事就在上面点上一个红点，做一件坏事就点上一个黑点，这样来记载。他就这样来做，这样他心态也变了，慢慢生活也变了，本来是等待、消极，慢慢地凑合着过，后来不一样了，自己主动出去找各种各样的事情来做，都把它做好，结果情况发生了很大的变化。原来说他活五十岁左右大概就差不多了，结果也不是。他最后体会到：命由己立。命是由自己来决定的。这是他七十多岁的时候给他儿子写的，这四训都是写给他儿子的。他五十多岁得了个儿子，不是说没有儿子吗？他体会到因果的理论，从消极的角度那就是命定，就是坐等；从积极的角度去理解，既然因是自己造的、果是自己受的，那么造不同的因就会受不同的果。

其实我刚才讲到正信，就是台湾有一位法师叫做圣严，他写过一个小册子叫《正信的佛教》，讲正信的佛教。对佛教要有一个正确的认识，佛教往往被理解成迷信，而有些信佛教的人确实也陷于迷信。这是不对的，我们要正信。实际上佛教的理论是非常丰富的，大概在所有的宗教里面，佛教的理论是最丰富的。在印度，虽然佛教没有了，但是佛教里有一些重要的论点，一直到现在还是作为大学里像哲学课程一样来读的。佛教可以说是理论最丰富的。所以，我们对佛教要有一个正确的认识，还要有一个正确的引导。我们佛教的现状，应该说离这个距离还很远。这里面的关键就是我们缺乏佛教的人才。1992 年，在上海开第一次汉传佛教教育会议的时候，赵朴初会长就提出来了。他说，佛教现在的问题是人才、人才、还是人才。那么，这个问题到现在还没有很好解决。2006 年 5 月在重庆开了一个佛教的教义会议，宗教界的、统战部的一些领导都去了，觉得佛教现在的关键问题还是人才。我们发展得太快，虽然我们有很多佛学院，也培养了很多比过去有很大不同的、一些新型的佛教人才，现在很多的佛学院毕业生，也都在应付寺庙里的、日常的信众的活动，等等；但是，整个对佛教从理论到实践方面的研究还是很不够的。总的来讲，我们学术界的研究，大多也还停留在抽象的理论和历史方面。而能够结合实际、结合现代社会来研究还是差得很远。所以，这个方面还需要我们下很大的功夫。因为这不是很简单的事情，包括我们可能具有很高的文化，甚至于包括大学的教授也不一定对佛教很多教义、理论等有正确的了解。前一阵，有一个中央电视台的节目主持人跟我讲到这样一个问题，他说，现在这个问题他觉得很严重，我也觉得是很严重的。现在很多有文化的人，信了佛教以后变得没有文化了，确实是一个很大的问题。为什么这样讲——变得没有文化了？这是指他变得盲从了，可以说是应该有的正信没有了，却增加了很多的迷信。本来佛教叫人不要执着，他反而执着起来了。希望我今天能够达到一个什么样的境界啦，明天又能够提高一步啦，佛菩萨保佑我发财啦、升官啦，等等。或者我赶紧好好地行善积德，将来能够往生西方极乐世界，等等，这些执着越来越厉害了。这是一个很大的问题。所以，宗教的问题，我们现在不能轻视。尤其是宗教的教育，包括各个宗教，既要对广大宗教信众进行正确的宗教信仰的教育，更要对广大社会民众进行正确认识宗教现象的教育。

第十讲 基督教思想文化及其对中国的影响

卓新平，中国社会科学院世界宗教研究所所长、基督教研究中心主任、研究员、博士生导师。出版个人学术专著12部、主编及合著10余部，发表论文80余篇。代表著作有《宗教起源纵横谈》、《宗教与文化》、《世界宗教与宗教学》、《当代西方新教神学》、《当代西方天主教神学》等。

目前，从中国的现实社会发展来看，宗教是一个比较敏感，也是比较值得研究的问题。中国的宗教分为两大部分，一部分是跟中国的传统思想文化相关联的，如佛教、道教；另外一部分是从外面传来的。当然，有的朋友会说，佛教也是从印度传来的，但是佛教在中国有两千多年的历史，基本上被中国文化所吸纳，所以中国文化把佛教文化视为它的一个重要组成部分。外来的这一部分，主要有两个方面，一是伊斯兰教。伊斯兰教主要是和阿拉伯文化相关联，现在主要在中国的10个少数民族地区发展。另一个，就是我们今天要探讨的基督教。

我想大家对基督教的一些基本的常识和知识性的情况，应该是比较了解的，所以我今天不去涉及知识性的问题，而是把基督教作为一种思想文化体系，作为西方社会的一种理念，其发展的潜在的精神力量，从这个角度来谈。因为我们中国实行改革开放，必须面向世界，而面向发达国家，则主要是西方一些国家。西方国家的思想传统，其精神资源主要是基督教思想体系。这样，基督教思想文化体系跟中国的思想文化体系就有一个相遇与碰撞、接触与冲突、绞揉与融合的关系。这种关系自从景教传入中国，已经有了约1400年的历史。但是，基督教与中国文化和谐共融的这个问题并没有很好地解决，为什么？因为佛教刚传入中国的时候，当时在它的本土印度，佛教已经处于一种衰弱颓败的状况。佛教传入中国以后，基本上处于一种没有外援的状况，因而很容易向中国文化屈服，使自己被容纳在中国文化之中。基督教则不一样，虽然景教传入中国时因被西方主流教会看做是一种异端而与西方关联不大，但从元朝开始，基督教的传入就有强大的西方文化，包括西方的政治力量作为它的支撑。这个传播在明清之间曾经有一场势均力敌的较量，也就是中国礼仪之争。康熙皇帝从原来欣赏天主教，到最后禁教。双方当时都没有妥协，应该说是打了平手。这样天主教在中国的传播被官方终止，但在民间仍得以延续。从近代尤其是鸦片战争以来，由于西方列强的支持，基督教再次公开传入中国。而这时其传入中国，力量对比已发生变化，中国当时的政治经济状况乃处于一种劣势，中国不得不向西方的政治力量屈服，同时也对西方的基督宗教及其思想体系作了让步。从这个时候开始，基督教和中国文化的张力就存在下来。所以在20世纪40年代，大家知道有一句名言说："多一个基督徒，少一个中国人。"基督教被看做是"洋教"，到今天，"洋教"的帽子还没有彻底地被摘下来。所以有时候，我们跟有些人聊天，他们希望弘扬中国传统思想文化，这没有问题。中国的传统宗教研究，也是应该值得弘扬的。可是，一谈到基督教，他们基本上是高度警惕的，会对之采取一种防范、观察的态度。为什么会有这样一个角度？我刚才说了，中国文化是强势文化，尽管在近代中国一度处于劣势，但是随着现代化的进程，中国现在重新强大起来，这是一个方面；另一个方面，基督教也是一种强势文化，直到今天，它还有强大的西方政治经济社会文化作为支撑，两强相遇，如果双方彼此不了解，而是采取一种对抗的方式，那么这种紧张就可想而知。而我们今天就处于这种紧张之中，所以我想各个领域的同志，还有未来要挑大梁的青年朋友，了解一些基督教思想文化，知己知彼是有好处的。不过，我在这个地方谈基督教思想文化，绝对不是从一种敌情观念来谈的。因为我们现在不少方面谈到宗教，尤其谈到基督教，是从一种政治角度来谈的。政治固然很重要，但它毕竟只是一个方面。我认为这种知己知彼，就是要看到基督教思想文化在整个西方发展中起的精神指导和精神支撑作用。基督教之所以在两千年来能够维系这种精神指导和精神支撑作用，说明它有一些重要的因素，这些重要因素，我们不是简单地去否定就能解决问题。所以，应该进行客观的、深层次的研究，这样我们才能够真正做到知己知彼，对于中国和西方思想文化的交流，尤其是和西方基督教的交流，才会有一种比较清醒的认识。我想这对我们是有利的，而且是必要的。

大家可以看到，在提纲里，我基本上是从两大方面来讲的。一个是基督教思想文化的基本来源，一个是基督教思想文化对当代中国的影响。前面我们对基督教思想文化本身作了一个剖析，后面联系我们国家的实际，探讨一些问题。

一、基督教思想文化的基本来源

基督教思想文化，一般来讲，被认为是“两希”文明的产物。所谓“两希”，一个是希伯来文明，也就是现在的中东地区——以色列、巴勒斯坦。这一文明发源地到今天还是个非常敏感的地区。这个地方产生的一个宗教就是犹太教。犹太教和基督教有非常密切的关联。在当前世界的宗教对话当中，人们一般喜欢用一个术语，叫做亚伯拉罕传统宗教。所谓的亚伯拉罕传统宗教，它涵盖三大宗教，一个是犹太教，从历史的发展来看，它是最古老的。另一个是基督教，基督教在继承犹太教的一些思想方面有所发展，突破了其民族之界，所以形成一个全新的宗教思想体系。再一个是伊斯兰教，我们看到今天伊斯兰教虽然跟基督教、犹太教有较大的冲突，实际上它们在文化思想渊源上有相似之处，跟“亚伯拉罕宗教传统”有一种关联。这种犹太教的发展根源就形成了我们所说的基督教思想渊源之一，即希伯来文化。“两希”文明的另外一个是古希腊—罗马文明，古希腊—罗马文明和基督教也有着非常密切的关联。有人会问，中东主要是在亚洲地区，所以基督教是在亚洲诞生，为什么它会跟西方文化有关联？一般来看，西方思想文化体系的基本形成与基督教产生以后的发展相关联。不过，“两希”文明的接触和结合早在犹太教时期就已经开始。在研究希腊古代发展的时候，有一个说法认为它经历了希腊古典时期和希腊化时期。希腊化时期要晚，主要是公元前二三世纪的历史。希腊古典时期，则是公元前七世纪、六世纪、五世纪的历史，这是其鼎盛时期，像古希腊哲学和宗教就在这一时期获得繁荣发展的，正如雅斯贝尔斯所说的，它属于人类第一个轴心阶段，即公元前五世纪左右世界不同地区所展示的几大文明的崛起。

希腊化时期比较晚，它的特点是开始了希腊文化的辐射及其与其他文化的融合，这种文化交流包括跟犹太教的直接相遇和沟通。埃及有一个亚历山大港，在文明史上是个不同文化汇聚、交流的重要城市。它的图书馆是古希腊时期最大的图书馆，因而世界闻名。这个城市中有许多犹太移民，早在基督教诞生之前，这些犹太人就已经开始把希伯来文化和希腊文化结合在一起了，所以，在古代犹太教时期，就已经打下了这种“两希”结合的基础，并为基督教的产生准备了必要的文化条件和历史温床。而在基督教时期，这种以犹太教为母体的世界宗教和希腊罗马文化的结合就更进一步深入和系统化。因此，在基督教思想文化体系中，可以发现它已经深深打下了希腊文化的烙印。所以，“两希”文明就构成了基督教的两大基本因素。当然，我们知道罗马文化是古希腊文化的一种延续，所以在此我们把希腊罗马连在一起来看。

（一）古希伯来文化中的宗教因素

1. 追求“至高一神”的超越观。这也是我们说的一种超验神学。如果大家对宗教问题感兴趣，就会发现各种宗教对它信奉的神明的观念是不一样的。比如我们刚才谈到佛教，有的人认为，佛教是一种无神的宗教，它没有一个具体的神明观念。像佛陀意指“觉者”，而菩萨亦为“觉有情”、“道众生”之意，而不是神本身或其神性代表。谈到中国传统宗教道教，一般则认为它是一种多神教，像玉皇大帝等，各种各样的神明在一起构成多神之界。谈到我们传统的儒家思想，有的人认为，它表现了一种超越的神论，比如，天和上帝这种观念。但是有些人认为，实际上儒家的主流思想还是表达出一种哲学上的不可知论，对于超越、对于神明持一种“不知且不言”的态度。比如，孔子说“祭神如神在”，不过是表达了一种主观态度而已。“子不语怪、力、乱、神”，并不去讨论、深究此类问题。所以在这方面的表述，有不同的看法。当然，这种对天命、对上帝的观点，给基督教在跟中国文化相结合的时候提供了一种方式，提供了一种可能性。但在这个方面，其“至高一神”或“绝对一神”的观念并不典型，表述也不是很清楚。而在古希伯来传统中，这种“至高一神”的观念就非常明显。当然，“至高一神”的观念，在古希伯来传统中有一个演化过程。所以，我们如果去看以前编写的传统的《圣经》版本，就会看到它的神名用的是一个“耶和华”之名，但“耶和华”之名从19世纪有关学者的考证看来，被视为一种误读。最早犹太人信奉的神叫做“雅赫维”，有的翻译成“雅威”，或者“耶畏”，其最初被敬为雨神，即主管下雨的雨神。在中东这些地区，沙漠化很厉害，老百姓主要是牧民，通过放羊的方式维持生计。雨对草地是非常重要的，因此，“雨神”对游牧民族乃是非常原始的神明观念。这在漫长的发展中，就形成了它的民族神，即认为上帝，如“雅赫维”是本民族唯一应该信奉的一个神。古代犹太民族由于对神的敬畏，不能直称神名，所以他们一般用“主”即“阿特乃”一词来称呼“雅赫维”，以代替神名发音，而在写这个神的名字的时候就只写它的辅音字母，不再写出它的元音字母。时间长了，一些人就把神名辅音字母的写法跟“主”这个称谓即“阿特乃”的元音结合在一起，结果就误读成了“耶和华”。所以，耶和华的称呼现在在西方学术界，包括在基督教的一些教会里面，大部分已经不再采用了。但是，我们中文的传统翻译一直保持下来，现在没有新的译本，而有些英文等古旧译本亦沿用至今。这样使“耶和华”作为神名仍在使用。尤其是强调这一神名的现在唯一的一个边缘教会，即耶和华见证会，还在坚持用“耶和华”这种称呼。古希伯来的上帝观念在“巴比伦之囚”时期，发生了根本的改变。在这之前，它是民族信奉之神。因为它，犹太人认为自己是上帝的选民，神照顾本民族，而对外民族则采取一种惩罚的方式。但是当古巴比伦战胜了以色列后，把以色列的民众俘虏到巴比伦去，所以称为“巴比伦之囚”，这是发生在公元前六世纪的历史事件。这时，犹太的思想家开始反省，他们认为上帝是至高无上的，而不只是我民族的神，为什么呢？因为我民族如果犯了罪，上帝就会利用其他民族来惩罚我们，这说明上帝是至高无上的，是统摄所有民族的。从此就形成了这样一个至高无上的上帝的观念。所以，在《旧约》中就已有一种至高之神、超越之神的表示。比如犹太人的先知摩西在带领犹太人出征埃及时，曾在西奈山拜见上帝，他问上帝：“您的名字是什么？”上帝回答：“我是自有永有的。”英文为“I am what I am”或者“I am who I am”。中文可翻译成“我就是我”，这是直译。哲学化的翻译则为“我是自有永有的”。“自有永有”，实际上是说这种超越一神的观念已经越出人的言述、描写或感悟，乃一种永恒实在。后来在基督教传统中，曾经形成了一种“否定神学”，即在上帝面前要保持沉默，保持低头卑微之态。我们不能说上帝是什么？我们没有办法去描述上帝，因而我们只能说上帝不是什么。这样的一种“否定神学”传统，实际上使“至高一神”的超越的观念在基督教中间得以弘扬，得以继承，这种超越神论及其相关的超越之维就成了它的信仰文化传统中的一个重要因素。

2. 突出“自我否定”的原罪观，这就形成了一种从认识到自我有限性、突出自我虔修的灵修神学的传统。按照基督教的传统，基督教信守的经典是《圣经》。《圣经》包括两大部分，一部分是《旧约》，一部分是《新约》。《旧约》实际上是犹太教的经典。这一点在后面，我们还要进一步讲为什么叫做“约”。在《旧约》的第一篇，也就是在《创世纪》里，大家会看到有一种神话的描述。上帝创造人，人本来是有自由意志的，人能够具有上帝的形象。当时上帝告诉人有两件事不能做，一是伊甸园里有一棵知善恶树，这棵树上的果子不能吃。有些传说把这种果子描述为苹果，说亚当正在偷吃禁果时，上帝回来了，亚当一着急咽下禁果却卡在喉咙里，于是就有了男人的喉结乃是源自亚当偷食禁果哽于喉中的说法，解剖学的“喉结”在英文中即称为“亚当的苹果（Adam’s apple）”。还有一个是生命树，生命树的果子也不能吃。由于魔鬼化作蛇的形象，引诱人类始祖，结果使人犯罪，从此人就有了“原罪”。按照《圣经》的说法，是上帝造了人类始祖亚当以后，认为他寂寞，就从他身上取出了一根肋骨，又造了女人夏娃，跟他做伴。蛇引诱夏娃让她吃禁果，夏娃又让亚当吃禁果。吃了禁果以后，两人发现自己赤身裸体，这样就知道了善恶，有了羞耻感，于是就开始找无花果树叶，遮住人需隐蔽之部，所以无花果树叶，在西文中又有“遮羞布”的意思。这样一来，由于犯了禁，上帝诅咒他们，派天使守住生命树，并把他们赶出乐园，让他们在人间生活，所以这一经历就叫做“失乐园”。由此开始对人的一种自我否定，因是始祖犯罪而致，所以叫做“原罪”。而人类始祖亚当的犯罪，又波及到人类的后代，所有后来的人类都跟着有罪，人已经用不着去“犯”罪，因为“罪”乃是与生俱来的。这样在希伯来文化传统中，就有一种深刻的对人的自我否定的“原罪”观念，形成了一种神人的分离及其关系的破裂。

当然，对原罪的解释，后来的古希腊还有另外一种说法，这种说法更人道一点。所谓“罪”是未中目标，即射箭没有射中靶子。这是一种比较人文主义化的解释。人有追求，但是人追求的目标总是达不到。人于是陷入一种痛苦自责之中，认识到自己的有限。基于上述“原罪观”，这种自我否定的宗教观从希伯来传统中就延续下来，对基督教产生了影响。

3. 强调“神人立约”的契约观，也称为契约神学。现在，在西方比较保守的神学中，有一个大的门类就叫“契约神学”。在犹太教传统中，神和人即犹太人有过三次立约的经历。第一次立约，是在人被创造出来并被逐出乐园后发生的。《圣经》描述有一些亚当的后裔，在世界繁衍的过程中，不断地行恶，因此上帝想把人类灭掉，但是他们中间仍有一个义人诺亚很好。上帝想拯救这家人，于是就让他们把各种动物的种类都带了一对，躲进其所造的一个大的方舟里面。我们都知道诺亚方舟的故事，由此使其家人及所带动物在大洪水灭世中得以幸免。洪水退了以后，诺亚一家从方舟里出来，这时候上帝就和他立约，即以彩虹为约，要他遵守上帝的教诲，好好地在地上行善。这就是神人之间的第一次立约。第二次是我们前面提到的亚伯拉罕与神立约，亚伯拉罕也是犹太人的先祖。回溯历史渊源，犹太人的经历是很复杂的，他们最早是古代闪族的一支，实际上阿拉伯人最早也是古代闪族的一支。远古的犹太人在迁徙的过程中，有一些人就到了今天的两河流域，也就是伊拉克附近。亚伯拉罕最早叫做亚伯兰，他们一家从两河流域往迦南地即今天的以色列迁徙。迁徙过程中，上帝跟亚伯兰立约说："你的后裔将形成一个大族，所以你要按照我们的约，遵守上帝的教规。"亚伯兰由此改称亚伯拉罕，意即"众多民族的始祖"。这次立约乃以"割礼"为约，现在的犹太民族还保持着这种割礼的传统，因此这个约又叫血约。第三次立约即犹太领袖摩西带领犹太人出埃及后与上帝在西奈山所立之约。古代的犹太民族称为希伯来人，现在犹太人的语言仍称为希伯来语。后来因为它分成两个国，一个叫做犹太国，一个叫做以色列国，以色列国在北边，犹太国在南边。以色列国先被灭掉，后来犹太王国也被灭掉，但以色列人和犹太人的称呼都保留下来了。现在对犹太人都不说是希伯来人了，但对古代犹太人一般则说是古希伯来人。当时，古希伯来人在埃及曾经为奴，据历史记载达400年之久，此后摩西带领犹太人从埃及出来，因法老阻拦而历尽艰辛，但终于走出埃及。在前往"应许之地"的途中，上帝在西奈山召见摩西，跟他立约，即跟他订立了十诫，史称"摩西十诫"，就是十条诫命，分别写在两块石板上。这是第三次神人立约，由此规定犹太人要遵守"十诫"。

在基督教发展中，基督教认为，随着上帝使他的独生子耶稣基督道成肉身，来到人间，以前的"约"就结束了。现在耶稣基督通过他的道成肉身，跟犹太人立了"新约"，以前的"约"就叫做

"旧约"。基督教最早也是犹太教的一个分支。后来，由于基督教早期的传教者超越了犹太人的传统，认为非犹太人也可以信教，"约"不再限于神与犹太人之间，乃是在于普遍性的神人之间，而且基督教在犹太民族之外，尤其是在罗马帝国得以发展，形成了一个大的世界性的宗教。但是，这种神人立约的观点被保持下来了，所以立约的观点以前是有神圣的维度，但后来在西方历史的发展中，"约"又有了一种世俗的维度，这就是后来的社会契约。这种社会契约观是和现在的西方社会政治观念相关联的，但它显然也受到西方宗教传统中神人立约观念的影响。由此可见，西方"立约"乃有着这样一个宗教渊源。

4. 渴望"复国救主"的救赎观，称之为救赎神学。犹太人古代生活的地区处于亚洲、非洲、欧洲三大洲交界处，其周围有很多大国、强国，经常受到这些国家的占领、侵略或奴役。古代犹太人的国家被毁灭以后，它总是希望复国救主，希望有救主来力挽狂澜，拯救民族的命运。今天的耶路撒冷是犹太教、基督教和伊斯兰教这三教的圣地，其中最典型的一个圣地就是现在所说的"哭墙"，"哭墙"之处原是古代犹太教的圣殿，在经历了漫长历史的复杂变迁之后，现在这个地方已成了几大宗教的圣地。在基督教诞生的时候，耶路撒冷是基督教活动的主要地方，也是耶稣被处死的地方，所以是基督教的圣地。圣殿曾经两次被罗马帝国摧毁，后来又重建。一直到公元初罗马帝国镇压了犹太人的反抗，把整个犹太国灭掉了，犹太人因而分散到世界各地，圣殿从此再也没有重建起来。在后来的发展中，伊斯兰教传到这个地方，在圣殿遗址的顶部造了两个清真寺，一个是阿克萨清真寺，一个是圆顶清真寺。阿克萨清真寺是穆斯林最著名的三大清真寺之一，仅次于麦加圣寺和麦地那先知寺。圆顶清真寺据传是穆罕默德乘飞马踏岩石登宵上天的地方，所以又称为岩石（萨赫莱）清真寺，也是他们的圣地。我们知道，最近一轮的中东冲突，即以色列人和巴勒斯坦人的冲突，就是因为以色列的政界要人沙龙登上此处进入伊斯兰教圣地范围而引起的。此处下方的圣殿被毁后只剩下一堵墙，通称"西墙"；犹太人从世界各地来到西墙前，在这里哭泣，回忆自己民族苦难的历史，进行祈祷、忏悔，所以这道墙又称为“哭墙”。他们希望有救世主来拯救自己的民族。在基督教的传统中，则认为耶稣基督就是救世主，但是犹太人不承认这种说法，因为他们认为犹太民族的救世主还没有来到。犹太教和基督教既有传承，又有区别。希伯来文的“复国救主”有其特定蕴涵，救世主这个词叫“弥赛亚”。“弥赛亚”的原意是指“受膏者”。在古代犹太教的传统中，他们的国王或他们的宗教领袖在登基之前，要涂一种圣油，经过敷油的宗教仪式。由此被敷了圣油的人就称为“弥赛亚”，即受膏者。在古希腊语中，救主则被翻译成“基督”（Christos），实际上就是希伯来文“弥赛亚”的意义。“弥赛亚”跟“基督”因此有一种意义上的关联。而“耶稣”这个名字，实际上是古代犹太人常用的名词，从“约书亚”发展而来，如《旧约》中就有《约书亚记》。“约书亚”这个名字后来就演变成叫“耶稣”。“约书亚”是什么意思？是说“上帝是拯救”或者在当时称为“耶和华是拯救”。从它们名字的对应上，我们也可以看到这样一个复国救主的观点。但是两教有不同的传承，古希伯来文化有它的局限性，我们前面讲了，它要强调民族文化的排外意识，必须是犹太人、犹太民族，才能信犹太教。其“复国救主”乃要复犹太之国、救犹太之民。而在其发展过程中，据说现在如何认定为犹太人还是有争议的。由于犹太人和其他民族通婚的情况也比较多，所以犹太民族怎么认定现在就遇到了麻烦。为此，现在有些犹太派系强调一点，如果母亲是犹太人，那么其孩子就是犹太人，按照这样的标准来加以区分。但是有些改革派也提出了一些不同的看法。因为其他民族的女性与犹太人通婚的现象也比较多，并且在婚后进入了犹太家庭和犹太社团。若按上述标准，其子女的犹太民族性则成为问题。为此，一些犹太社团强调跟犹太民族结婚的人，必须通过某种仪式加入犹太民族。为了保持它这个民族的独特性，犹太人会有一种排外意识。所以，当时犹太教是不外传的，只能在本民族内传播。另外它也曾有惟我独尊的选民意识，认为自己高于其他民族，因为自己是上帝的选民。这种“选民”的观念后来也被基督教所接受。但基督教是以信仰作为选民的标准，而不是以民族作为选民的标准，而犹太人是以民族为选民的标准。由于这两种局限性，使犹太教到今天还是民族的宗教，没有形成世界宗教。而最初作为犹太教一个分支的基督教，则发展成一个远远大于它、强于它的世界性宗教。

（二）古希腊文化中的宗教因素

1. 对"形上"之探的宗教理性精神，也就是"形而上学"。在对古代希腊的研究中，有一些最基本的术语颇引人注目，其中尤其重要的一个就是形而上学。形而上学的西文为 metaphysics，对 metaphysics 实际上有两种解释，一是在字面上的解释，叫做"在物理学之后"，是源于公元前一世纪。有一个哲学家叫安德罗尼柯，他在整理亚里士多德的著作时，把 14 卷著述集为 1 册放在亚里士多德的物理学之后。由此就有这样一种直观的解释。第二个层面，是一种在意义上的解释，叫做"在物体之后"，也就是讨论"作为有的有"，"有本身"，关心的是在物体之后，也就是纯有的问题，这样就获得一种哲学意义上的抽象解答。在后一种意义上，形而上学现在有时被简称为"形上学"，被视为太初哲学、元哲学，或者说是第一哲学。中文主要是根据《易经》中"形而上者谓之道，形而下者谓之器"这样一种说法，从而把它翻译成形而上学。但是我们知道，在中国语境中，形而上学往往被视为玄学，由此解释成一种僵化、僵死的理论学说，所以跟 metaphysics 这个词原意相差甚远。其实西方的形而上学在西方的思维传统中是一个非常重要的思想来源。它的实质是指在对物自体的认知或理解上达到一种抽象性、本体性或整体性的研究，也就是一种本质的洞观。这种对世界事物的本质洞观，既是西方科学精神之魂，也是西方的宗教精神之魂。我们不少中国人认为科学与宗教必然分离，而且是水火不相容的，这说明我们对西方的精神传统还是缺乏一些根本的理解。很多人百思不得其解，认为西方科学发达，为什么宗教又兴盛？认为二者是水火不相容的，所以对这种现象困惑不解。其实，如果我们对形而上学有比较深刻的了解，这个问题就迎刃而解了。因为形而上学是对世界事物所要求的本质洞观，所以它在西方宗教精神中的意义，就是引导人对物的认知要有超越和深化。不局限于就物认物，这样既可以避免实用主义，又可以防止迷信固执。所以，我们一谈到宗教，往往好像它与科学不是一回事，实际上乃认为它们在认知上彼此形成了区别。其实，在对“物”的穷根究源之探讨上，形而上学的方式对二者都有影响，这在宗教精神的意义上讲也体现出一种理性认知。

在西方科学精神上，这种形而上学是要求它的学科达到一种科学构建体系化的必由之路。所以，它不是仅仅满足于一种熟练工匠的经验性的积累，而是追求一种理论性的升华，形成一种完备的科学体系。我们曾经讨论中国古代为什么有那么多的科学发明，但却没有形成一种科学体系？实际上，在反省之中，就是这种形而上学的精神形态在我们国家的文化传统中不很完备，所以形成跟西方不同的传统。西方科学体系主要是由形而上学或与形而上学相关联的方法论所构成的，它带来了西方这种体系上的突破和飞跃。西方“形上”的思维和中国传统的“实践”思维形成了“思”与“行”，“求知”与“实用”之间的明显区别和差异。我个人认为，中国的思维方式在形而上学方面，不仅不该减少或排除，而且还有必要进行一定程度的弥补。

基督教的思辨思想是从古希腊“形上”之探的宗教认知中得到的。比如西方谈“三位一体”，说上帝是由圣父、圣子、圣灵组成的，我们会觉得这个说法荒诞可笑。实际上它却有着希腊哲学的根基和智慧，在哲学意义上就是讲物体实际上有“实体”和“本体”的区分。“实体”有具体的表现物体的形态。但是，它还有一种抽象的本质，即“本体”。“实体”和“本体”虽有密切关联，却仍保留着其意义上的区别。所以，基督教的“三位一体”的“体”实际上就是哲学尤其是存在主义哲学意义上对“在”之本身的一种探讨。而这种“三位”则实际上是对于“实存”、“实在”的一种理解。“实在”与“在”这样一种关联，在基督教思想中用一种“三位一体”的方式得以表述。我们既可以看到它的人格化表示，又可以了解它有深厚的古希腊的思想传统，所以这种形而上的宗教理性探讨，就形成了西方思想文化中的以智慧和思辨为特色的思维方式，它在认识“物”上达到了抽象化。亚里士多德的形而上学，在西方两千多年的历史中得以延续，包括康德曾讨论形而上学，现代的海德格尔也讨论过形而上学，等等。这是它的一个严格的思想传统，这个传统是对智慧的一种把握。所以，哲学这个词在希腊文中叫做 philosophia，philo 就是“爱”的意思、“追求”的意思；sophia 则是“智慧”的意思。它是一种“爱智学”，追求智慧。这种追求智慧就是要达到一种“形上”的境界。我们今天要了解西方思想文化体系，应该对“形上”的根基有一种深层次的把握。

2. 对“内在”之“己”自我认知的宗教主体精神。在古希腊的精神传统中已有对认识自我的强调，如古希腊德尔斐有一个阿波罗神庙，神庙里面保留着著名的箴言，其意思就是“自知”，让人们“认识自己”。这样，在古希腊的哲学传统中既有对形而上的一种超越的追求，也有一种内向、内在的归为自己、反思自我的追求。一个是客体，一个是主体。在主体性的认知中间，我们非常熟悉苏格拉底的名言：“我知，我无知。”这是对有限自我的一种认知，有了这种认知即“自知之明”，才能超越自我。古希腊对“己”的这种认知精神，在基督教中得以发扬。比如基督教思想的集大成者奥古斯丁有一句名言：“我怀疑，故我存在。”我们都熟悉笛卡儿的“我思故我在”，实际上这不是他的一个新发明，而是在传统的积淀上完成的，其幸运只是在于他的思想表述得到了其时代的呼应和其社会的回应，而不像其先驱那样千古空音、寂寞上千年。西方这种“主体”认知从苏格拉底到奥古斯丁，一直到笛卡儿都存在，恰如古希腊哲学的预言，“太阳下面无新事”。笛卡儿说“我思故我在”，这种对主体性的认知，实际上是从古希腊传统来的，经过奥古斯丁的基督教思想，由这种“自我怀疑”来达到“自我认知”。这种主体性认知是一个非常重要的因素，我们在研究西方文化时，尤其是在研究基督教的时候，要知道它有这样“朝上”和“朝内”的两种进度。

3. 直面人生之“史诗”所体现的“日神”精神（主文化）。所谓“日神”是我刚才提到的太阳神阿波罗神，其精神在此强调“光明”之神，是一种自我肯定，自信好强，从而体现出古希腊主文化中的稳健、秩序、等级、中庸，这在古希腊传统中有着很大的影响。

这种影响所代表的文化“正统”意义对后来基督教文化也有着一种启迪作用。

4. 描述灵与肉张力冲突之“悲剧”所体现的“酒神”精神（亚文化）。“酒神”精神主要是指希腊神话的狄奥尼索斯传统。狄奥尼索斯是一个酒神，他在古希腊宗教传统中不占主文化，而只占亚文化的地位。酒神的最高境界是“醉”，实际上是一种自我否定和超越，其表现的精神特点是激情、空灵、逍遥、解脱。这种“酒神”的精神对基督教也产生了深刻影响。在这个方面，如果大家感兴趣，可以看罗素写的《西方哲学史》（上卷，中译本第37—49页）。他对狄奥尼索斯对基督教的影响曾经有过非常深刻的描述。在西方的文化传统中，有主文化和亚文化的传统。有的西方学者如尉礼贤等人在进行中西文化比较的时候，认为中国文化实际上也有主文化和亚文化之分。在其看来，所谓主文化是以孔子为代表的北方文化，北方文化是以黄河为其文明的摇篮，它的特点是体现一种集体主义。尉礼贤甚至对我们的集体主义是怎么来的都作了描述，说黄河经常发大水，人民要抗洪救灾，而抗洪靠一个人是不可能的，要靠集体来抗洪。在集体抗洪中就形成了这种集体主义，所以这是中国的主流文化。相对应地，他认为中国也有亚文化，就是以老子思想为代表的楚文化——南方的文化，它的特点是更加空灵飘逸，更多体现个人主义。这样，我们在屈原的作品中，像《九歌》等，就可认识这种楚文化。它的宗教气氛更浓厚，使其灵性特点得以典型体现。所以，有些学者认为，中国的这种南老北孔的文化比较有助于我们理解古希腊中的日神和酒神这样一种文化传统。在西方的思想文化传统中，我们可以看到，通过基督教的表述，一直有主体与客体、理性与情感两条主线在交替发展。但是，更多的是以理性思辨为主的这样一条线索。对理性思辨的这条线索，我们中国研究得也非常多。尤其像我们刚才提到的，从笛卡儿的理性主义，到黑格尔的思想体系，一直到我们后来马克思主义的思想体系，都体现出一种理性的精神。但是，还有一种从亚文化引申而来的叫做“神秘精神”。这种神秘精神在西方的思想传统中，也是时隐时现、一直延续下来的。这两条主线都可以从古希腊文化中找到其根源。

（三）古罗马文化中的宗教因素

古罗马文化为基督教提供了什么样的思想根源？实际上，古希腊哲学对基督教的影响是在罗马时期。比如，新柏拉图主义，这是基督教所继承的直接的渊源。新柏拉图主义主要是在普罗提诺等一些罗马时期或者希腊晚期的哲学家的思想中得以体现的。罗马文化中有两大因素，对于基督教有着重要的影响，一是从神意到立法，这样形成了法律意识。在古代，不少民族的早期执法实际上是基于一种神判，即神意的审判法。古罗马人借鉴古希腊人的立法而制定“十二铜表法”，后来就成了古罗马法。这种古罗马法强调，在法律面前应人人平等；人与人之间的交往要以契约自由为原则；另外一条是财产所有权不容侵犯。在罗马帝国时期就形成了这样一些法的观念。这种古罗马法，后来对基督教的教会法有深刻的启迪。在我们谈到欧洲中世纪的大学时，一般认为中世纪最早的大学是意大利的博洛尼亚大学，而这个大学实际上最早就是个法学院，它在研究教会法上颇有贡献。其对教会法的研究主要依据它对古代罗马法的发掘并由此开始中世纪教会法的系统构建。第二个方面就是从“自立”到“共在”，我们现在谈的共和国，即 republic 这个词，实际上在古罗马用得比较多，它的这种“共和”的观念是以其团队意识为基础的。我们要是看现在有些描写古罗马帝国时期的好莱坞大片，其中印象最深的可能就是罗马军团及罗马方阵。一方面是被征服的奴隶成为角斗士，一个个具有单打独斗的本领；另一方面，则是罗马军团的力量。罗马军团的士兵在单打独斗上可能不行，但是当其形成军团方阵的时候，单打独斗者绝对不是它的对手。所以，罗马帝国靠它训练有素的军团，靠它的方阵征服了当时整个地中海世界。从这个方面，它也形成了另外一种集体主义或团队意识，这种团队意识对于早期教会作为一个团体的意识也产生了深刻影响。所以，我以粗线条描述的方式把“两希”文明对基督教思想文化体系的奠基、对与之相关的一些基本因素进行了概括。当然这只是一个高度浓缩的概括，里面还有非常多的内容和细节。

二、基督教思想文化的主要精神内容

我想概括性地把基督教思想文化的主要精神内容归纳成九大精神传统。首先我们回顾一下，西方文化到底是怎么来的？中国最早谈西方，是讲印度，如去西天取经，目的地就是印度。在西方传统中，西方是跟西罗马帝国相关联的，西罗马帝国在西方文化的形成中起了非常重要的作用。关于什么是西方，有各种不同的传说。比如在基督教的传说中，我们刚才谈到的诺亚有三个儿子，一个叫闪，一个叫含，一个叫雅弗，后来这三子分开到了不同地方。闪族成了亚裔，即黄种人的祖先，含成了非洲黑人的祖先，而雅弗则成了白种人的祖先。在基督教文化传统中，早期曾强调雅弗的地位和作用。当然不同的文化有不同的传说，比如在有关黄种人的传说中，则说上帝造人的时候，是通过一个火炉将人烤出来的，上帝一开始烤的时候，火候没有掌握好，因火候不够而出炉的人是白的，即白种人。第二次造人，烤的火候又过了，结果烤黑了，成了黑种人。直到第三次再烤时才恰倒好处，火候合适，而造出的人就是黄种人。所以不同人种谈到人的起源时会有不同的说法。《圣经》提及了闪、含和雅弗这三个人，即三个种族的起源，其中论及西方人的来源时曾隐隐约约地谈到主要是雅弗支派。罗马帝国在地中海地区达其鼎盛，此后西欧的发展则主要是集中于西罗马帝国的区域。西罗马帝国原来是罗马帝国的一部分，早期罗马帝国的首都实际上是在今天意大利的罗马。公元五世纪的时候，西罗马帝国先衰亡了。但在此之前，它已经分裂成了东罗马和西罗马，当时罗马皇帝在君士坦丁堡（就是现在的伊斯坦布尔）建立了新的首都，这样就有了东西罗马之分。西罗马地区遂成了西方文化的发源地。现在土耳其申请加入欧盟，有非常复杂的心理状况和历史关联。一方面，在它的历史上，伊斯坦布尔在以前称为君士坦丁堡的时候乃是东罗马帝国的首都，从而与西方文化传统有着千丝万缕的联系。但另一方面，在漫长的岁月中，它被穆斯林所征服，此后该地区绝大多数的老百姓都是穆斯林，它的地域分布也大部分在亚洲，只有很少一部分在欧洲。但是在它的文化形态上，这种与东罗马帝国的历史渊源使它在一定程度上仍有着对西方的向心力。由于西方的经济实力强大，它自然会以上述联系和向心力而想参加欧洲一体化。所以我们可以从古罗马帝国的历史中，看出相关的一些蛛丝马迹，注意到这些文化上的渊源会影响到其今天的发展。基督教思想文化的主要精神内容与西方文化形成其体系是同步的，大体上出现于古罗马帝国的晚期和欧洲中世纪的早期。

古罗马的文化载体主要是靠基督教保持下来的。为什么推翻西罗马帝国的“蛮族”没有把基督教消灭？因为这些蛮族早在它们使古代西罗马灭亡之前就已经先后皈依了基督教的一些教派，有些虽然是其异端教派，却毕竟还是属于基督教的范围。这样他们对教会就比较尊重，并将神职人员作为他们的文化人来加以使用，而且还以基督教信仰体系作为其民族文化构建或在其占领地区进行文化重建的蓝本。这样，在西欧文化的重建中，也就是所谓真正意义上的西方文化的形成过程中，基督教起了非常大的作用，西方的思想体系也在这个过程中完成了由“知”（希腊“理性”精神）经“行”（罗马“实践”精神）到“信”（基督教信仰体系）的过渡。其中一个关键的人物是奥古斯丁（公元354至430年）。奥古斯丁被视为西方文化与基督教思想体系的整合者。奥古斯丁写了《忏悔录》，形成了西方灵修文学的典范，也被称为自传式文学。西方很多的自传体，都以忏悔录为名称。其实，忏悔录 confession 有两种翻译方法，一种翻译成“忏悔录”；不少学者认为，更精确的翻译应是“敬神自白”。另外，奥古斯丁还曾经写过《上帝之城》，此书后来成为西方历史哲学的古典范本。针对古罗马首都经常被蛮族攻破，有些人指责这是罗马人信奉基督教的结果，他为了驳斥这种说法，就写了《上帝之城》。他在撰写基督教经典著作的过程中，把古希腊、希伯来的各种文化因素加以整合，成为一体，形成了西方的文化体系，也为较为完备的基督教文化体系奠定了基础。实际上，奥古斯丁本人是北非人，但是当时属于拉丁帝国的范围。在古希腊时期，文化传播属于希腊语言的范围，到了古罗马帝国时期，它分成了两大块，即罗马人的拉丁文，所谓拉丁化的罗马帝国实际上就是现在的西欧。不过，当时还有希腊语在罗马帝国范围的保存和延续，就是在东罗马地区（包括现在的东欧和东南欧）的一部分仍流行使用希腊语，故有拉丁教父和希腊教父之说。我们研究西方经典的时候，主要有三个语言体系：一个是希伯来语，一个是希腊语，一个是拉丁语。奥古斯丁著作的撰写主要是用拉丁文，而且他主要是处于拉丁文化范围内，所以他被视为当时西方文化思想体系最典型的代表。西方的基督教思想文化体系，到底包括什么内容？我把它概括为以下九个方面。

1. 爱的精神。基督教有三个思想原则：信、望、爱。信是信仰，望是希望，爱则用了一个专门的希腊文术语叫 Agape，Agape 最早指基督教传统中的“爱筵”，早期教会为了招待其信徒，等他们做完礼拜后，请大家参加一种公共聚餐，这一不分贫富贵贱和社会差别的共聚同餐就叫“爱筵”，后来这种聚餐形式逐渐消失，但其体现的关爱精神使 Agape 这一表述进而引申、升华成了“神圣之爱”、“圣爱”的意思。最近，北京天主教会跟一个葡萄酒厂合作生产的一种酒，它的商标就叫 Agape，汉译为“爱宴”。在西方，酿葡萄酒的传统实际上是在中世纪的教会得以推广的，因为其宗教礼仪中需要有面包和酒。追溯到基督教诞生的时候，大家都知道有一幅名画描述最后的晚餐：耶稣把他的 12 个弟子召集在一起，他知道犹大要出卖他，于是说，这是我们聚在一起的最后一顿饭，然后他把面包掰开，分给他的信徒说，“这是我的身体，让你们分享。”接着他把酒分给大家说，“你们都喝这酒，因为这是我立约的血。你们吃了面包，喝了葡萄酒，即分享了我的身体和鲜血，就能和我共在，使罪得以赦免。”这一形式后来发展为基督教的圣餐礼仪，基督教新教叫礼拜，天主教叫弥撒。由于这样的宗教礼仪需求，所以对酿葡萄酒也有一定的推动。葡萄酒酿造业在西欧是非常发达的。中世纪的经院哲学有一个有趣之争：葡萄酒和面包经常是做好了放在厨房里，但有时老鼠会偷吃面包，偷喝葡萄酒。那么就有经院哲学家讨论，老鼠喝了葡萄酒，吃了面包会不会也分享了圣体？研究这些问题，在现在看来当然是走偏了，但这是其思考个别与一般关系问题的一种方式。后来，教会礼仪中的圣餐成为宗教中的象征形式，而聚餐筵席的方式则基本上被取消了。当然，现在基督教新教有些团体，还有这个礼仪后聚餐的传统。“爱筵”的形式虽然没有了，但是这种“爱”的理念却保存下来了。所以，其信徒认为基督教是一种爱的宗教，由于是爱的宗教也就形成了一种伦理宗教。有些人在分析世界三大宗教的特点时，认为佛教是哲理的宗教，基督教是伦理的宗教，伊斯兰教是律法的宗教。当然这些说法都是相对而言，不过突出强调了其不同的侧面而已。基督教的爱指爱上帝与爱人如己，这是最基本的两个原则。从这个方面，它把爱人跟爱上帝并列起来，这样就体现了一种人文精神、人文主义。在肯定人的地位方面，通过这种爱的精神来加以体现。另外基督教的博爱还强调要爱仇敌，包括敌人都可以爱，导致爱的极端形式。这样在实践中就遇到很多麻烦。比如，第二次世界大战时，希特勒杀了很多人，当时有些基督徒要组织抵抗，也主张以暴抗暴。这一时期的德国神学家朋谔斐尔曾解释说，当一个疯子开着车在轧人的时候，我们不能仅仅对被轧死的人进行一些追思，进行一些祈祷，把他们安葬就解决问题，而更重要的是我们要去拦住这辆车子，把这个疯子制服。所以这种爱仇敌的说法受到很大的抵触。有的人解释说，爱仇敌实际上是爱这个人，从人性意义上对其被恶所困表示痛心、关爱，但对他的邪恶的观念要进行铲除。而从社会责任上，则必须惩恶扬善，伸张正义。但是总的来说，基督教体现出了一种比较宽泛的爱的精神，而且这种精神多强调不抵抗，或以非暴力方式来抗议。古代基督教曾挺过罗马帝国的10次大迫害而最终成为罗马帝国的国教，所以是后发制人，以弱胜强，因为它是基于爱的精神。当然在现实中间，爱究竟应怎样实践？我们对之仍可以打一个很大的问号。但是爱毕竟体现了它的一种基本精神。中国的教会在进行神学改革的时候，提出来的也是要搞一个爱的神学，回归它的传统。从哲学理性分析，神圣之爱是一个不可能性，而在现实中间体现神圣之爱则是“不可能的可能性”（impossible possibility），也就是说，这种神圣之爱是我们世人所达不到的。但是要通过它来指导人间之爱，作为一种基本原则来推行，这是基督教的一种基本思想。

2. 基督教强调一种谦卑精神。我们刚才讲了，在基督教的思想中间，强调自己是罪人，也是仆人，所以，在很多的基督教学校，包括中国的基督教青年会，都喜欢以“非以役人，乃役于人”来作为其会训或校训，在基督教中是比较典型的。耶稣说，你们自以为大的，在天国则是最小的。他主动给一些仆人洗脚，在燕京神学院门口，有一个塑像，就是耶稣在为仆人洗脚，以体现这种谦卑精神，这种谦卑精神在西方文化、在西方文学中有很多描述。

3. 基督教强调一种普世精神。基督教最早是从西方发展强大的，它的源头在亚洲，在罗马帝国时期开始其西向发展。但是，它认为自己是一个世界性的宗教。这种普世宗教一方面强调信仰的普遍性，另外一个方面，也曲折反映出西方发展的扩张意识。基督教真正成为世界宗教是在所谓的“地理大发现”后，其向美洲的扩张，一方面是天主教在南美的发展，另外一方面是新教在清教改革后在北美的发展。尤其是在北美，受这种影响的美国人有一种使命感，有一种扩张的意识，认为所谓的边疆边界乃是活动的，不是固定的，能不断向外面扩张。这种“扩张”被其理解为一种“神圣的使命”，即要把它的信仰往外发展。基督教的普世精神在现实中体现出一种政治上的扩张意向和信仰上的宣教意识。这种宣教是和基督教的所谓普世相关联的。实际上，在基督教的发展传统中，他们曾经认为，16 世纪之前基本上是欧洲发展阶段，17、18 世纪是向美洲发展的最好阶段，19、20 世纪，是向亚洲发展的最好阶段。所以在 19 世纪下半叶和 20 世纪上半叶，基督教向中国派来了很多的传教士。我们现在是处于一个开放的社会，交往的渠道多种多样，基督教的普世精神自然认为不能把中国落下。20 世纪初，基督教有一种说法为“中华归主”，其英文 occupation of China 则指“占领中国”。因此，我们可以看到，基督教的这种普世精神，既有其信仰的积极的一面，但在中西方意识形态的对立中，其在政治上也有它的负面影响。

4. 基督教有一种超越精神。我们回溯到古希伯来和希腊文化传统中，会感悟到这种超越精神。它强调上帝的绝对性、人的相对性。由于这种相对与绝对之比，基督教强调信仰之维要超越政治与社会。

基督教有三个世界论，即天国对人世、教会对社会、政府对教会。《圣经》中明言指出，上帝的归上帝，凯撒的归凯撒，就是说在政治的意义上，它不干涉政治。但是在另一方面，它在审视世界事物上却会超越政府、超越政治。基督教从这个角度曾对西方文化的发展有比较大的影响。比如，基督教认为人既然是有限的，那么人的政府也是有限的，要靠立法、靠监督来管理，这是以一种神圣的超越制度来进行的。基督教在中世纪是神权世界，我们叫做“信仰上帝的文化”；此时的天主教会是至高无上的。随着世俗化的发展，教会的权威被取缔，许多人认为教会不能代表上帝。教会毕竟还是人，人的权力就是相对化的，同时，在西方发展中，则形成了政治权力的分散化。既然人是有限的，人的权力也就应该有所限制，受到监督。这是以它的信仰超越精神作为支撑的，并不是简单的政治发展而达至的自然过程。

5. 基督教的先知精神。所谓先知精神是指基督教对社会负有批判和监督的使命。在古代的传统中，先知精神是以见“异像”、说“预言”的方式来表述的；在现实社会中，是以一种社会的批判和监督来表达其高于政治，或者与政治保持距离的态势。虽然基督教认为其追求不属于俗世，但是仍感到自己对俗世有使命感、责任感。这种先知精神是双刃剑，有些方面可对社会起监督作用，在其他方面也可能导致对政治的干涉和渗透。

6. 基督教强调拯救精神。拯救精神实际上是很复杂的。因为它表述的是耶稣基督，上帝的独生子来到世界上，他不为王，不统治大家，而是被钉在十字架上受难。尽管这种解释说在十字架上受难是为了给世人赎罪，以一种自我牺牲来表达对人的拯救；但是，另外从深层次上，这种拯救毕竟涵盖了自我牺牲的精神。这种自我牺牲的精神在基督教中有根深蒂固的影响。波兰著名作家显克微支曾经写过一本小说《你往何处去》，曾经被翻译为多种文字出版，并被改编成影片。其点题之意基于《新约：约翰福音》13 章 36 节彼得问耶稣：“主啊，你往何处去?”书中内容描述古罗马皇帝尼禄迫害基督徒，基督的大弟子彼得不得不往外逃，但在逃离罗马的过程中，他看见耶稣急急忙忙往罗马奔去，于是就问：“主啊，你往何处去?”

耶稣说："我的人民在受难，你却离开了他们，所以我必须回去，准备第二次被钉十字架。"彼得听后非常羞愧，也不再逃跑，回到了罗马城。最后彼得被倒钉在十字架上处死，成了殉难的教徒。这种拯救强调自我牺牲。据说罗马帝国曾经对基督教有过10次大迫害，在10次大迫害中，基督徒前仆后继，虽不反抗，却仍坚持以其信仰来继续影响周围的人，精心传教。到公元4世纪，罗马帝国不得不承认基督教是合法的宗教，而且把它立为国教。这使我们在认识一些传教士的时候，值得去思考一些深层次的问题。比如，在20世纪上半期，虽然整个基督教来华传教与西方殖民主义、帝国主义侵华有着复杂的社会、政治、历史、文化关联，但也应该看到，不少传教士来到中国，对他们自己而言既有冒险精神，亦有献身精神。其实他们在自己的国家，本来生活条件非常优厚，有些是大家闺秀或者是富家子弟，但是他们到中国后有许多人去了最偏远的地区，比如去了贵州的石门坎，在深山老林里或者在当地原住民中传教，有的染上了传染病，客死他乡的人也不少。为什么他们能够这样做？就是因为在他们的信仰传统中有这种自我牺牲的精神。他们认为这体现了对众人的拯救和对耶稣的一种追随。所以这种精神对基督教的发展产生了很大的影响，形成了巨大的力量，我们不能小觑。现在一般来讲，让年轻人在偏远地区坚持支教、行医，长达两年、三年就相当了不起了，大家轮着替换。这跟以前要"扎根一辈子"是不一样了。所以，我们在比较不同文化精神的时候就会看到，基督教的这种"牺牲"精神既是很可敬的，也是很可怕的。它会形成一种强大的政治或文化，或其他方面的力量。所以我们在对它进行客观分析的时候，也要认识到它是双刃剑，要引起我们高度的重视。

另外一方面，这种拯救精神也会有一种偏激，强调"教会之外无拯救"，从而有一种优越感和排他性。随着世界宗教对话的发展，这种优越感和排他性，现在在有些教派中消失了。天主教经过改革以后，也不再提"教会之外无拯救"，而是更多的对话，找相同的因素。但是，许多基督徒还是保留着这种思想，认为教会之外无拯救。这种观念对有些人，还是根深蒂固的，在中国教会中也依然存在，这就形成了一种排他性。基督徒有很多表述是值得我们玩味的，比如，他们说，“我生活在这个世界，但不属于这个世界”，中间还有潜台词，体现出他们的这种优越感，认为自己的生活质量与一般人是不一样的，就是说他们的生活质量要高于一般的俗人，因为他们是“属灵”的群体。从这个角度，这种“教会之外无拯救”的拯救精神之观点还是表现出了一种优越感和排他性。尽管现代教会在这些方面也有很大的发展和改进，与世俗社会有很多的缓和，但是这种因素还是存在的。

7. 禁欲精神。大家对中世纪教会都很清楚，它采取了一种出家“遁世”隐修的方式。我们有种体会，旅游现在是高潮，在中国看什么？在中国到名山多是看庙，天下名山僧占多。在欧洲看什么？在欧洲看教堂、修道院，因为中世纪隐修出家的人比较多，形成欧洲各派著名修院建筑之独特景观。这种隐修精神实际上最初在《圣经》传统中并不很明确，因为早期的神职人员是可以结婚的，耶稣并没要求其门徒独身。在中古早期教会历史中，因有神职人员结婚后将教会财产变为家产的现象，他们将教会的财产留给自己的孩子，教产就逐渐流失了。为了防止这种教会资产的流失，中世纪教会改革者就做了一个规定，宣布神职人员不能结婚，要独身修道，以便能一心一意为教会服务，这是天主教的早期改革。后来在基督教新教改革中，马丁·路德带头和一个修女结婚，就把这种禁欲制破除了。但是，我们非常清楚，在新教伦理中仍然保留有这种禁欲精神。马克斯·韦伯关于新教伦理与资本主义精神的内在联系之论述，是我们的经济学界和社会学界前些年的热门话题。这种新教伦理强调要以禁欲的精神“入世”，在这个世界上禁欲，所以在一定程度上促成了当时资本主义的原始积累。我们通常将这种“原始积累”解释为一种血与火的掠夺，是西方殖民主义海外扩张的结果。但是西方的思想家、经济学家，却有另外一种解释，即跟新教伦理相关联。当时新教的加尔文派发展出一种“清教”伦理，按照这种伦理，人应该在世界上拼命去从事自己的事业，积累财产，这是上帝对其拣不拣选，自己感到是不是选民、是否成功的一个标志。此即加尔文派神学“前定论”的一种喻示和解释。但是在另一方面，这种伦理进而告诫人们说，人得到这些财产以后，不要去挥霍，而要以一种禁欲的精神去积攒这些财产。一方面是拼命地赚钱，另一方面是不花钱，西方一些学者认为资本主义的原始积累就这样形成了。它是讲在现实生活中，还是要有一种禁欲精神的。我想起中国也有一种传统说法，“大隐隐于市”，就有在现实社会中隐修之境界。面对现实社会的各种各样的诱惑挑战，信仰者虽已从“遁世”躲避回到了社会之中，却还是要保持禁欲的精神。从这种禁欲态度来看，天主教仍保持了出家独身的方式。现在，在全世界还有好几十万修士。修士除了从事宗教修炼之外，在以下两大方面也颇有成就：一方面是在学术上进行研习，在这些出家人中，有一部分人成了非常著名、非常有影响的学者；另一方面则是参加一些社会公益和慈善活动，有不少人也成了著名的社会活动家、慈善家。

8. 神秘精神。我们刚才所谈的西方亚文化中的另外一条隐线，就是强调一种神秘的体验，强调“心之理性”。法国近代著名的思想家帕斯卡尔说，人不仅有“脑之理性”，这是通常所言的理性，还有一种“心之理性”。他说这种“心之理性”是一种神秘的体验和感悟，他将之称为“优雅精神”，认为这种神秘的体验是一般的理性所不能解释的。人们在他死后，从他身上穿的棉袄夹缝里发现了他写的几排字，这里面就有他著名的警句，强调说“亚伯拉罕、以撒和雅各的上帝不是哲学家和学者的上帝”，所以靠哲学回答不了信仰的问题。现代有个神学家叫蒂利希，他的“终极关怀”之说在中国现在已被引用得非常多。他曾经对帕斯卡尔的断言作过分析，但认为“亚伯拉罕、以撒和雅各的上帝与哲学家的上帝是同一个上帝”。他认为神秘和理性并不矛盾。在实际上，这种神秘的精神在西方传统中得以发展，并在20世纪下半叶又掀起一个新的高潮，如当代“灵恩”运动就代表着这样一种神秘思潮，其外文的表述 Charismatic 早已被马克斯·韦伯所常用，因这个词在中文中没有适当的翻译，所以就音译为“卡里斯玛”，它实际上是讲宗教领袖具有超凡魅力，而这种超凡魅力在现代基督教中则认为是来自于神秘的“灵恩”。所以对“灵恩”的突出和强调，在20世纪70年代以后就形成了“灵恩”运动。这在基督徒的发展中，尤其是在文化层次比较低的民众中间形成了很大的比例。所以，不少人信奉基督教不是从理性的角度，而是受“灵恩”运动的影响。这种思想对我们国家也有很大的影响，尤其是近十多年来，在基督教的基层发展中，我们会看到它的强大存在。

9. 律法精神。基督教有立约的传统。从人与神立约（契约）到“社会契约”，从“君权神授”到“君权民授”（委托权），由此形成西方社会观、人权观、律法观等。按照这种律法精神，现在政府的权力是老百姓根据律法、契约委托给执政者的。所以，在神圣的维度指导下，在现实中人们必须看到人及其机构的相对和有限，由此发展出了“三权分离”，以便对有限之人所掌管的权力加以控制、监督。从对神的绝对信仰到对人的相对体认，监督、制约很有必要。在看到西方律法比较发达的同时，我们也要认识到，在它背后有潜在的基督教的理念作为支撑，它从人的相对性和相应的对人的制约而形成了一系列的制度和体系。

概括而言，基督教大概有上述这些方面的精神因素，即体现出9个方面的精神。当然，这里还可以分解出其他的种种的因素。我们在此也是以一种简约、浓缩的方式来对基督教的文化精神加以概括。通过这些文化精神，我们对基督教本身会有比较客观的了解。我们也可进而看到这些精神对于中国当前的发展所具有的复杂影响，有的是正面的影响，但有的是负面的影响。

三、基督教思想文化对当代中国的影响

上述这些信仰精神、这些宗教文化因素到底对中国文化会起什么作用？下面我们就结合中国的实际情况，谈谈第三个方面，即基督教思想文化对当代中国的影响。

（一）文化“认同”或“排拒”

在基督教方面，有着从西方文化传统及其文化自觉到“普世”

教会发展的“普世”主义（普遍主义）的这种观念。基督教自身认为信仰无国界。基督教信仰自然也应该影响中国人，尤其是当代中国人的文化自知、自觉以及自立问题。为什么？因为基督教在1400年东传中国的经历中，自身也一直在进行着自我调试，即本土化，以能适应中国的文化。基督教与中国思想文化融合和对话，最典型的一次是在明末清初，如利玛窦等西方传教士认同中国文化之举，以及中国部分士大夫的积极回应。这样一种文化战略，在当时是非常有效的，后来由于“礼仪之争”，形成了双方的尖锐分歧和明显差异。此后，本色化的过程还在艰难地进行。而这个过程是非常复杂的。一方面，有中国人的参与，另一方面，在西方的差会中间也有部分传教士支持，但是很多传教差会机构是反对这种本色化进程的。一直到1949年以后，中国天主教进行天主教爱国运动，中国基督教进行“三自”爱国运动，才开始形成真正的中国基督教的文化自知和自觉。但是在当时的情况下，中国的教会是孤立的，跟世界隔绝。我们知道有个实际的起因，即朝鲜战争爆发。战争爆发以后，世界基督教协进会，又叫做世界基督教教会联合会（简称“世基联”）发表了一个声明，谴责中国出兵朝鲜。当世基联于1948年成立的时候，中国基督教的领袖赵紫宸先生也是它的6位主席之一。抗美援朝开始以后，赵紫宸因世基联的声明而宣布辞去其主席的职位，同时中国基督教教会亦退出了世基联。由于抗美援朝，西方国家开始对中国进行封锁，冻结了中国教会在西方各国的财产。中国的教会当时面临着生存的问题，当时教会的领导人跟周恩来等人探讨中国教会的发展。周恩来等人一方面对他们的爱国进行了鼓励，另一方面认为当时爱国爱教是不矛盾的，从而推动了教会领导人提出基督教“三自”爱国运动。其发起人包括吴耀宗等教会知名人士，这样就开始了中国基督教会自己的发展历程。1958年，中国的新教教会进入了“后教派”时期，现在国际上常用post－denominational period来表达教会联合的新时期。当时中国进行联合礼拜，各个教会合并，其实一个直接的原因是信徒减少，很多教堂空空的，没人去，没有办法不联合礼拜，这是当时的情况，并不表明教会有着生机勃勃的发展。中国实行改革开放以后，宗教开始恢复其正常活动，基督教也在这个时期开始恢复其发展。一方面，基督教继续其在20世纪40年代、50年代的本色化、本土化过程。另一方面，中国教会跟普世教会、基督教的普世主义的观念也发生了一些关系。比如，20世纪90年代末，中国基督教会恢复和世界基督教教会联合会的关系，成为其正式成员。因此，基督教在中国的存在处于一种非常复杂的状况：一方面，它跟基督教的传统有着密切的关联，它不能否认自己的传统。另一方面，基督教西方文化传统跟西方国家的政治理念有着密切的关联，而这些西方国家跟中国的政治方面的矛盾、摩擦和冲突并没有消减，还在继续存在。基督教会在中国因而有一个定位的问题，有一个文化自觉的问题。但在这方面现在就出现了很多“盲区”或“空白”，形成了中国教会一种多元发展的态势。虽然我们现在按照宗教的建构性、体制性存在来理解基督教，可以看到中国基督教“三自”爱国会和中国基督教教务委员会，以及中国天主教爱国运动委员会和中国天主教主教团这样两大体系的建构和存在，但是它们现在已经很难涵盖复杂多元的发展。我认为在思考文化“认同”和“排拒”的时候，中国社会对基督教应该持什么态度，中国教会本身应该持什么态度，都有很大的问号摆在大家的面前，需要得到较为明确的答案。

1. 中国文化“意识”

谈到文化自觉和自知，我们强调中华民族五千年，中华文化的主体代表、思想理论体系的代表性问题。西方文化两千多年，远古时代有古希腊罗马，从古代经中世纪到近现代，有基督教文化体系。中国五千年文化文明，它的主体是什么？我们虽然为五千年文化感到很骄傲，但是现在颇感其思想代表的主体性不清。这里就会谈到儒家在当代中国的地位问题，我们知道，儒家是很复杂的。前不久，我们学术界有一个关于儒教是不是宗教的大讨论。很多人认为，儒教不是宗教。其实，儒教不是宗教这种表述方法，自16世纪以来从利玛窦起就在谈论，而最早提出儒教不是宗教的正是利玛窦。因为当时宗教互有排斥性，在这种情况下，利玛窦看到中国儒家文化的强大，他知道如果把它作为宗教，那就有非此即彼的选择问题，不能二者兼得。利玛窦在中国的传教可谓是绞尽脑汁、惨淡经营，他刚来中国的时候是剃了光头，刮了胡子，即作为和尚（“西僧”）来的。后来发现中国的文化主要是儒家思想文化，他又把头发留长了，把胡子也留起来，穿着儒家的服装，成为一个“西儒”。在儒家和基督教的关系上，他采取了权宜之计。他认为儒家不是宗教，说儒家的形态还不到宗教的形态，只是一种传统文化信仰。所以，中国天主教徒既可信仰天主教，又可以保留儒家传统。但是这个“儒教非宗教”的话题在20世纪初又被梁启超接过来了，但这时候的形势就不一样了，因为涉及到“五四”运动前后的新文化运动。新文化运动以来最响亮的两个口号是从西方引进的，一个“德”先生，一个“赛”先生，即“民主”（democracy）与“科学”（science）。当时从西方引进的还有马克思主义、实用主义、实证主义，等等。在引进的同时出现了两大批判：对外是对基督教的批判，对宗教的批判；对内则是对儒家的批判，且是将它作为对封建礼教的批判。这时，有些中国知识分子对于儒家思想有一种复杂的心态。儒家思想在很多人看来是一种哲学，它高于宗教，而不是宗教。梁启超、蔡元培等人就认为儒家思想不是宗教，中国没有宗教传统。中国的传统是哲学，而不是宗教。因为哲学贵“疑”，由怀疑而思考问题、解决问题；宗教则贵“信”，易陷入盲目。所以，他们说我们中国没有宗教还是值得骄傲的一件事情。这样，儒教不是宗教的说法，跟利玛窦时期相比就发生了非常大的变化，意义已经完全不一样了，虽然是同样的口号，意义却不同，态度也不一样。在这个过程中，也有其他方面的努力。因为看到基督教在西方国家的主导地位，有些改革家，像康有为等人，他们提出要把孔教作为国教这样的问题。其实，虽然他们看到了孔教的重要性，却是受了基督教的启迪，但他们知道，基督教在中国不可能成为国教，必须回归自己的传统文化，那么，就提出了儒家的思想。孔教虽然没有成为国教，但是这种认知保留下来，一直到现在在香港还有一个孔教协会，在相关地区还有孔教作为宗教的存在。前不久，我们世界宗教研究所成立了一个儒教研究中心，在社会上引起一些反响，各方的担心是意味深长的。一方面，我们现在已恢复祭祖大典，还有像皇帝陵这样的场所，如对黄帝、炎帝这种崇拜，尤其是台湾地区国、亲两党领导人上次回大陆来访问，把这种具有民族特色的崇拜又推向了高潮。另外一个方面就是在曲阜祭孔敬孔活动的恢复，也使人们对儒家在中国文化中的地位重新考虑。所以，对于儒家在中国传统文化中究竟是什么地位，有些人尤其是新儒家，提出了恢复儒家地位等要求，甚至有的人提出要培育它使之成为一个中国民族宗教，从而使中国的宗教在儒教复兴中能够达到一种“万流归宗”的状态。但是，我们若从学术研究的角度来冷静分析，则深感儒家作为一种思想体系现在在中国已经非常衰败，要想恢复起来谈何容易，除了少数知识分子在那里竭力呐喊以外，在整个社会它没有获得太大的回响，儒家在当代中国已起不到作为主体文化代表的作用。这样，中国五千年主体文化的代表，就是一个大的问号。为什么在这个过程中，基督教觉得在中国文化的重建中它可能有参与的机会？一是因为基督教思想文化体系自称具有的普世性和它的开放性，二是在于它也看到了目前中国文化自知上的茫然和摸索，认为有其发展空间。

2. 马克思主义思想体系在中国文化构建中的地位

中国社会主义强调以马克思主义为指导思想，这是中国当前主流意识形态毫不动摇的代表。当然，作为中国人，我们也会有一些文化上的深层次认知。因为马克思主义的思想体系的来源，包括它的三大基本因素都是源自西方传统，如果在中国文化体系中只有纯西方意义上的马克思主义，实际上也是一种“全盘西化”。这就是我们从深层次上考虑中国文化自知、自觉，不能不思考的问题。也就是说，马克思主义有一个中国化的问题，即如何体现其中国的特色问题。因此，马克思主义本身在中国有一个重新构建的问题，也就是中国化的问题。马克思主义如何与中国文化相结合、与哪些中国文化因素来具体结合的问题，对其中国化极为关键。在结合的过程中，也涉及到二者应该如何定位的问题。

3. 中国文化重建中会有外来文化的影响

中国现在的文化形态，不是非常明确地有一个主体的思想，有一个大体上在方方面面能代表中国文化的东西，而是处于重新构建之中，而中国又正处于改革开放的状态，因此，外来的思想文化，包括基督教思想文化肯定会输入或者流入。所以，堵并不是最佳的方法。比如，在信息高速公路上安“红绿灯”堵住不利信息，其效果有限。我们现在如何抵制渗透，如果要用“渗透”的概念来表述，那么可以说外来思想的渗透乃是一种全方位的渗透。从根本上，堵不住以各种方式、从各个方面、用各种途径（如网络、媒体、交往、移民）所带来的影响。由于中国改革开放以后，新一代的移民在国外扎根，现在在海外的华人，有的人说是3000万，有的人说是5000万，他们保持着与中国的密切联系，自然会带来相应的影响。而西方的影响也肯定会不同程度地参与中国文化的重建。在这个过程中，就有一个如何进行引导和疏导的问题。因为，从历史上看，大家都知道大禹治水的故事，大禹的父亲鲧当时采取的方式就是堵，结果堵不住，洪水把大堤冲垮而泛滥成灾。大禹治水则采取疏导的方式，结果把洪水治好了。中国历史上就有“疏导”的智慧和传统。我觉得，在现代中国改革开放的时期，也应该采取疏导、引导的方式。靠堵来抵制外来思想文化的方式是肯定不会成功的，包括对基督教思想文化。中国有着底蕴深厚的多元文化传统，在其文化重建中应有“海纳百川”的气魄和胸襟，兼收并蓄，对外来文化包括西方文化应取其精华、除其糟粕，为我所用。我们谈了西方文化的种种因素，对这些因素，靠堵的方式是没有什么太大的效果的。所以要进行疏导，疏导包括对它的认知和跟它进行对话。在这个过程中，我们可以争取朋友、孤立敌人。

（二）基督教思想文化体系对中国构建和谐社会的“参与”

据最新统计，基督教在世界上号称有20亿信徒，有的甚至说有21亿人，世界人口是60多亿，基督教是世界上最大的宗教，分布在200多个国家和地区。我们看到，现在世界60多亿人口中间，信奉各种宗教的，大概是占了48亿人，不信奉宗教的人或者无神论者是12亿人。中国现在有13亿人口，据统计，信奉各种宗教的大概是1亿人，还有12亿人是不信宗教的。大家如果这样一看，会觉得世界上不信宗教的人都到中国来了。如果按这类统计，中国道教和民间宗教信仰的人数就有将近4亿人，海外华人最多是3000—5000万人，而外国人信奉这种中国传统宗教的人也是很少的。这样一来，光民间宗教信仰者就从我们12亿不信宗教者中间划掉一大块。虽然这种统计过于夸大，但也应该看到，各种宗教对中国人的影响所达到的涵盖面至少也约有2—3亿人。所以，从这个角度来讲，说中国有12亿人不信宗教，估计过于乐观。我个人认为，现实情况没有那么简单。一方面基督教是世界上最大的宗教；另一方面，我们应看到宗教在中国会有双向互动。在中国境内信教者力量较弱，不信教者较强。而在世界范围内是信教者力量教强，不信教者相对较弱。这个互动是会带来变化的。我们对此应该作一些深层次的思考。这中间有交流，同样也有较量。在中国的智慧与西方的智慧较量中，到底谁能占上风？这还是一个未知数。

下面我们具体来看一下这种“参与”。

1. 价值观上的“参与”。由于价值观上的“参与”而与“主流意识形态”达到“融合”、“共构”，这有没有可能？罗素在谈到西方哲学史时，曾认为共产主义的理论体系是基督教的另外一种表述方式。罗素是一个非基督徒，他曾经写过一本书《为什么我不是基督徒》，这本书已翻译成中文，影响很大。按照他的分析，我们现在所运用和所熟悉的马克思主义的思想体系，跟基督教并不是无缘的，它们有一种间接的、复杂微妙的关联。我们中国的主流意识形态跟基督教思想文化是不是只有一种紧张的对峙，而没有一种可能的沟通？这是值得我们思考的问题。实际上，我们现在谈积极引导宗教与社会主义社会相适应，也提出要利用宗教教义的积极方面。中国的基督教爱国团体已经在向这个方面靠拢，争取跟主流意识形态达到某种程度的融合。在价值观上，基督教有没有可能参加我们现在这种社会意识形态的构建？这是一个值得思考的方面。在西方，基督教跟马克思主义在沟通，这种沟通的方式，肯定会影响到我们国家。这是一种深层次上的对话，非常困难，但是若有这种可能，则有利于彼此和而不同的和平共处。大家都保持自己的不同的价值理念，和平共处。如果相互在理念上进而有了沟通，则会促进共识。

我们说共产主义并不是一种宗教，但也是一种信仰。信仰涵盖面很广，有政治信仰，有宗教信仰，基督教是一种宗教信仰，而共产主义则是一种政治信仰。

2. 伦理意义上的“参与”。伦理意义上的“参与”和我们讲宗教与社会主义社会相适应有着更直接的关系。宗教中最容易的一面是伦理道德在社会参与上的可行性，而且它有巨大的发展潜力。尤其我们刚才谈到基督教被认为是一种伦理的宗教，它的社会服务、社会慈善工作卓有成效，在这个方面体现其社会伦理的能力是非常强的。如果基督教在这方面有可能发挥积极作用，如果基督教作为一种非政治化的社会中间机构，就可以在社会伦理方面对中国当前的发展有更多的参与。促成或促进这种参与也是值得我们深思的方面。

3. 政治意义上的“参与”。我个人认为，从 20 世纪 50 年代开始，中国的基督教因为强调爱国爱教、独立自办，实际上已经进入了一种政治意义上的参与。我们的教会有很多公开表态，实际上都是政治的表态。随着改革开放的发展，中国的新教跟外面教会的联系恢复了，中国基督教协会不仅参加了世基联的各种活动，而且其与世界基督教各个不同教派的联系也恢复了。这样，中国教会自 1958 年以来的这种后教派时期实际上已经遇到了挑战。不少人担心，“后教派”模式还能走多久？其实，教会的这种联合礼拜只是相对而言的。像基督复临安息日会就是在星期六礼拜，因而一直不同于其他新教教会在星期日的联合礼拜。现在事实上还形成了各种各样的家庭教会，它们举行自己家庭或小范围的礼拜，显然有其独特之处。所以，我们在面对这种情况时，如果这些“教派”或聚会仅有宗教方面的需求，并没有政治上的需求或目的，我们应对之采取一种什么态度？是不管，是禁止，还是纳入正常管理范围？这三种选择方式，会出现各不相同的后果。从天主教来讲，由于梵蒂冈和我们没有外交关系，政治与宗教因素更是复杂地交织在一起。在 20 世纪 50 年代中国天主教曾提到在政治上独立自主，但是在信仰方面，仍表示要服从教宗。不过，天主教的特殊体制导致在什么是政治服从、什么是信仰服从上的概念也是很模糊的，这样就形成了现在世界天主教政教合一机构梵蒂冈国或罗马教廷与我国天主教的复杂关联，或者其在政治、宗教两方面向我们“渗透”的危险性。天主教教阶体制有一个特点，就是它在世界范围有一个大一统的政治、宗教网络，其最高的统治机构正是在梵蒂冈，以教宗为最高的教会领袖。这样，中国天主教会如果还承认自己是属于罗马天主教会，就在根本上回避不了跟梵蒂冈的关系问题。在这种情况下，如果说梵蒂冈联系中国天主教会之举是“渗透”或“干涉”，它自然就占据了主动“进攻”的地位，而我们则可能会处于劣势，处于一种防守地位。

在当前宗教发展及其与政治的关系上，究竟应是政教分离还是政教合一？这看似简单，却仍有其现实存在上的复杂性。政教分离是现代政治文明的一种标志。尽管西方宗教对社会、对政治的影响非常大，但它仍然是走政教分离的道路。在我们国家，由于20世纪50年代那种复杂情况，所以中国的基督教若没有政府的支持是很难在当时的情况下维系的。因为这一历史沿袭和相应关系，基督教会肯定会在中国社会政治中有些参与，那么这种参与应怎么样理解和把握，也是我们现实中的一个问题。我们从政治的角度，往往更多看到宗教的政治层面，看到宗教作为政治的存在，但是宗教不仅仅是政治存在，也是一种社会的存在，是一种文化的存在，更是一种精神信仰和灵性追求的存在。其本质并非政治参与性的，也不是将政治作为自己主要的社会存在和参与方式。

4. 文化意义上的“参与”。宗教在文化意义上的“参与”形成了一种多元辐射的局面。我们在这里可论及三个方面：信仰、信念和理想的改变。佛教现在在中国已成为影响最大的宗教。但在过去的20年，基督教的发展则可以说是最快的，发展快自然影响就会大，势必带来其信仰者在信仰、信念和理想等方面的改变。这是带根本性的改变，会影响到相关民族或民众文化之魂的塑造或嬗变，社会活动的意向及其方式发生改变。基督教在当代中国的传播显然也带来了中国社会文化活动及其意义的变化。教会的传统、文化习俗和信仰生活的大众形式正在对我国社会产生影响、构成辐射。有些西方评论员认为，中国现在基督教发展很快，再过5—10年，基督徒可能达到中国人口的三成甚至四成，这样对西方有基督教文化体系的国家也就不再会构成任何威胁。以前西方对中国的“基督教化”是企图以西方文化来“占领”中华，而现在他们希望中国“基督教化”却是为了西方自身的安全，这种转变及其心态意味深长。我们由此可以感觉到其中颇有某种文化战略的考量。另外，人们在文化兴趣、品位方面也发生了巨大的改变。我举一个具体的例子，几年前曾经有一个讨论，中国人到底应该过春节还是过圣诞节？现在是春节越来越家庭化，成了私人的节日，家庭的节日。人们只有在电视机前欣赏春节文艺节目时的“共在”，或零散地、小规模、小范围地走亲访友。而圣诞节倒是成了一种群体的节日、商业的节日，在每年12月25日之前，中国许多商场里的圣诞树、装饰圣诞的礼品非常多。到了圣诞夜，各个高校、企业、宾馆等，圣诞联欢活动也很多，许多商店、宾馆都会推出圣诞聚会或聚餐活动，形成一种市场潜力巨大的圣诞节“商机”。这样在无形中就形成了一种新的文化兴趣、文化品位，而这种文化兴趣、文化品位显然受到基督教的影响。这种影响是非常大的，它正改变我们的城市文化、企业文化和校园文化等社会文化形态。

（三）基督教思想文化在当代中外关系中的作用

1. 中美关系。在中美关系中间，宗教问题尤其是基督教是一个非常敏感的问题。美国有宗教人权委员会等机构，几乎每年都要搞一个中国人权在宗教自由方面的缺陷问题的报告。我们已开始抗议，并以其人之道还治其人之身，也公布美国的人权状况，对之揭短、曝光。在以前日内瓦国际人权会上，美国曾多次提出反华提案，其中很大的原因是指责我们在基督教信仰上不自由，教徒受到迫害。所以，基督教问题是美国作为制约或指责中国的一张重要的牌。这张牌，它已经打出来了，我们如何回应，则直接影响到中美关系。实际上，美国的基督教方面对中国的态度是很复杂和微妙的。在这里，我可以举一个例子，美国福音派是传教意识最强的教会类型之一，其当代传教影响了世界许多国家。福音派中有一个重要的人物葛培里，曾到世界各国传教，当然也多次到中国。福音派在信仰上比较保守，在宗教教义等方面与现代派差异很大，故而在其政治态度上也会给人保守之感。但是葛培里对中国有非常友好的情结，当美国有人反对给中国最惠国待遇的时候，他努力地为中国争取。美国有人阻挠中国进入WTO的时候，他极力说服美国要吸纳中国，帮助中国进入WTO。所以，葛培里被看做是中国人的好朋友。这可能给我们、给基督教都会带来启迪。如果西方教会在政治上对中国友好，有支持中国的态度，那么可能会给我们带来对宗教方面更全面、更准确的认知，这是一个双向互动的关系。尤其是美国教会的对华态度在中美关系的发展上起着重要作用。如果美国教会以友好、积极的态度促进中美关系的良好发展，自然也会引起中国对美国教会乃至整个基督教会的重新评价和积极肯定。小布什当选美国总统以后，美国教会主流派的人很沮丧，他们讲，现在美国发生了很大的变化，因为从选举区域看来，知识分子比较集中在东海岸、西海岸，反对布什的人比较多，而中部地区拥护布什的人比较多。东西海岸加上加拿大，可以形成北美教会主流派或现代派的区域，有人戏称为“加拿大合众国”（United States of Canada），而不是美利坚合众国。这些人中甚至有很多都愿意移民去加拿大，以回避美国社会及教会的保守势力。而美国中间这个地方加上南部就成了“耶稣之国”（Jesus Land），被视为保守的南边。起初，大家以为布什在舆论媒体方面不占优势，因为当时很多主流媒体并不看好布什，但是布什仍然成功了。为什么呢？这是因为选民中有许多是比较保守的基督徒，而且在基层民众中占的比重比较大。这些保守的基督徒对中国的态度也会影响中美关系，这是我们今后在中美关系的发展上一定要注意的。目前，一些保守派基督教会的领袖人物多次访问中国，与中国政界高层展开对话，故给人一种中美关系良性发展的希望。

2. 中欧关系。我们刚才谈了，西方传统主要是体现在欧洲，欧洲的统一、欧洲的一元化，它的精神理念从哪里来？主要是从基督教来的。中世纪欧洲达到真正的统一，是天主教的统一。当时的国家是分散的，各个王国没有统一的系统，当时真正能够统一的是基督教教会及其影响下的中世纪帝国，他们称为神圣罗马帝国。现在欧洲发达以后，要形成欧洲的统一，它的精神理念、它的文化，都与中世纪的传统有关联。欧洲对于基督教有着某种意义上的精神依存和文化依存，教会的社会影响很大，亦非常关注中国的宗教问题，所以与欧洲教会的对话也是非常重要的。由于强大的基督教文化的积淀，欧洲和中国的关系，不可能回避基督教的参与，而应与之展开广泛、深入的对话。

3. 中梵关系。梵蒂冈在欧洲是一个非常特殊的国家。它只有0.44平方公里，虽然很小，却是世界上十几亿天主教徒的领袖所在地，也是全球天主教会最高的指挥机构。梵蒂冈与中国的关系是非常敏感、微妙和有着重要影响的，它目前是欧洲唯一跟中国没有建交的国家。而南美20个左右没跟中国建交的国家，绝大部分也是天主教背景的国家，梵蒂冈的对华态度对它们也会有很大的影响。无论是出于宗教还是政治原因，梵蒂冈都非常想在中国重新恢复其影响，所以中梵关系也是目前的一个热点话题。罗马教廷老教宗约翰保罗二世去世，新教宗本笃十六世当选，此间我们看到一个非常有趣的现象。一方面，罗马教廷方面向我们伸出了橄榄枝，表示出愿意改善彼此关系的意向。另一方面，中国外交部发言人在老教宗去世之际曾经作出了一个积极的回应，对约翰保罗二世说不要影响中国人民的利益之表态有正面的评价，认为这样的言论对改善双方关系有一定的诚意。中国政府对如何解决中梵关系的意见是先建立外交关系，即国与国之间的关系，其次才是宗教关系，即教会跟教会的关系，态度很明确。目前双方正在试探其关系的改善或根本突破，有着各种途径的接触和对话。

4. 中国与亚非拉美的关系。基督教自20世纪下半叶以来在属于第三世界的这些国家和地区有着较快的发展，其传统影响也仍然在发挥作用。比如在亚洲，我们的近邻菲律宾就是天主教徒占其人口总数约90%的天主教国家。还有附近许多国家，如韩国等，基督教的影响也很大。我们在与这些国家进行交往的时候，多少也会感受到基督教对这种国与国之间关系的影响。

5. 台湾问题，港澳地区在“一国两制”后在中外关系中的地位以及影响。随着港澳的回归，西方的政治理念、价值体系、宗教信仰已鲜活地在我们的内部存在。在台湾地区，台独是我们现在最担心的问题，而台独的发展取决于方方面面的因素。一方面它会看美国的态度，受到美国对华政策的影响；另一方面它跟基督教也有关联，如台湾长老会中有不少人在强调本土化的同时亦强调台独，由此使基督教对这一问题的态度复杂化。从这个角度，台湾问题在国内涉及到基督教长老会的影响，故而有必要对其政治定位和信仰理念加以研究。基督教会的态度显然对我们解决台湾问题是否顺利也有着非常关键的作用。而处理好与香港、澳门基督教会的关系，亦有利于我们“一国两制”的顺利实施。

总之，我们应看到基督教思想文化对我们国家的方方面面都会有着各种影响，我们应对这些影响进行客观准确的分析，这样，争取这些问题的解决能对我们的国家构建和谐社会、得以安定发展起到积极、有益的作用。

第十一讲　伊斯兰教与国际政治

吴云贵，中国社科院世界宗教所研究员、博士生导师，中国宗教学会常务副会长。主要论著有《伊斯兰教概论》、《历史与现实中的伊斯兰》、《当代伊斯兰教法》等。

一、伊斯兰教基础知识

伊斯兰教作为一种传统文化，是以有神论为基础，以对真主安拉的信仰为核心。不论作为一种宗教，还是作为一种文化或文明方式，它的影响都是巨大、广泛而深远的。

（一）什么是伊斯兰

在汉语表述中，伊斯兰教是伊斯兰宗教的简称。“伊斯兰”一词，其阿拉伯文的含义是“顺从”、“服从”。而信仰伊斯兰教的人，则称为“穆斯林”，即伊斯兰教信徒。显然，伊斯兰教是强调权威与服从的宗教。但所谓权威，是指对真主意志的绝对顺从。诚如《古兰经》一节经文所阐明的：“你们当服从真主，应当服从使者和你们中的主事人”。“伊斯兰”与其他词语构成的复合词，诸如伊斯兰文化、伊斯兰国家、伊斯兰世界等，从中都可以看到伊斯兰教的作用和影响。

伊斯兰教是爱好和平的宗教。“伊斯兰”的本意是和平，意指遵循真主的意志，就能获得和平安乐。如今西方媒体舆论中有一种说法，将伊斯兰教与暴力恐怖主义连在一起，这是没有根据的。尽管世界上确有极少数人以伊斯兰教“圣战”的名义进行暴力恐怖活动，但这种行为与伊斯兰教没有本质联系，而且世界广大穆斯林也严词谴责和反对这种行为。

伊斯兰教历史上曾使用过不同的名称，如在汉语中就有天方教、清真教、回教、回回教门等称谓。各种称谓中以“回教”最为流行。由于“回教”易使人联想到回族、回民的宗教，而在中国还有其他9个少数民族几乎全民信教。因此，从1956年起，我国在正式出版物中用“伊斯兰教”这一规范名称来取代回教这一不确切称谓。

（二）传播区域

伊斯兰教与佛教、基督教并称为世界三大宗教。世界宗教是指传播地域范围广，遍及世界各地的宗教。伊斯兰教兴起后不断向外传播，经过三次宣教布道高潮，目前主要流行于西亚、北非、中亚、南亚、东南亚、东西非等地。除上述主要传播区域外，在欧美也有许多穆斯林。如在法国，穆斯林人口高达500万，仅次于天主教信徒，为第二大宗教。欧洲的穆斯林主要是来自殖民地国家的移民及其后裔，分别来自北非（阿尔及利亚和突尼斯）、西亚（土耳其）和南亚（印度、巴基斯坦和孟加拉国）等地。这些穆斯林少数民族已经不同程度地融入所在国的主流社会之中，但仍保持着自己原有的宗教信仰、民族特性和礼俗习惯。

伊斯兰教传入中国后，主要社会影响是在我国部分少数民族群体中间。我国有回族、维吾尔族等10个少数民族，几乎全民信教，总人口约有2100万人。中国伊斯兰文化具有中国特色，是中华民族文化的重要组成部分。

（三）三大圣地

宗教圣地一般是指与某一宗教创始人的生平事迹有重要关系的

地方，因而被该教信徒视为神圣庄严。伊斯兰教有三大圣地，其中两个在沙特阿拉伯境内，即麦加和麦地那，另一个是巴勒斯坦的耶路撒冷。

麦加是伊斯兰教的发源地。当年伊斯兰教的创始人穆罕默德首先在麦加城奉真主启示向当地民众布道。据说伊斯兰教产生前，麦加的克而白神殿内曾供奉300多位神像，伊斯兰教取得优势后清除了这些神像，并将神殿改为清真寺。麦加禁寺内的方形石殿，中国伊斯兰教称为天房，该殿所在方位为全世界穆斯林礼拜时的朝向。作为伊斯兰教最重要的圣地，麦加是世界穆斯林向往的地方，每年都有数百万世界各地的穆斯林前来这里朝觐，按照规定完成各种宗教礼仪，盛况空前。

麦地那位于麦加西北约400公里，是个面积约30多平方公里的绿洲。麦地那之所以成为伊斯兰教的第二大圣地，是因为当年先知穆罕默德曾在这里居住生活了10年，《古兰经》中关于社会、政治、法律、军事等方面许多重要启示，是在这里陆续发布的。伊斯兰教的基本特征也形成于麦地那时期。麦地那因此而获得“圣城”的美誉。

耶路撒冷作为伊斯兰教第三大圣地，其缘起同样与先知穆罕默德的生平有关。相传他在52岁时的一个夜晚，由天使哲布勒伊来陪同，乘天马从麦加行至耶路撒冷，又从那里登霄，遨游七重天，见过古代先知及天堂、火狱等情景，黎明时重返麦加。《古兰经》第17章的章名就叫“夜行”，经中所说的“远寺”，一般认为是指耶城旧城圣地南侧的阿克萨清真寺。

（四）国际宗教组织

国际伊斯兰组织中以两个更为重要。一个始建于1962年，总部设在沙特阿拉伯的麦加，称为伊斯兰教世界联盟。它有60多个国家的宗教组织和代表为其成员，是一个影响广泛的泛伊斯兰国际宗教组织，其宗旨是：传播伊斯兰教，维护穆斯林的权利，协助世界各地穆斯林团体的宣教活动，支持国际和平与合作。

另一个以伊斯兰名义创建的国际政治组织是伊斯兰会议组织。该组织成立于1971年，总部设在沙特阿拉伯的吉达。其组织机构分为首脑会议、外长会议和常设秘书处三个层次，下设一些专门委员会负责各方面工作。该组织现有57个成员国，强调共同的宗教信仰和共同的宗教文化有助于成员国之间的团结、互助与合作，宣称对外“要用一个声音讲话”。当然，由于国情不同、国家利益不同，成员国有时在国际事务中也会采取不同的立场和态度。

（五）伊斯兰是多层次的概念

伊斯兰既是一种宗教信仰，又是一种文化方式和社会制度。伊斯兰的多重含义表明，它是一个多层次的概念。伊斯兰教在理念上还经常与国家政权相联系，乃有伊斯兰国家之说。伊斯兰教作为信仰者的一种社会群体，显示出其固有的社会性、民族性和群众性。因此，不应把伊斯兰教仅仅理解为一种有神论的思想信仰，同时还应当关注其他方面的含义。

就政教关系而言，伊斯兰国家大体上有三种情况。一是施行政教分离的国家，如土耳其和苏联中亚五国。在这些国家，伊斯兰教仍有广泛的社会影响，但在国家体制上，宗教与国家政府没有关系，宗教不再是官方意识形态。二是政教合一的国家，其重要标志是以伊斯兰教法为国家基本法，宗教组织是国家政权的一部分。沙特阿拉伯等海湾国家属于这种类型。三是政教关系较为密切的国家，伊朗、巴基斯坦等大部分伊斯兰国家属于这种类型。这些国家有的宣布伊斯兰教为“国教”，有的未予宣布，但伊斯兰教在国家政治生活中普遍有重要影响。

从另一层次看，伊斯兰教作为一种文化传统，情况也相当复杂。值得关注的一点是宗教文化与民族文化的关系问题。由于共性的伊斯兰宗教文化实际上是由个性的民族文化板块构成的，所以不能离开民族文化来谈论抽象的宗教文化。如从民族语言和文字角度区分，广义的伊斯兰文化又可细分为阿拉伯伊斯兰、突厥伊斯兰、波斯伊斯兰、马来伊斯兰等亚文化体系，它们互相区别的根本标志正是民族文化特性。同样，流行于中国穆斯林中间的伊斯兰文化，如果按照使用的语言文字划分，又可区分为汉语系伊斯兰文化和维吾尔语系伊斯兰文化。不言而喻，这些民族文化也都具有伊斯兰宗教文化的共性。

从不同角度、不同层面来观察、认识、了解伊斯兰教，有助于我们全面地、历史地、客观地理解错综复杂、内涵丰富的人类宗教现象。

（六）从三个层次来理解伊斯兰

7 世纪伊斯兰教在阿拉伯半岛初创之际，它只是一种朴素的宗教信仰，而并非一种系统的意识形态。后来，随着半岛的统一和国家政权的建立和巩固，新兴的伊斯兰教逐渐发展演变为一种信仰体系，同时也得到国家政权的支持和保护，成为上层建筑的重要组成部分。在漫长的中世纪，制度化的伊斯兰教不仅是一种信仰体系，同时也是一种以信仰为基础的政治文化，对维护封建的伊斯兰国家政权和社会秩序发挥了重要作用。在政治思想倾向上，主流的伊斯兰教意识形态总是力图证明教权与王权是一致的，服从真主和使者与服从封建君主是统一的、不容分割的。近代以后，随着社会政治制度的变迁，伊斯兰教的意识形态特征有所弱化。但在当今的许多伊斯兰国家，伊斯兰教仍然是官方意识形态，国家政府仍然需要从宗教那里寻求政治合法性的依据。

其次，伊斯兰教是一种传统文化。如果按照文化性质和功能的不同，我们可以把文化区分为精神文化、物质文化、制度或政治文化等类别。应当说伊斯兰文化同样具有这三方面的内容，但作为宗教文化，伊斯兰文化的核心和最发达部分还是精神文化。作为精神文化，伊斯兰文化的核心是它的基本信条：除真主外绝无神灵；穆罕默德是真主的使者。以“认主独一”的世界观、人生观、价值观为基础，伊斯兰文化的第二个层次是它的思想体系，包括宗教思想观念、教义信仰体系、宗教理论论证、宗教律法思想等。伊斯兰文化的第三个层次可以称为制度文化，包括宗教礼仪、典章制度、教规教律、教派组织等。这些内容具有较强的社会实践性，因此人们往往将伊斯兰教视为一种社会制度和生活方式。伊斯兰文化的第四个层次可以称为器物文化，古兰经、圣训等各种宗教典籍、宗教文物、宗教艺术品、宗教寺院建筑、宗教学校、宗教活动场所等，实际上也都是宗教文化的象征和体现。它们的存在使人清晰地看到，伊斯兰教不只是一个抽象的概念，它同时也是一种社会实体，有它具体的形态和功能。

最后，应当密切关注宗教的社会群体。宗教是具有广泛群众参与性的一种社会现象，要了解宗教、正确地对待宗教，首先需要了解和尊重信教的人群。不论在我国还是在国外的伊斯兰国家，伊斯兰教社会性的重要标志之一在于信教群众有自己的社会组织。一方面以清真寺为中心的宗教活动定期举行，作为聚会和礼拜的场所，清真寺和街区本身就构成穆斯林教民的“小社会”。另一方面，包括中国穆斯林在内的世界各地的穆斯林，都建有自己的宗教团体、文化团体、社会福利机构等组织，这些组织机构对信教群众的宗教活动、社会文化活动乃至经济活动有很强的影响力。这表明宗教不只是公民个体的思想信仰，而且也是一支有领导、有组织的社会力量，一种有待开发和利用的社会资源。因此，宗教社会群体是了解伊斯兰教及其文化的重要渠道。

（七）伊斯兰教的基本特征

除了信仰的三个基本层次外，从研究的角度，从比较宗教学的观点，我们可以对伊斯兰教的基本特征加以研判或认定。

首先是政教合一。这里所讲的是宗教与政治的关系问题。“合一”，并非指宗教就是政治，或政治等同于宗教，而是指宗教与政治关系密切，二者没有完全分离。伊斯兰教创立之初，曾短暂施行过政教合一的体制，宗教领袖同时也是社团首领和国家施政者。后来宗教组织与国家政权有了某种程度的区分，但从未明确提出和施行过政教分离原则。相反，历史上的伊斯兰帝国的君主一向自称为真主在大地上的代理人，把弘扬伊斯兰正教、维护穆斯林臣民的利益看做是自己应尽的职责。由于《古兰经》和伊斯兰文化传统中没有政教分离的内容，所以宗教与政治关系密切，至今在伊斯兰世界仍然是主流的宗教思想。当然，也有区别，如在非伊斯兰国家，特别是在社会主义中国，并不存在政教合一或宗教干预政治的现象。

其次是族教混同。宗教与民族的区别是显而易见的，但二者间的联系未必会引起广泛的注意。早年的阿拉伯部落是在伊斯兰教的旗帜下统一联合为民族国家的，这一特殊的历史环境从一开始就使民族文化与宗教文化、民族特性与宗教信仰密不可分。中世纪历史上，穆斯林与非穆斯林身份上的区别成为最基本的社会差别之一，《古兰经》更明确地将信仰伊斯兰正教的穆斯林称为“最优秀的民族”。实际上作为世界性宗教，伊斯兰教的宗旨之一就是要用普遍性的宗教信仰打破以血缘关系为基础的分散的部落限制，因此从理论上讲，宗教信仰是超越民族、国家之上的。由于伊斯兰教对信教民族性格和心理的广泛历史影响，导致“族教混同”的状况和说法。最典型的事例是在前南斯拉夫联盟，如在铁托执政时期，国家宪法就明确将讲塞尔维亚语的穆斯林称为穆斯林民族，简称穆族。其法理依据正是用宗教信仰来确认和代替民族属性。族教混同另一典型的实例是在南亚印巴次大陆，当年英国殖民统治当局根据所谓“两个民族”理论，决定将英属印度分割为印度和巴基斯坦两个政治实体。印巴分治方案中所说的“民族”，是指国家意义的民族（NATION），其理论根据实际上是居民的宗教信仰，即把南印巴次大陆信仰印度教的居民看做是一个民族，而把信仰伊斯兰教的居民视为另一个民族。“族教混同”所揭示的一个基本事实是伊斯兰教具有民族性，因为民族是宗教信仰、宗教文化最重要的载体。例如，中国有回族、维吾尔族等10个少数民族几乎全民信仰伊斯兰教，伊斯兰教对这些民族的思想信仰、文化传统、生活习惯有广泛而深刻的影响。因此，尊重和保护宗教信仰自由，也是对信教少数民族合法权益的尊重和保护。

伊斯兰教的另一基本特征是主张和强调两世吉庆或两世生活兼重。这同样是从比较意义而言得出的结论。人们经常把更加看重来世生活的佛教称为“出世的宗教”，而把反对禁欲主义、既重视后世又重视今生物质生活和福利的伊斯兰教称为“入世的宗教”。所谓“两世吉庆”，是指作为穆斯林，要把获取今世和后世的吉祥喜庆作为自己的理想和奋斗目标。尽管伊斯兰教也有重后世、轻今生的种种说法，但主流的宗教思想强调两世生活兼重。但今生、今世的吉庆，并非仅指物质生活的丰盛美好，其深层意思是指人若在今世受真主的指引而入“天道”，成为顺从安拉意志的穆斯林，才堪称为“今世的吉庆”。人生命终止后，因今世的善功而在后世进天堂享福乐，获得永生，称为“后世的吉庆”。“两世吉庆”把追求现实美好人生与对真主和后世的信仰结合起来，成为伊斯兰教义思想的显著特色之一。

（八）信仰体系

宗教主要讲信仰，信仰有它的基础或依据。伊斯兰教信仰体系的基础是《古兰经》和圣训。伊斯兰教的基本信仰（信纲、信条）正是后人根据经、训的有关论述和规定提出和制定的。

《古兰经》又称《可兰经》，它是以真主安拉的名义用阿拉伯文启示的一部根本经典。全经书共有 114 章，6200 余节，现已翻译成 65 种语言文字，有 550 余种版本，影响相当广泛。按照启示下降地点不同，经文分为麦加篇章和麦地那篇章两部分。主要内容包括：伊斯兰教的基本信仰和基本功课；就当年阿拉伯半岛的社会状况提出的种种主张和伦理道德规范；为早年政教合一的穆斯林社团确立的宗教、政治、经济、社会和法律制度等。《古兰经》作为真主启示的一部根本经典，对广大穆斯林民众的知与行，具有广泛的影响力。虔诚的穆斯林都以《古兰经》为最高学问。

“圣训”原指伊斯兰教先知穆罕默德生前言行的记录汇集，但后人收入圣训的内容非常广泛丰富，其中也包括默认的圣门弟子的言行。广义而言，圣训所记录的是早年阿拉伯人的历史。作为宗教典籍，圣训的主要功能是进一步解释和补充《古兰经》经文。圣训集有多种不同的版本。逊尼派穆斯林推崇六大圣训实录，所谓实录即真实可信。什叶派穆斯林有“四圣书”，即什叶派圣训学家收集整理的四部圣训著作。在中国穆斯林教民中间广泛流行的是《布哈里圣训实录》。在对《古兰经》的各种解释中，训注经是最权威的一种，因为穆罕默德在精神和人格上离真主最近，是全世界穆斯林公认的楷模。

伊斯兰教信仰体系包括六方面的内容，统称六信。首先是信真主。《古兰经》确立了真主安拉至高无上的地位、真主与宇宙万物的关系。安拉是宇宙万物的创造者、主宰者，是宇宙万物的本原。真主有 99 种美名，每一个美名也都是真主的一种属性或德性。真主与穆斯林信众是主与仆的关系，作为奴仆，人生在世的根本目标就是敬畏真主、顺从真主，实践真主的命令。对真主的信仰简称为“认主独一”，即承认世界只有唯一的主宰者和受拜者，除真主外，没有神明。这种彻底的一神论观点，否认真主有复数，反对“以物配主”和偶像崇拜。

伊斯兰教第二个信条是信使者，特别是封印使者穆罕默德。作为使者，其最重要的使命是领受和传达真主的启示和指令。伊斯兰教宣称，安拉在不同时期曾向不同民族派遣过许多使者。使者也称先知，《古兰经》中提到名字的先知或使者计有 28 位之多，其中以 6 位更为重要。信使者既包括信希伯来使者，也包括信阿拉伯使者，因为他们传达的是同一真主安拉的启示和信息。在全部使者或先知系列中，以穆罕默德地位最高，他是众先知的封印，即真主向人世间差遣的最后一位先知和使者。信使者为伊斯兰教基本信条之一，为伊斯兰教“清真言”的重要内容之一。

伊斯兰教另一重要信条是信经典。对经典的信仰既包括信仰《古兰经》，也包括信仰以前降示的经典。信经典主要包括相信《古兰经》的真实性和非仿造性，相信经文启示是真主的言语，因而是神圣的。伊斯兰教认为，安拉曾为每一位使者降示过一部经典，共降示过天经 114 部。其中，《古兰经》中经常提及的有 4 部。所以信经典的含义包括信伊斯兰教的《古兰经》，以及在它之前降示的经典，因为正如经文所指明的，《古兰经》这部包含真理和智慧的经典，“证实”了以前的一切天经。由此，伊斯兰教把信奉天启经文的犹太教徒、基督徒和穆斯林统称为“信奉天经的人”或“有经人”。

伊斯兰教的重要信条之一是信天使。天使亦称天仙、天神，他们是真主安拉用光创造的一种妙体，为人类的朋友，受安拉的差遣而执行和完成各种使命。天使纯洁、圣洁、无邪，不分性别，长有翅膀，飞行神速，神通广大。伊斯兰教相信天使数目繁多，遍布天上人间，协助真主执行各种任务。天使有高低等级之分，其中以四大天使长地位最高，名声显赫。如天使长哲布勒伊来（又译迦伯列）就经常往返于安拉与穆罕默德之间，称之为天经的《古兰经》经文就是通过这位天使长“默示”给伊斯兰教先知穆罕默德的。

伊斯兰教的第五个信条是信末日。末日，指世界末日，即世界毁灭之日。末日又称为“复生日”、“复活日”、“清算日”等，因为世界末日之后，人类将迎来后世，即彼岸世界。与末日相联系的一个重要概念是“末日审判”，指世界末日到来之时，世人将在庄严的真主法庭接受审判，根据生前的功过是非做出评判裁决；谨守拜功、完纳天课、虔诚事主者，必将因其善行义举获得善报，进天堂、获永生、享福利。反之，如果违背主命（真主的意志）、干尽坏事，死后必将成为火狱的居民，受到严厉的惩罚。伊斯兰教相信，世人生前的功过是非由安拉最终裁决：一切正义全归真主，一切判决全归安拉。真主不仅明察秋毫、洞察一切，而且赏罚分明，报应迅速。至于何时世界末日来临，则属于“天地的幽玄”，世人无法推测，唯有真主安拉知晓。

伊斯兰教第六个信条是信前定。前定之说，是一种宿命论观点，即认为人类的命运和行为皆由真主意志预先确定，个人无能为力。前定，如加以绝对化的解释，则可以认为人的富贵贫贱、生死祸福，乃至国家与民族的兴衰荣辱，皆由真主前定并无法改变。前定之说源自真主创世之说，《古兰经》中就明确肯定真主“预定”万物并加以引导。但伊斯兰教历来提倡中庸之道，不赞成对经文启示加以绝对化的解释。如在前定问题上，著名的艾什尔里学派就坚持两点论的解释。该派一方面从总体上肯定前定之说，认为人的行为是由真主所创造和预定，因而个人应当顺从真主的指令。另一方面，该派又强调人的各种行为本身是后天“获得”的，个人在不违反真主意志前提下仍有选择行动的自由。因此，既要坚持真主前定的信仰，同时个人仍必须对自己行为的后果承担社会责任和道德责任，因为真主是正义的，真主只认定正义的行为。

（九）宗教制度

伊斯兰教有两种基本形态，一种称为制度化的伊斯兰，指通过宗教制度、教法规范来维系宗教生活；另一种形态称为苏非主义，指通过宗教导师行教、更为重视和强调个人修行的教团组织。这里讲的宗教制度，指的是主流的、制度化的穆斯林社团的宗教制度，其宗教活动是以各地的清真寺为中心。宗教制度的主要功效是使宗教信仰具有社会实践性，从而增强宗教信仰的影响力。中国穆斯林把宗教制度简称为“五功”，即念、礼、斋、课、朝五项基本功课。

念功，指穆斯林为作证自己的信仰而在清真寺念诵的清真言：万物非主，惟有真主；穆罕默德是真主的使者。伊斯兰教规定，信徒对于上述赞词不仅要“内心诚心”，而且要“口舌招认”，即念出声来。念清真言以表白自己的信仰，是做一个穆斯林最基本的要求。

拜功，即把做礼拜视为穆斯林必须完成的功课。礼拜可以理解为加深信仰和表达情感的一种庄严的宗教仪式。礼拜按其性质不同有许多不同的称谓和相应的礼仪规定。如每日在五个时间段举行的礼拜称为“五时拜”，每周星期五午后举行的集体礼拜称为聚礼，每年伊斯兰教两大节日（开斋节和宰牲节）举行的集体礼拜称为会礼，等等。

斋功，指把按照教规封斋视为一种义务和必须完成的功课。伊斯兰教法规定，斋戒有很多种类，其中以“主命斋”最为重要。按照规定，每年伊斯兰教历 9 月为斋月，又称赖麦丹月。斋月期间，每日从破晓至日落禁止饮食。之所以把教历 9 月定为斋月，是因为 9 月是开始降示《古兰经》的月份，以此来表示对真主的赞颂和感激之情。斋月期满，于教历 10 月 1 日开斋，是日为开斋节，为伊斯兰教最重要的两大节日之一。

课功，指按照教法教规完纳以宗教名义征收的课税。伊斯兰教的天课，阿拉伯文称为“札卡特”，意为“洁净”、“正义”，意即只有把真主赐予财产的一部分归还真主，才能“洁净”自己的财产，心安理得地享用和支配自己的财产。最初天课是一种自愿施舍，视为善功，后来则成为必须履行的义务。伊斯兰教高度重视天课。据统计，《古兰经》中提到天课的地方多达 80 余处。经文规定，行善事的穆斯林应当谨守拜功，完纳天课，确信后世。天课每年征收一次，税率为个人收入的 2.5%；若征收实物如农产品，则相当于 10%。天课的收入主要用来救济贫民和支持宗教事业。

朝觐圣地原为早年阿拉伯人的一种宗教习俗。伊斯兰教兴起后，麦加的克而白圣殿在清除原来供奉的偶像之后，依然是著名的宗教圣地。《古兰经》明文规定，凡能旅行到天房的，都有义务为真主而朝觐天房。伊斯兰教规定，凡有条件的穆斯林，一生中至少应朝觐一次，完成一整套宗教仪式和功课。居住在境外的穆斯林，几乎都把到沙特阿拉伯境内的圣城麦加朝觐视为一件大事和一次神圣之旅。去麦加朝觐过的穆斯林被尊称为“哈吉”，意为朝觐者。朝觐作为一项宗教活动，也为世界各国穆斯林之间的相互了解和增进友谊提供了便利条件和机遇。

（十）教派学派

教派是在历史进程中因政治分歧、利益冲突所引起，进而影响到对教义思想的不同解释。历史上伊斯兰教有过诸多不同的教派，今天以三个派别最为重要。

首先是逊尼派。它是“逊奈和大众派”的简称。逊尼派得名于“逊奈”（传统习惯）一词，其含义是指遵循传统习惯的人。该派在政治上承认前四位哈里发（意为继任者）同为穆罕默德的合法继承人。在教义教理发展过程中，该派创立了经注学、圣训学、教法学、教义学等宗教分支学科，体现了自身的宗教文化传统。除以《古兰经》为立法、行教的根本依据外，还以各分支学科建立宗教信仰体系、宗教社会制度和司法制度。约于 10 世纪形成的艾什尔里教义学，以信仰为基础适当肯定了理性的地位，创立了影响广泛的信仰体系。在教法学领域，该派提出了《古兰经》、圣训、公议、类比四大法源之说，创建了大同小异的四大教法学派。

历史上逊尼派在世界各地建立过许多王朝和国家政权，该派教义思想也因为得到统治者的大力支持和保护而成为主流的宗教思想，影响十分广泛。作为人数众多的“大众派”，逊尼派穆斯林约占世界穆斯林总人口的90%以上。一般认为，中国穆斯林的绝大多数属于逊尼派，教法传统上遵循哈乃斐学派。

历史上长期与逊尼派对立的群体称为什叶派。“什叶”一词，阿拉伯原文意为“党派”，专指拥护阿里的人。阿里是伊斯兰教先知穆罕默德的堂弟和女婿，为什叶派拥戴为社团领袖，称为伊玛目。政治上该派否认逊尼派前三位领导人的合法性，而只承认伊玛目阿里，由此形成伊玛目学说，成为什叶派穆斯林信仰体系的核心内容。作为伊玛目信仰的一部分，什叶派高度重视“隐遁”伊玛目之说。他们坚信，该派最后一位伊玛目并没有亡故，而只是隐蔽在某一常人莫及的安全之地，并终将会以救世主马赫迪（新先知）的身份重现人间，铲除邪恶不义，为大地带来光明希望。什叶派也以《古兰经》为根本经典，但其版本不同，对某些经文的理解也不同于逊尼派。在圣训学方面，该派只相信由什叶派伊玛目传述和注释的圣训，以“四圣书”最为著名。教法原则上，什叶派除以经典、圣训、公议为依据外，理性也是法源之一。除公认的三大圣地外，什叶派信徒还经常到卡尔巴拉、纳杰夫（今伊拉克）、马什哈德、库姆（今伊朗）等圣城朝觐，这些地方都是什叶派著名的圣地和宗教文化中心。

什叶派众多支派中以十二伊玛目派（因承认12位宗教领袖而得名）最为重要，传媒报刊中所说的什叶派主要是指该派。什叶派穆斯林主要分布、居住在伊朗、伊拉克、巴基斯坦、印度、埃及、也门、黎巴嫩等地，约占世界穆斯林总人口的10%左右。1979年伊朗人民在已故宗教领袖霍梅尼的号召和领导下，一举推翻巴列维王朝，这一政权更迭被称为“伊斯兰革命”。这一事变是什叶派伊斯兰教历史上引人注目的重大事件之一。什叶派也因此引起广泛的关注。

除上述两大派别外，近代兴起的瓦哈比教派也曾对世界各地的伊斯兰社团产生过重要影响。该派于18世纪中叶兴起于阿拉伯半岛，得名于创始人阿布杜·瓦哈布的名字，而该派自己则自称为

"一神论者"。一般认为，瓦哈比派教义思想源自逊尼派较保守的罕百勒教法学派。该派以复兴伊斯兰教正信为行动口号，主张回归伊斯兰教的原始教义和信仰。其基本观点包括：提倡伊斯兰原教旨主义，反对外来思想文化对伊斯兰正教的侵害；提倡严格的一神论信仰，反对苏非神秘主义，禁止崇拜圣徒、圣墓、圣物，斥之为多神崇拜和"以物配主"；反对崇拜、神化先知穆罕默德，主张复兴伊斯兰教的诚信，特别是对安拉的根本信仰。对《古兰经》，该派主张只信其表义，包括直传圣门弟子的注释，而拒绝后世的经注。对于伊斯兰教法的四大法源，该派只接受《古兰经》和圣训，不盲从四大教法学派任何一派的主张。

瓦哈比派教义得到沙特阿拉伯王国的支持和保护，被奉为国教，成为王国主流的宗教思想。由于沙特在伊斯兰世界地位显赫，瓦哈比派教义得以通过各种渠道传播到世界各地。特别是自 20 世纪 90 年代以后，自称为"赛来非叶"派的民间瓦哈比派不仅在沙特境内非常活跃，其激进或保守的教义思想在中亚、南亚等地也得到广泛的传播，引起教派冲突和地区政治动荡。

二、中国伊斯兰教概况

伊斯兰教在中国表现出鲜明的民族性。中国有回族、维吾尔族等10个少数民族，几乎全民信仰伊斯兰教。这些民族除回族外主要居住在我国西北地区，总人口有2100万人。伊斯兰教对这些民族的文化传统、生活方式、民族特性和风俗习惯等方面有广泛而深刻的影响。从某种意义上，了解伊斯兰教也是了解、研究中国国情的一部分。

伊斯兰教传入中国的确切年代，学术界有多种不同的说法。但大体上讲，伊斯兰教是在唐代开始传入我国的。传播路线有两条，即海上和陆上丝绸之路。唐代从波斯和阿拉伯来华的外籍穆斯林大部分是商人，他们来华的目的不是传教，而是经商。这些人有的往返于中国和阿拉伯各国之间，有的定居于长安、扬州、广州等地，中国历史典籍中称他们为“蕃商”或大食商人。到了宋代，来华的外国穆斯林人数明显增多，据估计约有几万人乃至十几万人。他们留居中国后仍以经商贸易为主，主要居住在东南沿海城市。这些外籍商人中，尽管已有“土生蕃客”、“五世蕃客”，表明他们已经在华夏大地安家落户，但他们在总体上仍被视为侨民，尚未形成稳固的穆斯林社团。他们并不对外传教，宗教活动仅限于社团内部。当时人们并不了解伊斯兰教，因此典籍中以“大食法”、“大食教度”相称。前者指源自阿拉伯的伊斯兰教法，后者指源起于阿拉伯半岛的伊斯兰教信仰。

蒙元时期是伊斯兰教在中国迅速发展的一个历史时期。蒙古帝国是成吉思汗后裔在我国建立的政权。蒙古不断西征，不仅打破了中国西部边界，而且每次西征胜利后都将大批中亚人、波斯人和阿拉伯人迁移到东方。这些人在元代典籍文书中称为“回回”，后来成为伊斯兰教在中国的重要社会基础之一。元代的政策从几个方面促进和加速了伊斯兰教在中国的发展。第一，蒙古统治者奉行宗教兼容和信仰自由政策，其目的固然是为了征服和统治中国，但客观上造成了有利于伊斯兰教传播和发展的社会环境。第二，元代设立了专门管理伊斯兰教事务的机构，称为“回回掌教哈的所”。元代伊斯兰教在全国仍无固定的名称，但作为宗教社团已得到社会的承认。“元时回回遍天下”的说法证实了伊斯兰教社会影响的迅速扩大。第三，由于统治者施行有利于伊斯兰教发展的民族宗教政策，元代穆斯林人口急剧增加，遍布全国城乡各地，并渐渐形成“大分散、小集中”的人口分布格局。第四，蒙元时期，中央政府加强了对边远地区的控制。元代在西域设置了行省，客观上有利于伊斯兰教在我国新疆地区的发展。

明清时期，中国伊斯兰教获得全面发展。概而言之，主要表现在以下几个方面。首先，中国穆斯林民族开始形成，尤以回族更为突出。从民族语言上看，回族已经以汉语为民族语言和文字，原来所使用的波斯语和阿拉伯语成为经堂语，即宗教语言。此时，回族已经产生共同的民族感情。这主要是因为他们有共同的伊斯兰文化背景，有相似的社会地位和遭遇，而且经济联系密切，生活习俗相近。其次，汉语系伊斯兰教形成教坊和三掌教制度。教坊又称寺坊，是以清真寺为中心的一种各自独立的宗教社团。各地教坊的兴起适时满足了各地穆斯林民众对宗教文化活动的一种需求。三掌教制度则是指由三名教职人员分工合作，共同负责寺院的宗教活动和宗教事务。宗教事务管理的制度化有利于伊斯兰教的发展。第三，经堂教育的兴起促进了宗教教育事业的发展。所谓经堂教育，是指以清真寺为课堂对学童进行宗教文化教育。由于讲课以《古兰经》为主要内容，故称经堂。经堂教育改变了过去那种父传子受、师徒单传的传统教育方式，对伊斯兰文化知识的传播发挥了重要作用。

此外，汉文著译活动的兴起，对于中国伊斯兰教而言，也是具有重大历史意义的创举。明末清初，继经堂教育兴起于我国西北地区之后，东南地区的一批穆斯林学者开始用汉文译述伊斯兰教教义。这一译介、译述活动历时三年，造就了王岱舆、马注、刘智等著名伊斯兰教学者。他们通过汉译伊斯兰教著作，极大地扩充了外来宗教文化在中国的影响。他们在译著过程中倡导的“以儒释回”、“以儒释教”的方法，为中国儒家文化与伊斯兰文化的交流、沟通提供了便利。他们采用中国传统文化的概念、素材，加以融合、改造，以阐发伊斯兰教教义思想，使之具有中国特色。可以认为，汉文著释活动的兴起，对具有中国特色的伊斯兰教的形成具有重要意义。

三、伊斯兰教与国际热点问题

从比较的观点看，当今世界三大宗教中，伊斯兰教与国际政治关系更加密切一些。作为一种宗教信仰，在很多情况下，伊斯兰教并非直接与国际事务、国际关系发生联系。伊斯兰教介入地区政治或世界政治主要通过三条渠道。一是伊斯兰国家。尽管非伊斯兰国家作为国际行为的主体，也同样会以国家名义介入国际事务，但当伊斯兰国家与某一非伊斯兰国家发生争执或冲突时，人们往往把伊斯兰教作为一个相关因素加以研究。二是伊斯兰世界。共同的宗教信仰作为一条纽带，把几十个伊斯兰国家拉近距离，构成所谓伊斯兰世界。泛伊斯兰国家团结与合作，因此而成为一种力量，成为研判国际政治中的一种因素。三是非政府组织。世界各国的伊斯兰教政党和组织，从国家角度看，都属于非政府组织。非政府组织当然不能代表国家，但它作为一种宗教势力经常积极参与国内外的政治事务。这种状况以世界各地的伊斯兰激进组织或原教旨主义中的极端派更为突出。

伊斯兰教与国际政治的关系有诸多事例和表现，这里仅举数例予以说明。

（一）巴以冲突中的伊斯兰因素

巴以冲突是指巴勒斯坦国与以色列国之间的冲突。巴勒斯坦人居住在西亚，是阿拉伯人的一支。巴以冲突是阿以冲突的一部分。从1948年起，阿拉伯国家与以色列之间因为领土纠纷多次发生武装冲突和战争，统称为阿以冲突。阿以冲突以及后来的巴以冲突，原来只是两个民族之间的冲突。后来，由于宗教势力积极介入，不仅使冲突愈演愈烈，而且使冲突复杂化，因而更难以解决。阿以、巴以冲突中的宗教因素主要有三。

首先，以宗教名义要求对耶路撒冷的所有权，使耶城最终归属问题成为和平谈判中最大的难点之一。耶路撒冷老城的圣殿山，历史上曾是古犹太王国的精神象征。犹太复国主义兴起后，一直号召恢复犹太民族家园，并以耶路撒冷为新国家的首都。耶城原在约旦的控制之下。1967年第三次中东战争中，以色列军队攻占了耶路撒冷老城，不顾阿拉伯国家的反对，宣布耶城为以色列“永久和统一的首都”。而从伊斯兰和阿拉伯人的立场，耶城历来属于巴勒斯坦领土。伊斯兰教认为，耶路撒冷是世界穆斯林第三大圣地，耶城老城圣殿山上的阿克萨清真寺，《古兰经》中称为“远寺”，历史上曾是早年穆斯林礼拜时的朝向，而且直到1967年战争爆发之前，耶城长期在阿拉伯国家的实际控制之下。因此，尽管以色列非法侵占和吞并了耶城老城，并不断扩建犹太人定居点以侵占阿拉伯领土，但都无法改变耶城的地位。

其次，伊斯兰教介入阿以冲突使问题复杂化。1967 年第三次阿以战争中，阿拉伯国家遭到惨败，失地、丧权、辱国，阿拉伯民族主义威信扫地。此后，泛伊斯兰主义影响不断增强，泛伊斯兰团结成为对抗犹太复国主义的重要工具。1971 年 10 月伊斯兰会议组织宣告成立后，在其召开的历次会议上，不断重申支持巴勒斯坦人民恢复其权利和重返家园的斗争。尽管这一立场是可以理解的，但伊斯兰国家即使在阿以冲突问题上也很难完全做到对外“用一个声音讲话”。如埃及、约旦早已与以色列实现关系正常化，而绝大多数阿拉伯伊斯兰国家仍然与以色列处于对立状态。此外，伊斯兰国家对“土地换和平”原则也有不同的理解。

第三，伊斯兰激进势力在巴勒斯坦被占领土上的兴起，削弱了巴民族权力机构的影响力。长期以来，以阿拉法特为首的巴民族权力机构一直被国际社会视为巴唯一合法的组织和政治代表。伊斯兰教势力没有直接参与或介入阿以冲突和其后的和平进程。但从 1987 年起，情况发生了显著变化。同年，为引起国际社会对巴勒斯坦问题的关注，在巴被占领土上爆发了一场以“石块暴动”著称的巴勒斯坦民族起义。在起义过程中，一个自称为“巴勒斯坦伊斯兰复兴运动”的激进组织，成立了“伊斯兰圣战组织”（杰哈德），以对异教徒举行“圣战”的名义，号召人们开展反对以色列占领者的武装斗争。但圣战组织不断袭击以色列军警和平民百姓的过激行动，不仅无法在步调上同主张通过谈判解决巴以争端的巴民族权力机构保持一致，同时也给反对中东和平进程的以色列右翼政治势力提供了借口。巴民族起义过程中兴起的另一支激进势力称为“伊斯兰抵抗运动”（简称“哈马斯”）。“哈马斯”是由巴穆斯林兄弟会组织创建，是它的分支组织，实际上是一个规模更大的伊斯兰圣战组织。该组织以反以色列为宗旨，经常诉诸暴力恐怖主义，用“人体炸弹”即自杀式袭击方式进行袭击，是它惯用的手段和斗争策略。这种方式一方面对以色列有威慑作用，使以色列平民产生恐惧和不安全感，同时也遭到以色列方面的残酷报复。如哈马斯的精神领袖、残疾人亚辛长老以及其他一些主要领导人，几年来大都被以色列方面以“定点清除”的方式暗杀。“哈马斯”的崛起，使被占领土出现了民族与宗教两面旗帜、两种政治理念、两支性质不同的社会力量，政令不能统一，步调不能一致，严重削弱了巴民族权力机构的威信和影响力。近年来巴以之间暴力冲突加剧，安全形式不断恶化，以及巴以之间渐行渐远，虽然不能简单地归之于宗教干预政治的结果，但确实与巴以宗教激进组织的活跃密切相关。

（二）阿富汗战争与宗教激进势力的兴起

1979年至1989年的10年间，对于中亚的阿富汗人民而言，是决定其历史命运的一段重要时期。由于苏联为了自身的战略利益悍然出兵侵占了阿富汗，保卫国家主权和领土完整、反对外来侵犯，成为历史赋予阿富汗人民的神圣职责。如今这场战争早已因为苏军的撤离而宣告结束，饱受战乱之苦的阿富汗人民也开始走向新生活。阿富汗战争虽然已经成为历史，甚至被许多人所忘记，但那场战争对宗教极端主义的巨大刺激作用是不能忘记的，因为极端主义作为恐怖主义的思想根源之一，仍在不断地制造恐怖。战乱与宗教极端主义的关系可以概括为以下几个方面。

首先，特殊的社会历史条件使阿富汗战争演变为一场伊斯兰“圣战”。一方面，当时反对苏联入侵的主要力量“阿富汗伊斯兰圣战者联盟”（简称七党联盟），本来就是以宗教名义组建起来的民兵武装，他们之中的很大一部分人从一开始就把这场战争看做是一场宗教“圣战”。他们固然是为祖国而战，但更是为捍卫信仰真主的权利而战。另一方面，全力援助他们的外部力量，除为了实现自己战略利益的美国外，主要是两个偏于保守的伊斯兰国家。沙特阿拉伯慷慨资助阿伊斯兰圣战者武装，其战略目的之一是为了巩固沙特在伊斯兰世界的“盟主”地位，抵制伊斯兰革命后的什叶派伊斯兰教的伊朗向中亚、南亚渗透扩张。巴基斯坦全力援助阿富汗穆斯林民兵武装意在寻找一个称心如意的战略合作伙伴，以便使邻国阿富汗在一旦发生印巴冲突时可以作为自己的战略盟友。地缘政治的共同需要，使美国、沙特、巴基斯坦三国在援助阿富汗问题上达成共识，即全力援助阿抵抗武装组织中的伊斯兰集团。这一向伊斯兰原教旨主义倾斜的政策，极大地刺激了宗教极端主义势力在阿富汗的恶性发展。

其次，战乱为国际伊斯兰宗教势力的扩张提供了有利条件。在阿富汗抗苏战争中，世界各地的伊斯兰原教旨主义势力甚为活跃，埃及穆斯林兄弟会、巴基斯坦的伊斯兰教促进会、沙特阿拉伯的民间瓦哈比派等教派组织乘机向阿富汗渗透，以扩大影响。事实证明，本·拉登的“基地”组织尽管正式成立于1996年，但其骨干力量正是乘阿富汗战乱之便从世界各地渗透到阿富汗的。除鼓吹原教旨主义思潮外，这些来自境外的国际宗教组织对宣传伊斯兰“圣战”发挥了巨大作用。最初的“圣战”宣传，旨在通过传统宗教思想动员、激励国内外的穆斯林参加抵抗苏军入侵的自卫战争。尽管当时战争的性质、目的、意义都同中世纪反异教徒的“圣战”相去甚远，但至少在字面上还说得过去。但后来所谓的“圣战”则成为暴力恐怖主义的同义词，似乎只要是穆斯林，就可以用“圣战”的名义去反对一切不中意的事情；“圣战”可以不分场合，不讲条件，不择手段，不顾后果。

最后，战时培训的后果之一是助长了宗教极端主义。阿富汗战争中，为提高阿穆斯林民兵的战斗力，曾用5年的时间对8万余名阿战斗人员进行军事轮训。培训内容包括向学员灌输伊斯兰原教旨主义、“圣战”思想，学习渗透、潜伏、侦察、绑架、暗杀、爆破等军事技能。尽管在战争年代进行人员培训是必要的，但其负面效应也很明显。事实上今天人们所熟知的“基地”恐怖组织，正是在当年培训营地基础上发展而成的。而上世纪90年代以来直到本世纪初世界许多地区所发生的多起恐怖袭击大案要案，其犯罪嫌疑人中的骨干分子大都有“阿富汗背景”，即当年曾以自愿者名义参加过阿富汗战争并在训练营地接受过专门培训。

（三）海湾战争对伊斯兰的冲击和影响

1991年的海湾战争，表面上是因为伊拉克武力吞并邻国科威特所引起的，而深层次根源则是美国急于在冷战后新时期确立世界霸权。美国以反伊联盟“多国部队”的名义取得了这场战争的胜利。

应当说海湾战争对伊斯兰世界的冲击是巨大的、深远的乃至具有决定意义的。

海湾战争中，以宗教名义寻求民意支持成为一种重要的政治需要。海湾战争爆发前后，世界各种政治力量对于美国出兵海湾地区是否正义，立场不尽相同。以首当其冲的阿拉伯国家为例，阿拉伯联盟21个成员国中只有12个国家赞成和支持美国用兵，刚过半数。尤其是对于像沙特和埃及这样有影响的伊斯兰大国，如何说服民众赞同和支持政府的重大决策，成为举足轻重的大事。作为海湾地区最为保守的伊斯兰国家之一和伊斯兰世界的"盟主"，沙特国王决定允许美军进驻沙特并利用境内的美国空军基地去攻击伊拉克军队，决心确实很难下。为证明此举符合伊斯兰教，当时埃及政府曾通过国家总穆夫提（伊斯兰教法令权威解释者）发布一项"教令"（称为法特瓦），称为"关于海湾危机的伊斯兰判决"。"教令"就海湾战争重大相关问题，从宗教传统角度做了全面系统的论述和回答。其中最突出之点是"教令"明确回答了政治结盟是否可以超越宗教信仰的问题。"教令"宣布，在"敌强我弱"的特殊情况下，伊斯兰国家可以向非伊斯兰国家寻求援助和保护，这并不违反伊斯兰教。这里讲的是沙特在海湾战争中与美国结盟反对另一个伊斯兰国家伊拉克的是非问题。"教令"中所肯定的政治结盟，在《古兰经》中可以说是闻所未闻，甚至可以说是"离经叛道"。由此可以看到，海湾战争使传统伊斯兰政治思想受到一次强烈冲击，而官方"教令"为顺应形势所做出的随意性解释未必能得到社会舆论的广泛认可和赞同。

（四）战后阿拉伯民众反美情绪高涨

海湾战争过程中，部分阿拉伯国家的宗教界人士曾召开会议并发布"民间教令"，表示对时局的忧虑和关切。他们根据《古兰经》经文提出，政治结盟不应违背伊斯兰宗教律法，因此穆斯林与犹太教徒或基督徒结盟属于不义行为，应当受到谴责。海湾战争结束后，阿拉伯民众反美情绪继续高涨，并把反美与反阿拉伯国家"腐败政权”结合起来。沙特阿拉伯宗教政治反对派的一个头面人物在公开发布的一项“教令”中宣称，如果说伊拉克曾侵占过科威特，那么美国也占领了沙特。所以，海湾国家真正的敌人不是伊拉克，而是西方。

沙特宗教政治反对派的社会基础主要是民间瓦哈比派信徒。他们在海湾战争后的一项主要活动是以要求施行政治改革的名义向沙特王室施压，并把反政府视为反对美国“十字军”代理人的应有之义。他们以“请愿书”、“劝告备忘录”方式提出的改革主张，包括扩大民主、厉行体制改变、调整对外政策、改变“离经叛道”、与“魔鬼”结盟的亲美政策等。由于当时的法赫德国王采取强硬政策，以“误导、分裂国家”的罪名将数百名宗教反对派人士逮捕法办，致使双方间的矛盾不断加深。

（五）海湾战争是“基地”组织兴起的直接导因

2001 年“9 · 11”事件后，美国和国际社会一致认定本 · 拉登及其“基地”组织是穷凶极恶的国际恐怖主义势力。但“基地”组织是怎样兴起的呢？看来最重要的背景就是那场被美国吹得神乎其神的海湾战争。

本 · 拉登原为沙特的一位建筑业巨商，资产丰厚，富能敌国。阿富汗战争期间，本 · 拉登响应王室号召，与沙特情报部门密切合作，他一手创建的“伊斯兰拯救基金会”曾为支援前线做过重要贡献。当时，他实际上也是美国的战略盟友。海湾战争爆发后，本 · 拉登曾约见沙特国防大臣，为之出谋划策。后因立场不同、话不投机，本 · 拉登受到冷落，直至与沙特王室绝交，并走向反美、反沙特王室的不归之路。

本 · 拉登与沙特政府关系的转折点是在 1994 年。同年，沙特政府以“颠覆罪”的罪名宣布剥夺本 · 拉登的沙特国籍。本 · 拉登被迫转移到东北非洲的苏丹避难。1996 年，苏丹政府迫于美国和沙特的压力，要求本 · 拉登离境。同年，本 · 拉登回到中亚的阿富汗重操旧业，战争年代他在那里兴建的军事基地，成为“基地”组织的大本营。1998 年 2 月，来自世界各地的伊斯兰激进组织领导人在本·拉登的“基地”组织营地举行秘密会议，决定成立一个国际统一战线，以便把“反犹太人和十字军的伊斯兰圣战事业”进行到底。这次会议和发表的宣言标志着“基地”组织的正式成立。

第十二讲　美育与人生

叶朗，北京大学哲学系教授、博士生导师，北京大学美学与美育研究中心主任。主要著作有《中国小说美学》、《中国美学史大纲》、《现代美学体系》、《胸中之竹》、《欲罢不能》等。

美学这个面是比较宽的，我只从一个方面来讲，就是美育和人生。对此，我一共讲三个问题。

一、美育在教育体系中的地位和作用

大家知道 1999 年 3 月 5 日，在第九届全国人大二次会议上，朱镕基同志在政府工作报告中，讲到要大力推进素质教育，使学生在德、智、体、美等方面全面发展。在《中共中央国务院关于深化教育改革全面推进素质教育的决定》中，以及第三次全国教育工作会议上，也把美育和德、智、体并提。李岚清同志在很多场合都讲，朱镕基的政府工作报告，加一个“美”字，这不是简单加一个字，是中央经过讨论、研究，吸收大家的意见建议，决定把美育正式地列入教育方针中。因为过去教育方针的经典提法，是毛泽东在《正确处理人民内部矛盾》报告里面讲的德、智、体全面发展。把美育正式列入教育方针，对于我们国家的教育事业，对于21世纪我们国家的经济建设和文化建设都是一个巨大的推动，并且会产生深远的影响。那么为什么要把美育正式地、明确地列入教育方针？我想至少有以下三个方面的理由，回答了美育在教育体系中的地位和作用。

第一，德育不能包括美育。过去没有把美育明确地列入教育方针，有一个很重要的认识上的原因，就是把美育看做是德育的一个部分，或者把美育看成是实施德育的一种手段、一种工具，是依附于德育的，本身没有独立的价值。我想这可能是受到了苏联的影响。过去苏联的一些美学辞典和教科书里面都明确地讲到，美育是道德教育、思想教育、劳动教育的一部分。这种提法，我认为是不妥当的，或者是不正确的。美育和德育当然有密切的联系，它们互相配合、互相补充、互相渗透。所谓互相渗透，就是德育里有美育，美育里有德育，但是不能互相代替。无论从性质还是社会功用角度，美育和德育都是有区别的。

从性质角度，德育和美育都作用于人的精神，都属于人文教育。人文教育的对象是人的精神世界和文化世界，精神世界当然是内在的，文化世界是外在的，它们是统一的。精神世界和文化世界从内容来讲就是意义世界和价值世界，即人文教育的对象就是人的意义世界和价值世界。人文教育是引导受教育者去追求一种更有意义和更有价值的人生，追求一种更完美的人生。人文教育有一个价值导向和价值追求，要求人们树立一个理想的人格标准。德育和美育都属于人文教育，但它们还是有区别的。德育是规范性的教育，是一种行为规范，在规范性的教育中，使人得到一种自觉的道德意识，慢慢产生一种道德的自觉性。举个例子，中国古代教育孩子从小就要有一种规范，比如小孩早上起来要到父母面前请安；要打扫房子，做家里的清洁工作；然后要准备早饭，请父母吃；吃饭的时候，父母先吃。诸如此类，有一套规范。等小孩慢慢长大以后，就要明白为什么要有这套规范。这里面就有一种孝的观念。有了孝，才能讲忠于国家、忠于民族，那么孝就成为我国古代道德教育一个最基础的观念，这是一整套从规范开始的道德体系。我们现在也同样要有一套规范，下面会讲到。德育是一种行为规范、一种规范性的教育。

美育不一样，美育是一种熏陶、感发，就是我们中国古人讲的“兴”，或者叫感兴。孔子讲“诗可以兴，可以观，可以群，可以怨”。在这种熏陶和感发中，对人的精神起一种激励、净化和升华的作用。德育主要是作用于人的意识的理性层面，也就是思想的层面、理智的层面；作用于我们中国哲学中所说的良知。什么叫良知？就是人作为一个社会的存在所具有的理性和道德。而美育主要作用于人的感性的、情感的层面，包括无意识的层面，也就是我们经常说的潜移默化，影响人的情感、趣味、气质、性格、胸襟，等等。对于精神这种更深的层面，德育的作用是有限的，因为它主要是作用于理性的层面。这是一方面，就性质来看，德育和美育是有区别的。

另一方面就社会作用来讲，德育和美育也有区别。德育主要是着眼于调整和规范社会中人和人的关系，要建立和维护一套社会伦理、社会秩序、社会规范，避免社会中出现人和人关系的失序、失礼。比如中国过去就有一套社会规范，我们经常听说的君臣的关系、父子的关系、夫妇的关系、兄弟的关系、朋友的关系，都有一套规范。如果这个规范被破坏了，那就天下大乱了。社会主义社会同样要有一套伦理规范，要有社会秩序。社会生活要规范——最简单的，比如我们过马路要看红绿灯，这也是一种规范，里面也有伦理的意义。可是，现在我们社会里面这些规范往往被破坏，汽车、自行车、行人都闯红灯。在学校里，老师到学生宿舍，有的学生躺在床上，看老师一眼，好像不认识似的，也不跟老师打个招呼，缺乏起码的规范，这需要德育。

而美育则主要着眼于保持作为一个个体的人本身的精神的平衡、和谐和健康。这种精神的平衡大家都知道非常重要。美育使人的情感具有一种文明的内容，使人的理性和感性的生命沟通。感性和理性协调发展，这样就可以塑造一种健全的人格。德国的哲学家、美学家席勒写过一本书叫《美育书简》，书中提出了人的感性和理性分裂的问题。感性如果脱离了理性，就有可能变成一种动物性的东西；而理性如果脱离感性，也有可能变成一种僵死的限制人生命活泼发展的东西。美育可以使这两个方面沟通，从而得到和谐的发展，这样就能塑造一种健全的、健康的人格。我认为这一点在我们现代社会显得越来越重要，追求功利，追求物质利益，竞争日趋激烈，精神的压力不断增大，这样很容易使人的内心生活失去平衡，产生各种心理障碍和精神疾病。我们在报纸上可以看到一些调查，表明现在有心理障碍和精神疾病的人越来越多。要缓解这种情况，当然一方面要加强道德教育，另一方面更多是要靠美育。因为美育能够进入到感性层面，甚至进入到无意识的层面。有时候人不高兴、不痛快，自己也没有一种自觉的意识，也说不出道理来，只跟他讲道理，解决不了问题，必须要平时对他进行熏陶，就是所谓的潜移默化。

刚才讲德育是规范人和人的关系，美育是保持个体精神的和谐，但也涉及到人和人的关系，通过维护个人的精神和谐来维护人际关系的和谐。先秦时候的一位大哲学家荀子讲礼和乐，乐就是音乐，再扩大一点就是美育，就是艺术教育，乐的作用就是使人的血气平和，以此达到家庭的和谐，进一步达到整个社会的和谐。我们现在不是在讲建设和谐社会吗？这个很重要。人从血气的和，到家庭的和，进而是整个社会的和，这一点我认为在现代社会中也越来越重要。现代社会对于社会的和谐和社会安定的影响，除了政治方面和经济方面的因素之外，社会心理和社会情绪的因素显得越来越突出。比如球迷闹事，这一般来讲不是政治的原因，而是一种社会情绪的原因、一种心理因素。所以在现代社会中，美育对于维护社会的安定、维护社会的和谐也有重要的作用。

以上我讲了两个方面，一个是从性质来讲，一个是从社会作用来讲，美育和德育是有区分的。关于德育和美育的区分和联系，中国古代思想家是讲得很清楚的。在中国古代的思想家看来，德育是礼的教育，它的内容就是序——维护社会秩序和社会规范；美育是乐的教育，它的内容就是和——调和性情，使人的精神保持一种和谐、愉悦的状态，充满活力和创造力，进一步达到人际关系的和谐，以及人与整个大自然的和谐。德育和美育的关系是互相补充、互相转化、互相配合，也就是所谓的礼乐相济，但是不能互相代替。不能只有礼，没有乐；也不能只有乐，而没有礼。这是我讲的第一点，就是德育不能包括美育，德育不能代替美育。

第二，加强美育建设是培育创新人才的需要。培育创新人才是我们素质教育的一个重要目标，就这个目标而言，美育有自己独特的、德育不能替代的功能。一是美育可以培育和发展人的审美的直觉和想象力，激发和强化人的一种创造的冲动。许多大科学家都谈到，在科学研究中的新发现，不是靠逻辑的推理，而是靠一种直觉和想象力。比如大科学家蓬加洛说，逻辑是证明的工具，直觉是发现的工具。爱因斯坦也说，想象力比知识更重要。这种直觉和想象力不能够靠智育，而要靠美育，因为智育一般都是在理智的、逻辑的框架里进行的，从脑神经科学来讲，这种逻辑的功能就是跟大脑的左半球有联系。逻辑推不出新的东西，而美育可以培养想象力和一种直观的洞察力。孔子讲"诗可以观"，这个"观"，并不是我们讲的逻辑认识，而是指一种直观的洞察力，是和大脑右半球的功能相联系的。美育可以发展人的一种审美的直觉和想象力，而这个对创造非常重要。二是，大家知道，自然界是有规律、有秩序的，分子结构、原子结构都是有规律的，另一方面又有一种形式美的特征，比如说简洁、对称、和谐，等等。在科学的发明活动中，科学家常常因为追求美的形式而走向真理，这就是我们现在讲的由美启真，或者说由美到真。大科学家笛拉克说，一个方程式符不符合美的要求，比它符不符合实验的结果更重要。杨振宁认为笛拉克这句话包含着伟大的真理。有的科学家根据实验的结果，列出一个方程式，他感到这个方程式不美，或者不对称，就做了修改和补充，再通过进一步的实验证明这个方程式是对的，科学史上有很多这样的例子。所以蓬加洛说，发明就是选择，而在进行选择的时候，不可避免地要受到美感的支配。这些大科学家的话都说明，自然界一方面是有规律的，一方面要有形式美的特征。这两个方面有内在的联系，美感对发现新的规律，创建新的理论，有重要的作用，而这种美感要靠美育来培养。三是一个人要成就一番大事业、大学问，除了要有创造性之外，还要有一个广阔的、平和的胸襟，这也有赖于美育。这一点是我们中国古代思想家特别强调的，比如唐代的大思想家柳宗元，还有清代的大思想家王夫之都强调，一个人如果心烦气躁、心胸偏狭、眼光短浅，那么这个人必定在事业上不能有所成就，必定做不出大的学问，也必定不能成就大的事业。柳宗元有一篇文章讨论了这个问题，当时在城里修建了一些园林，供老百姓去游玩，有人就说这没有用，跟国际名声没有什么关系。柳宗元反驳了这种看法，他指出山水园林可以陶冶心胸，可以培养一种平和的心胸，而这对于一个人为国家、为民族建功立业非常重要。所以我们中国古代的大思想家、大文学家、大艺术家，他们年轻的时候，都要去游览祖国的名山大川，不仅是为了增加知识和人生阅历，更主要的是拓宽胸襟。中国人过去强调诗教和乐教，就是我们今天讲的美育。为什么？王夫之讲诗教和乐教对人的精神作用很大，“能兴则谓之豪杰”。他说，你看有的人拖拖沓沓、猥猥琐琐，“终日劳而不能度越于禄位田宅妻子之中”，整天忙忙碌碌，整天想的就是当官发财，买田买地；“数米计薪，日以挫其志气”，日常生活的琐事、柴米油盐，把他的志气给磨掉了；“仰视天而不知其高，俯视地而不知其厚”；“虽觉如梦”，虽然醒着实际上在做梦；“虽视如盲”，虽然睁着眼睛，实际上他看不见，像个盲人；“虽勤动其四体而心不灵”，虽然他整天忙忙碌碌，但他的心不灵，心是死的。这个人为什么会这样呢？“惟不兴故也”，因为没有这种审美的、感兴的能力。所以圣人要用诗教来“荡涤其浊心”，把他心里污浊的东西给洗干净；“震其暮气”，把他的暮气给去掉。“纳之于豪杰，而后期之于圣贤”，这样就可以上升到豪杰的境界，进一步还可以上升到圣贤的境界。这段话就是从人生哲学的高度讲美育，讲诗教和乐教的重要性，就是说美育可以使人得到一种广阔的心胸和眼界，成为一个充满生机的、明事理、有作为的人。

一般我们认为审美是超越功利的，就是说它没有直接的功利性。我念一首唐诗，读《红楼梦》，你说有什么用？应该说并没有直接的功利性。然而我国古代思想家认为，审美活动虽然没有直接的功利性，但是可以拓宽心胸，使人养成一种平和的胸襟，对一个人成就大事业有非常重要的作用。这种看法得到了现代心理学的印证。现代西方心理学通过大量的调查研究、实验证明，决定一个人的成功与否，除了有智力的因素，还有非智力的因素，就是所谓 IQ 和 EQ，IQ 就是智商，EQ 就是情商。情商实际上指的是一种综合的心理因素，比如说处理人际关系的能力、承受挫折的能力、调整心理情绪的能力，等等。

第三，加强美育教育是21世纪经济发展的直接要求。我们现在是以经济建设为中心，美育和经济建设有没有关系，有没有直接的关系？我认为是有的。大家知道，20世纪最后的二三十年，世界各国的经济发展出现了许多新的特点和新的趋势，要求我们的生产部门、流通部门、管理部门的工作人员，还有各级政府的官员，不仅要有经济的头脑和技术的眼光，而且要有文化的头脑和美学的眼光，所以加强美育教育已经成了21世纪经济发展的一个直接要求。下面我分两点来讲这个问题。

首先，20世纪60年代以来，随着社会经济的发展，商品的文化价值和审美价值逐渐超过了使用价值和交换价值，成为主导的价值，这是一个很重要的变化。比如一件衣服，它的使用价值就是保暖，冬天要穿棉衣，夏天要穿单衣，可是现在呢，这个衣服的文化价值和审美价值，超过了它的使用价值。现在我们买衣服，当然也要考虑它的使用价值，但是更重要的是它的审美价值，这是一种精神的需要。有人去店里买衣服，转了一圈回来了，说没有合适的，这并不是说大小不合适，而是样子不好看，不合他的审美需要。一件衣服挂上一个名牌，价钱就高几倍、几十倍，保暖性能可能没有变化，甚至质量是一样的。那么名牌起什么作用呢？这就是一种精神的作用，有一种满足感，是一种精神的满足。据说三四十年代，美国好莱坞的明星家里要挂一张印象派画家的画，表示我除了有钱之外，还有文化。现在我们国家也是这样，很多人家里要挂一张画，表示有品位。在这种情况下，改进商品的设计、增加商品的文化意蕴、提高商品的审美趣味和格调，就成为经济发展的大问题。

我们现在一些地区的城市建设、旅游景观、服装、家具，以及一些旅游纪念品等最大的问题，往往就是设计的问题，设计的水平低、格调低。比如城市建筑，一些建筑学家跟我说，现在一些城市建筑，基本比例不对，或者两种不能放在一起的颜色放在一起，缺乏一个起码的色彩知识。不仅是设计人员，还有管理部门的人员、政府官员也要提高艺术修养，因为很多事情是由管理人员或者由政府的官员决定的。有一次，中央工艺美院毕业生的设计展览，我去看了，他们设计的脸盆、热水瓶非常好，我说你们这些设计怎么没有生产的呢？他说我们这些学生毕业以后，分到工厂，他们设计的东西厂长看不上，不采用。当时我就想到，厂长很重要。设计人员再好，设计水平再高，厂长不采用，有什么办法呢？又比如我们的城市建设，很多城市的设计很糟糕，不一定要骂设计人员或者建筑师，主要是城市官员的问题，因为最后是由官员拍板的。现在很多建筑都要搞古都风貌，杨澜有一次采访贝聿铭，就问他对古都风貌的看法，贝聿铭说古都风貌就是原来的东西，新建筑搞古都风貌很容易搞成“假古董”，应该把新旧分开。到底什么是古都风貌？比如北京作为一个有几百年文化历史的古都，作为一个社会主义大国的首都，应该是一种什么样的风貌？这就是一个美学问题，又是个文化问题。解决这个问题就需要我们的设计人员、管理人员，特别是政府官员要有很高的文化修养和美学修养。

还有旅游景观的问题。很多人反映，中国很多地方自然山水是非常好的，但人文设施很不好，跟自然山水不和谐，很难看。还有很多名人的故居、纪念馆建筑，看了以后，感觉都不太好，不符合文化名人本人的性格。我插个小故事，以前出了一些中国哲学家的画传，画一个孔子，有一篇传；画一个孟子，有一篇传。我们北大哲学系教授冯友兰写过一篇文章，他说孔子现在谁也没有见过，也没有照片留下来，那么现在画孔子到底怎么画呢？是不是可以随便画，没有一个像不像的问题？冯先生说，不，不能乱画，还是有一个像不像的问题。为什么呢？因为《论语》已经在后人的心目中塑造了一个孔子的精神形象。画孔子像一定要符合孔子的精神形象，不能乱画，冯先生讲得很对。有一次，我到某个地方，看到盖一个孔子的研究院或是研究中心，我看了建筑以后觉得好像不很成功，因为那个建筑和孔子的精神形象不符合，太沉闷。这个建筑师心目中的孔子，一定是个正襟危坐、不苟言笑，坐在那个地方，瞪着眼睛，沉闷地皱着眉头的人。其实这不是孔子的形象，孔子的一生是审美的一生、艺术的一生，孔子一天不听音乐，就觉得这一天过不下去。孔子有一次跟几个学生谈人生的理想。子路说：我的理想就是给我一个小国家，让我来当宰相，把国家治理得非常好。讨论过程中有一个学生说到：我的理想是几个大人带几个小孩，暮春的时候，到河里去洗澡，洗完澡以后一路唱着歌走回来。孔子比较赞同这个理想。孔子最高的理想境界是一种审美的境界，如果把孔子研究院建得沉闷而压抑，显然不符合孔子的性格和精神形象。我们现在的旅游景区、建筑有很多问题，很多产品和发达国家的产品相比缺乏竞争力，很重要的原因是设计的问题。设计上不去，不能跟人家竞争。我想我们的生产部门、流通部门、管理部门的工作人员，还有我们政府官员的文化素养、美学修养已经成为制约我国经济发展的瓶颈。从长远来看，制约我国经济发展的瓶颈不只是我们经常讲的能源、交通问题，更重要的是我们整个国民的文化素质、文化素养，特别是政府官员、设计人员、管理人员的文化素养。如果我们的文化修养和美学修养上不去，我们的经济发展就要受到阻碍，这应该引起全社会的重视。

国内外很多学者都认为 21 世纪世界上最大的产业有两个，一个是信息产业，或者是以信息产业为代表的，当然还有生物工程等高科技产业；另一个就是文化产业。信息产业的重要性大家都看到了，文化产业的重要性很多人并没有看到。党的十七大报告里，有一大段讲文化产业的内容，现在已经引起了各级政府和社会各界的重视。我们应该高度重视文化产业在 21 世纪社会经济、社会生活中的作用，从哲学角度，或者从整个社会发展角度，我觉得这是一个必然的趋势。因为高科技的发展，以及人们物质生活水平的提高，并不等于人情感生活的丰富，也不等于人际关系更加密切，相反可能会使人的情感生活越来越单薄，人际关系越来越疏远。我可以举些平常的例子，比如过年了，我本来要到朋友家去拜年，这是人和人之间一种直接的交往，可是现在不用了，一个上午可以打 20 个拜年电话。表面上看，拜年的任务完成了，实际上人和人直接的接触没有了。现在又有手机，发个短信，连声音都没有了，而且这个短信还不是自己编的，语言很美丽，挖空心思编出来的，其实不是自己的心声。又比如照相，我们到一个风景区，可以把这里的风景照下来，很好。可是现在出去旅游，一家人来了以后，赶快在那个地方照相，孩子做好姿势，照完以后就走了。我们每到一个地方看到的都是那个地方的镜头，海南岛是个镜头，云南也是个镜头，看不到任何的自然景色，这是不是把人和自然的距离隔开了？再比如，电脑发展了，干什么都靠电脑，整天和电脑打交道，跟人的交往没有了。据说将来可以在家里办公，办公楼都可以不去了，同事之间也不用见面了。还有人说将来学校可以取消了，因为电脑里什么都有。我当然反对这种论调，因为上学不仅学知识，而且老师和学生、学生和学生之间的接触也非常重要。如果一切用电脑代替，人和人之间的关系越来越疏远，那这种社会生活就非常危险了。所以高科技的发展、数字化的生存可能会给人类社会带来很大的问题。

数字化的生存，孤立来讲并不是人类生存最好的、最理想的状态，数字化的生存再加上艺术化的生存才是一种理想的状态。在数字化、高科技的条件下，人们对于情感、审美和艺术的要求会更加高涨，会有更高、更迫切的要求。再加上由于经济的发展和人们物质生活水平的提高，一些基本需求满足以后，人的精神文化的需求占的比例会越来越大。美国的未来学家约翰·奈斯比特指出，在高科技条件下，高科技和高情感的平衡是社会生活中要解决的一个非常重要而紧迫的问题；人的物质生活和精神生活失去平衡，也是人类社会面临的一个重大危机。在某种意义上，科技的确在逐渐使人与人之间疏远，疏远自然，疏远自我，使人孤立。在这种情况下，人除了温饱与安全以外，更迫切地要寻找人生的意义，追求更高更深更远的东西。我们必须学会把技术的、物质的奇迹和人性的、精神的需要平衡起来，推动人们去追求更高更深更远的东西。

文化产业恰恰是高科技和高情感的结合，是艺术学科、人文学科和技术的一种结合，也是物质文明建设和精神文明建设的一种结合，所以在21世纪必然有广阔的发展前途。这是从人的物质生活和精神生活失去平衡的角度来看文化产业发展的迫切性和必然性，当然还有其他一些角度。现在很多发达国家都重视文化产业。我们有个教授去德国做了一些调查，德国有一些传统的重工业地区，比如鲁尔地区，过去传统生产钢铁、煤，现在整个地区进行产业的战略转移，由过去的重工业向高科技产业、环保产业，还有文化产业转移。再比如全世界人都想去巴黎，因为巴黎的艺术、雕塑、建筑、绘画非常有名，巴黎是个艺术的都市，大家都想到那里去享受艺术，这就是一种文化艺术产业。而我们国家很多文化资源没有利用，或者是低层次的利用，或者是破坏性的利用。我举个例子，五台山有个佛光寺，还有一个南禅寺，都是唐代的建筑。当初日本人认为中国已经没有唐代的建筑了，但是梁思成教授不相信，在敦煌的一幅古代壁画上发现了这个佛光寺，屋顶上梁有唐代人的书法，证明是唐代的建筑，佛像也是唐代的雕塑，唐代的建筑、唐代的书法、唐代的雕塑，都非常有价值。佛光寺旁边是一个金代建筑，也非常有特点，四根柱子支撑一个大殿，两边还有明代的壁画，是五百罗汉，也非常好，应该让全世界的人们都来这里参观。当地人也是把它“保护”起来，我第一次去看的时候，他们派人把门锁起来，说是保护，这只是一种消极的保护。我去了以后，他们打开门，我看那个明代的壁画往下剥落，时间一长就很危险，很可惜了。去年山西大学请我去山西的时候，我说再去看看，结果车到那以后，进不去，山西运煤的车把路破坏了。后来我去看南禅寺，因为没有个指路牌，也是找了半天。守寺的管理人员说有路标也没有用，人家也不会来。我们很多文化资源都没有利用，应该把它们展示出来，就像巴黎，让大家都来看。这当然不是破坏，开发和保护可以统一起来。总而言之，我们的文化产业发展前途很广阔，这是21世纪我国经济一个新的增长点。在发达国家，文化产业现在已经成为支柱产业，美国、英国、日本都是这样。美国出口文化产品，电影、音像占了很大的比重，超过了美国一些传统的汽车产业，英国也是如此。

从发展文化产业这个角度，在我们的学校教育和干部教育中加强美育教育是十分必要的。现在我们很多时候，缺乏文化内涵，缺乏艺术的精致程度。前两天我看报纸上一篇文章，报道北京的文化旅游产品太差，外来的游客用来购买文化旅游产品的钱，平均每人就一元多吧，太低了，但确实没有好的东西可买。我去全国各地，都想买纪念品回来，可就是买不着，没有任何的特色。在宁夏甘肃买到的东西，跟在广东买到的东西是一样的，没有任何的地方特色，也没有任何的艺术价值。北京是这样，外地也是这样。可国外就做得很精致。有一次我去日本，有个雕塑园非常好，露天的。其中有一个室内的展览馆，馆中有一个毕加索晚年做的陶瓷，上面画了很多鱼，还有鱼骨头。从雕塑园出来有一个大商场，里面摆着模仿这些艺术品做成的很精致的一些小的工艺品和纪念品。其中有个金色的烟缸，是模仿毕加索画的一条鱼做成的。这个烟缸反面是毕加索画的一个鱼骨头，非常精致，还有一个把毕加索画的鱼骨头拧了一下，做成一个银灰色的钥匙锁链，也非常好，我也非常喜欢，就把这两样东西买了回来。尽管我不抽烟，但我还是买了它，因为它是一个艺术品，这就是它的吸引力。

以上我一共讲了三点。第一，德育不能包括美育。第二，加强美育是培育创新人才的需要。第三，加强美育教育是21世纪经济发展的直接要求。总体来讲，这三点说明了美育在教育体系中的地位和作用，也说明了进入21世纪中央决定要把美育正式列入教育方针的原因。我认为这是抓住了一个极好的时机，因为我们已经跨入了21世纪，21世纪是中华民族实现伟大复兴的时代，要把我们的后代培养成胸襟广阔、精神和谐、人格健全的人，要从文化的层面，也就是哲学的、历史的、文学的、艺术的、审美的层面，激发我们整个民族的智慧和原创性，这需要美育的推动。大家知道支撑爱因斯坦的三个思想支柱，一个是哲学，一个是艺术，一个是科学，这三个支柱构成了爱因斯坦思想的一个整体。爱因斯坦会拉小提琴，非常喜欢古典音乐；他还非常喜欢哲学，很小就读过康德的书，在大学里还修了这方面的课；他也喜欢文学，说“陀思妥耶夫斯基给我的东西，比任何人都要多，比高斯还要多”，高斯是个数学家，一个文学家给爱因斯坦的东西比数学家给他的还要多。建筑大师贝聿铭也说过，他经常读《老子》，《老子》对他在建筑方面的影响比任何东西都要多。这些大师都从哲学艺术中去寻求创造的灵感，所以一个民族的智慧和原创性需要从文化的层面去激发和推动。为了使我们民族在新世纪能够为人类贡献一大批像杨振宁、李政道、钱学森、贝聿铭这样的大师，为了在高科技和数字化的条件下，保持物质生活和精神生活的平衡，以及社会长期的安定，为了推动我们国家经济的持续增长，并且使这种增长获得一种丰富的文化内涵，把美育正式列入教育方针是完全必要的。这样做一方面是对蔡元培以来重视美育的优良传统的一种继承和发扬。大家都知道，蔡元培先生在当教育总长和北京大学校长的时候，大力提倡美育，其实这个传统也不是从蔡元培开始的，往上追溯，一直可以追到孔子。孔子可以说是我们国家第一个提倡美育的思想家，所以我们现在这样做也可以说是对孔子以来重视美育的优良传统的一种继承和发扬。另一方面是对21世纪时代呼唤的一种积极回应。这是我讲的第一个问题，即美育在教育体系中的地位和作用。

二、美育对人的影响

美育可以从多方面提高人的文化素质和文化品格。美育对人的影响是多方面的，大概有以下几点。

第一是美育培养人的审美能力。审美能力就是对我们这个无限丰富的感性世界，或者对人生的感性的形式，及其丰富意蕴的一种感受能力。平时我们都习惯用一种概念化或者功利化的眼光来看世界。比如桌子，一看到桌子，脑子里会出现一个桌子的概念，在这个概念里，抽象出了桌子的共性。还有桌子是干什么用的？可以写字、吃饭、画画。那么在一个概念化的和功利化的眼光中，世界往往是千篇一律、非常暗淡的，本来的一个丰富多彩的面貌被我们忽略了。如果用一种审美的心胸和态度，就会感受到这个世界是丰富多彩的，就能体验到它包含着丰富的意蕴。这一点大家旅游时就会有体会。比如说在北京住惯了，走到街上没有任何的感觉。其实，北京的很多东西值得看，只是人们不注意，等到国外了，看到街上建筑很有特色，就会注意了。因为人们不是用一种概念化和功利化的眼光，而是用一种审美的眼光，看这个建筑就很有特点。外国人到北京也是一样的，感到北京的胡同很有特色。中国人自己整天在胡同里走来走去，不会感到它有什么特色。所以有了一种审美的眼光，世界就会变得很有意思、很有诗意。这跟科学认识不一样，科学认识需要去发现事物的规律、事物的本质。科学认识的结果是得到一种知识，或者一种知识体系，比如物理学、物理世界的规律、物理学的知识体系。而审美能力是对感性世界、对感性人生的一种体验，体验人生的一种意味、一种价值，所以审美能力也可以是一种体验人生的能力。这种审美的眼光、审美的心胸、审美的能力，在美育里面可以得到培养，将来美学专门要讲这个问题。

第二是培养想象力。想象力对人生非常重要，而审美活动恰恰可以培养人的想象力。从小孩开始，游戏、童话，都能培养他们的想象力。

第三就是培养创造力。我前面讲过，审美就是发现，任何发现都是一种创造。审美活动的核心就是要创造一个审美意像。清代的画家郑板桥说早上起来走到院子里，看到阳光照过竹子，摇摇摆摆，非常美，于是胸中勃勃，遂有画意，有一种创作的冲动。他说胸中之竹并不是眼中之竹，从眼中之竹到胸中之竹就是一种创造、一个飞跃。然后他就把纸摊开，墨磨开，开始作画。一落笔又变了，手中之竹又不是胸中之竹，从胸中之竹到手中之竹，又是一个创造，又是一个飞跃。所以郑板桥画竹子，有两个飞跃。第一个飞跃是从眼中之竹到胸中之竹，第二个飞跃是从胸中之竹到手中之竹，实际上任何艺术创造都是如此。第二个飞跃里面有技艺、技巧操作，整个过程就是一个创造的过程，审美活动、艺术活动就是一个充满了创造活力的活动。艺术欣赏也是如此，因为艺术欣赏也要构成一个审美意像，也需要创造。我举一个自己经历的例子。多少年以前，我参加一个美术界的会，这个会是在神农架召开的，那里有很多河，河里有很多石头。一天晚上，一个朋友拿了一块石头，是黑色的，晶亮、很饱满，上面有一些白色的纹路，大家觉得非常好。另外一个朋友也拿过来一块，与前一块非常相似，紫红色的，也很饱满，上面也是一条一条白色的纹路。大家说这两块石头应该放在一起，就有价值了，因为一个是黑色的，一个是紫红色的，都饱满，很晶亮，都有白色的纹路，这不是一对吗？正在欣赏的时候，有一个书法家指着这两块石头说像孟良和焦赞，杨门女将里的两个人。他这么一说，大家越看越像，越看越有味道。后来就分析，怎么这两块石头是孟良和焦赞呢？这两块石头的颜色和孟良和焦赞的脸谱颜色是一样的，而且上面一条一条的白色纹路使人联想到脸谱，而且内在的气质有一种相像，因为这两块石头都很饱满，有一种雄满的气象，好像还带一点喜剧的色彩，大家知道孟良和焦赞这两个人也是这样。如果说这两块石头是关公和张飞就不像了，因为关公和张飞没有这样雄满的气象，也没有这种喜剧的色彩。大家说如果把这两块石头加一个底座，写上孟良和焦赞，放到雕塑展览会上，旁边一定会挤满人，大家会越看越觉得有味道。我举这个例子就说明审美是一种发现，而发现就是一种创造。审美活动可以培养人的一种创造力。

第四是培养人珍惜美好事物的情操。审美活动可以使受教育者在体验和创造中，体会到美好事物的不可重复性，以及对我们生活的意义。我们知道很多美的东西、艺术是不能重复的。很多人没有受到教育，不懂得这一点。比如龙门石窟那个雕塑非常美，有一个雕塑家陪我去看，他说其实有很多小的雕塑、小的菩萨，刀法极其简单，非常美。但是管理人员对我们讲，现在还有人破坏，把那个雕塑的脑袋砍掉、敲掉，这人也不是为了赚钱，就是有一种破坏的癖好，就想把好的东西搞坏。人生有很多美好的东西，也是不可重复的。比如苏联的电影《这里的黎明静悄悄》中，有一个镜头就是几个女战士在洗澡，展示了她们那种很美的形体。可是这几个女战士后来都被德国法西斯打死了，打得乱七八糟。美好的东西被毁灭了，这是不能重复的。很多艺术家都是捍卫和平的战士，因为他们深深地爱着美的东西，不愿意看到美的东西被摧残、被毁灭。这里我还可以举个例子，魏晋南北朝有个诗人叫司马昱，他写了一首小诗，叫《春江曲》，意思是有人要出门，家人去渡口送他。“客行只念路”，“客”就是出门的人，只想着赶路；“相争渡京口”，渡口船很多，就像我们今天汽车很多一样，争着往前开；“谁知堤上人”，就是说不考虑在堤岸上送他的人；“拭泪空摇手”，送他的人还在擦着眼泪，跟他挥手再见，他已经顾不上了。这首诗从表面上看就是写渡口送别这么一个情景，可是大家知道艺术有一个特点，艺术的意蕴带有某种不确定性、宽泛性，所以带有某种无限性。艺术作品跟理论文章和标语口号不一样。标语口号的含义是确定的，因而是有限的，比如“行人过马路要走人行横道”，它的含义非常明确，没有别的意思，我也不需要在这里看半天。而艺术作品就不是如此，我们对蒙娜丽莎那幅画，她的微笑，又是什么意思？这幅画带有某种宽泛性，所以带有某种不确定性。一首诗歌也是如此，同样一首诗，不同人的感受和体会不一样，而且同一个人在不同的时候看同一个作品，感受也不一样。小时候读陶渊明的诗、读《红楼梦》跟长大后人生经历比较丰富的时候再去读，感受就不一样，这就是我们讲美感的差异性，或者叫美感的丰富性。王夫之说艺术之所以可贵，一个原因就在于此。比如同样这首《春江曲》，表面上是讲渡口送别，可是王夫之说对那种在名利场中迷恋忘返的人，这首渡口送别诗就好像是清夜的钟声，使人们对人生有所醒悟，使人们感受到，因为自己一心追名逐利，功利心太强了，所以人生很多宝贵的东西、美好的东西、最有价值的东西，比如说亲情、友情，都被忽略和遗忘了。到了晚年一看，真正宝贵的东西没有好好珍惜，可是那时候已经晚了。这首诗使人们对人生有一种醒悟，这就是审美的作用，使人们懂得珍惜这些东西。

第五是培养对个性的尊重。刚才我提到了科学研究，它的成果是普遍的东西，是可以重复的，即所谓的普遍真理。我做一个实验，必须让别人能够重复，如果我做出的结果人家做不出来，那人家就不会承认。而审美活动是独特的、不可重复的，或者说是一次性的。比如看泰山的日出，这次去看和下次去看，体验是不一样的。所以艺术最讨厌没有独创性，千篇一律，别人怎么做，我也怎么做，模仿人家，这没有任何的生命力，因为它违背了审美的本性。王羲之有一句诗，“群籁虽参差，适我无非新”，“群籁”是指自然界的各种声音，泛指自然界的各种美，参差不齐，丰富多彩；“适我无非新”，在我面前，它永远是新鲜的，这是审美活动的一个特点。所以审美教育可以培养受教育者对个性的尊重，尊重不同的个性，尊重不同的风格，尊重每个人的趣味，比如我喜欢壮美，你喜欢优美；我喜欢牡丹花，你喜欢另外的什么花；我喜欢华丽的，你喜欢朴素的、素淡的，等等。所以美育可以培养广泛的审美趣味和广阔的胸襟。审美趣味比较宽的人，他的心胸也比较宽。

第六是培养一种群体的意识。审美活动和艺术活动有一种沟通的功能、社会化的功能。大家知道，人是一种社会化的动物，所以人要接受社会化的教育，要接受社会的熏陶，要文明化、社会化，在这个过程中，调整个人和社会的关系。孔子说“诗可以群”，就是说艺术有一种社会化的功能，有一种培养群体意识的功能。贝多芬《第九交响乐》、《欢乐颂》也有利于培养一种群体意识，这种功能在现代社会中越来越重要。因为我刚才讲了，现代社会中人和人有一种疏远的倾向。这种培养群体意识的功能，跟我们前面讲的培养对个性的尊重正好是两个侧面。一方面是尊重人的个性，尊重个人的创造性，个人的爱好、风格；另一方面，人和人之间要增加沟通，个人和社会应该协调。这两个侧面应该统一起来，而审美活动、艺术活动正好可以推动这种统一。

第七是培养一种宽广的胸襟、平和的心境。这个我前面讲了，王夫之、柳宗元都强调美育可以拓宽一个人的胸襟，使人得到一种平和的心境，保持精神的和谐和健康，而这对个人成就伟大的事业，是一个必要的条件。

第八是培养一种超越的精神。我们经常看到哲学里讲一种超越的精神。什么是超越的精神呢？大家知道，人作为一个感性的存在，在空间和时间两个方面都是有限的。但是人有一种追求无限和永恒的倾向，不希望被束缚在有限的空间和时间里，而审美活动可以用自己的方式来满足人的这种要求。《淮南子》是西汉时的哲学著作，其中有一段话可以帮助我们理解超越的要求，在谈到人维持个体生命的存在时，讲到衣与食也，即穿衣吃饭。但是如果把一个人关在黑屋子里，给他吃得非常好，穿得也非常好，他是不会感到快乐的。因为他眼睛看不见，耳朵听不见。大家知道眼睛和耳朵是人的两个最主要的认知器官，也是两个主要的审美器官。一个人在黑屋子里，什么都看不见，什么都听不见，这个人就被紧紧束缚在个体的有限的存在本身。这个时候，如果在墙上打一个洞，让他听到外面雨淋的声音，他会喘一口气，因为他有限的存在空间稍微扩大了一点，他的精神就会稍微舒展一点；进一步，如果这个时候再打开一扇窗户，外面的光线照进来，他的心情又会好多了；再进一步，如果把他放出大门，看到外面的阳光，阳光下面形形色色、人来人往、各种丰富多彩的景物，他会感到更高兴；如果他登上泰山之顶，看到日月星辰无限壮丽的景色，又会感到一种极大的快乐。那么从墙上开一个洞开始，实际上就开始了超越个体生命有限存在的过程，越是趋向于无限和永恒，得到的快乐就越多。所以中国古代的美学非常重视“望”，望出去，登高望远，很多的诗人都写远望的诗，超越个体生命的有限存在。所以黑格尔说审美有一种令人解放的功能，就是说精神上超越个体生命的有限存在，而趋向一种无限和永恒。这是人的一种精神需求，而审美活动和艺术活动可以满足这种需求。

以上我讲了八个方面的内容。综合起来，归结到审美活动对人的精神的影响，归结到一个最高的层面，审美教育对于人的精神的最高影响，就是提升人的人生境界。

三、美育和人生境界

我们经常听到，这个人境界高，那个人境界低，那么什么是境界？大家知道，人生都是有限的，但同样有限的人生，每个人的人生意义和价值不一样。这种不同的人生意义和价值，构成了每个人的精神境界。尽管我们都在忙忙碌碌，都在生活，但是每个人的人生境界不一样。这种人生境界表现在人们的心理状态上，中国人就称之为“胸襟”，胸襟宽不宽，或者叫“格局”，格局大不大，表现为人的言谈举止、声音笑貌，中国人就叫“气象”。所以中国古代的思想家，都强调说一个学者不仅要注重增加知识、增加学问，更重要的还要注重拓宽胸襟、涵养气象，提升人生境界。所以我在北大经常给一些年轻的教师讲，一般我们青年教师都比较注重增强自己的业务能力，增加自己的学问，但按照中国人的观念，除了这些之外，同时还要注重涵养人的气象，提升人生境界。比如在讲台上，老师站在学生面前，一方面是给大家讲课，当然他的讲稿要写好，要有科学性，但是同时他是在学生面前展示气象，这个气象、格局或者人生境界，好像是抽象的，看不见的，但却是客观存在的，学生能够感受到。我们的美育和艺术教育不仅是让学生学到一点知识，因为美育不只是对学生，整个社会里都有个美育的问题。受教育者不只是学到一点技术，比如会弹琴、会唱歌、会跳舞，也不仅仅是提高艺术创造和艺术欣赏的能力，更重要的是教育者要注重人文内涵，使受教育者知道什么是有价值的人生，什么是有意义的人生，什么是完美的人生，要引导受教育者提升自己的人生境界，追求一种更高的人生意义和价值，追求一种更完美的人生。

人生可以分成三个层面。第一个层面就是俗务、柴米油盐。在我们的生活中，必然有许多俗务，没有柴米油盐，不能维持基本的生活，当然也不行。在单位里工作，也有一些是属于俗务的事、一些应酬等不能不做。第二个层面是事业，人总要做一番事业。当然这个事业很多，可以是科学研究、创造发明、艺术创作、当公务员、当政府官员，等等，都是事业。过去我们说为国为民、建功立业，现在说的是回报社会、服务社会、贡献社会。这个事业是个人的才华和对社会、对国家的贡献的统一。个人价值的实现应该跟整个国家、整个民族的兴盛统一在一起，这样的价值才是大的，境界才是高的，才有意义，所以事业是人生一个核心的东西。我经常在北大对学生讲，我说北大有一种人文传统，这个人文传统就是北大教师和学生从传统来讲都自觉地去追求一种更有意义和更有价值的人生。我经常讲到两个人，一个是朱光潜先生。朱光潜先生是搞美学的，他在"文化大革命"中被打成反动学术权威，但是"文化大革命"结束以后不到两年的时间，他就翻译出版了一百多万字的西方美学的重要经典著作。他翻译了黑格尔的《美学》，中文的一共是四本，然后又翻译了歌德的《谈话录》、莱辛的《拉奥孔》。那个时候，朱先生已经是八十高龄的人了，不到三年的时间就翻译了一百多万字，表现了一种惊人的生命力和创造力。后来朱先生去世的时候，我写了一篇文章悼念他，引用我小时候看到的丰子恺先生的一幅画：一棵大树被拦腰砍断，但是树的四面萌发出好多枝芽。上面题了一首诗："大树被砍伐，生机并不息。春来怒抽条，气象何蓬勃。"这幅画和这首诗拿来象征朱先生的人生态度和生命力的创造性是非常合适的。还有冯友兰先生，冯先生晚年眼睛看不见，耳朵也听不见了，但是还是继续写他的《中国哲学史新编》。有的学生就问他这么大年龄，身体又不好，眼睛又看不见，应该休息，为什么还要写书？冯先生说，我虽然眼睛不好，不能看新的书，不能吸取新的东西，但是我还可以把过去我看过的东西重新来回忆，产生新的理解。这一点很重要。冯先生说古人所谓“乐道”，大概就是这个意思。“乐道”就是一种精神享受。当一个人被真理的光芒照射的时候，会有一种极大的愉悦，精神上的愉悦。冯先生说人类的文明就好像一轮真火，几千年不灭地在燃烧，为什么不灭呢？就是古往今来的思想家、文学家、艺术家、科学家都呕出心肝，用自己的脑汁作为燃料添进去。“呕出心肝”是一个典故。唐代诗人李贺，骑在毛驴上，想到一首诗，就把它记下来，放到兜里。他母亲就说，这个孩子要把心肝呕出来。他为什么要呕出心肝呢？冯先生说他是“欲罢不能”，这四个字非常好，这就是北大的一种人文精神，就是对更高的人生意义和人生价值的一种追求。欲罢不能，就是不断地提升自己的人生境界，对中国、中华民族文化、人类文明的一种献身精神。

第三个层面就是审美的层面。前面两个俗务的和事业的层面应该说都是功利的，而审美的层面可以说是一种诗意的层面，是超功利的。也就是说，人生除了做事业之外，还得有一点诗意。比如人们到颐和园去看看玉兰花，没有什么功利性，但人生不能没有这个层面，它是有意义的，是人生一个必需的层面。我们不能说审美是人生最重要的层面，或者是唯一的层面，但它是人生不可缺少的，如果没有它，人就不是真正意义上的人，人生就是有缺憾的。人生这三个层面应该有一个恰当的安排。不能把俗务搞得太膨胀，太膨胀了就是王夫之说的，整天是柴米油盐，当官发财，太俗了。同时事业的层面也不能过于膨胀，把别的都挤掉了。现在的人，功利心都比较强。功利把人压得透不过气来。现在很多人都反省一个问题：是不是钱越多，人生就越幸福、越快乐？好像并不是这样。理想的人生和钱多并不完全是一个概念。所以在现代社会，审美这个层面可能更重要，使人们稍微超出功利一点。

历史学家钱穆先生讲过一个小故事，说过去家乡江苏有一个地方，村子里有一家人做豆腐很有名，父亲每天做一缸豆腐，两个儿子挑着这缸豆腐到附近的一个小镇上去卖，大概下午三点钟就能卖完回家，周围的人都很羡慕他们，因为他们家有手艺，家里生活也很好，就像我们今天讲的小康生活。但钱穆就说，按照现代观点他就不行了，为什么每天只做一缸豆腐呢？应该扩大再生产，把豆腐销到上海、南京去，进一步再发展，成立一个跨国公司，全世界都要他的豆腐。然而，钱穆先生又提出一个问题：成为一个跨国公司的老板，每天坐着飞机在欧洲、美洲飞来飞去，这样就一定比他这个小康生活更幸福吗？坐着飞机，一定比他赤脚走在田埂上的生活更快乐吗？现在财富膨胀以后，人们开始反省这个问题。人生的这三个层面，要有一个恰当的比例。我的意思是人生不能缺少一个审美的层面，而且这三个层面互相影响。事业的层面做到一定的程度可以上升到审美的层面，爱因斯坦就是个例子。他的科学研究到最后不完全是一个功利的东西，而是一个审美的东西。在科学研究中他有一种审美的愉悦、一种艺术的享受。反过来讲，审美的层面对事业的层面很重要，对俗务的层面也有作用，因为有一个审美的胸襟，人们就不会陷在俗务里不能自拔，可以超脱一点。一个人的人生境界就渗透在这三个层面里。

李岚清同志多年来一直提倡要推广和普及欧洲的古典音乐，这是很有道理的，因为从审美的角度，欧洲的一些古典音乐有很好的作用。比如很多大师像巴赫、莫扎特、贝多芬、肖邦、李斯特、勃拉姆斯等，他们的作品使人更深一层地感受到人生的美、生命的美，感受到人生的意义和价值，从而激励自己超越个体生命的有限存在和有限意义。所以，我们现在讲，美的东西会激励人们去追求自己的高尚，提升自己的人生境界。正因为如此，海涅每次到卢浮宫，都在维纳斯像的旁边悄悄哭泣；列宁每次听柴可夫斯基的《第六交响乐》，都会感动得流泪。这就是美育的功能：提升自我，超越自我，引导人去追求一种诗意的人生、一种创造的人生、一种爱的人生，引导人们去提升自己的人生境界。

我热切地盼望大家在注重提升自己的业务能力和工作业绩的同时，也要注重拓宽自己的胸襟，涵养自己的气象，自觉地追求一种更有意义和更有价值的人生，不断提升自己的人生境界。

第十三讲　伦理学与青年道德教育

陈瑛，中国社会科学院哲学研究所伦理学研究室研究员、博士生导师。主要代表作有《中国伦理思想史》(合著)、《中国伦理大辞典》(合著)、《道德学说·中国伦理学史部分》(专著) 等。

伦理学是什么？简单来讲，就是研究道德的学问。我们大家知道，道德是从古到今，每一个社会，每一个时代，与每一个人都有关系的事情。比如，我们早晨睁开眼睛，马上要处理的就是如何对待自己的父母、自己的妻子、自己的儿女等问题。这一系列的问题都属于家庭道德问题。出了家门去上班，就进入了社会公共生活领域，开始遇到公共道德问题。比如，爱护环境，不能随地吐痰、随便踩草坪；遵守公共交通秩序，上下车要排队；扶老携幼，等等，这都是社会公共道德。走进办公室就遇到了职业道德问题：怎样正确处理上下级关系，处理好与客户的关系？如何恪尽职守把自己的工作做好？总之，我们每个人的生活，除了睡觉以外，所有的时间可以说几乎都跟道德有联系。道德跟我们生活联系得特别密切，无论什么工作、什么生活，如果缺了道德，就好像缺了生命，没有了魂，黯然而没了光彩。有了道德，这一切立刻就会显出光彩来。比如，家庭生活里有了道德就会变得很温馨。社会生活也是如此，公共生活领域里有了道德，到处是文质彬彬的君子，生活就会和谐舒畅。无论什么工作、什么事情，发挥了道德的作用，就会办得顺利而有成效。因此，伦理道德历来是全人类都非常重视的问题。西方从古希腊到古罗马，一直到现在，都很崇尚道德。我们中华民族更是道德文明大国，从一定角度来看，中华文明的核心就是道德文明，或者说中华文化的核心就是道德文化。我们国家现在要建设，建设什么？要建设物质文明、政治文明，更要建设社会主义的精神文明。中国伟大的民族复兴从哪儿做起，其中一个重要的着眼点，就是建设我们的道德文明。道德问题极其重要。

从我们国家伦理学发展的状况也可以看出伦理学的重要性。建国初期，我们就很注意人的思想道德品质教育，当时的《共同纲领》和《宪法》上已经提出“五爱”，虽然那时还没有提出“伦理学建设”这个词，伦理学和社会学一样，被视为“资产阶级的伪科学”，在高等院校院系调整时把伦理学取消了；但是到了20世纪50年代中期，有一些学者，尤其是马克思主义学者开始感觉到伦理学的重要，开始研究。从50年代中期到60年代初是伦理学的一个萌发时期。这时的伦理学研究，客观方面是受到苏联伦理学发展的影响，比如施什金、阿尔汗格尔斯基等人的著作被翻译传到了国内；主观方面则是社会主义建设的需要。当时的伦理学家许多都是从老八路军、新四军里出来的，具有深厚的文化根底，又是经验丰富的老革命家。比如我的导师李奇同志，她是1935年的党员，“一二·九”运动前后在北平从事过党的地下工作，后来到了延安。上海的周原冰同志也是老革命家，抗日战争时期跟陈毅在一起，曾在新四军里搞过思想政治工作。当然还有一些思想一贯进步的老学者，如张岱年、周辅成先生等。当时的伦理学有一个短暂的繁荣，但是，后来在“文化大革命”期间，经历长时间的停顿，一直到1978年十一届三中全会以后，伦理学才得到了真正的发展和繁荣。现在可以说研究哲学的没有人不研究伦理学，研究伦理学的没有人不研究应用伦理学。这不是因为我们自己是搞伦理学研究的，才故意夸大它的势力和影响，而确实是由于它和人们的生活结合得太密切，在现实当中的地位太重要了，所以所有研究哲学的人，都从四面八方向伦理学这个方向靠拢，通过伦理学将自己的研究和社会生活联系起来。

一、伦理道德是一种特殊的意识形态

谈到伦理和道德，有人就考虑伦理和道德到底是什么样的关系？二者之间有没有区别？一般来讲，伦理、道德所指的基本上是一样的，都是调整人和人之间关系的一种规范，包括调整人和人之间、人和社会之间，以及人和自然之间关系的一种特殊的规范和行为准则，实际上也就是讲做人做事的道理。但是，这两个名词从古代开始，从中国到外国，还是多少有一点区别的。伦理，在国外，最早起源于希腊文，指一群人共同居住的地方，以后意义才扩大了，从居住的地方扩大到这个地方人的人格、性格、气质和风俗习惯，这是伦理。道德这个词，在西方起源于拉丁文，是指习俗和性格。西塞罗曾经把道德指称是国家生活中的道德风俗和人类道德个性。在中国，先秦时期就强调道德了。当时道德这个词是从老子《道德经》来的。伦理这个词真正被使用是在荀子的《乐记》当中，讲到“乐者同伦理者也”，这就讲伦理了。古代的伦理和道德包括两部分，一是指社会的风俗习惯，二是指个人的品德。我们现在所用的伦理学这个词是清朝末期从日本翻译过来的，当时的著名思想家蔡元培、刘师培等人，从日本把伦理学这个名词介绍到中国来，就开始有了中国的伦理学。实际上，日本的伦理学也是根据中国伦理道德这个词的含义，再结合西方的思想而形成的。总之，现在伦理和道德这两个词可以通用，也可以连用：讲道德的时候也可以包括伦理；讲伦理的时候也可以包括道德，它们是一个整体。但是，也有人想从学理上做进一步的分析，他们把客观存在的道德关系叫做伦理，把这种关系在实践当中形成的具体规范叫做道德原则、道德规范。也有人把伦理当成社会性的，而个人的叫做道德。个人应该遵守准则、个人品质修养都是道德；政治伦理、经济伦理、环境伦理这些是伦理，但是事实上很难分清楚，因为个人和社会总是联系在一起的，没有脱离社会的个人，也没有脱离个人的社会。另外，从规范和关系上也是如此，有了关系所以才有规范，有父子之间的关系，所以才讲父慈子孝，没有父子之间的关系也就谈不上具体的规范；从另一面讲，规范也反映着一定的关系。现在的伦理学界、哲学界，一些最基本的概念往往是最不容易说清楚的。我们不是搞伦理学专业的，不必过分地关注区分伦理和道德这两个概念。

（一）马克思主义伦理学的出发点是现实的人

我们讲伦理学从哪里讲起？从人来讲起。伦理学是人的学问、做人的学问，人性和人的本质问题其实就是伦理道德的理论和逻辑的起点。人是什么？对于人，现在已经出现了一个专门的学问叫做人学，可以从各种各样的角度来进行解释，很难下个确切的定义。比如可以说，人跟其他的动物在生理上有差别，人有着发达的大脑，还有一些器官是其他生物没有的，或者可以说，人是与其他动物相区别的一种有着高级心理素质的动物，等等。我们说，人是各种各样的，是最复杂、也是最有差别的动物：人可以最聪明，也可以最愚蠢；人可以最善良，也可以最凶残。每个国家的动物特性都一样，但是，处于不同的生产关系之中的人，其行为特性大不一样。过去，孟子提倡“性善说”，认为人性善才能产生出道德来；但是，荀子却提出人性是恶的，法家特别坚持这个说法，认为人性之善是后天学习得来的，人生下来都是为自己的；还有人认为，人之性是善恶兼有，等等。那么科学地说，人之性、人的本质是什么呢？马克思主义对这个问题有着精彩的解释：“人的本质在其现实性上乃是社会关系的总和。”在现实性上，就不是在抽象意义上，更不是在神话之中。《西游记》里的孙悟空是从石头缝里蹦出来的，这是神话传说。而人是社会关系的总和，就是说每一个人生下来都必然生活在一定的社会环境和一定的社会关系之中。这个社会关系，首先是生产关系、经济关系，这是马克思主义对人的一种最根本和最科学的看法。一个人生下来以后，跟着狼就是狼孩，跟着豹子就是豹孩，连直立行走都不会，更不用说语言和生活习惯了。离开社会的人是生活不下去的，鲁宾逊离开社会，只是他在长大了来到孤岛上以后发生的，即使在岛上，他还是没有离开社会，他读过很多书，他的生活知识、生产技艺，都是从社会当中带去的。总之，每一个人都离不开自己所存在的社会关系，人性、人的本质正是通过社会关系才产生并体现出来的。马克思在《关于费尔巴哈的提纲》里还讲到“人的社会和社会的人，这是新的历史观的出发点”。每一个人看起来是个独立的人，实际上是社会的，反映社会的一个局部。个人是社会的，社会是由无数个人组成的，这是马克思主义看待问题最基本的一个观点。我们的伦理学就要从这点出发来展开，至于人性善恶到底是什么样的？我概括了几句：先天是无善无恶，后天是可善可恶。

（二）伦理道德是一种意识形态

道德到底是什么？是人类在社会生活中结成不同的社会关系之后，关于处理或调整这些关系的基本原则和行为规范。例如，过去没有一夫一妻制的夫妻关系，自然也就没有贞节，也没有爱情专一的说法。有了关系才有了维护这些关系的规范和准则。原始族群时候的人，只知有母不知有父，更没有父子关系、君臣关系，于是自然也提不出来什么君敬臣忠、父慈子孝这些问题。有了一定的社会关系之后，为了维护、巩固和发展社会关系，就需要有一定的规范、一定的准则，于是道德就出来了。伦理道德跟宗教、法律一样，都是为了巩固、促进某种社会关系而产生的，一旦产生之后又能够对社会关系起反作用的意识形态。马克思主义提出，道德就是一种社会的上层建筑、意识形态，这一基本看法是非常正确的，这个观点是唯物史观最根本的观点。

但是，现在有些同志反对这种说法。包括伦理学界也有人认为，意识形态本质上是一种“编造幻想，掩盖现实关系的精神力量，是对社会现实的颠倒的神秘反映”。他们否定马克思主义关于意识形态的基本观点，实际上是要否定马克思主义的唯物史观。他们还举出一些理由，说马克思主义一开始就对意识形态持一种批判的态度，只是到后来，尤其是到了列宁时期，才肯定意识形态是科学，主张意识形态是真理，而且具有进步作用。这种描绘实际上是不正确的。

马克思主义一开始批判过意识形态这是事实，但当时批判的不是一般的意识形态，而是德国那个特殊的意识形态，是指当时德国资产阶级和封建势力特有的那种意识形态，那才是“编造出来的隐蔽现实的一种精神力量，是对社会现实的一种颠倒的神秘反映”。马克思主义开始批判那个意识形态，并不是对整个意识形态的否定。后来马克思在自己的著作当中很多地方都讲到怎样正确对待社会意识形态，并指出意识形态与其经济基础的关系。至于说到列宁的时候才肯定意识形态的提法，这更是一种缺乏常识的见解。马克思早在1859年写的《政治经济学批判》序言里就明确地肯定社会意识形态及其作用，并给社会意识形态下了科学的定义。后来马克思在整个《资本论》里都坚持这一科学观点，即用唯物史观来分析资本主义社会，说明道德作为意识形态，归根结底是由生产关系、社会关系决定的。后来，马克思在《路易·波拿巴的雾月十八日》中讲到这个问题，恩格斯在《路德维希·费尔巴哈和德国古典哲学的终结》、《反杜林论》里也反复讲这个问题，强调道德归根结底是社会经济关系的反应，这些都是以科学唯物史观作指导，运用意识形态与经济基础的关系原理来解释道德的。事实上，在恩格斯到列宁之间，还有一批马克思主义者，也是一直坚定地维护着社会存在决定社会意识，坚持意识形态和社会经济基础的科学理论，如梅林、拉法格和考茨基。考茨基曾写过一部《唯物史观》，第一分册中就反复强调社会存在决定社会意识，一直到普列汉诺夫的《论一元历史观的发展》，至于列宁讲得就更清楚了。这里贯穿着一条马克思主义的红线——社会存在决定社会意识。道德归根到底是社会经济关系的反映，经济关系是伦理道德产生和发展变化的基础，马克思主义者从来都是这样认识的。我们一定要坚持伦理道德是一种意识形态，是由社会关系特别是社会经济关系所决定的意识形态。了解了伦理道德是一种意识形态，我们才能把握伦理道德的本质及其特征，才能科学地说明道德的产生和发展的规律。

道德的本质是什么，实际上是一种规范，规范人与人之间的社会关系。这种规范是怎么产生的呢？归根结底是社会经济关系决定的。为什么只有掌握这一点才能够了解伦理学的发展、道德的发展？

在原始社会，人们共同劳动，共同生活，没有君臣关系，父子关系都不是太清楚。家庭也不是一夫一妻制，自然也不可能产生父慈子孝，君敬臣忠等关系。随着人类私有制的产生，才产生私有观念以及种种道德，包括“君叫臣死，臣不得不死”这种绝对的、压制式的关系，都是在私有制关系基础之上产生的。当然，随着私有制的不断变化，道德关系也会有变化。奴隶社会的奴隶只是被当成工具，不被当成人，可以随便杀死，这是奴隶制的经济关系决定的。封建社会的经济关系改变了，道德关系也有所调整，虽然等级差别还很严，但是不像奴隶制那么残酷，农民不能再像奴隶那样随便被杀戮。资本主义社会以后，强调自由、平等、民主、人权。为什么会有这样的道德变化？归根结底是由经济关系决定的，因为资本主义实行的是一种新的经济关系，它建立在资本不断增值的基础之上，要发展资本主义，就得讲在金钱面前人人平等，讲自由、民主、平等，就需要一系列资本主义的道德。今天我们要建设社会主义、共产主义，我们的道德也必然会发生更大、更新的变化。资本主义国家看起来好像很民主，实际上真正民主吗？英国的女皇能和街上那些弹着琴的要饭者一样吗？街上那些流浪者有什么民主？还是议会里的那些大资本家及其代表在当家做主。还有美国的选举，一般人能去参选吗？哪里有那么多钱去交参选费用？虽然资产阶级虚伪的民主比起从前的不民主到底是进了一步，但和我们社会主义的民主比起来还是有本质的区别。只有把伦理道德看成意识形态，认识到它归根到底是由社会经济关系决定的，我们才能对道德的产生、发展及作用具有正确的理解。伦理道德是一种特殊的意识形态，我们应该以此为武器，指导我们的伦理学研究和道德教育。

（三）道德与法相辅相成

道德是一种意识形态，法学思想和理论也是一种意识形态，法律则是一种社会上层建筑。道德和法都是规范人们行为的原则规范和行为准则。代表着同一阶级利益的道德和法律，在很大程度上是一致的，二者相互配合。但是它们又有区别。

第一，道德和法虽然都用来调整人们之间的关系，但是法依靠的是国家制定的法律法规，而道德依靠的是人们在社会生活中形成的道德观念。道德观念不是自上而下由议会决定、由政府颁布的，而是在社会生活当中，人们经过长时间的习惯形成的。

第二，道德调控的内容和法律不一样。法律调控的是人们行为最底线的行为准则，是最根本的、最基础的、每个人必须实行的行为规范和准则。而道德则是比较高层次的行为要求。比如，法律规定不许偷盗，不许杀人。至于人们不但不应该偷盗，而且应该掏出自己的钱来资助那些困难的人；不但不应当杀人，而且应当见义勇为，助人救人，这些法律不管，是道德的事情。道德是比较高层次的规则，不遵守当然会受到批评，但是政府和警察绝对不会管。

第三，从调控的方式看，法律是一种硬性的、外在的规定，它的贯彻靠他律；而道德则是一种依靠良心、依靠社会舆论起作用的规定，靠自律。这是道德和法律的重要区别。

第四，调控的目的不同。法律的目的是维护社会秩序，而道德虽然也要维护社会秩序和安定，但是它更着重于提高人的素质，提高人们的品德和思想境界、思想觉悟。所以，道德一般是教之在先，而法律主要是惩治在后。

第五，法律和道德的效果不同。从速度来说，法律快，但对于人的影响浅；而道德慢，但作用是持久的。处理紧急事情，道德不行，因为它要靠大家思想觉悟的提高，但是道德起的作用要稳固、恒久得多。真正的办法是把道德和法律结合起来，当然应该是同一社会性质的道德和法律，资本主义的法律和社会主义的道德结合当然不可以，它们之间是相互矛盾的。社会主义的法律和道德应该相辅相成。党中央提出在“依法治国”的同时要“以德治国”，把法律和道德的作用都充分发挥出来，既有快的又有慢的，既有软的又有硬的，既有外在的又有内在的，这样，国家建设才会又快又好，社会才会变得更好。

二、当今时代的伦理道德

伦理道德是不断变化的，每个时期都有每个时期的伦理道德。封建时代有封建时代的道德，资本主义时代有资本主义时代的道德，我们现在应该是什么状况？中华民族正处在伟大的复兴时期。我们在100年里，走了西方国家300年的路程，非常了不起，自从新中国建立以来，尤其是改革开放以后，这个变化非常快。在国内可能感觉不明显，到国外以后，就会备感强烈，当地人往往用一种异样的眼光看着我们，感到中国是强大的，中国在发展。现在某些国家对我们猜疑甚至怀有敌意，对我们害怕嫉妒，都说明了我们国家正处于一个伟大的变革时期。处在这个时期，我们的道德应该和这个时代的社会关系相适应。

我们这个时期的道德应该是什么？我们不能完全照搬资本主义那一套，虽然资本主义的道德有好的东西，但我们全搬那一套不行。中国历史传统中也有很多优秀的传统道德，有些人建议，我们干脆建立儒家社会主义，那也不行，儒家的那一套也不能照搬，跟我们国家当前的实际情况，跟人民群众的要求都是不一致的，我们必须建立自己的道德。那么，我们的道德应当是什么样子的呢？

（一）与东西方优秀传统伦理相承接

我们的道德应该是跟东西方优秀的传统伦理相承接的道德。我国几千年来有着丰富的伦理文化和道德遗产，其中有着许多优秀的成分，我们都应该继承下来。比如“忠”，什么叫做忠？忠是“一心之谓也”。一心一意为国家民族有什么不应该？孙中山说过，“忠于个人，忠于君主”，不好，应该是忠于国家，忠于人民。再比如“孝”，当家庭还存在，甚至还是一个经济单位的情况下，孝是必然的。特别是我国老龄化来得很快，问题很严重，这种情况下，以我国的经济状况要建立非常完善的社会保障制度是很难的；即便建立起来，物质上能够满足，很多老年人心理上的慰藉还是满足不了。用孝来填补老年人的空寂是个非常重要的方面。孝实际上也是一个公正问题。小的时候，父母用最大的精力、最大的爱心养育我们，现在我们要对父母进行物质上力所能及的关照、精神上力所能及的慰藉，这不是完全应该的吗？“孝”是东方很重要的道德、很好的道德，还是应该提倡的。再如“仁”，仁是什么？仁是爱人。孔子讲，仁从积极方面讲是“己欲利而利人，己欲达而达人”；从消极方面讲就是“己所不欲，勿施于人”，这些都是好的，是我们民族优秀的文化遗产。其他如“爱国勤劳”也值得继承。爱国主义是我们中华民族几千年的精神支柱，我国之所以发展到现在，爱国主义起了非常大的作用。现在，西方国家极力攻击我们，动不动就要惩治我们，今天是鞋的问题，明天是服装的问题，讲什么“主权有限论”、“人权高于主权”，可是，他们对自己国家的主权却拼命维护，对自己国家的利益非常强调。美国今天打这个，明天打那个，推广“民主”，实际是为了其他国家的民主吗？不是，美国实际上是为了巩固和扩大自己的势力。我们应该针锋相对地维护我们国家的利益，爱我们的国家，把我们的国家建设好，这是牵涉到我们自己和子孙万代幸福的大事。爱国也就是爱我们的父母、爱自己的子女、爱我们的子孙后代。以上这些优秀道德都是我们民族的传统。还有勤俭，从勤上来说，不但身体要勤尤其脑子要勤，要不断地增强我们的创造性，勤劳首先要有创造性，以发展我们的经济实力，这就是勤在当前的重要意义；至于“俭”则更重要，因为地球上的资源能源是有限的，我国的资源和能源都比较短缺，如淡水，我国人均淡水资源只相当于世界人均淡水的四分之一，尤其是北方奇缺水，如果不节约，不用说生产，连生活都成问题，不俭是不行的。

关于西方的民主、自由、人权，等等，我们也要批判地继承。首先，我们要认识到这些东西本身是好的。自由比奴隶制、封建制压制下的不自由当然好。民主也是好东西。自由、民主、平等本身是全人类的优秀文化，这是人类从封建社会进入资本主义历史阶段，人民群众的共同要求和呼声，也是人类文明的基本价值和共同的文化财富，只不过是由资产阶级的代表人物首先提出来而已。我们不能因为是资产阶级提倡过就都抛弃。问题是，现代帝国主义、霸权主义者利用这个搞侵略、搞欺骗，作为反对别国、谋取私利的武器，这就不好了，他们用“民主”、“人权”作为武器来攻击别人，惩治那些不肯服从他们的人。对此，我们要针锋相对，坚决斗争，但不能说这些东西本身不好。我们应该把它接受过来，根据我国的情况，批判地改造，看看怎样为我们的社会主义建设服务。正如马克思所说，我们不能把小孩和洗澡水一块倒掉。应当把小孩留下，把洗澡水倒掉，让优秀的人类文化遗产、优秀的传统美德为我们所用。相反，对于西方伦理道德中的糟粕，如极端的个人主义、拜金主义、享乐主义等要坚决反对、彻底清除。

（二）与社会主义市场经济相适应

当前，我国正在发展社会主义市场经济，实际证明市场经济阶段不能逾越，但我国所搞的市场经济和西方的并不一样，我国搞的是社会主义市场经济，这就更要讲道德伦理。其实西方在搞市场经济时也没有离开道德。大家知道，作为资产阶级政治经济学创始人之一的亚当·斯密曾经提出，市场经济下每个人都是“经济人”，都在为自己的利益工作，只是有“一只看不见的手”在调节整个社会的经济。他写了《国富论》讲“看不见的手”，讲“经济人”，而他同时又写了一本书《道德情操论》，讲思想道德的重要。所以，人们觉得他很矛盾，称之为“斯密难题”，其实这正反映了一个客观的现实，就是经济发展离不开道德。资本主义国家讲道德，社会主义市场经济尤其更要讲道德，我们讲的道德一定要和社会主义市场经济相符合、相承接。那么，我们时代的道德应该是什么样的呢？党中央前两年印发了《关于公民道德建设实施纲要》（以下简称《纲要》），对此作了科学的阐明，那就是“以为人民服务为核心、以集体主义为原则”，基本道德规范是5句话20个字，即“爱国守法、明礼诚信、团结友爱、勤俭自强、敬业奉献”。道德建设应当从家庭、公共和职业道德这三个方面着手。这就是和社会主义市场经济相符合的伦理道德，也是跟东西方传统优秀伦理道德相承接的道德。这里要说明一个问题，就是在进行公民道德建设时，我们要把先进性的道德要求和普遍性的道德要求结合起来，这是对我们过去道德教育经验的科学总结。过去往往一讲道德就是共产党员的道德、模范人物的道德、先进的道德，有些人对此有距离，甚至有反感，认为这一切都是“假大空”，实际上这是不对的。其实过去许多人民群众，尤其是英雄模范已经做到了，我们的前辈实际上就是在集体主义原则之下，英勇奋斗、不怕牺牲，坚持为人民服务，才取得了今天的伟大胜利，我们不能说这些东西都是“假大空”。表扬先进、坚持道德的先进性，这是正确的、应当坚持的，这个方向一定要肯定。但是我们必须清醒地看到，那些先进性要求不可能是对每一个人的要求，不可能大家都做到，否则也不是实事求是。道德应该是涵盖面比较宽的，不但少数先进分子可以达到，也要多数人、一般人经过努力后也能够达到，尤其是要想办法来提高一般人、多数人的水平，所以，中央的这个《纲要》讲得非常好，总结了以前的经验。要坚持向先进学习，向雷锋学习，但是也应该提出一些普遍性的要求，让大家经过努力，跳一跳就能达到，在这个过程中，不断提升自己的道德人格、道德品质，才是比较全面的道德要求。

三、应用伦理学的崛起

刚才我讲到，现今所有研究哲学的都在研究伦理学，研究伦理学的都在研究应用伦理学。应用伦理学如今是异军突起、突飞猛进，从20世纪中期以后，在全世界发展得极快。比较起来我国在应用伦理学的研究方面走得还比较快，为什么？因为我国的理论工作者绕过了研究元伦理学那个阶段。元伦理学就是用语言思维逻辑来进行伦理学的研究，实践证明，沉溺于那样的研究是不够的，因为社会生活突飞猛进，特别是科学技术发展日新月异，这种情况给现今的社会生活提出了很多伦理道德问题。西方的元伦理学研究很快就式微了，而研究应用伦理学则是方兴未艾。可以说，现今每一门新科学的涌现都有相应的应用伦理学产生，比如经济伦理、环境伦理、教育伦理、行政伦理、虚拟伦理、基因伦理，连法律都有法律伦理，已经数不清有多少门应用伦理了。应该说，应用伦理是一族，而不是一门科学。所谓应用伦理不是对伦理学的简单应用，而是在各门科学和具体实践领域中，对遇到的实际伦理问题的科学回答。没有对各门科学、各个实践领域的深入理解，单靠几条伦理学原理，应用伦理是研究不了的，所以，我们说它是一族。这里只能给大家简单地介绍几个领域。

（一）环境伦理

环境伦理是个非常重要的，也是非常迫切的伦理问题，包括环境、资源、人口三个方面。应用伦理学最早的发展是在上世纪中期，是在环境和生态方面。关于人口，很早人们就担忧，迫切地感到人口发展给社会发展带来了极大的问题，甚至是灾难。单是中国，有人预计最理想的人口应该是七八亿人，而现在已经是13亿多人了，以后还会再增加几亿人，然后才可能停止增加。这对于中国是个极其沉重的负担，包括我国现在就业困难，劳动保险、社会福利跟不上等，为什么？人太多了。如果中国现在只有8亿人口，还是这些财富，中国会是什么样子？会比现在繁荣富强得多。中国的耕地实际上比美国还要少，却要养活比美国多得多的人口，相对而言，中国人的生存面积和环境比美国恶劣得多，仅仅解决吃饭问题所要付出的努力，就要比美国大得多。对于中国，包括许多国家，人口都是个极大的问题。其次是环境污染，包括大气环境、水环境污染的问题。大家在城市里，能感觉到汽车的尾气排放，空气污浊，如果到郊区就会干净得多；整个地球日益变暖，很大的原因是二氧化碳排放太多；此外，土壤的盐碱化、沙漠化很快，每年中国北方的沙尘暴都很可怕。现在有些日本、韩国友人每年来中国植树，因为中国的黄沙已经吹到他们那里，他们已经感到威胁了。耕地沙漠化现象这两年有所改进，这是由于我国社会经济的发展，经过政府下气力，群众的积极参与，大量的退耕还林，出现了沙退人进的好现象；但另一方面，也仍然有沙进人退的情况，现在在甘肃的大部分、宁夏、陕北、内蒙等地，都还能感到滚滚黄沙，而且还在不断地侵蚀着耕地。还有就是饮水缺乏，有的地方平均一人一天只有一杯水，这怎么过？将来我们的子孙靠什么吃饭？不仅中国，整个地球也是这个问题。非洲大陆干旱，被称为“地球肺脏”的亚马逊森林大面积被砍、被烧，将来人类可能连呼吸空气都成问题。

在能源方面人类目前也处于困难境地。现在世界的石油价格飙升，为什么？因为石油少。欧美国家大概只能开采20年，亚洲国家大概只能开采30年，西亚和非洲大概只能开采40年，四五十年以后全球可能就没有石油了。如果没有了汽油，汽车怎么办？人类取暖怎么办？地球上的煤和天然气也是有限的，这些能源没有了以后，人类又该怎么办？我不是在这里描绘一个悲惨的情景，更不是说人类以后就没法办了，将来人类可以利用原子能，如果核能成功以后，可能会一劳永逸地解决人类的能源问题。但这毕竟是长远的事，且耗资巨大，而现实能源缺乏的问题，非常迫切地摆在我们面前。美国为什么打伊拉克？还不是因为那里有石油。中国的进一步发展，对于石油的需求量非常大，在一二十年以后，中国很可能变成最大的石油进口国。当然风能也能用，潮汐也能发电，但是这些都是“远水解不了近渴”的事情。能源问题非常迫切，地球上的能源是有限的。

人口膨胀、环境污染、能源资源短缺，这是人类所面临的非常迫切的问题，贫穷等很多问题都是从这里引发的。究竟应该怎么面对这个问题？这就牵涉到一个根本的问题，就是人和自然的关系问题，这其实是生态伦理、环境伦理的一个最根本的问题。过去，人是在自然的压制之下，尤其在封建社会以前，人是大自然的奴隶，因此在文艺复兴以后，提出人类要征服自然，做大自然的主人。人类要改造自然、征服自然当然情有可原，但是征服、改造过度了也不行。如果人们随心所欲，只是为了某一代人的私利而任意践踏自然、征服自然，结果会把自然弄得支离破碎、短缺残破，就会给自然，实际上也给人类自己带来一大堆的问题。试想，将来气候变暖之后，北冰洋南极洲可能都会融化，所有的冰山都没有了，海水会升高，到那时许多海岛国家都会变成泽国，那里的人民怎么办，到哪里去住？如果全球气候变了，许多江河可能都会干涸，那么我们人类又该怎么办？想想让人都睡不着觉，可怕得很。所以如何对待自然是个非常重要、非常迫切的问题。那么人和自然到底应该保持一种什么关系？人应该怎么保护大自然？有人提出要敬畏自然，即把自然当做神，人要匍匐在它面前，不能改变它；也有人还是认为人应该征服自然。十届人大会议上，大家似乎不赞成搞极端，而是普遍同意“与自然为友”、“尊重自然”。总之，怎样看待、对待人与自然的关系，这是生态伦理和环境伦理最大的、最根本的原则，人和自然的关系问题究竟是一个什么样的关系，看起来好像是一个理论问题，实际上牵涉到一大堆实际的问题。

一个著名的美国学者说，人应该对文艺复兴时代的思潮进行反思，他提出两点应该反思：一是人对自然的关系；二是人对宗教的关系。他说，文艺复兴以来，西方文化对于人类征服自然的提法根本就是错误的，是造成所有灾害的一个根源。我觉得恐怕不能这么简单地否定。人对自然不能再像古代那样简单膜拜，自然难道一点都不能动？实际上自然本身也在动，物种天天在变化，人不干预也会变化。所以，不能说自然原来是个什么样就得永远是什么样，那样，土地也不能耕种、矿产也不能开采，还让不让人活了？比如建水坝，澜沧江、怒江的水坝究竟该不该建？最近有关部门组织一些专家去调查座谈。有的专家认为要保护环境，不能建，但多数专家还是认为必须建。如果不建，当地的老百姓脱不了贫，好多水利资源就会浪费，能源问题没法解决，最后的结论还是要建。不能说自然是什么样子就该还是那个样子，人有主观能动性，可以改变自然也应该改造自然，我觉得改造自然这个口号并没有错。但是，改造不是随心所欲的改造，应该是按照自然规律，在尊重自然规律的基础之上进行合理的改造，这对人类社会发展非常有益。环境伦理除了这个根本问题之外，还有公正问题等，环境公正问题实际上是人和自己内部、此代人与后代人的公正问题。首先不同地区有一个公正问题，东部发达的地区对西部不发达地区有一个公正问题。过去西部人有意见，说东部发展得快，国家投资多，用的都是西部的能源资源，结果东部发展了，西部不好了，这是不是对西部的剥削？有人提出这个问题。当然不能这么说，这里有一个科学发展观的问题。在一定程度内，首先发展东部是必要的，为什么？很明显，比如，投资10亿元在西部地区，可能10年、20年都收不回成本，但在东部，可能一两年，两三年就把成本收回了。东部发展起来之后，国家有了钱，就可以有更多的力量来支援西部，这是全国一盘棋的问题。但是这种差别不能太大，差别太大后就不公正了，应该保持在一定程度上。但是，这个差别应当允许怎样的程度，应该采取什么样的措施去消除，这里有很多学问。过去农村支援城市，现在城市反哺农村；过去西部支援东部，现在东部反哺西部，这就体现了公正。公正还有国家之间的公正，就是发达国家和不发达国家之间的公正问题。这些问题很复杂，都是环境伦理应该考虑的问题。另外有一个代际公正就是我们这一代和下一代之间的公正问题，这也是环境伦理当中一个很重要的问题。我们的祖宗辛勤地把树林种起来，森林保护了几千年，结果被砍伐，把祖宗留下的饭吃了。把子孙的饭都吃了，子孙怎么办？这是代际公正问题。现在提出可持续性发展，提出科学发展观。中央提出的这些根本问题，非常及时也非常科学，是总结了人类几百年、甚至几千年建设当中的经验教训提出来的。但是究竟怎么执行，还有很多问题需要摸索。无论如何，我们不能再走西方的路，先污染后治理。但是不走这条路又该怎么办？能不能完全避免？现在问题很多，淮河流域的治理问题、圆明园湖水的改造问题，等等，都跟我们生活密切相关。总之，环境伦理和生态伦理是极其重要的学问，值得我们研究。

（二）经济伦理

刚才讲到经济发展需要道德，不能由人们各自任意地去追求自己的利益。西方有些学者把经济伦理分成三个领域——宏观、中观、微观。宏观经济伦理主要是从世界、从国家来说；中观经济伦理主要是从部门和地区来说；微观经济伦理是指一个经济团体、一个企业、一个单位的经济伦理问题。各自都有各自的问题，例如，企业怎样才能更好地调动起员工积极性，怎样处理好企业之间的关系？看起来好像和经济没有直接关系，实际是保证企业顺利发展的根本问题。很多国外企业认识到，伦理在很大程度上比技术和资金更重要，因为企业归根到底要靠员工，如果员工不齐心协力，不把自己最大的积极性、创造性发挥出来，即使企业再有钱，技术再好也经营不好。怎样提高员工的思想觉悟，加强员工的素质？这在很大程度上要靠企业伦理来解决。西方在这方面创造了很多经验，我国像海尔、新飞等著名企业也创造了很多经验。这里有很多经济伦理问题。中观经济伦理中也有很多问题，比如商业伦理，商业和其他的制造业、运输业、银行业等关系中就充满了经济伦理问题。至于宏观上的经济伦理问题就更不用说了，最明显的就是要不要保护一个国家的市场？保护到什么程度？完全不保护，恐怕也不行，这样外来的企业把自己的企业整个都冲垮了，工人失业，工厂倒闭，这也不行。怎么保护？保护到什么程度？这恐怕是值得研究的问题。

经济全球化带来了一系列伦理问题。我国现在就面临着许许多多这样的经济伦理问题。中国改革开放以来进步很快，快成“世界的工厂”了，在这种情况下，我们怎样走出困境？这里有很多伦理的问题。经济伦理里有很多问题，比如竞争与合作，竞争时要讲诚信和机变。企业里不讲诚信不行，什么时候发货、什么价格、什么质量都应该严格地按契约办事，同时又要机智、以奇取胜。再如，公正和效率。经济发展、企业竞争必须讲效率，没有效率是不行的。而发展经济又必须讲公正，不讲公正就不能保证效率。城乡差别太大，给农民工的工资太低，人家不干了，甚至造成反社会的活动，这样企业就不能存在下去，国计民生就会出现困难。如果连社会秩序都巩固不了，还谈什么效率？所以，没有公正，就没有效率。公正必须是在充足的财力、物力的基础上才能有保障。有了效率，才能有保障实现公正的物质基础。然而，效率和公正在不同条件下，两者谁应该在先？这实际上都是经济伦理问题。现在，经济伦理发展非常快，宏观、中观、微观，包括各个方面都应该高度重视伦理问题。有远见的人们早就重视这个问题了。我们现在提倡“儒商”，

“儒”主要指的就是伦理道德，“儒商”讲究伦理道德特别是经济伦理，善于用经济伦理来发展自己。这个问题对于搞经济的人很重要。

（三）政治行政伦理

政治伦理也很重要。我们知道，行政也好，政治也好，实际上都是一种公共权力，归根到底是一种公共权力的使用问题。公共权力需不需要？需要它干什么？需要它发挥多大的作用？在它发挥作用过程中，应该注意的伦理原则是什么？这个问题自始至终是个很重要的问题。现在，西方新自由主义者走极端，认为公共权力越小越好，有人写了本书叫《越小越好》，什么东西都是越小越好。权力越小越好，政府越小越好，这话太绝对了。对于非常膨胀的政府来说，应该是小一点，不能全是公共权力，不应该太集中，它应该受约束、受限制、受监督，不能有凌驾于一切之上的公共权力，那样的权力必然导致腐败。但是，像新自由主义者说的那样，公共权力越小越好，甚至于要取消公共权力，实际上也是不行的，办不到的。他们嘴上这么说，但是他们并不这么办。西方国家强调新自由主义，他们的公共权力减小了吗？实际上，它每天都在大力扩充军费，政治上不断地扩张，今天打这个，明天打那个，公共权力不是缩小，而是不断地增大。它通常采用两重标准：对人家是一种要求，对自己是另外一种要求。对于我国，一些问题就值得研究，一方面要看到我国是从旧中国走过来的，过去的传统文化中封建主义的东西很多，民主的东西相对比较缺乏，在这种情况下，权力容易扩大，因此，对于公共权力一定要加强监督，防止滥用。但是根据我国国情，特别是根据我国的社会主义性质，我们又特别需要发挥公共权力的作用，集中力量去办一些大事。我国政府和领导人一再强调，我们的政府权力“不能越位，不能错位”。所谓“越位”就是不该管的去管，所谓“错位”就是该管的不管、不该管的瞎管。我们的政府应该使管理“到位”，怎样“到位”，这里就有许多伦理问题。

我们的行政和政治伦理中有着一系列的问题，例如，关于全心全意为人民服务的问题、集体主义的问题等。民主集中制是非常重要的，不能只讲民主不讲集中。但是为什么集中？怎么集中？集中到什么程度？怎样在民主的基础上实行集中？集中起来后再怎样发扬民主？这里就有一系列的学问，实际都是政治伦理和行政伦理的问题。还有公共权力机关的制衡问题，也值得研究。我国现在反复强调，加强党的领导、人民民主、依法治国，这些原则里都包含大量的行政伦理问题。作为国家公务员，尤其是中央国家机关的公务员，应该怎样规范自己的行为，当好公务员，这是很重要的，也是很现实的。现在这方面的著作很多，包括国外的、国内的都很多，中央党校和国家行政学院很多人都在研究这种行政伦理和政治伦理，大家可以看一下这方面的著述。

其他关于生命伦理、基因伦理的问题就很多了。生命伦理包括从生到死的伦理问题。比如，什么叫生命？有人说，受精卵就是生命，如果这样，那就不应该节制生育，任何时候节制生育都是一种残害生命的行为，都是一种罪行。也有人认为，到一定阶段才算生命，这样的论断对于节制生育就可以得出不同的结论。再如什么叫死亡？脑死亡还是心死亡？怎么确定？要不要实行安乐死？这里都是生命伦理的问题。要不要器官移植？什么情况下实行器官移植？如果只有一个器官，很多人都要移植，应该给谁移植？比如，几个人都等着移植肾：一个是年龄最大，对社会做的贡献最高；一个是年龄最小，具有无限光明的未来；另外一个是少数民族，也需要关照。在这种情况下，如何进行价值选择，应该先给谁移植。还有，治疗性的克隆和生殖性的克隆允许不允许？现在，国内明确表态，赞成治疗性的克隆，不赞成生殖性的克隆。将来能不能制止这种问题？有人提出，如果允许克隆人，生产出一千个希特勒怎么办？那不可能，因为希特勒是社会性的产物，没有希特勒的那个时代和那个社会环境，就产生不出希特勒来，也不会造成第二次世界大战那样的社会危害。但是，我们绝对不能拿人的生命当试验品，这是生命伦理的一条最重要的原则。

总之，现在几乎有一门科学就有一门伦理，应用伦理是一个非常广阔的天地。我们在应用伦理的研究中，坚持的基本原则首先是以人为本，其次是尊重自然，这恐怕是两条最基本的原理和准则。

其他一些次要的伦理规范，随着每一门科学的发展，都会提出一套伦理系统，这是需要每门科学、每个领域，根据自己的情况来认真研究解决的。

四、加强品德修养，提升道德境界

题目太大，我只能简单地谈几句。第一，就是希望大家正确地对待自我。《参考消息》上曾有人撰文说，一个人最大的敌人是自我，最大的幸福和成功也是来自于自我。这段话说得有点绝对，其他方面，如社会环境和外在条件，对于我们的幸福也很重要。但是这也有真理成分，正确地对待自我，无论如何是人们是否幸福、能否幸福的一个关键问题。那么，如何正确地对待自我呢？首先，我们要认清自我是后天形成的，不是先天形成的。有人说，我生来就是这个样子，这不对。自我虽然有点先天的成分，但它绝不是先天而来的，而其主要的或基本的成分是后天的社会关系的产物。第二，就是要认识到自我是有矛盾的、不断发展变化的，绝不是生下来就固定不变的。善与恶、正确与错误、美和丑经常不断地斗争着，自我是处在不断的矛盾斗争当中的。要正确地看待，冷静地分析自己，自我决不只是一个方面，自我更离不开周围的人。还有很多问题值得考虑，比如说人的欲望和需要就不是一回事。有人说你想什么就是需要什么，这话不对，欲望和需要是不相同的。吸毒的人最强的欲望就是能吸毒，难道这是他的需要吗？他真正需要的其实是戒毒。也有人认为，最大的欲望就是钱多、官大，其实这也不是每个人真正的需要。我们要经常考虑，自己真正的需要是什么？怎样来实现我们的这些需要？怎样来看待欲望、控制欲望？这些问题都是值得研究的。自我需要冷静地分析，经常分析这个“我”，做得对不对，不能认为我是天然的、不变的、正确的。第三，就是我们一定要认识到，道德的根本特点是知行合一，知道了以后就得去干。有的人明明知道该怎么干，但是一涉及到自己的利益、自己的喜好，就放纵自己。伦理学一个很大的特点是用实践理性精神把握世界，就是知行统一。知道了正确的、合乎道德的就要去干，不对的绝对不干。朱熹说，如果善就在那里，我自己需要来实行它，然后我才能和善相统一，才能变成好的；如果不能行，那么善是善，我是我，根本没有关系。言行脱节，实际上是一种不道德的行为。因此要从自我做起，从自己的实际行动做起。

幸福的人实际上是有道德的人。什么人最幸福？一般人想，钱多就幸福，其实未必！钱多的人有的非常苦恼，包括怎么用钱？怎样才能把资本保留住让它升值？还有怎么保护自己、防止自己受骗，怎样把钱花到正经地方，花到对社会最有益的地方？这些都是很费脑子的事情。有权也是这样。钱和权要不要有？完全没有不行，要有到什么程度才叫做真正的幸福？有人说，健康就是幸福，其实也未必，有些身体健康的人不见得幸福。中国和外国的古代哲人都讲，德和福是一致的，有道德的人才是幸福的。孟子说，“仰不愧于天，俯不愧于人”，永远心胸坦荡，这就是幸福。对于我们来说，为人民服务就是最大的幸福。希望大家真正做到德福一致，把自己的幸福和道德修养联系起来。幸福并不只是一种客观的、外在的环境和条件，而是主观与客观的统一，是内心对客观外界的一种满足的评价、一种美好的感受。每个人都有自己的幸福观，对于幸福的感受，是因人而异的，没有办法统一。但是，有一点应该统一，那就是主观需要与客观条件的统一，这是相同的。比如，林肯因为与他的妻子不和，有时觉得不幸福，但是从总体来讲，美国的黑奴制度经过他的领导被推翻了，人权得到了申张，社会前进了一步，想到这一点他会感到很高兴、很幸福。幸福的人不会在每一时刻、每一件事情上都感到幸福，只要在主要的方面感到幸福，就应该算是一个幸福的人。

第十四讲　科技哲学

李醒民，中国科学院研究生院博士、中国科学院《自然辩证法通讯》杂志社主编。在海内外30多家刊物发表学术论文150余篇。主要著述有《激动人心的年代》、《科学的精神与价值》、《科学的革命》等。

科技哲学是科学技术哲学的简称（我不欣赏这样的简称，因为它容易引起概念上的混乱），是哲学学科下的二级学科，在全国有十余个博士点，几十个硕士点，很多高校都开设科学技术哲学课程。科学技术哲学囊括科学哲学和技术哲学，二者既有联系也有差别，正如科学和技术既有联系也有差别一样。在五四新文化运动前后，我国学术界与国际接轨，叫科学哲学，当时技术哲学在世界上还不怎么发达兴盛，在中国似乎也无人提及。中国的马克思主义学派一直称之为“自然辩证法”，但这个名称在世界并不通用，包括以前和我们意识形态一致的苏联也没有叫自然辩证法，而叫“自然科学哲学问题”。自然辩证法是我们中国特有的叫法，特别是于光远教授，他认为自然辩证法是一个大口袋，包括科学哲学、技术哲学，还包括科学技术史，科学技术社会学等。20世纪80年代引进和出现的所谓科学学、人才学、老三论（信息论、控制论、系统论）、新三论（耗散结构、协同学、突变论），以及一些综合性的研究领域，如城市、环境等，都被纳入它的研究领域。但是严格地讲，这门学科应该称之为“科学技术哲学”，在当时国家教委的专业名录里，正式命名为“科学技术哲学（自然辩证法）”，加括号是为了照顾中国的历史实际。自然辩证法的名称源于恩格斯的一部未完成的手稿，后人将其整理、编排，书名叫《自然辩证法》。恩格斯在那些文章里面就自然、科学、技术等有关问题进行了论述，这大概是中国有关学人把这类研究论题称为自然辩证法的原因。由于各位一开始就问我学科名称问题，我就先给大家介绍一下。我今天主要讲一讲科学技术哲学的论域和历史，为大家勾勒出一个纲要，由于时间有限，重点放在科学哲学上。

一、科学哲学的论域

科学哲学（philosophy of science）是对作为一个整体的科学（知识体系、研究活动、社会建制）及其分支学科进行反思和批判的哲学学科。我们知道，从整体上看，科学不仅仅是各种各样的系统的知识的集合体，它也是一种研究活动，探究自然（以及社会和人）的奥秘和知识的社会活动；同时也是一种社会建制，诸如科学院、科学学会、研究所、实验室、课题组、科学杂志、出版机构、科学会议等。从细目上看，科学当然主要是数、理、化、天、地、生，也包括部分社会科学和一些跨学科研究。科学哲学就是从整体上，或针对某些科学学科的具体问题，对科学进行反思和批判的。科学哲学的论域和边界虽然难以精确划定，但是我们依然可以大致勾勒它的四个研究范围或内涵，尽管其间难免有诸多交叉和重叠。

1. PS1 即科学哲学元论。它涉及科学哲学的根本性论题，是科学哲学的“形而上”层次，与科学知识本身相距较远。例如，科学的目的、目标、对象、价值、范围、限度、划界、方法、预设、信念，等等。

比如说科学的目的。我们为什么要从事科学研究活动，它的目的到底是什么？功利主义者认为科学研究是为了制造出一些东西，来改善人们的生活；理想主义者认为科学研究的目的是为科学而科学。有人认为是为了实现自身的价值，显示自己本身的能力；有人则是无意识地进入了科学领域，实际上他可以做商人，也可以做官员，等等。所以，人们进入科学殿堂，从事科学研究的目的是不同的。爱因斯坦专门讨论过“探索的动机”问题，很有意思，有兴趣者不妨找来看看。

再如科学价值问题。科学与价值有什么关系？原来，科学价值包含三个方面：一是科学的价值（value of science）。科学到底有什么价值，有什么用处？我们知道，科学有它的物质价值，它可以通过一定的途径转化为生产力，满足人们的生活和生产的需要。同时，科学也有它的精神价值，它可以使我们认识自然，满足我们的好奇心和求知欲；它能够使我们建立比较实在的世界图像，使我们明白人类自身所处的位置，有助于树立科学的世界观和人生观。二是科学中的价值（value in science），即科学知识本身是否包含价值。有人认为，科学本身不包含价值，它是中性的。有的则认为科学也包含有一定的价值。当然，科学本身作为一种知识体系，作为客观科学知识，所包含的价值成分或者说没有，或者即使有也是很少的。比如我们说吸烟有害健康，这是通过科学研究得出的结论，这个结论本身就包含劝导人们不要吸烟的意思。再比如热力学有第一定律和第二定律，这实际上也告诫人们不要花费精力和财力去研究和制造第一类永动机和第二类永动机。永动机根本造不出来，因为它们违背自然定律。可是，当我们将科学作为一种研究活动，作为一种社会建制，其肯定是包含价值观念的。研究活动研究什么，研究的结果如何利用，这里就出现了价值选择问题。第三，当我们进入研究领域，面对成千上万的事实，我们究竟选择哪些，抛弃哪些，这里就有价值判断问题。在对科学理论评价时，经验标准和逻辑标准当然是重要的，但是并不充分，还有审美标准这一非理智标准也起作用，特别是在实验证据不足或实验一时无法进行之时，美学标准就与价值判断密切相关。

还有科学的限度。科学究竟有没有限度？科学肯定是有限度的，科学只是人们认识客观世界的一个视角，科学没办法决定价值，没办法决定目标。社会发展的目标和人的理想不是科学能够决定的。

当然，目标决定以后，科学可以提供工具和手段，能够比较完美、比较迅捷地达到目标。人是通过五官来感知外界的，而五官的感受本身就是受限制的。如蝙蝠能感受到超声波，而人类就不能感知。还有某些海洋生物能够感知电磁波，而人类也无能为力。当然，我们通过仪器可以观察到某些五官感觉不到的东西，但这绝对不是全部。或许随着科学和技术的发展，我们感知世界的能力会越来越强，但是总会有大片的阴影存在。有人认为，科学所犯的错误不在于把东西看错了，而是科学遗漏了很多东西，这就是说科学也有其自身的限度。因此，我们不能认为科学是万能的。科学是很有意义的，但绝不是万能的，它并不能解决所有的问题。要解决社会问题，比如人口问题，当然离不开科学。科学和技术可以有效地设计进行人口普查的方案，通过建立人口数学模型来预测人口的发展趋势，帮助制定比较详尽的优生优育政策、制造避孕器具和药丸等。但是人口问题毕竟是一个复杂的综合性问题，是一个需要综合治理、配套解决的问题，包括破除多子多福、重男轻女等封建思想观念，建立社会保障和养老体制等。现在有一种观点认为，一个东西凡是科学的，就是好的；凡是非科学的，就不是好的东西——这实际上是一种错误的观点。科学虽然很好、很有用，但是非科学的不见得就是不好的，没有用的。如我今天讲的哲学，还有历史、文学和艺术等都是非科学的，但是它们都是非常有价值的。科学是有它的范围和限度的，它主要研究自然现象，对于人和人性的研究和揭示，人文学科和社会科学还是要略胜一筹。当然，对于人的研究，科学也有一定的优势，尤其是在人的自然属性方面。

2. PS2 即科学哲学通论。它涉及科学哲学的普遍性论题，与科学知识整体的关系密切。比如，科学的事实、问题、概念、原理、理论结构，科学的发现和发明、证明和辩护、说明和诠释、语言和隐喻，科学的发展、进步、革命，科学中的机械论和有机论、还原论和活力论、进化论和目的论、因果性和几率性、连续性和分立性，对科学的经验主义、理性主义、现象主义、工具主义、物理主义、操作主义、历史主义、约定主义、整体主义、后现代主义的解读，等等。

比如，什么是科学事实？科学事实这个问题，我们看起来好像是一目了然，细究起来可就麻烦了。记得中世纪的神学家奥古斯丁谈到空间和时间问题时说，当你不问我时，我心里很明白；当你问我时，我反倒糊涂了。爱因斯坦说他自己智力发展得比较迟，别的小孩早就解决了时间、空间的问题，他自己还是不明白。科学事实也像这样的概念一样：看起来简单，但是从理论上探讨却是很复杂的。那种赤裸裸的事实是科学事实，还是经过我们诠释以后，用科学语言表达出来的是科学事实？法国的哲人科学家彭加勒举了一个例子：请看日食。目不识丁的人说，天变暗了；有知识的人则明白产生这种现象的原因，他们知道这是月亮转到了太阳和地球之间，在太阳上留下月球的影子。在这两种说法中，前一种是赤裸裸地描述现象，不是科学事实；后一种经过了科学的语言诠释，才属于科学事实。

再比如科学理论的结构。科学理论到底是怎样一种架构？弗兰西斯·培根采取的是经验归纳法，认为科学是金字塔形的，基础由很多科学事实和资料垫底，由下向上依次抽象出经验定律、科学原理。对于经验科学，或者对于科学的初级阶段，情况大致如此。比如生物学，一开始是搜集动植物的标本，然后再根据门、纲、目、科、属、种对其进行分类。但是对于发达的科学，它的结构便不是如此，实际上它是倒过来的。它是在经验事实启示下，通过“思维的自由创造”和“理智的自由发明”——这是爱因斯坦的原话——直接上升到原理或公理的高度，然后以此为出发点，逻辑地演绎出一定的命题，再将这些命题用经验事实来检验，这是探索性的演绎法。这样的理论体系与欧几里德的几何学体系类同。爱因斯坦就是采用这种方法，构造狭义相对论与广义相对论的。比较发达的科学比如物理学，往往是演绎性的结构。

3. PS3 即科学哲学个论。它是科学各门分支学科中的哲学问题。例如，物理学、生物学、系统论、信息论、复杂性科学中的哲学问题。

像物理科学中的哲学问题就很多，有些还很深奥。量子力学出现后，围绕量子力学的几率解释问题，玻尔和爱因斯坦进行了激烈的争论，到现在也没有完全解决。爱因斯坦反对哥本哈根学派的正统解释，认为这样的量子理论只能满足“店主和工程师的利益”，它仅仅正确地预言了实验结果，而无助于向我们揭示“造物主”建造的宇宙建筑物的宏伟。爱因斯坦坚信上帝不可能掷骰子，正统的量子力学虽然和经验事实相符合，但是它的宇宙建筑构架在理论上是“不幸的粗制滥造”。他设想，量子力学不是根本性的理论，将来肯定会被一种更好的理论取而代之。再者，关于微观世界的观察问题，我们通过观测仪器观察到的是观察对象的本来面目，还是由于观察者和观察对象相互作用以后才产生的实体或现象？康德意义上的所谓“物自体”是否在我们的观察能力所及之内？对于宏观物体，比如马路上奔跑的汽车，观察者对它几乎不能施加任何影响，无论是否观察，汽车还是那样跑的汽车。但是，对于微观粒子则不一样，观察结果直接与是否观察、与观测仪器如何设置密不可分，观察过程会对观察对象产生实质性的影响。物理学哲学在这方面有很多问题值得探讨。生物学哲学和医学哲学也是一样。我们现在搞医学研究、基因研究、克隆研究，这里面都包含了很多有激烈争议的哲学和伦理问题。比如，器官移植、安乐死、基因检测和治疗、转基因食品、干细胞研究和临床应用、体外受精、借腹怀胎、克隆人，等等，都是属于科学技术哲学研究的范畴和问题。

4. PS4 即科学哲学外论。如果我们把以上三个论域叫做科学哲学内论的话，那么科学哲学外论主要研究对象是科学活动和科学建制的本性以及科学与外部世界（自然界、社会、人）的错综复杂的关系。例如，科学的规范结构和精神气质，科学的起源，科学的社会文化功能，科学与人生和人的价值，科学与政治、经济、文化、艺术、哲学、伦理、宗教的内在关联和外在互动，等等。比如，科学有什么文化功能，科学与人的价值，科学与人生的关系。

科学对人生观是否有帮助？1923 年，在中国现代思想史上爆发了一场科学与人生观论战，也叫科学与玄学论战。许多科学家和哲学家都参与进来，最后他们出了一本书，叫《科学与人生观》，陈独秀和胡适为该书作序。以张君劢为代表的玄学派认为，科学与人生观没有什么关系，科学不能解决人生问题。以丁文江为首的科学派则坚持，科学与人生观关系密切，科学对解决人生问题大有帮助。实际上，科学虽然不能独自决定人生的目标、人生的意义，但是它对确立人生观能直接或间接地助一臂之力。人生观是世界观或宇宙观的一部分，而世界观或宇宙观在很大程度上是由科学建造的，怎么能说人生观与科学无关呢？我们是通过科学研究，才知道人在自然界中的准确位置的。没有正确的世界观或宇宙观，你也很难认准人生的位置。我们原以为人处在宇宙的中心，是上帝的杰作，高贵得不得了。后来，哥白尼学说出现以后，才发现人并不在宇宙的中心，这第一次沉重地打击了人类中心论。后来，达尔文的进化论出现了，人们发现人原来不是上帝造的，而是由猿猴经过千百万年演化来的，这对人类中心论又是一次严重的打击。这些打击使人变聪明了，人开始正确地估价自己了。20世纪生态学的出现使我们了解，人和自然界与我们周围的环境是一个密不可分的整体，“一荣俱荣，一损俱损”。我们这才开始重视环境保护和生态建设，才知道我们不能光顾经济增长，还要和自然界和平共处，和谐共存，该改造的地方改造，不能改造的地方不能乱改造。当然，要完全不改造自然也不行，原始人也有改造世界的活动，否则只能风餐露宿、茹毛饮血了。人为了生存，就必然有反自然的一面。但是，这个“反”得有个度：在自然可以承担的合理范围内，我们可以自由改造世界，超出限度绝对不行，更不能时时处处和自然对着干！我们在利用和享受自然赐福的同时，绝不要忘记爱护和保护自然。

比如科学和宗教的关系问题。过去我们一直认为科学与宗教是完全对立的。宗教和科学的关系是很复杂的，它们既有冲突的一面，又有和谐的一面。以往我们强调前者而忽视后者。我们只知道宗教迫害科学，迫害科学家，例如，布鲁诺因为宣传哥白尼日心说，被烧死在鲜花广场上；伽利略由于言论与圣经相悖，受到宗教裁判所的审判。前些年，罗马教廷已经给伽利略平反了，恢复了名誉。宗教与科学的冲突是一个历史事实，不容抹煞，也没有必要否认，特别是在中世纪，是神学和宗教的一统天下，严重阻碍了科学的发展。即使在现在，在美国和其他地方，一些宗教基要主义还大力反对达尔文的进化论，要求把创世论列入中小学课程。当然，我们以往在冲突这一面讲得比较多，我们现在也应该多了解一点和谐的一面。在中世纪，科学、哲学、神学是三位一体的，神学家也是哲学家，也在修道院研究科学。中世纪的很多大学都是在神学院的基础上建立起来的，对后来科学的发展起到了一定的作用。许多神学家，比如法国巴黎学派的比里当提出了冲力理论，这实际上是惯性理论的萌芽。法国哲人科学家迪昂的历史研究表明，中世纪并不是千年暗夜，即便科学在此期间也有较大的进展。而且，中世纪强调理性，包括圣经上的某些教条都需要理性来证明，这种理性精神也是科学的支柱。科学一共有两大支柱，一个是实证精神，一个就是理性精神。而且，据美国科学社会学家默顿研究，近代科学17世纪在英格兰兴起和发展，与英格兰的新教关系密切。新教教徒认为大自然是上帝的作品，通过研究大自然，研究科学，发现自然的奥秘和神奇，发现大自然的规律井井有条，也就是对全知全能的上帝的最高礼赞。清教徒还提倡科学造福人类的功利主义，其伦理强调刻苦工作、清心寡欲，这些精神对于科学都是有益的。在当时的英国皇家学会中，清教徒占有很大的比重。

在现代，科学与宗教也存在着一些良性互动。爱因斯坦倡导一种宇宙宗教，他认为这是科学研究的强大动机和动力。当人们研究到科学的最深层次时，常常会像爱因斯坦那样，觉得“这个世界最不可理解的事就是这个世界是可以理解的”。有些问题确实是很微妙的，从宇宙的起源、生命的出现、遗传的本质，一直到物质的结构分子、原子、夸克等。通过科学研究，发现大自然确实是神奇无比、奥妙无穷的。一方面，在神秘、宏伟的大自然面前，人感受到自己理性的伟大——人竟然可以通过自己小小的头脑，把整个宇宙囊括在自己的思想中；另一方面，在浩淼、威严的宇宙面前，人也感到自己确实是很渺小的，“寄蜉蝣于天地，渺沧海之一粟”，从而对宇宙产生了一种敬畏感。这种敬畏感很容易上升到宗教感情，觉得宇宙确实太浩瀚了，太伟大了。所以，爱因斯坦不相信世俗的宗教，不信仰人格化的上帝，但是他相信宇宙宗教，信仰斯宾诺莎的上帝，即大自然。宇宙宗教既是爱因斯坦的信仰，也成为他的一种思维方式和科学方法。我就此在20世纪90年代写过数篇论文，最近商务印书馆刚刚出版了我的《爱因斯坦》一书的简体本，1988 年台北三民书局出版的是繁体本，里面就涉及到爱因斯坦的宇宙宗教思想和感情，有兴趣者不妨一阅。

二、科学哲学的沿革

科学哲学是对科学的一种哲学反思，严格地讲，只有在 17 世纪近代科学出现以后，才可能有科学哲学。近代科学的历史并不长，从牛顿革命开始算起，最多从哥白尼算起，以 1543 年出版的《天球运行论》和 1687 年出版的《自然哲学的数学原理》为标志。近代科学的诞生到现在才 300 多年的时间，并不长，但是却大大促进了社会的发展、历史的发展，进程快极了。请想想，宇宙的生命，从大爆炸开始到现在大约 200 亿年的时间，生命的出现是几十亿年，人的出现大概是 200 万年。人类出现以后，历史发展一直很慢，旧石器时代一直延续了 100 多万年，新石器时代短多了，也有一万年左右，进入农业社会也就七八千年。此后，文字的出现大大加速了社会和人类的发展进程，尤其是科学的诞生更使这种发展日新月异，但是这数千年或数百年的时段相对于宇宙时间而言却完全可以忽略不计。由此可见，文字和科学的发明在人类发展史中的意义了，真是怎么估价也不过分。科学哲学是在近代科学出现以后才出现的。在此之前，也有科学的萌芽或学术界所谓的前科学时代。因此，我们讲科学哲学的历史，也往往从古希腊讲起。

科学哲学的历史沿革源远流长。在这里，我们愿把近代科学诞生之前的科学哲学称为前科学哲学。它可以分为两个时期——萌芽时期和溟濛时期。萌芽时期的科学哲学有一个早慧的、天才的开端，留基伯和德谟克利特的原子论、毕达哥拉斯和柏拉图的数的和谐、亚里士多德的形式逻辑和四因说、欧几里德和阿基米德的演绎系统化理想，等等，自始至终影响着科学思维和科学发展。溟濛时期的科学哲学贯穿于整个中世纪——它像科学一样，也是从古希腊思想的高峰跌落下来，步履维艰地沿着通向近代知识的斜坡匍匐行进。中世纪的科学哲学并非像人们想象的那样是千年暗夜，它与科学相伴，在一统天下的神学氛围中愚拙而执拗地蒸馏和沉淀。托马斯·阿奎那经院哲学的理性主义和宇宙图式，格罗斯泰斯特的归纳、证实和否证学说，罗吉尔·培根倡导的实验方法，邓斯·司各脱的批判哲学和求同法，奥康姆的差异法、"剃刀"原则、重视直观和证据的认识论，奥特库尔的尼古拉的怀疑论、因果性概念、同一和矛盾原则，比里当及其巴黎学派的自然哲学和经验科学精神，等等，都成为近代科学哲学不可多得的精神遗产和思想元素。

与近代科学相比较，近代科学哲学也可以称之为古典科学哲学或经典科学哲学。弗兰西斯·培根和笛卡儿分别代表了经典科学哲学的经验论传统之翼和理性论传统之翼。伽利略、开普勒、牛顿则在两翼之间保持了必要的张力，并将其付诸创造实践，在科学探索过程中予以锤炼。他们三人不仅是经典科学的奠基人，而且也是经典科学哲学的建构者。法国百科全书派、洛克、莱布尼茨、休谟、康德都是经典科学哲学当之无愧的里程碑，而约翰·赫谢耳、孔德、休厄尔、J. S. 穆勒则使经典科学哲学更加系统化和体系化。

19 世纪末和 20 世纪初，伴随着经典科学的危机和现代科学革命的酝酿，前现代科学哲学应运而生，大放异彩。除了德国哲人科学家群体（赫兹、亥姆霍兹、基尔霍夫、玻耳兹曼等）的杰出贡献外，以马赫、彭加勒、迪昂、奥斯特瓦尔德、皮尔逊为代表的批判学派则是其创造者和集大成者。这个学派是由哲人科学家形成的"无形学院"，它的科学统一思想、历史—批判风格，对直觉、思维经济、科学美的推崇、进化认识论、科学的人文主义（新人文主义）和人文的科学主义（新科学主义）、诸多后现代意识（观察渗透理论、不充分决定论、判决实验不可能、归纳法不切实际、方法和理论多元化、科学中的语言翻译和诠释、关系实在论、主体间性、科学发明即是直觉选择等）以及要素论、约定论、整体论、能量论、感觉论，成为现代科学哲学的源头（马赫的经验论和彭加勒的约定论是其"活水"）和后现代科学哲学的引醉，同时也确实孕育和哺育了现代科学。尤其值得注意的是，批判学派对中国科学建制化的开拓者和科玄论战中的科学派影响深远，并直接左右了中国当时的科学思潮和科学哲学。

现代科学哲学的桂冠，理所当然地落在逻辑实证论或逻辑经验论及其分析哲学和语言哲学的头上。其中坚人物石里克、卡尔纳普、赖兴巴赫、维特根斯坦、艾耶尔等在对科学的逻辑和语言分析方面贡献卓著、有目共睹，在科学哲学的历史上树立起一座永恒的纪念碑。但是，逻辑经验论坚持极端的科学主义立场，拒绝历史主义和形而上学的维度，缺乏整体论的观点和广阔的兴趣与视野，漠视科学发现和科学进步的研究，排斥多元主义的方法论，这样就不免背离了批判学派的思想精华。其结果，逻辑经验论不仅加重了科学文化和人文文化的分裂，而且也导致了哲学与科学的疏离——批判学派的哲学与科学水乳交融及其前瞻性和勃勃生机在它那里消失得无影无踪了。造成这种后果的原因其实倒很简单：逻辑经验论的代表人物虽然有良好的科学素养和扎实的哲学功底，然而他们毕竟没有哲人科学家那样的科学创造实践和科学发明体验。

在这里，很有必要对爱因斯坦的科学哲学大书一笔。爱因斯坦可以说是历史上的和他所处时代的科学哲学遗产的优秀继承者，尤其是他从批判学派那里直接汲取了丰富的思想营养和独到的学术理路，加上他对自己科学活动和成果的反思，致使这位20世纪最伟大的科学家也成为20世纪最伟大的科学哲学家。爱因斯坦的科学哲学是融温和经验论、科学理性论、基础约定论、意义整体论、纲领实在论于一炉的多元张力哲学，与之相辅相成的探索性的演绎法、逻辑简单性原则、臻美取向和形象思维等科学方法又锦上添花，从而在科学哲学的历史上谱写了最壮丽的篇章。

在这里，我想就爱因斯坦的科学方法多讲几句。我们讲到科学方法很重要，科学的探索归根结底就是科学方法的探索，凡是革命性的科学发现，必然伴随科学方法的发明。探索性的演绎法是现代科学一个很重要的方法，这是爱因斯坦在创造狭义相对论过程中发展起来的。它和一般的演绎法有什么区别？探索性的演绎法也是演绎法，但是前面有一个限定语“探索性的”。一般演绎法的前提是显而易见的，或者是不证自明的公理，而探索性的演绎法的公理不是自明的，也不是通过经验归纳的。爱因斯坦认为，作为公理的科学原理是通过经验事实的提示，然后通过思想的飞跃而达到的。逻辑简单性原则是古代的简单性原理的一种发展。它要求逻辑公理要尽可能少。爱因斯坦认为，逻辑简单的理论，说明该理论的质量比较高，内容比较深刻，从形式上看也比较完美。准美学原则是爱因斯坦对科学理论的评价和筛选的一个标准，是从美学角度考虑，不仅是从逻辑和经验的角度去看，他提出了双标准——一个是外部的确认，一个是内部的完美。科学要美，就要有逻辑的简单性。一般的科学研究更多地使用逻辑思维，但是爱因斯坦认为，形象思维在科学发明中是一个十分重要的因素，运用形象思维的思想实验在他创立相对论的过程中起了不可或缺的作用。

二十世纪五六十年代，以波普尔的批判理性主义和证伪主义、库恩的历史主义和范式论、拉卡托斯的研究纲领等为先导，后现代科学哲学昂然登上历史的舞台。奎因、费耶阿本德、罗蒂、范弗拉森等都先后引领过新潮流。尽管他们有意或无意地继承了批判学派的某些后现代意向，但是却恣意地把它们推向极端乃至危险的边沿——这在他们的反基础主义、反本质主义、反理性主义、无政府主义方法论、文化相对主义和社会建构主义中表现得尤为淋漓尽致。不过，后现代科学哲学中也有警世之言和时代的睿智，值得批判地予以借鉴。

21 世纪的科学哲学向何处去？我们不是预言家，不好就此妄加评论和断言。但是，这并不妨碍我们尝试做一些大胆的猜测。在未来较长的一段时期内，科学哲学大概会回归批判学派的旨趣和进路，在与现代科学哲学和后现代科学哲学保持必要的张力中为自己开辟前进的道路。这里有两个指路标。其一是宏观综合视野：通过跨学科的研究和多维度的透视，发掘科学思想、科学方法、科学精神的人文价值和精神底蕴，揭示科学的文化蕴蓄和文化意义，从而彰显科学的智慧之神韵，促进科学文化和人文文化的汇流和整合——这是科学哲学外展或科学文化哲学的路向。其二是微观分析视野：立足于各门科学的肥沃土壤，着眼于科学家（尤其是哲人科学家）的创造活动和思想积淀，在缜密分析和精心提炼的基础上生发出鲜活的科学哲学——这是科学哲学内生的路向。对于这两个路向，科学哲学家的开掘还十分有限，在诸多领域只不过刚刚开始。因此，科学哲学不仅有伟大的过去，也有充实的现在和光明的未来。

科学哲学在中国的历史相当单纯。在五四新文化运动时期，科学哲学曾经有过一段颇为辉煌的时期，此后由于救亡、战乱和特殊的政治环境，它不幸长期处于萧条乃至沉寂状态。直至20世纪70年代末和80年代初，它才伴随着改革开放的春风重回神州大地。在近27年的执著奋进和顽强抗争中，科学哲学既作为思想启蒙的一支劲旅影响了转型时期的中国社会和中国人，也作为蓬勃发展的哲学学科跻身于中国乃至世界学术之林。1979年创刊的《自然辩证法通讯》就是其最好的见证，27卷杂志忠实地记载了新时期科学哲学在中国的坎坷经历和坚实足迹。科学哲学在中国已由20世纪80年代的引进评论阶段进入到90年代以来的问题研究阶段，我们企望21世纪它在方法和范式上有所创造。但是，加强问题意识，淡化体系建构，始终应该作为我们的研究导向——这也是即使在以评介为主的20世纪80年代，仍有不少学术佳作和思想成果问世的原因。

三、科学和技术是不同的东西

关于科学哲学的范围和历史，我大体就讲到这里。还有技术哲学，技术哲学是对技术的反思和批判，是从总体上研究技术和技术发展的普遍规律的学科。技术哲学既探讨技术的本质、结构、技术进步的机制和技术研究的方法论，也考虑技术在社会生活中的地位、作用以及技术发展的社会条件等。它可以和科学哲学比照，但是科学哲学的历史比较悠久，如果从近代科学算起，有三百多年的历史；如果从自然科学的萌芽算起，就有两千多年的历史了。虽然技术出现得非常早，几百万年前就出现了技术，但是技术哲学出现得比较迟，真正的技术哲学是1877年才出现的，对技术哲学研究的热潮是在20世纪60、70年代。和科学哲学相比较，技术哲学还不是很成熟。关于技术哲学，我就不细讲了。如果大家有兴趣，可以参看《自然辩证法百科全书》有关技术哲学的条目，这里面的东西很多，是于光远老师组织编写的。另外，东北大学陈昌曙教授出版的《技术哲学导论》一书写得不错。在这里，我想讲一下科学和技术的区别。平常大多数人把二者混在一起，这不仅造成概念和思想上的混乱，而且在实践上也给科学政策的制订和科学研究的管理带来诸多负面影响，有必要在此加以厘清，这也属于科学技术哲学研究范围内的事情。

“科学”（science）与“技术”（technology）这两个名词在西文中一般是分开或并列称谓（science and technology）的，但是在中国（在日本也有类似情况），二者往往被连用或混用为“科学技术”，乃至简称为“科技”。这种称呼不仅造成概念上的混乱，而且在实践中也容易把人引入迷途，即自觉或不自觉地把科学等同于技术——君不见高官学人把科学视为“生产力”（要知道，科学本身并不是直接的生产力，它只有借助技术且经过复杂的链条和诸多的中介，才可能转化为现实的生产力），平民百姓把科学拜作“财神爷”吗？

其实，科学和技术在内涵和外延上均判若鸿沟。科学主要是以自然（以及社会乃至人本身）为研究对象，通过实证、理性、臻美等方法获得规律性的知识体系，它也包含这种活动的过程和建制。技术是人类为控制客观环境与满足生产和生活的需要，运用知识尤其是科学知识而创造的一切手段、程序、规范（norms）、物资等的总和及其实践过程。从词源上讲，science 一词出现在 14 世纪，它源于拉丁文 scientia，意即知识。technology 一词出自希腊文 techne（工艺、技能）和 logos（逻各斯、词、讲话）的组合，意指对造型技艺和应用技巧进行论述，它在 1859 年被正式使用。后来，science 和 technology 的意义虽然有所变化，但其核心语意一直保留下来。由此可见，科学基本上属于“学”或“道”之类的“形而上”范畴，技术大体上属于“术”或“器”之类的“形而下”范畴。

从人类文明史以及人类进化史的角度，科学（本文中的科学主要指自然科学）和技术在绝大多数时间里都是独立发展的——二者接近或结合的时间短得可怜，乃至几乎可以忽略不计。技术在从猿到人的漫长进化过程中就出现了，例如，打制石器和学会用火。科学的真正诞生只不过始于16—17世纪的哥白尼—牛顿革命，即使追溯它的源头到古希腊，也仅有两千多年。长期以来，技术一直与工匠传统相伴随，而科学在古代、中世纪直至近代科学的早期，基本上是贵族哲人或得到富豪资助的人的“专利”。直至近代，技术依然是在没有纯粹科学的帮助下独立发展的。即使引起西欧工业革命的蒸汽机的发明，一开始也是出于工匠和工程师的常识或实际经验，并没有从力学和热学中得到多少启示。到19世纪，技术才逐渐以科学为基础，而19世纪50年代德国染料合成工业的兴起，则开辟了科学—技术—工业联姻的先河。

二战以后，科学和技术的关系变得愈来愈密切：科学需要技术支撑，技术需要科学垫底，尤其是在所谓的“大科学”和“高技术”中。而且，科学有时被涂上了政治化、军事化、商业化的色彩，由科学向技术的转化也越来越直接、越来越迅速。特别是在信息技术和基因工程领域，科学和技术的界限在某些课题中已模糊不清，以致出现所谓的“认知—技术复合体”（cognitive - technical complex）。尽管如此，科学和技术总的说来毕竟不是同一的，不应该将二者混为一谈。

科学和技术的差异到底何在？二者的差异不胜枚举，但其要点也许可以概括如下：一从对象上看，科学以自在的自然物为研究对象，而技术面对的则是自为的或拟想的人造物。二从目的上看，科学以求真致知为鹄的，其意趣在于探索和认识自然；技术以应用厚生为归宿，其意图在于利用和改造自然。三从取向上看，科学是好奇取向的（curiosity - oriented），与社会现实关系疏远；技术是任务取向的（mission - oriented），与社会现实关系密切。四从过程上看，科学发现的目标常常不甚明了，摸索性很强，偶然性较多；技术发明的目标往往事先就十分明确，有的放矢，偶然性较少。五从问题上看，科学需要了解“是什么”（what）和“为什么”（why），而技术面对的问题则是“做什么”（do what）和“如何做”（how do）。六从方法上看，科学主要运用实验推理、归纳演绎等方法，而技术多用调查设计、试验修正等方法。七从结果上看，科学研究所得的最终结果是某种理论或知识体系，技术活动所得的重要结果是某种程序或人工器物。八从评价上看，对科学的评价是是非正误，以真理为准绳；对技术的评价是利弊得失，以功利为尺度。九从价值上看，科学在某种意义上可以是价值中立（value - neutrality）的，或者本身仅蕴涵少量的价值成分；而技术处处渗透价值，时时体现价值，与价值有不解之缘。十从规范上看，科学的规范是默顿（R. K. Merton）所谓的普遍性（universalism）、公有性（communism）、无私性（disinterestedness）、有条理的怀疑主义（organized scepticism）；技术的规范与此大相径庭，它以获取经济效益和物质利益为旨归，其特质是事前多保密，事后有专利。

在这里值得加以强调的是，科学本质上是自由的：科学是人类争取自由的武器，它能把人从单纯的生存境地导向自由；科学的发展以外在的自由和内心的自由为前提条件；科学研究需要自由探索的精神；科学的基本概念和基本原理是思维的自由创造和理智的自由发明；科学成果需要自由交流和自由发表。相比之下，技术的自由度则少多了。这不仅仅意指技术的发展和利用受到客观现实的诸多制约，更重要的是指，技术虽然可以使人在一定程度上摆脱环境的束缚，获得某些自由，但同时却使人被动地适应技术，并有可能造成技术对人的支配、统治和异化。

由科学的本性不难看出，科学尤其是作为其深层底蕴的科学思想、科学方法、科学精神，是与追求真善美的人文精神相通的或相承的。缺乏科学精神的人文精神是残缺不全的，不是真正的人文精神。我不认同“科学是双刃剑”的观点，不赞同科学知识中有“负知识”（negative knowledge）或“致毁知识”（ruin - causing knowledge）的说法，更反对把人文精神和科学精神人为地对立起来，借高扬人文精神之名行反科学（anti - science）之实。不用说，技术由于承载功利和负荷价值，的确是一把双刃剑——技术的慎用、节用、善用可以造福人类，技术的误用、滥用、恶用则肯定贻害无穷。总而言之，科学是普罗米修斯，技术则可能是天使普罗米修斯，也可能是魔鬼靡菲斯特。因此，我的主张是：科学无禁区，技术应节制。

“科学无禁区”意味着，不应该、也不可能为科学研究划定界限，设置禁区。“不应该”是因为，科学是一种探索性极强的研究活动，其具体目标和欲达结果每每若明若暗，而且科学的各个门类或问题是相互关联、触类旁通的，常常一通百通。人为地画地为牢，只能起到阻碍科学发展的作用，从而有损于人类的根本利益和长远福祉，甚至有可能危及人种的生存（只要想一想恐龙的命运就可想而知了）。“不可能”的原因在于，由谁划界？怎样设禁？因为人不具备上帝那样的神目观（view of God’s eyes），能把一切看穿看透，划界和设禁的结果往往会适得其反、事与愿违。“技术应节制”说的是，在技术活动的整个过程中，要自始至终进行全方位的价值评估：对于恶技术或坏技术，应该通过各种途径严加遏制和禁止；对于利远大于弊的善技术或好技术，则妥善地加以利用和实施，并尽可能地趋利避害；对于一时拿不准的技术，不妨放慢节奏，等一等，看一看，或者在小范围试验试验，三思而后行。当然，这里也有诸多利益冲突和操作困难，但毕竟在道理上是较为清楚的，在实践中或多或少还是可以付诸行动的。

技术的价值负荷性和善恶两面性，对技术专家的社会责任感和道德良心提出了更高的要求：始终把全人类的利益和福祉摆在第一位，绝不可把自己的才能和灵魂放在魔鬼的祭坛上。由于现代技术基本上导源于科学，因此科学家也要为技术的后果相应承担间接责任：科学家要随时察觉科学知识之技术误用、滥用、恶用的可能性，及时将真相告诉公众，向社会发出警戒信号，并注意不要把某些不成熟的、吃不透的、可能带有技术负作用的科学半成品随便扩散到实验室和科学共同体之外。现代技术的力量、规模、范围、投入和产出都是史无前例的，真正的“拍板权”并不在技术专家和科学家手中，而在决策者那里，他们理应为技术的后果承担大部乃至全部责任。

为了使科学和技术造福而不是危害人类，需要从制度、观念、人性上三管齐下：第一，加强社会科学和与之对应的社会技术（social technology）的研究，用以指导和完善有关科学和技术问题的咨询、听证、决策、管理、监督和立法，对权力机构和当事人的行为加以规范和约束，尽可能使之在正常的轨道上运行。第二，更新人们的发展观念、经济观念和消费观念乃至自然观和人生观，使人与自然、人与社会、人与人和睦相处，和谐共存，把已经过上体面物质生活的人引向永无止境的精神追求，而不是沉溺于贪得无厌的物欲享受和奢华糜烂的感官刺激。第三，通过人文学科、伦理宗教、社会舆论等诸多途径，倡导和促进与物质文明相匹配的精神文明，并通过个人的生活实践和内心自省，逐渐祛除人性中的邪恶成分，增强其仁爱成分，使人的精神境界不断升华，从而善待自己，善待他人，善待自然。

我既不是绝望的悲观主义者，也不是盲目的乐观主义者，我力争做一位在清醒的现实主义和高远的理想主义之间保持必要张力（the essential tension）的自由思想者（freethinker）。我有理由相信，仁爱人性加人文情怀再加科学智慧（the wisdom of science），能够使人类面临一个比较美好的未来，从而避免蹈袭中国古代哲学家庄子所说的“有机械者必有机事，有机事者必有机心”之覆辙。

第十五讲　哲学与人生

周国平，中国社会科学院哲学研究所研究员。主要学术著作有《尼采：在世纪的转折点上》、《尼采形而上学》，随感集《人与永恒》，散文集《守望的距离》等。

我今天主要是谈自己通过哲学思考对人生问题的一些体会。

我想，人生问题本来就是哲学的一个很重要的问题，也是哲学思考很重要的领域。什么是哲学？我们以前有一种说法，说哲学是关于世界观和人生观的学问，我觉得这种说法基本上是对的。但是可能我们以前有一个问题，就是把世界观和人生观都看得太狭隘了。世界观往往就是无产阶级世界观和资产阶级世界观两种。人生观就是为人民服务，非常简单。实际上，哲学在古希腊一开始，确实是对世界和人生的一些思考。世界观、人生观，我特别强调这个“观”字，观就是看，自己去看，自己去想。实际上，世界观就是去看整个世界的全局，看世界到底是什么。人生观就是去看整个人生是怎么一回事。我们平时是不看世界全局和人生全局的。我们总在做着手头的事，被环境支配着，很少跳出来看。所谓哲学，我觉得就是要从自己正在做的事情、正在过的生活里面跳出来，看一看世界的全局、人生的全局，这样才有一个坐标，然后才能知道自己做的事是不是有意义的，自己过的生活是不是有意义的，应该怎样生活才有意义。哲学是这样，不要让人局限在自己生活的那么一个小的天地里，而要从里面跳出来看看大的天地。

从哲学史的发展角度，哲学始终有两个大的方面，一个是对世界的思考，追问世界到底是什么；还有一个是对人生的思考，就是人生到底有什么意义，怎么样过才有意义，这就是人生观的内容。人生观的内容是哲学的一个重要方面。今天，我着重讲一下哲学与人生的问题。

人生哲学的问题基本上是两大问题，一个是生和死的问题，生命和死亡的问题；另外一个是灵和肉的问题，即灵魂和肉体的问题，中国哲学里叫做身心关系问题，身体和心灵的关系问题。其实，不管是哪种人生哲学，始终都想解决这两大问题。人生的种种困惑说到底是由这两大问题引起的，所以这里分两个问题来说。

关于生和死、灵和肉的问题，各派哲学和宗教有各种说法，但是有两条道理是公认的，也是所有哲学和宗教都承认的。从生和死的问题来说，谁都承认人总是要死的，讨论来讨论去，人总是要死的，这一点是改变不了的。从灵和肉的关系来说，也有一条道理是大家公认的，人是有灵魂的。所谓有灵魂，就是有比肉体的生活更高的生活，即人是应该有精神生活的，这一点也是各派哲学和宗教都承认的。这个道理很简单，但是，我们平时往往忘记了这两个道理，如果记住了这两个道理，其他的道理都可以从这里推出来，可以解决大部分的人生问题，下面我讲的可以证明这一点。

一、生和死的问题

实际上，人生哲学里回避不了如何面对死亡的问题。每一个人、每一个生命来到世界上最后的终结都是死亡。从生命本能来说，人人都会有对死亡的恐惧，这是不可避免的。那么，怎样来面对死亡？既然人最后的终结是死亡，那么生活和人生到底还有什么意义？意义何在？这些问题实际上不但是哲学史上经常要讨论的问题，也是困惑着每个人的问题。有些人从小就被这个死的问题困扰着。比如说，小时候，看到家里老人死了，不会和自己联系起来，觉得死亡和自己是没关系的。但是总有一天，人会知道自己也是会死的，那个时候，心里面受到的震动是非常大的。我自己就有过类似的经历，记得上小学的时候，大概六七岁，就突然感觉有一个疑问了，既然现在经历的这些快乐的事情都会消逝，最后结局是死，到底活着还有什么意思？老想否认死亡，觉得自己是不会死的。我们那时有常识课，教各种常识，其中有生理卫生常识，老师把人体解剖图挂在黑板上，我一看，人的身体里面是这样乱七八糟的，难怪人是要死的。我对自己说，我的身体里肯定是一片光明，我是不会死的。就是那时候老想否认这个东西，但是这个自欺是长不了的，因为很快就意识到自己也是会死的。所以后来，也是上小学的时候，上历史课，老师讲释迦牟尼，讲他看到生老病死以后就感到人生真是太痛苦了，都是苦难，就出家了。我当时听了以后眼泪汪汪，我说怎么他想的跟我是一样的，觉得他就是我的知音，从那以后，我就更加经常地想这个问题了。

中国人往往会回避这个问题，一是觉得这个问题想起来不吉利，想这种问题自己痛苦，为什么要去想？应该回避；二是觉得想了也没用，反正到头还是那样，多想又有什么用，往往是这样的。孔子说："未知生，焉知死。"生的道理还不清楚，去想什么死的问题？但是，在西方哲学里，把死亡问题看成是一个非常重要的哲学问题，用苏格拉底和柏拉图的话说：什么是哲学？哲学是预习死亡，是为死做好准备。一个人把死亡问题想明白了，哲学上就通了。中国和西方的哲学史上对于死亡的问题和生死的问题大概有如下五种观点。

1. 入世论。入世，就是投入这个世界。入世论是把死亡问题撇开，不去考虑，认为考虑这个问题没意义。这种观点是比较乐观的一种观点，人活着就好好活，不要去想死的问题。这样的观点，西方和中国都有。比如，在西方，希腊快乐主义哲学的创始人伊壁鸠鲁，他说，死亡问题是和我们没关系的，因为活着的时候感受不到死，等死的时候，我们就不存在了，所以也就无所谓痛苦。因此我们不要去想它，活的时候好好活，享受快乐，享受人生的快乐。伊壁鸠鲁所说的人生的快乐，用他的话来说，就是身体无痛苦和灵魂无纷扰，灵魂安静、身体健康就是快乐。想死亡的问题对灵魂没有好处，老是担惊受怕。这是一种观点，我刚才说了，我们中国的儒家也是这样看的。尽量不要去想死的问题，应该在活着的时候好好地安排生活。儒家是这样的，就是所谓的“尽人事，听天命”，死亡是属于天命的事情，听从就是了。那么，总有这样一个问题存在，可以不去想它，但总不能回避一个问题，一个人的生命是有限的，如果人所做的一切，随着死亡就都不存在了，那么，人的生命到底有什么意义？儒家对这个问题的回答是：尽管人有一死，但是人的行为还是会对社会继续发生作用。儒家主张“立功”、“立言”、“立德”，活着的时候，为社会多做贡献，或者是写书，留下著作，或者达到最高的境界——做一个有道德的人。这些都会对后世发生影响。因此，它基本上是在社会的层面上来解决这个所谓的“不朽”问题。既然人总有一死，生命到底有什么意义？它是从社会的层面来解决的。意义在于为社会做出贡献。实际上，马克思主义也是这样的观点，总的来说，马克思、恩格斯、列宁基本上都不谈论死亡问题，人生的意义是从社会的层面来解决的。

2. 宿命论。入世论对人生是比较乐观的，宿命论有一点悲观。应该说，在悲观和达观之间，有点悲观，但是还是比较豁达的。宿命论最典型的代表是古希腊罗马的斯多葛派。斯多葛派的看法是，反正是自然规定人会死去，人就要顺从自然，要服从命令。既然是命中注定的事情，就要心甘情愿地接受。古罗马斯多葛派的哲学家塞内加说，愿意的人，命运领着走；不愿意的人，命运赶着走。我们只要是自己愿意，主动地去跟随命运，就不会痛苦了，让命运领着走，这样就把被动变成主动了。老不愿意死，那痛苦得很。知道死是必然的，愿意死，那么，人就不痛苦了。对这些自然规定的事情，我们不要太动感情，要做到不动心。用西塞罗的话来说，就好像旅客离开寄宿的宾馆。用古罗马皇帝马可·奥勒留的话说，人死好像树上的果实熟透了，要掉下来，或者好像一个演员，已经演完戏了要退场，这是很自然的事情，应该视死如归，回到原来出发的地方去。法国有一个哲学家叫蒙田，他应该是十四五世纪的人，他不是古代的人，他的思想和斯多葛派非常相近，他自己也很喜欢斯多葛派的哲学家，他说，实际上，我们应该经常去想关于死亡的问题，我们为什么害怕？因为害怕而老躲避它，越躲避越害怕，如果经常思考，就跟它很熟悉了，一旦死亡来临的时候，就觉得是老朋友，已经很熟悉了，就不会感到很吃惊了。他说，我们不知道死亡在什么地方等候我们，因为人的命运确实是很难说的，天有不测风云，人有旦夕祸福，谁也不知道自己哪一天会死，这无法预见，既然死亡不知道在什么地方等候我们，那不如我们自己到处去等候它，这样，我们碰见它的时候，就不会很惊慌了。哲学上总是这样的，让我们尽量想明白，想明白了我们必须接受，我们应该心甘情愿地接受。古希腊罗马哲学家里，斯多葛派对死亡问题是谈得最多的。他们还有一个理由来劝我们，就是死亡的普遍性，谁都要死。其中，奥勒留说，医生救活了很多人以后，他自己也死了；算命的给很多人算命以后，他自己也死了；哲学家大谈生死问题以后，他自己也死了；暴君杀死了很多生灵以后，他自己也死了。谁也逃不脱，没有人能够逃脱，我们不应该感到委屈。另外，古希腊哲学家卢克莱修，他说，不要为死亡感到痛苦，因为万物都会随你而来，大家都有一死，所有的人命定都要随你而去，继续和你做伴。还有一个说法是，和生前进行比较，就会觉得死是可以接受的。想一想，比如一百年以后我不在了，想起这一点，觉得很难受。可想想一百年以前你在哪？一百年以前，你不是也不存在？塞内加说，你想知道我们死后睡在哪里？睡在你没有出生的地方。他说，一个人为千年以前自己没有活着而痛苦，他是个傻瓜；那么，一个人为自己千年以后没有活着而痛哭，他同样是个傻瓜。总之，这一派哲学家，是让我们接受命运、顺从自然，以一种平静的心情来接受死亡。

入世论是乐观的，那宿命论是悲观的，但是还是比较达观的，悲观和达观之间，这两种观点都承认生和死的界限。生和死之间是有界限的，生和死是不同的，但问题是，死是不可避免的，所以我们或者不要去想它，或者心甘情愿地去接受它。

还有三种观点要把生和死的界限打破，认为生和死是没有界限的，生和死是一回事。这是下面三种观点的共同点。

3. 超脱论。超脱论即要超脱死亡。这是一种很达观的观点，不能说它乐观，也不能说它悲观，它是很看得开。这种观点的典型代表是我们中国的哲学家庄子。《庄子》里面专门有一章叫做《齐生死》，“生死为一条”，即生死是一回事。他说，人应该超越时间，人并不是生活在今天，人是永远存在的，超越时间，忘掉时间。他说“无古今，而后能入于不生不死”。“无古今”，没有古今，没有时间。超越了时间以后，既没有生也没有死，是永远存在的。但我觉得庄子的这种观点是审美的，他要求进入那种境界，要把“小我”化到宇宙的大我里，结合为一体。这实际上是一种审美的体验，庄子用审美的方式来解决这个问题。所以按照这个思路，他也是要追求一种不朽，但实际上将精神、心情和自然融为一体就是不朽的。

4. 灵魂不朽论。灵魂不朽论就是灵魂不死，这主要是基督教的观点。当然在基督教之前，实际上柏拉图也是这样主张的。尽管人的肉体是会死亡的，但是人的灵魂是不死的，人的灵魂本来就是从天国来的，或者用柏拉图的话来说，是从一个理念世界来的，死了以后还要回到那个理念世界，回到天国，回到上帝旁边去。

5. 湮灭论。湮灭论也称作虚无论，典型的代表是佛教。基督教和佛教都是宗教，但是对生死问题的看法正好相反。基督教很乐观，它认为实际上活的时候是存在，是有；死去以后，还是存在的，还是有，因为灵魂是不死的。而且基督教认为肉体就像监狱一样，把灵魂困在里面，灵魂受肉体的很多束缚，很不自由。死实际上是灵魂从监狱里得到了解放，自由了，摆脱了肉体的束缚。如果说生是一种有的话，而死是一种更高级的存在、更高级的有，生和死都是有，都是存在的。有无的有，都是存在的，死是更高级的有，生是比较低级的有。它主张人应该欢迎死亡，死亡是一种更高级的境界。

佛教是悲观的，佛教可能是所有哲学和宗教里最悲观的一种思想。它认为无论生和死都是无，都是没有、虚无。你以为你存在着，其实那是假象。四大皆空，实际上那仅仅是一些非常偶然的因素凑在一起的，产生了一个“我”。因缘而起，因缘而灭，这些偶然的因素一消散、一离开、一解散、一分开，你就不存在了。所以，佛教认为人的生命是很虚幻的，是一种假象，我们要看破它，看破红尘，看破这个所谓的“我”，所谓的“我”的存在是虚假的，是假象。佛教很强调这个“无我”，不存在“我”，要从“我执”，从对“我”

的执迷中解脱出来，要看破这个东西。当然，佛教有所谓的轮回之说，人死了以后，灵魂还在，又去投胎，但是佛教最后主张要断轮回。因为轮回的过程中，去投胎，还是在困惑迷惑之中，还在虚假的存在之中。佛教要断掉轮回，就能觉悟起来，真正回归到虚无里面去，什么也不存在了，那才是真正高级的状态。按照佛教的看法，生和死都是无，但是生是比较低级的无，死是高级的无，当然这种死，它追求的这种高级的无，那是要经过修炼以后，觉悟以后，真正看透了人生以后才能达到的，那样就不会再有轮回了。

关于生死问题，我大概整理了一下，有这么五种看法。我这里没有详细展开，但是我主要是想谈一个问题，实际上哲学上对于生死问题的思考，没有统一的结论，各有各的说法。哲学和宗教有不同的解决方式、方法，也许没有一种能够真正地说服我们自己的方法。其实，从我自己的角度，无论哪一种说法都是有毛病的，没有说服我，我仍然觉得死是很难接受的。尽管如此，我们应该有的态度是不要回避。我曾经写过一篇文章，题目是“思考死——有意义的徒劳”。思考死是徒劳的，最后还是没解决，但是一种有意义的徒劳。那么它的意义在什么地方？我觉得起码有两大意义。一是可以使我们更加积极进取，思考死的问题并不是让人消极，可以让人更积极。我们平时很少想这个问题，老觉得自己好像是一个不会死的人，日子是无限的。其实不是这样。人的生命是有限的，通过思考死亡的问题，等于把人生的全景都看了一遍。看到了人生的全景，也看到了人生的界限，就可以让人考虑怎样更积极地活。一个人想到自己在世界上只有活一次的机会，而且生命是有限的，死了以后没有任何人能够代替他重新活一遍，如果这一生虚度了，没有任何人能够安慰他，说什么都是空的。所以，考虑到这一点，就能产生一种对自己人生负责任的责任心。我觉得，世界上所有的责任心里，对自己的人生负责是最重要的责任心，这是其他一切责任心的根源，一个没有这种责任心的人，他不可能对其他的事情负责任。对自己的人生负责任，这种责任只有自己来承担，其他的各种责任在一定意义上都是可以分担的，或者是可以转让的。你管一个单位，没有你也行，别人也能管。一个家庭，作为家庭的一个成员，要对子女负责任，要对父母负责任，但是在某种程度，某种意义上，如果没有你，也会有别人来承担这个责任，也许承担得差一点。但是一个人对自己人生的责任，不可能由别人来替你承担，完完全全是要由自己承担的。所以，我觉得这是一个最重要的责任心。如果说，一个人对自己的人生不负责任了，这一辈子怎么过都无所谓，像这样的人能相信他对别的事情负责任吗？对别人负责任吗？不可能的。但是，如果一个人真正是不愿意虚度自己的人生，真正对自己的人生负起责任，这样的人，就会考虑所有的事情，哪些事情真正是能够使他的人生有意义，他就会自觉地选择做哪些事情，作为自己的责任承担起来；他认为有些事情是违背他的人生意义的，就可以自觉地放弃，他会有一种选择的自觉性。凡是他自觉选择的这些责任，一定会好好做，一定会承担起来。这是一方面，能够使一个人对人生更积极、更进取。

另外，我认为一个人活在世界上，不能光有进取积极的一面，还应该有超脱的一面。一个光有进取的一面，没有超脱的一面的人是很可怜的，碰到挫折以后会受不了，会很容易垮掉。对于死亡问题的思考，既能让我们对人生更积极，同时也能让我们对人生更加超脱。古罗马皇帝、哲学家奥勒留，他曾经说，一个人应该用一种用他的话说是“有死者”的，就是终有一死的人的眼光来看看事物。他说，比如你非常向往名声，希望大家都知道你，那就想一想那些知道你名字的人，他们最后是不是都不存在了，知道你的名字有什么意义？又比如你跟人家吵架，两个人为一件事情争起来了，或者为利益争起来了，打得你死我活、不可调和，这时候，你想一想一百年以后你们在哪里？想到这一点，你就会觉得吵不下去了。你为一件事情很痛苦，比如你失恋了，或者是遇到了非常不快乐的事情，受到重大的挫折，那时候你想一想，以前为同样的事情痛苦的人，他们都到哪里去了？你就会觉得再为这种事情痛苦是不值得的。一个人如果总是从这个角度来考虑问题，可能什么事情也不干了，太消极了。但是，我说一个人有必要为自己保留这样的眼光，这样的眼光，在受到重大挫折的时候是用得上的。因为人生总是这样，不可能总一帆风顺，总会遇到挫折，人生总是有苦难。从死亡的观点来看，人生的成败也好，祸福也好，都是过眼烟云，没必要太看重。经常想这个问题，一个人就能够既积极又超脱。一方面，不妨好好地在这个世界上奋斗，好好地过一生，活得精彩一点；另一方面，如果出现了自己不能控制的因素，遇到了重大的灾难，那时候就要跳出来看，那个你反而生命力更加坚韧。

其实，我自己感觉我从哲学里面得到很大的好处。因为我今天讲的不是纯粹理论的东西，是我自己的体会。我的生活中，其实也遇到很多大波折，在座有的人也许看过我的书《妞妞，一个父亲的札记》。当时我的孩子，刚生出来就发现有先天性的癌症。这个孩子活了一年半，这一年半时间真是像地狱一般的生活，但我觉得哲学救了我，我能够尽量把自己分开来，跳出来看这些事情，一站到永恒的角度，站到宇宙的角度来看自己的苦难，就会觉得它很小。所以我说，哲学是种分身术，真正学好了哲学，有经常思考哲学问题的习惯，善于把自己分成两个人，一个是肉身的自我，这个自我在世界上奋斗，在社会上沉浮，有时候痛苦，有时候快乐；另外一个我，是更高的我，不是肉身的自我，是理性的自我、精神的自我。这个自我，可以经常从上面来看看肉身的自我过得怎样，开导他。我想，这一点是特别重要的。一个人能够把自己分开来，就好像有了一个最好的朋友一样。古希腊哲学家芝诺，人家问他说，谁是你的朋友？他说另一个我。一个哲学家就会有另一个我，这个我是自己最好的朋友，能够经常地给自己进行分析、开导、谈心，如果这样，人生活起来就会有一种更加稳定的东西。

二、灵和肉的问题

大多数哲学家都承认，人是有灵魂的生活的。所谓的灵魂的生活就是说，有比肉体生活更高的生活。所谓的肉体生活就是生存，这基本上是动物性的，这是人的动物性的一面。人在世界上从生到死，要食宿温饱，这是动物性的生活，这是不可避免的。但是人不能光有这样的生活，如果人光有这样的生活，人会感到不满足，会感到空虚。这应该是人和动物一个最根本的区别，人不光是要生存，而且要为生存寻找一个比生存更高的意义，比活着更高的意义。人不光是要活着，而且要活得有意义，恐怕所有的生物里面，只有人是这样的，只有人是谈论意义、追求意义的。

我说的灵魂生活是对生活意义的追求，为生存寻找一个高于生存的意义，也就是我们经常说的超越性，人是有超越性的。实际上，对意义的寻求、论证、体验、信仰，构成了我们整个精神生活的领域。自从有人类以来，人类解决生存问题进入文明状态后，一直是在这样做，在寻求生活的意义，不满足于仅仅活着，这样形成了人类的精神生活领域，包括宗教、哲学、艺术、科学、道德，这都是人类精神生活的领域。这实际上都是在寻求意义的过程中形成的，对每个个人也是这样的，对意义的寻求就形成了他的心灵生活、内心生活。我说的灵魂生活就是指这种对生活意义的寻求。我经常会想这个问题，这里面就好像有一个悖论的东西，人不满足于活着，要为活着寻找一个更高的意义，那么，大自然的规律实际上是这样的，大自然并没有给我们规定一个比活着更高的意义，从大自然眼光来看人生是没有什么意义的，人类的存在也是没有什么意义的；人类的生命不过是宇宙某一个小角落里面一个偶然的存在，这个小角落、太阳系的某一个地方，地球上面，刚巧到一定的时候，它的自然条件适合生命产生，那么生命就产生了。然后进化，进化到人，最后自然条件慢慢变了，人的存在已经不合适了，就不能生存下去了，人类就会毁灭，生命就会毁灭，地球也会毁灭。人类的生存有什么意义？一点意义都没有。个人的生存也是没有意义的，一个生命产生了，然后又消失了，什么也没有了，也没有意义。大自然并没有为我们规定一个比生存更高的意义，比生存更高的意义是人自己去寻求的。而这个寻求的过程，就形成了我们的精神生活，就形成了人类的精神领域。我们发现，有了精神生活的领域以后，精神生活本身就成了我们生活的意义了。对意义的寻求本身就成了我们的意义之所在。确实是这样一个过程，意义就在于寻求意义，简单地说就是这样，在于精神生活。因为人有这样的精神生活，不满足于仅仅活着，像动物那样地活着，要有一种更高的生活，在这样追求的过程中，我们的生活有了意义。所以，寻求意义形成了人的精神生活领域，而精神生活领域本身又为人生提供了意义。说到底，人生的意义取决于我们灵魂生活的状况、精神生活的状况。

谈到人生的意义问题，我想可以从两个方面来说，一个方面是人生的世俗的意义，就是一辈子过得好不好、自己满意不满意，生活质量高不高。这一点，我们往往是用幸福这个词来概括的。如果你这一生活得幸福，说明你的生活质量高，自己挺满意。幸福取决于什么？我说，幸福取决于灵魂的丰富。一个有丰富灵魂的人，才会有幸福。这是人生意义的一个方面。

人生意义的另一个方面，叫做人生的神圣意义。刚才讲到的是世俗的意义，另外一方面是神圣意义，或者说精神性的意义。如果幸福讲的是生活的质量，神圣就是讲生活的境界，境界高不高，人生的境界高不高。这在哲学上一般是用德性这个词来概括的，德性是道德和信仰。其实，这两者是一回事。道德和信仰标志着人生的神圣意义、精神性意义。道德和信仰取决于什么？我认为，取决于灵魂的高贵。

下面我就从这两方面来说，一个是谈谈幸福问题，一个是谈谈道德和信仰的问题，这是人生意义的两个方面。

1. 幸福问题。幸福是人人都想要的，谁都愿意自己一辈子过得幸福。但到底什么是幸福，如何判断自己过得幸福不幸福？这很难说，特别难判断。我们很难给幸福下定义。一般我们总是把自己愿望的实现看做是幸福，但是人的愿望是因环境而改变的，处境很不好的时候，稍微改变一下就会觉得很幸福。比如，我大学毕业以后，分到广西一个山沟里，属于桂林地区的一个县城，我在县委机关里面当小公务员，有时候去桂林开会，一看桂林这么好，我什么时候能调到桂林那可就太幸福了。当时是这样想的。现在我到了北京，如果再把我调到桂林，我就会觉得痛苦，一点都不愿意去了。当然，去桂林玩玩还可以，在那里工作、生活，我就不愿意了。实际上人对幸福的感觉是在变的，因为人的愿望在变。人的愿望实现了，尤其是特别强烈的愿望实现了以后，往往觉得不过如此。《聊斋志异》

里有两句话："人心固重难而轻易，喜新而厌旧。"很难到手的东西，很看重，但是一旦到手之后，就不在乎了。比如钱钟书的《围城》讲得很生动，没有结婚的人，觉得结婚特别好，很幸福，而一旦进了这个城，又想出去了，觉得在外面自由，在外面的人幸福。自己的愿望在没有实现的时候，想象是很美好、幸福的。但是一旦实现，往往要打折扣。中国有句俗语：身在福中不知福。旁人看你很幸福，但自己觉得不幸福。西方也有句俗语：生活在别处。什么叫生活在别处？自己这里的都不是生活，别人才是在真正过生活，羡慕别人。所以，世界上很难找到真正认为自己幸福的人，都不敢说这话。那么，幸福到底有没有一个标准？什么是幸福？怎样给幸福下定义？我觉得幸福确实是很难下定义的。但是，我们有必要把这个问题想清楚，我觉得我们经常在这个问题上不清楚的一个原因，往往是从愿望出发，愿望往往又是人比人，并不是把自己到底想要什么想清楚。看人家手里面有什么，自己没有，如果自己也有，那自己就很幸福；别人有豪宅，自己没有，如果自己得到豪宅，自己就很幸福。都是跟人比，没有想清楚自己到底想要什么。所以，在幸福观这个问题上，我觉得关键的是要把自己到底想要什么想清楚，真正得到了哪些东西才是真正幸福的？关于这个问题，哲学家们有各种说法，但是基本上有这样一个共同点，认为幸福应该是主观和客观的统一，外部条件和内在状态的统一；不能纯粹是一些硬件，一些客观条件。外部条件列出再多，得到再多，也不等于是幸福。但是也不能光是一种主观的状态，自己觉得幸福，就算是幸福。应该是两方面的统一。

我下面说一说，我所考虑到的外部条件有哪些，内部要强调哪些东西。我事先说明一下，其实我讲的这些外部条件，最后都离不开内在的东西，光有外部条件是不成其为幸福的。从幸福的外部条件来看，我归纳了一下，现代人认为一个人是幸福的有哪些指标，也可以说是硬件，幸福的硬件有哪些，大概有以下六点。

第一，财富。我想，不管怎么说，财富、金钱或者一定的生活资料，总是需要的。贫穷肯定是不幸，把一个穷人说成是幸福的，我说你是昧着良心说的。一定的生活保障，是幸福不可缺少的一个条件。如果一个人要为自己的生存操心操劳，把自己的全部精力都搭上去，我想这个人肯定是不幸福的。但是，我们这个时代过分强调财富，好像钱越多就越幸福，其实不是这样的。我认为金钱、财富对一个人的幸福，在一定限度内，是很重要的。钱什么时候最重要？在没钱的时候。没钱的时候最重要，没钱的时候有一点钱是活命钱。那么逐渐增加，当然对于一个钱少的人，增加一点就已经很多了。一个月我只有500元钱，变成1000元就翻了一倍了，我的生活质量就可以提高一倍，1000元到2000元我也许又能提高一倍，我能买更多的生活必需品，实际上是必需品。反正越增加，居住条件、饮食都会改善。在一定的限度内，越增加，生活质量肯定会越提高。我觉得这一点是不可否认的，谁都愿意自己的物质条件好一些。但是超过一定的限度，金钱对于生活质量的作用是递减的。有了很多钱以后，再增加的钱，当然你还可以把房子弄得更大一点，还可以多买一套房子，但是你的生活质量就提高了？不见得。当我没有住的地方的时候，有一间房子，我的生活质量就大大地提高了，如果我的空间很小，只有50平方米，变成200平方米了，那我的生活质量当然大大地提高了。从200平方米变成1000平方米的时候，生活质量提高了五倍？绝对不是。大部分空间是用不着的。然后，再去买几套豪宅，生活质量又提高了多少倍？完全不然。因为实际上人的需要是有限的，物质带来的幸福感，也是很有限的。为什么？因为人的身体需要是有限的，无非是食宿温饱。当然更多的物质可能会把食宿温饱的问题解决得更好一点。但是，总归人的生理上的需要是有限的，这种有限性造成了生理需要的满足带来的快乐也是有限的，不可能是无限的。超过这个以上的，并不是真正感觉到的快乐了，那可能是一种虚荣心的满足。当然，虚荣心的满足也是一种精神的快乐，不是肉体的快乐，但虚荣心的满足是一种比较低级的精神快乐，世界上还有更高级的精神快乐。超过一定的限度，金钱、物质对提高生活质量的作用是递减的，而且到了一定的程度以后，就不起作用了。钱再多，生活质量也不能再提高了，只能从别的方面去提高。从什么方面？从精神方面去提高。如果人的精神方面没提高，人的生活质量也就到此为止了。所以，实际上金钱对生活质量的作用是有限的。但是，是必要的，一定的保障是必要的。

第二，事业的成功。这对一个人的幸福感也很重要。如果事业失败，受很大挫折、怀才不遇，这都是很不幸的。但是，我想强调一点，成功不完全是外在的。在这个时代，我们都很希望成功，所谓的成功是说得到社会的承认。比如你挣了很多钱，你有财富，这也象征一种社会的承认；或者是地位，当官，官当得越大，成功感就越大；或者写作，名气越大，出的书越多，成功感越强、觉得越成功。这种外在的承认是一个方面。但是，社会的承认应该和自我价值的实现统一起来。真正感觉自己在做最喜欢做的事，把它做好了，这样才会真正感到愉快；如果做的过程中很难受，被迫去做，尽管做了以后取得了利益，赚到了钱或者是得到了一个职位，得到了承认，做的过程也是没有快乐的，这还不是真正的成功。我始终觉得，一个人可以为自己树立很多目标，但第一个目标应该是优秀，让自己成为一个优秀的人。成功是其次的目标，应该把成功看成是优秀的副产品，首先做一个优秀的人，成了优秀的人，你也可能成功，你也可能在社会的意义上不太成功，但是不管结果怎么样，你的人生是有意义的；如果你不是一个优秀的人，哪怕在社会上靠运气或者是某些手段，你好像成功了，但是我觉得这种成功是渺小的成功，这样的人生是没有意义的，从人生的意义上来说是失败的。所以，我想，首先应该追求的是人生的成功，就是优秀。在这个前提下，不妨去争取社会意义上的成功，把两者统一起来。这是第二点成功。

第三，爱情、婚姻、家庭。一个人的爱情婚姻家庭的状况，和他是否幸福关系也很大。一个人再有钱，事业再成功，如果在爱情方面的遭遇不好，失恋或找不到自己的意中人，或者家庭情况不好，婚姻很不幸福，总体感觉会很不幸福。因为爱情婚姻家庭也是人生幸福的一个非常重要的方面。我自己感觉人生其实有两大幸福，一是做自己喜欢做的事，而且做得让自己满意，又能够靠这个来养活自己，我觉得这是一大幸福；另一大幸福是和自己喜欢的人在一起，并且让彼此能感到快乐。一个人能够做自己喜欢做的事，做得让自己满意，又能和自己喜欢的人在一起，并且让彼此快乐，我觉得这样的人生应该算是幸福的。情感的关系也是非常重要的，恐怕对于女性更为看重，更为重要一点，其实对男人也一样。

第四，健康。健康是幸福的一个很重要的标准。什么都有了，但是没有一个好的身体，仍会感到不幸福。我想这很简单，你有很多钱，可是你没有一个好的身体，很多钱就没有意义。我有个同事，原来是我们哲学所的一个同事，都是研究哲学的，20 世纪 80 年代他下海了，下海以后做得很成功，但是他实在太累了，最后他好像有几亿元，但生活毫无节制，花天酒地，前两年得癌症去世了。这样的情况很多，所谓的过劳死，太辛苦了、太劳累了，无论是在工作方面还是生活方面，都太累了。健康是很重要的，我特别欣赏托尔斯泰的一句话，他说，最高的物质幸福不是金钱。从物质上来衡量幸福是什么，最高的物质幸福不是金钱，那么是什么？对于个人是健康，对于人类是和平。对于个人有金钱，没有健康，金钱是毫无意义的；对人类、对社会，财富积累得很多，很富裕，像美国，但是恐怖主义横行，人人没有安全感，这也不行。所以，我给自己在物质幸福上定的标准是，在一个和平的世界上，有一个健康的身体，过一种小康的生活。这就很美了。如果人人都能过这样的生活，大多数人都能过这样的生活，这就是一个好社会、好世界。

第五，闲暇。闲暇也是幸福的一个很重要的方面。一个人如果光是在那里忙碌、工作，哪怕工作是自己喜欢的工作，但是光工作，这也不是一种幸福的状态。其实，我很喜欢写作，但是如果我天天埋头在那里写作，根本没有闲暇和自己的家人在一起，也没有闲暇去旅游，那回过头去看，我觉得这一段生活，其实应该说是低质量的。闲暇也是现代人生活质量的一个很重要的指标。当然，怎么闲暇，其实是很不一样的。现在有很多消磨闲暇的方式，我觉得，那其实是比较平庸的一种方式，闲暇应该还有一种比较好的方式去消磨。我很赞成泰戈尔的一段话，他说，富人的富并不表现在他堆满货物的仓库，而是表现在他有大量的空间来安排他的庭院、居室，就是要留有空间。如果一个富人带你到他家里去看，他家里全是他生产的那些货物，你会觉得很糟糕。但是如果他的居室非常宽敞，有很多空间，你会很舒服。实际上，我们每一个人也应该为自己留下很多的空间，生命的空间，来让自己享受。一个只会工作，不会休息，不会很好地使用闲暇的人，没有闲暇的人，实际上仅仅是在使用自己的生命，没有享受自己的生命，人还是应该享受自己的生命的。

第六，平安。一生中没有大的灾祸，这是幸福的一个指标。当然了，有些灾祸是我们无法控制的，是天灾人祸、没有办法的，落到你头上，你只能承受。但是，我们应该尽量避免那些自己可以避免的灾祸。古希腊的哲人，像伊壁鸠鲁，他强调幸福就是快乐，人应该去追求快乐。但是他非常强调一点，要理性地去追求快乐，快乐应该是长远的，是可靠的。为了眼前的一种强烈的快乐，不计后果，埋下祸根，总有一天会爆发，这样还是不行。我想，现在很多人可能就是这样，贪财，经不住诱惑，最后给自己埋下了祸根，像坐在火山上一样，不知道哪天会爆发。

刚才我讲了幸福的外在指标，硬件的方面，我们可以看出来，实际上，一个人要真正幸福，和自己内在的状态是有关的，光靠外在指标是不行的。从这个角度来讲，如果说幸福完全是依靠运气，那人类对自己的幸福不可能完全掌握，没有一种主动权。实际上，很多哲学家还强调一点，就是说运气特别好，所有的条件达到了，其实这未必好，未必是特别幸福的事情。因为往往是特别走运的人、运气特别好的人，各方面条件都非常轻易地得到了，这种人往往很浅薄。从人生这一点上，他缺了很多课，人生的很多方面，没有体验到，很多东西是要通过否定性的，像痛苦、苦难、挫折，通过这些，人可能对人生有更深的体验。而且他们认为如果这样，人性的很多方面实际上没有开发出来。所以，这些哲学家认为，最好的状态是什么？并不是幸运儿，这种人比较浅薄。当然，也不是倒霉蛋，谁也不愿意做倒霉蛋。最好的状态是幸运和不幸的适当结合，一生中有走运的时候，也有不走运的时候，这样体验丰富，实际上通过自己的努力也能得到幸福。绝大部分人都是这种状态，绝对的倒霉蛋和绝对的幸运儿是很少见的，大部分人的一生是幸运和不幸的一种结合。这样的生活，应该离幸福更近，而不是更远。

另外一点，我刚才说的，实际上是不是真正幸福，不完全取决于这些外在条件，它要转化成一种内在的体验，才能真正感到幸福，光有外在条件的人，他实际上未必能真正幸福。在这个意义上，我说幸福是一种能力，人要有一种感受的能力。比如钱再多，可以周游世界，但是一个没有内心世界的人，没有内心生活的人，他知识也很少。改革开放后不久，那些暴发户，出国去无非是两件事情，一是逛红灯区，再一个就是购物，他们享受不了别的幸福，不可能去感受自然环境，文化的氛围，他们对这些也不感兴趣。从这个意义上，人和人的真正区别，并不在于外部生活的区别，而在于内心世界的区别。内心世界不同的人，表面上看起来，可能外部条件差不多，但实际上他们过的是两种完全不同的生活，他们生活在两个不同的世界上。从幸福这一点上，其实更重要的是内在的东西，人的内心生活、人的灵魂生活，是幸福更重要的方面，而且是幸福的主要源泉。这一点，我想所有的哲学家都是有共识的。对于幸福这个问题，西方哲学史上有两大派，一派叫做快乐主义，由伊壁鸠鲁开创，一直到英国的经验论者，像约翰·穆勒、边沁，他们是快乐主义流派，认为幸福主要在于快乐。另外一个流派叫做完善主义、完善论，或者是自我实现论，认为幸福主要在于自我实现、在于完善，人格上的完善，那才是主要的幸福。但是，这两派在有一点上是共同的，就是认为内心、精神上的快乐是更重要的幸福，精神的丰富是快乐的主要源泉，是幸福的主要源泉。快乐主义哲学家、英国经验论者约翰·穆勒，有一句名言，他说，不满足的人比满足的猪快乐，不满足的苏格拉底比满足的傻瓜快乐。幸福、快乐是有层次的，有质的不同，有的是比较低级的快乐，有的是比较高级的快乐。但是一个人只有同时享受过两种快乐，有了比较才知道。如果你是一头满足的猪，那你就永远不会知道那种精神的快乐有多么快乐。但是，实际上每一个人，从人性来说，他不会是个动物，他还有比动物更高的那一面。所以我说，每个人心里面都藏着一个不满足的苏格拉底。但是，有的人是不满足的苏格拉底，也就是他的精神层面没有觉醒，所以他会以为物质的快乐是极大快乐，他不知道精神的快乐远远超过物质的快乐。我们知道，美国有一个心理学家叫马斯洛，他的著名的理论，叫需要的金字塔理论。他说，人的需要是有层次之分的，像个金字塔一样，底部是生物性的快乐，就是生理需要，然后第二层需要是对安全的需要，第三层需要是交往的需要，第四层需要是受到尊重的需要，第五层需要是自我实现的需要。他说，如果低层次的需要没有得到满足，高层次的需要是不会显现出来的。一个还要为生存去挣扎的人，你无权要求他有更高的精神追求。当然，实际上有些人就是生存都不能满足，但是精神追求很高。比如，凡高，那些还没有被社会承认的伟大艺术家，穷困潦倒，吃了上顿没下顿的，但是他仍就是喜欢画画，艺术上有很高的追求。一般来说，当低层次的需要得到满足以后，高层次的需要应该显现出来。当然，我们实际上可以看到有一些人，他们低层次的需要，生存的需要、生理的需要已经满足了，但是他们高层次的、精神的需要还是没有显现出来，他们沉湎在那种低层次的需要里面了。从这一点来看，人还是有素质的区别的。当人的物质需要得到满足以后，人的生存需要得到基本满足以后，人的精神性的需要是不是显现出来，人是不是有精神上的追求，这一点是对人的素质的检验。

实际上一个人对生活的物质性的东西的需要是很有限的。物质的快乐是有限的，精神的快乐是无限的。精神的世界，可以不断地往前走，越往里走越宽广、越深刻，会有越来越深的体验，越来越强烈的快乐，精神的这种享受是无限的。如果内心生活是快乐的主要源泉，是幸福的主要源泉，那么，很重要的一点就是我们真正要使我们的人生幸福，就要让我们的精神越来越丰富，我们的灵魂越来越丰富。那么，怎样才能使我们的灵魂越来越丰富？当然，途径很多，但我强调两点。

第一点要有内心生活，要养成过内心生活的习惯，更具体地说，要养成一种独处的习惯，要有独处的时候。我是很强调独处的。一个人不能老是生活在外部世界上，得有自己的内在世界。我们这个时代，太浮躁，太喧嚣了，人们为了物质生活更好一些，在那里奔波忙碌，很少有时间去关注自己的内心，我觉得这很可悲。尼采说过，现代人活得太匆忙了，人们往往是拿着手表思考，吃饭的时候还要看报纸。他说，现代生活像一条急流一样一直往前，人们都停不下来了，不再有沉思的时间，现代人是不再沉思的。而且如果你静下来了，你沉思了，那时就会受良心的责备，想是不是不对头？人家都在忙，我怎么这样无所事事？好像觉得不对了。他说，我经常站在闹市口，看人们行色匆匆地走过，大家都在那里忙碌，这时候我脑子里就会产生一个愚蠢的问题，他们上哪去？到底想干什么？没头脑的忙碌、盲目的忙碌，我觉得这种生活很可悲。一个人首先还得是自己，怎么才能是自己？得有自己的内心，有自己的内在生活，所以，独处是非常重要的。

一个人最好的朋友还是自己，要善于做自己的朋友。独处的时间就是一个人精神升华的时候。只有一个人能够独处、能有自己的内容，这样的人对其他的人才真正有好处。现在很多人是这样的，一个人自己呆着就难受，非要跟别人在一起，那时候才觉得是在生活，自己单独相处的时候，就受不了。像这样的人，自己都不爱自己，觉得自己跟自己在一起，自己是一个很无聊的角色。这样的人，如果跟别人相处，我想他也是个很无聊的人，他只能把无聊带给别人。一个人对别人要有价值，首先自己本身是有价值的，不讨厌自己，喜欢自己，有自己的内容。这一点是很重要的，尤其对于年轻人，要养成过一段时间就回到自己这样的习惯，能够静下来想一想自己的事情，想一想自己生活的意义问题，要有这样的时候。我提倡年轻人一定要写日记，要写自己的精神日记，灵魂日记，不要记流水账。而且日记不要给别人看，是属于自己的，最亲爱的人也不能看。只有这样，才能对自己诚实，才能写得很诚实。我老是想起托尔斯泰的那个事情，托尔斯泰日记里经常谈到这一点，托尔斯泰结婚以前，他很喜欢他夫人，他夫人叫索非亚，他跟他夫人订婚以后，他日记里面写得特别激动，他说，我现在觉得我是世界上最幸福的人，因为索非亚比他小很多，大概小十几岁，而且那时候她真是非常漂亮，他们俩恋爱了相当一段时间，订婚以后他感到非常幸福。但是，他说，同时我想到，我以后不能为自己写日记了，我想到我写日记她可能会看，我就感到非常不安。后来果然，他们结婚以后，他一写日记，他的夫人就要看，有一天，他写日记就说，我现在非常讨厌我自己，因为我写的时候，我就想到另外一双眼睛会看，我就不可能做到完全诚实，因为不是想有意隐瞒什么，完全写给自己的，和写可能别人会看到的东西，是不一样的。他把日记看成是他的完全私人的灵魂生活，这个时候，这种感觉没有了，被破坏了。从此以后，夫妇俩为日记的事情经常打架，他不想给她看，但是他太太一定要看。最后没有办法了，怎么办？最后他写了两份日记，一份是太太能看到的，一份是不让太太看的。可是都在一个家里住，没有地方藏，藏到哪？藏到他的靴子里，还是被他太太翻出来了，又大打了一架。那次打架以后不久，托尔斯泰出走，离开了家，到附近一个小车站，接着他感冒了，得了肺炎，最后死在那个车站。他是为了捍卫自己写私人日记、捍卫自己的灵魂生活的私密性而牺牲的烈士。所以，我说，我们要写自己的日记，另外，对最亲爱的人来说，应该尊重他的这种自由，不要去看。如果你们互相同意，可以互相看某些部分，但是千万不要全部敞开。表面上看，好像你们俩感情非常好，但实际上这对人的灵魂生活是有影响的。写完全属于自己的日记，那是一个没有任何干扰的，可以完全诚实的一个空间，这个空间应该保留。现在，我跟我的太太就是这样，我从来不看她的日记，她也从来不看我的日记。我觉得这样非常好，交流仍然是可以进行的，而且这样的交流更有质量，因为你是真的完全对自己诚实的。

使自己灵魂丰富起来的另一个重要途径是阅读。我们往往可能在上大学的时候，是有阅读的习惯的。但是出来工作，一忙，慢慢地可能就没有这种习惯了，我觉得这很可惜。如果独处是和自己的灵魂相处，那么阅读就是和世界上、历史上伟大的灵魂相处，和他们进行交流。一个人灵魂的成长是需要养料的，读那些大师们写的东西，就是最好的养料。人类现在积累了很多物质的财富，我们都很在乎享受这些物质的财富，最新技术的发明创造，比如各种各样、越来越新款的手机，我们都要享受这些物质性的东西。但是人类还积累了宝贵的精神财富，这些财富主要是通过艺术作品和书本来体现的，你如果不去读那些书，不去欣赏那些作品，实际上人类的精神财富和你是无关的。德国哲学家奥伊肯说过，实际上这些精神的财富，人类的精神传统、精神财富是外在于每一个个人的，需要每一个人去占有它。如果你不去阅读，没有去占有，它就不属于你。本来它是属于任何人的，没有一个人在精神财富面前有特权，但是很多人自动放弃了他的权利。我想，如果我没有突然开悟了，发现了这个宝库，看了很多这样的书，而一直是在蒙昧中，没有去看那些书，就死了，我遭受了多大的损失，但是我自己还不知道。这多可惜啊。所以，阅读其实对一个人，是一个非常重要的认识外部世界途径，不去读书是可惜的，读书一定要读好书，不要读那些平庸的书。我尤其强调，不要读现在非常流行非常畅销的那些所谓的励志类的书，励志类的书里面大量的是垃圾，但是它们摆在最醒目的地方。到机场、到车站看看，会看到大量的这种书。什么《经营自我》、《人生策略》、《财富圣经》，光听这些词，就让人恶心。这些书名就是一种堕落。自我是经营的对象吗？从哲学上，那些哲学大师们谈到自我，从古希腊开始谈自我，是怎么谈的？是让人发现自我、认识自我，要去实现自我的价值，去认识自我的价值，把它实现，并不是去经营它，用它去赚钱，让它去谋到一些表面的成功。关于人生策略，以前的哲学家们是不谈人生策略的，他们谈的是人生意义、人生理想。现在把人生当作一个企业来办了。所以，这些东西其实都是垃圾。你看的内容根本不能让你成功。据我所知，很多这样的书是那些书商找了一帮写手写的，那些写手往往是社会上的倒霉蛋，他不成功，却让他们来写，教人如何成功，能让人学到成功的办法吗？当然不可能。但是他们就是抓住了现代人急功近利、渴望成功的心理，用大批炮制这种东西来赚钱。

2. 道德和信仰的问题。我想强调的一点是，我们现在很多人对社会的道德滑坡、道德缺失的状态是很焦虑的。但是它的根源在什么地方？我不谈它的体制方面，体制方面是有问题的，我觉得，从文化的层面上，一个很重要的问题是缺乏灵魂的高贵。要提高我们的道德不能光靠一些规范性的东西。比如，进行爱国主义教育、集体主义教育、诚信的教育等等，这些教育当然也需要，但是这不是治本的办法，治本的办法是树立人的尊严。我们讲人文精神里最重要的是强调人是有尊严的，人是一种精神性的存在，不光是物质性的存在、肉体性的存在。人是有头脑的，有会思考的头脑，有一个要追求意义的灵魂，是精神性的存在。我说灵魂是高贵的就是这个含义，就是要认识到、并且在行为中体现出做人的尊严来。我们的文化传统里，包括现在社会上，很少谈尊严这个概念，很少谈高贵这个概念。其实每一个人都应该是高贵的，都应该是有尊严的。什么叫尊严？我觉得德国哲学家康德讲得最清楚。他说，人是目的，任何时候都不能把人当作手段。这话怎么讲？就是说，人实际上有两个方面，一个是肉体的存在，肉体的存在是不自由的，受制于自然规律，饿了要吃，冷了要穿，是不自由的，还要繁殖后代，人有各种欲望，这些方面都是受自然支配的，都是不自由的。但是人还有另一个方面，人还是精神性的存在，作为精神性的存在，人是自由的。从哪里可以看出来人是自由的？他说，人能够为自己的行为立法。人能够按照道德来办事，人是有道德规则的，人做了不道德的事情，良心会受责备。从这一点来看，人真是在为自己的行为立法，自己来建立做人处世的规则。如果按照自然的规则，人肯定是对自己有利的就要，不利的就不要，趋乐避苦、趋利避害，这是自然规则，这是生物性的规则。但是人能够逆着这个规则来做，并不是对自己有利就干，还会想到别人，做了坏事，还要受良心责备。从这一点来看，人是自由的。而正是这个方面，精神性的方面，是人的本质之所在，人之所谓人就是因为这个，而作为这样的人，作为精神性存在的人，就是目的。不能把作为灵魂的、作为精神性的存在的人，当作手段。如果人为了自己的物质利益，做了不道德的事，做了丧尽天良的事，就是把精神性存在的人当作手段了，把人的高级的存在作为手段，来满足人的低级的存在需要，就是没有把自己当目的。自己应该把自己当目的，对别人也是这样，任何时候都不能把别人当作满足自己物质欲望的手段，也要把别人当作一个精神性的存在，这样来尊重他。

我觉得，我们现在很多问题就出在这里，没有人的尊严的观念，没有尊严的人和没有尊严的人在一起什么坏事都能干。现在最重要的商业道德是诚信，人们都为中国市场经济中诚信的缺失而悲叹，认为最大问题是这一点。有一年中央电视台《对话》栏目做了一个特别节目，发了100份卷子给那些知名企业家，让他们回答一个问题：你认为中国目前最缺失的是什么？大部分答卷都说，最缺失的是诚信，或者是信任。那次节目我也去做了嘉宾，我也谈了自己的一些看法。实际上，诚信这个问题不是从现在开始才有的，很早时就存在了。比如，严复那个时候，一百多年前，就谈到了这个问题，中国最缺的是诚信。当然他的话不是这样说的，他说，中国最大的问题是人和人之间没有信任，巧伪，投机取巧、作伪，是最大的问题。他举个例子，那时候还有科举考试，书生去赶考的时候，到了考场，面对考官很不满意。他们说，我们明天都罢考，大家都不来了，达成一致了。回去以后，有人想，他们都不去，我去，不就考上了嘛。于是，第二天他就去了，去了一看，个个都来了，人人都是这么想的。达成的协议根本不遵守，只要对自己有利就违反，这个问题早就存在了。问题在于，我们的文化传统里缺少人的尊严的观念，我们的伦理只关注社会秩序问题，不把每一个人都有人的尊严当一回事。其实，一个好的社会秩序、真正好的社会秩序是应该建立在每一个个人都有尊严的基础上的。比如说诚信，什么是诚信？诚实、守信用，就是说我跟你打交道的时候，我告诉你这是我的真实想法，这就是诚实；然后我告诉你，我一定会对它负责任的，这就是守信用，这就是诚信。当我对你这样说的时候，我是一个很有尊严的人，我是非常自尊的。什么叫信任？信任是说我跟你打交道的时候，我要求你把你的真实想法告诉我，而且我相信你一定会对它负责任的，这就是我对你的信任。当我这样对你说的时候，我是把你当成一个有尊严的人的，你是很有尊严的，我才这样对待你。所以，诚信、信任都是以打交道的双方所共有的人的尊严的意识为基础，没有这个基础就无诚信可言。两个没有尊严的人在一起，绝对没有诚信。一个有尊严的人和一个没有尊严的人在一起打交道怎么办？有人问我这个问题。你有尊严，他没有尊严，你对他讲不讲诚信？我说，仍然要讲。你老实告诉他，你是一个没有尊严的人，我不和你打交道。这就是你对他的诚信。人的尊严的观念非常重要。道德是建立在这个基础上的，这是道德的本。光在枝节问题上，光在规范上下工夫，是不行的。

从信仰来说，我想也是这样的。信仰是什么东西？我的看法是，一种道德。如果它真正是有一个神圣的根源，有一个神圣的根据，那就是信仰了。信仰不仅仅限于宗教。从春秋战国、周朝开始，甚至从殷朝开始，我们一直没有一个宗教发展出来。儒教不成为教，儒教是一种伦理。道教也不成为教，我觉得道教基本上是方术、迷信。佛教是移植过来的，从印度传进来的。当然还有基督教也传了进来，但规模小得多。一个民族，我觉得没有宗教是一个缺陷，这还问题不大，但是我们不能没有宗教的精神。我说的宗教精神就是，你可以不信某一种教，但是应该相信人身上是有神性的那一面，就是人的精神性。人是有灵魂的，不管我们对灵魂怎么解释，你应该相信，人是比仅仅要求生存的动物要高得多。这高出来的东西就是神性，应该相信人是有神性的，应该相信宇宙间是有神圣的价值存在的，那是不能亵渎，不能违背的。所以，我说要有所敬畏，对神圣的东西要有所敬畏，不能触犯，应该有做人的基本原则。某些事情是不能做的，做了以后就不是人了，应该有这样的意识。相当一些人没有，什么都可以做，心中根本没有任何神圣。所以，这是最关键的东西，倒不在于信不信教。你可以信教，现在信教的人多了，我觉得未尝不是好事，因为真正有精神寄托是好事情。但是要真正地信，有些东西现在可能也是一种商业，不是真正的信仰。我挺赞成史铁生说过的一句话，他说，现在很多人到庙里面去进香拜佛，基本上是在向佛行贿。它不是一种信仰，是为了让佛给点利益，给点保佑。这还不成其为信仰。有一年，我到普陀山，它那里有个法雨寺。我坐在那里休息的时候，和尚在做法事，他们中间也休息，休息时一个小和尚坐到我旁边，我跟他聊。我说，做法事一定挺辛苦。他说，是啊，赚钱真不容易。其实，他很天真，讲出了真话。现在很多内地的这些庙宇，真是被商业占领了，都是一种商业的经营。连主持佛庙的很多人，他们也并没有真正的信仰。当然，我还认识一些高僧，他们确实是有信仰的。我觉得西藏的佛教里，还有很多真诚的信徒。我认识一个西藏的活佛，我去年陪他去五台山。因为这个活佛，好像是地藏王菩萨转世的，所以他对五台山一直非常仰慕。他说，我从小的梦想就是要去五台山。后来上了五台山以后，那里真是一片乌烟瘴气。可以说，跟西藏的佛庙完全是两种景象。在西藏，你会感觉到老百姓的一种真诚的信仰。在这里，感觉不到信仰。本来佛庙是清净之地，但是那里做什么买卖的都有，而且那些和尚们也做。五台山有藏传佛教和汉传佛教两个佛教，有一些是和尚，有一些是喇嘛，西藏的喇嘛，这些喇嘛们穿跟我们活佛一样的衣服，都是那种袈裟。那些喇嘛们在干什么？在打台球，听手机，非常现代。后来，我问那个活佛，我说，你来了一次，有什么感想？他说，我有两点感想：第一，我非常高兴，我实现了从小的一个梦想，到了这个地方；第二，我不知道，这些人穿着跟我一样的衣服，可是他们在这样一个乱糟糟的环境里面，怎么可能去想那些佛的道理？

我就讲到这里，我归纳一下幸福和德性这两条。简单地说，我觉得，幸福就是一个人能做自己喜欢做的事，有自己的一片园地，有自己真正热爱的事情。一个人有自己热爱的事情，这绝对能说明他的天性和他的才能；做这些事情，而且把它做成，让自己满意；另外和自己喜欢的人在一起，让他们快乐，简单地说，我觉得这就是幸福了。当然更复杂一点，就是要有灵魂的丰富，这是一条。另外一条，我觉得，一个人有自己做人的原则，就是一个有尊严的人，有道德、有信仰，活得有尊严。一个人有幸福，又活得有尊严，我觉得这就算是人生的圆满了。

第十六讲　哲学怎样才是有用的

赵汀阳，中国社会科学院哲学研究所研究员，清华大学伦理学和宗教中心研究员，北京大学应用伦理学中心研究员。主要著作有《美学和未来美学：批评和展望》、《哲学的危机》、《论可能生活》等。

非常荣幸能有机会和大家讨论一些我们共同感兴趣的问题。今天我们要讨论的问题是哲学有没有用，其实这只是个借口，实际上主要讨论的问题是政治哲学和伦理学。为什么人们会关心哲学有没有用这个问题？主要是与现代社会以来的学术建制有关。

哲学在古代的时候，不管在中国还是在西方都是非常有用的。它研究的是人人都要关心的生活、社会和国家的大问题，或者可以简单地说，哲学是专门为大事情去思考的。但是，现代的知识体制尤其是从有了现代的大学以来，出现了有严格边界的知识分科，各学科研究各自的问题。这与古代的知识状况很不同，古代也有各种不同的问题，知识以问题而划分，但每个问题都联系着知识整体，而现代知识则是以学科去划分问题。我们的现代知识体系把知识分成各个科目，各个科目之间也基本上不来往，好像知识是可以拆开的，这样哲学也就被拆成了一个个专门的知识，在大学体制下（大家都是上过大学的，可能都会有印象），老师教的主要就是他过去学的，不断重复的再生产。这样有什么好处？这样能够维持学科的知识权力，有点类似于贸易保护，这是一个知识保护的机制。这样，从事这个行业的人就比较省力，以比较低的成本来操作一个学科。这样思想就慢慢死掉了。这是现代学术的一个严重的弊病，哲学也就在这个背景下变成了一个与生活问题或者与我们真正感兴趣的问题离得很远的学科。这就是为什么大家都有一个印象，都说哲学好像特别难懂、特别抽象、特别一般什么的，其实是在讥讽哲学没有什么用。这个印象完全是由不合理的现代知识体系所造成的。现在人们在反思这个问题，知识面临着一个很大的改革，整个知识体系的改革。

现在，至少在人文社会科学这个领域，也许科学也是这样，前沿的知识都必须跨学科地进行研究。专门扎在某个封闭领域里，已经不太可能了。因为大家重新发现，把知识划成一块块的，这完全不符合世界的真实面貌。划成一块块，就是以不同的知识原则去看一个事物，把一个事物看成了几十个事物了。每个学科看出来的东西完全不一样，可是事物就那么一个，它是分不开的。现在所谓新一代的学术，就是要回到古代人其实已经弄明白的一个思想境界里去：虽然有各种知识，但各种知识必须联合起来看同一个事物、同一个问题，这样才能得到真正的了解。在这个背景下，哲学也一样，它也要回到那种能够完整看事物的境界去。刚才说到，古时候哲学其实是很有用的，现在只不过又试图回到当年那种很有用的思考方式上去。

不过哲学的用处并不很容易看清楚。哲学到底是干什么的，希腊哲学家也讨论过这个问题，这个问题是有些古怪。比如说，木匠是干什么的，大家都是知道的，如果跟木匠去学习，学习三年你将会掌握木匠的专业技巧，你就可以成为一个木匠。跟铁匠学什么，我们也是知道的。跟画家学什么，我们也是知道的。唯一不太清楚的就是，如果跟一个哲学家去学习的话，你打算要学到什么？当然有人会说，按哲学这个概念说，似乎应该是学到智慧。如果智慧这么伟大的东西说学就能够学到，这样说难免脸红冒汗，显然智慧是不能学的。尤其是，智慧又是什么？智慧显然不能和木匠或者铁匠的专业技巧去比。专业技巧是实实在在的，我们学了如此这般的技巧，就能做如此这般的事情。可是智慧是什么？越想就越有点不太好意思，因为它好像不能拿来干什么。当然人们慢慢地就会发现智慧是专门用来做大事情的，就是说，智慧的专业性表现为超越各种专业的宏大研究。柏拉图特别清楚这一点。柏拉图有一个非常有名的说法，按照他的《理想国》的设想，有些人专门去做战士，有些人专门去做各种手工业，等等，他都想好了，最后，他认为这个国家的管理者（相当于国家高级干部）应该都是哲学家。当然，当时说的哲学家和我们今天说的意义不完全一样，我们今天指的是在大学或者研究所里的哲学专业人员，古代的哲学家指的是有哲学思想能力的人，柏拉图认为这样的人有大眼光，适合当管理者，叫做哲学王。显然柏拉图认为只有哲学才能够用来思考大事情，比如社会、国家和世界。中国也是一样，比如，孔子一生奔忙，到处游说各地领导人，总想告诉他们，治理国家需要思考大事情，而思考大事情就需要智慧。孔子当然是推荐他的那套政治、伦理智慧。

思考与人们的命运息息相关的大事情就是哲学的正宗。古代的哲学决不像今天大多数的哲学那样只是讨论一些书本里的问题，而是直达现实的问题，在这个意义上，哲学应该是非常有用的。

为什么会把哲学分配去研究那些要命的大问题？这么说其实不准确，应该说是我们把研究那些大问题的思维方式叫做哲学。为什么会有那样看起来难以把握的大问题？这是人类知识结构所注定的。知识可以从具体的问题入手，比如木匠要解决怎么做家具的问题，农民要知道怎样种好菜等等，从这些最简单的问题开始，慢慢地会需要复杂的知识，比如各种科学知识，物理、化学、几何学什么的，人们还需要合作和利益分配，这样又需要关于社会的知识，如此不断发展，问题的规模就越来越大，越来越深刻，从技术问题追问到科学问题，从科学问题追问到哲学问题，生活也是一样的，从具体的合作策略追问到关于规则和制度的各种问题。一件事情如果有遗留问题不能解决，就可以推到下一个层次去解决，好像总有下一个层次可以负责回答上一个层次的遗留问题，于是问题就不断地追问下去，但它总得有一个停步的地方，假如永远可以倒退（专业术语叫做无穷倒退），就等于说，允许思想是没有最后根据的。做任何事情、任何一个观念都没有最后根据就意味着可以胡说，就没有是非，彻底无标准就是脑子失控，不会再有什么知识或者真理存在了。关于最后根据和标准的研究就是哲学。

哲学一开始碰到的一个大问题就是：如何区别主观意见（doxa）和真正的知识（episteme）。希腊人发现，谁都有主观意见，如果无论什么意见都对，就不可能对一件事情有一个决断。决断不存在就是公说公有理、婆说婆有理，这样，知识和日常的街头争吵是一样的，这样任何事情都做不成。孔子同样意识到这一点，他说到，名不正则言不顺，言不顺就事不成，诸如此类，是同样一个道理。如果在思想上不清楚，行动一定是乱的。这里可以发现，真正的哲学问题并不是关于事物本身的，而是关于理解事物的标准的。

在很多哲学的教科书或者比较通俗的哲学书里，大家可能会读到这样一种错误的关于哲学的说法，即哲学研究的是世界的本质或者事物的本质。这是非常错误的，哲学不可能做这样的事情，根本就做不成。无论知道不知道事物本身，我们做事情的时候该怎么做还得怎么做，我们只能按照我们所知道的去做，而不会按照我们不知道的那样去做。研究一切事物的本质的哲学是无用的哲学，反正永远搞不清楚，就可以胡思乱想，怎么想都可以，无论把世界想成是物质的还是精神的，都无所谓，因为都不管用。

不能用哲学去思考物的问题，并没有关于物的哲学问题，关于物的问题其实只能是关于事的问题，因为我们要做的是事情，事情才是要命的。当我们做事情的时候，才会涉及到物，物只是我们做事情时出现的一个相关因素而已。关于物本身并不构成哲学问题而只是科学问题，哲学所关心的问题发生并落实在我们做的事情里面。事情的问题归根到底是心的问题。什么叫事情？事情是行动，做成的事情就叫事实。西方哲学里的事实（fact），源于拉丁文factum，跟中文的意思几乎一样。为什么做这样的事情而不做那样的事情？为什么以这样的方式去做，而不是以那样的方式去做？操纵者就是你的心灵，是你的观念在操纵着一切，所以关于事情的问题，也就是关于心的问题，所以哲学的问题归根到底是关于那些能够操纵我们生活行为的基本观念。

从这个意义上，可以很清楚地理解为什么柏拉图说国家管理者必须是哲学家。因为哲学研究的是人所需要的各种制度的原理，其中特别重要的是心灵的制度，也就是观念的制度，它是对心灵的管理或者说是对心灵的治理，一般说是政治哲学和伦理学问题。内在的心灵制度甚至比外在的社会制度更为基本，任何社会制度比如法律，永远都是有漏洞的，人们总会找到钻空子的对策，如果真要做坏事，肯定有办法做，所以真正的革命是心灵的革命。哲学必须考虑如何把观念管理起来，必须研究观念的合法性。刚才讨论到，观念的合法性不可以有一种无穷倒退，当说到这样的东西是好的、那样的东西是坏的，人们必定要追问为什么？并且不断追问下去。因此必须到某一步能够停下来，终止这个无穷倒退，然后说，这已经是绝对可靠的，是显然的，不再有理由了。不然的话，思想是不成立的，不能够获得最后的辩护，就不是思想。这个停步问题是哲学的一个非常重要的问题，它涉及我们承认什么是绝对的观念、什么是最后的根据、什么是绝对真理、什么是最后的信念。停下来的那些观念，就是最基本的观念，这里面临一个在其他知识层次从来没碰见过的问题，即知识不得不为自身辩护。这是别的知识层次所没有的麻烦。比较简单化地说，这相当于不断把责任推给下一个层次，但是推到最后一个层次的时候，就不得不去证明如此这般就是合理的，是最好的了，而且没有别的。这个自身辩护是全部思想知识的一个终极问题。如果胆敢说某个观念是最终的观念，或者说是一个最根本的信念，你就必须做好思想准备，不能再用别的东西去说明它，而必须用它自己去证明自己，你必须做出自我证明来证明自身的合理性或合法性，不然就不是一个最终的观念，不是一个基本的观念。这是哲学最难的地方。

那么哲学是如何研究各种观念的？在观念体系里，有两大类的知识体系，一类叫做科学，一类叫做人文社会科学。在科学领域里，自然指的是自然科学。在科学里又有两个大类：一类是经验科学，就是物理学、化学诸如此类的东西。还有一类是数学和逻辑。这个分类其实不太好，数学和逻辑与其说是科学还不如说是思维规律，是支撑所有知识的基本方法论。自然科学其实没有我们想象的那么“科学”，科学当然是最好的知识，但并没有这么伟大。其中一点，科学都需要有哲学假设，这些哲学假设往往并非是科学所能够证明的，而科学就是建立在这样一些神秘的假设上。例如，科学有个非常重要的哲学假设叫做齐一性假设（uniformity），假定世界万物是统一的，具有统一性和一致性，所以才会有普遍规律，就是说，一条规律总能够普遍用于各种事物。如果没有这个假设，科学就不存在，显然，如果科学只是特殊有效的知识、一次性有效的知识，就不值得信任了。可是这个假设本身不是科学的，科学证明不了这个假设。现在所有的科学加起来也不能证明这个世界确实具有齐一性。它完全是我们的一种想象，是我们关于世界的一个美学想象，表达的是一条美学原则。世界本身到底是什么样，我们永远不能知道，并且我们也不可能知道世界的整个情况。因为据说世界是无穷的，我们知道的永远只是很小的一部分，所以不可能知道整体，就只好去想象了，只好替世界想象了一个普遍原理，所谓齐一性。这条原理为什么是一条美学的原理？因为它把世界想象得很漂亮，整整齐齐的，有着优美的秩序，任何事物都配合得很和谐。多样统一、有序和谐、对称均衡，都是美学特征，这些特征都是我们喜欢看到的，我们愿意看到事物整整齐齐、漂漂亮亮的，而不愿意看见事物杂乱无章。其实我们并不能保证说事物本身不是杂乱无章的，事物有可能是杂乱无章的，但是我们不能证明它是还是不是，于是我们宁可选择了美学原则，排除了那些难看的可能性。在想象世界的时候，中外古今都是一样的，都回避所有难看的可能，只剩下好看的原则用来构造世界。因此，世界是按照美学想象被构造的。

另外一个科学的方法是很简单的，就是所谓的经验方法，我们在经验中观察和实验，在有限的案例里试图归纳出一个结果。这个归纳结果只能说是对世界有部分的把握，但如果把它推广就有些危险。比如，我们说太阳每天升起，这是经验总结的，明天升起不升起，不知道。但是我们都相信明天太阳一定会升起，这个时候就已经利用了刚才说到的齐一性这个美学原理。但是这一点是很危险的。罗素曾经讲过一个笑话，讥讽这种科学崇拜。他说，有一个养鸡场养了很多鸡，有一只鸡特别聪明，与众不同，跟科学家差不多，它以科学的方式注意到，每天早上九点，饲养员来给它们吃的，搞了好几年研究后得出一个结论：每天早上九点将得到食物。可是它得出结论的第二天九点，饲养员来了，这回是把它们送去杀掉，做成鸡肉。可见不管总结了多少经验，知识还是永远有限，对未来是一点把握也没有，这是休谟早就发现的一个非常重要的定理。休谟发现，从经验中得来的知识，不管积累了多少，也永远不能推理未来，永远不能用已知的知识推理出未来的事情，而且，我们所积累的经验知识，永远只是关于世界某一部分的知识，由这一部分知识永远没有把握推广到其他地方。就是说，在时间上不可能推理未来，在空间上不可能推理其他地方，这就是科学的局限。

哲学里有怀疑论。一些书在讲到怀疑论的时候，往往有些误解，好像怀疑论是一种否定的态度，这是错的。怀疑论对肯定和否定同样不感兴趣，它既不肯定也不否定，而是说，某个东西看上去似乎是如此这般，但没有任何办法证明它本身确实是如此这般，这是怀疑论的态度。比如蜂蜜吃起来是甜的，但是它本身是不是甜的，就不知道了。怀疑论要求在知识上采取一种非常谨慎的态度，确切知道的才是知道的，不知道的就不知道，用知道的东西去推理不知道的东西是不成立的。这就是为什么自然科学永远也不可能代替其他知识的一个重要原因，科学知道许多事情，但也不知道许多事情，尤其是人文的事情。

数学和逻辑是一个很特别的知识门类，它自己发明了一个世界，一个并不存在的世界。科学研究的世界是真实的世界，是我们能够经验到的世界，而逻辑和数学研究的东西都是不真实的，但都能够用到真实世界中，这倒是很奇妙。在数学里，圆和直线之类的，都是不真实的，生活中不存在完美的线和完美的圆。数学和逻辑研究的东西是人工想象并且定义的，自己构造了一个几乎完美的人工世界，这样就回避了自然存在这个不完美的世界，就能够在理想条件下研究各种在自然条件下不可能研究的问题。自然科学的对象太复杂，知识是不完美的，人类就把完美的知识的希望寄托在数学和逻辑上。人工定义和规定了一个世界，就是发明了一个世界。这个人工世界是原则先行的，先规定了世界的原则再创造世界，不符合原则的东西就被赶出去。比如说，我们定义一个世界：女人才是合法居民，男人被赶出去，这在逻辑上是完全可能的。数学和逻辑定义了基本元素和基本规则，然后推导出在人工世界里哪些才是合法的存在，不是的就认为是在这个体系外的。这样的世界的真理性明显加强了，因为拥有了完整的信息，这样就有可能得到绝对的真理，这是人类的一个梦想。但是这一点后来也受到很大的挑战。哥德尔打破了人类在数学和逻辑里寻找完美知识的愿望。他发现在我们自己定义的体系里，总会混入一些身份不明的东西而且没有理由把它赶出去。比如我们定义了一个女人的世界，男人不是这个世界中的人，可是如果发现一些身份不明的人，比如说不男不女的人，就很麻烦了。简单地说，数学体系中的大部分的命题是能够推导出来的，能推出来就叫做真的，推不出来就叫做假的，但是有少量奇怪的命题，它们是真的，但不是推出来的，也就是不能证明的。这就等于说，我们人类任何一个体系都有漏洞。连数学这样的东西都有说不清的漏洞，那么人类的任何体系，任何规则系统，任何制度，都别指望有一天能够发展得没漏洞，这就意味着人类永远面临着一个严重的问题，必须永远与漏洞作斗争。就像Windows系统不断有漏洞，不管打多少补丁，每天都升级也是不行的。只要漏洞存在，就一定会给有不良动机的人提供机会。这就说明，人类不可能找到完美的东西，必须永远和那些有漏洞的东西作斗争。

科学虽然专业性很强，但是它的知识底牌并不复杂。真正复杂的知识，反而是人文社会科学，人文社会知识所以复杂，就是因为它是关于人的，而不是关于自然的，是关于事的，不是关于物的。人所以复杂，在于人是自由的，自由就什么都想要，什么都想做，尤其能够故意不做某些事情，这样就决定了人与人之间存在冲突，甚至人自己就是自相矛盾的。自由导致了不确定性和不可预测性，这是知识的最大障碍，有准的事情就容易有知识，没准的事情就难了。而且，进一步说，人是知识生产者，越是靠近人的事情，人就越看不清楚，到人把人自己当成了研究对象，就是在挑战知识的极限了，就像眼睛看不见自身，人的反思也是最困难的。人文科学知识与科学有一个根本的区别：科学是关于自然的普遍规律的知识，而人文知识对此不感兴趣，人文知识研究的是命运，而不是规律。

中文的“命运”这个词特别有意味，似乎是说，如果你不努力的话，它会把你引向某个你不愿意去的地方，就好像是注定的；但如果你努力的话，命运就会被你的努力所改变，又好像是被创造出来的。这样一种变化关系就是人文科学所特别关心的问题。命运所蕴涵的不确定状态形成生活的一种根本性的紧张，有时候事情几乎使人绝望，人们完全没有主意，即使有想法，也没有办法；但是在理论上说，人肯定是有办法的，没办法是因为没有找到。因此人们相信，如果头脑足够清楚，就能够找到办法来改变命运。这又是整个人文知识所感兴趣的。如何才能够找到那些能够改变命运的秘密，是个大问题。那些关于命运秘密的知识，就是整个人文社会科学的努力。

对于科学研究，自然规律已经事先摆在那里，即使还没有被发现，也已经事先摆在那里等着我们去找了，如果找到了，就是所谓真理。对于自然科学，真理都是事先的真理。人文社会科学的情况正好相反。人文社会科学几乎没有事先的真理，因为它是一种互动的知识。可以对比一下，科学家去研究自然的时候，自然是不会提意见的，它就摆在那，它是惰性的，怎么研究它都行，自然科学是一种单方面努力的知识活动。社会科学不是，人文社会科学归根到底是在研究人，它研究的不是物。当知识的对象是人，人研究人就必定形成互动关系，被研究的对象可以抵抗，或者欺骗，也有可能是合作，什么都能做得出来。这一点决定了人文的知识是一种互动的知识（interactive knowledge）。这样的知识对象是无法预料的，人的问题的复杂性就在此。任何一个人，如果你对他进行研究，就算你说对了，他都能故意地做成另外一个样子，让你的知识落空。你们可能听过一个笑话，说一个人手里拿一只鸟，问这只鸟是活的还是死的，你如果说是活的，他就一捏，变成死的。能够故意让你的知识落空，这就是人文知识的特点。

人是活的，关于活的东西的研究是非常冒险的，我们不知道这些知识会导致什么结果。特别是在现代这个启蒙社会里，各种知识都是公开的，信息共享，当某些人使用某种知识去和别人竞争时，别人也拥有一样的知识，至少很容易学到同样的知识，共同的知识是人们共同的策略根据，所以，知识的公开就会使所有的人都具有了同样的策略能力和反抗能力，它增强了人们的自由意志，促进了社会的非合作博弈。古代的知识不公开，古代是精英主义的。比如，孔子就不去跟人民讲他的理论，他也不认为人民拥有知识是好事，他周游列国找的都是国家领导人去鼓吹他的思想。柏拉图也相信统治阶级才需要成为知识精英。现代启蒙运动之后，知识变成了公共物品，这似乎促进了平等，但实际上是形成了过度的知识竞争。而且，一般来说，道德知识往往没有技术知识那么吸引人。因为人都有私心杂念，人们从公开的知识中学到的更多是技术知识，并且用技术知识服务于私心杂念，结果使得社会博弈更加复杂和阴险。由于技术知识更受欢迎而压倒了道德知识，这一失衡从长期来看是非常危险的。

有一个知识现象，称为“自动实现的预言”。假如有人推出一套观念、一套意识形态、一套理论，即使相当荒谬，漏洞很多，显然不是真理，甚至是非常古怪的意识形态或者封建迷信，但是如果很有活动能力和宣传能力，把这套观念成功地贩卖给了当权者，或者成功地贩卖给了人民，那么这种理论所鼓吹的那些本来不可能的事情就会变得可能，因为大家都信了，都按照这套想法去做事情，就把这种观念变成为事实。生活跟世界是不一样的，世界是做好的，是现成的，而生活则是等待人去做的。用什么观念去指导做什么事情，就会做出什么样的事实。如果一套荒谬的思想获得权力或者民众的支持，就能把典型的胡说做成事实。不管是一个好的观念还是一个坏的观念获得成功，成功模式大致如此。即使是好的观念，在实现之前其实也不是真的，人文和社会观念本质上都是对世界和生活的想象，它述说的不是“世界如其所是”（the world as it is）而是“世界如其所非”（the world as it is not），它在成功变成事实之前一直是假的，因此，好观念和坏观念都要通过把假的做成真的才能变成真的，所谓梦想成真，大概如此。比如说一个观念认为社会应该是什么样的，如果人们都这么想了，这个观念就会成功，也就成为真的了。把观念做成事情，这就是人文社会科学这种知识的成真条件。科学理论可以有自然界作为对照，自然界是事先存在的对照物，而人文的知识和观念并不能和自然界去对照，也不能和目前生活去对照，它要对照的生活就是要去创造的生活，它还不存在，要等到它被做成真的才行。所以人文社会科学领域的所谓真理都是“事后真理”，只有科学才有本来摆在那的“事先真理”。人文社会科学是通过创造历史而使某种观念成为真理的，这就是事后真理。历史就是人文知识和观念的博弈结果。

政治哲学是目前哲学的热点。政治哲学与博弈论问题关系非常密切。博弈论是数学家发明的，已经得了两次诺贝尔奖，可见其重要程度。博弈论其实是一套方法论，是可以普遍使用的方法。现在已经广泛应用了，用得最多的是经济学，还有社会学、政治学和哲学，诸如此类。博弈论的基本假设与经济学比较接近，所以经济学家对它特别感兴趣。它假设人（即博弈方）都是自私自利的，都追求自己利益最大化，也就是通常说的经济人，同时还假设人都是理性的。这些假设本身就非常有趣，而且一直也没讲清楚。自私自利的人和理性人这两个假设其实并不十分真实，但仍然是比较有用的假设。总之，假定每个人都是这样看上去不大体面的参赛者，社会将会出现什么情况？

有一个众所周知的经典例子，囚徒困境。两个罪犯被警察逮起来后分开审问，他们被告知，如果两个人都抵赖，由于大罪证据不足，就将按小罪论处，两人都被判 1 年徒刑；但是如果两个人都坦白，将分别被判 8 年徒刑；但如果一个抵赖、一个坦白，坦白的立功释放，抵赖的重判 10 年徒刑。这个方法很灵，因为两个罪犯都是充分理性的人，很容易算出坦白才是占优策略，这两个人都被判了 8 年。其实他们完全可以有更好的结果，所谓帕累托改进，但为什么做不到？它揭示了在自私自利的理性计算的时候，考虑的是如何避免风险，他惟恐另外一个人坦白，那个人占的好处就比他大，而他就惨了。这是他所不能容忍的，所以他宁可两个人都吃大亏，也在所不惜，但是他吃的亏不比别人大，这就基本满意，可怜人性大概如此。这是人类生活非常不体面也非常悲惨的一面。许多伟大的事业和美好的事情所以不可能，都与此有非常密切的关系。

所谓“好”的策略，就是要避免风险并且占到便宜，这样就难免有许多坏现象。比如，欺骗是一个很好的策略，能够占许多便宜。

但事情也没有那么简单，因为欺骗作为优势策略的有效条件是一次性博弈，而在重复博弈中就不是优势策略了。比如，为什么现代社会欺骗多，传统社会欺骗少？因为传统社会是一个熟人社会，大家知根知底，比如都是一个村里头的邻里，你要是做了坏事，在村里的信誉太差，就没有人理了。很快就会堕落为村里头的弱势成员，大家会惩罚你。但是陌生人社会就不是，大家都是擦肩而过，一次性博弈，骗一次是一次，因为再次合作的机会很少，甚至可以再不往来，所以，在现代社会欺骗就会成为首选。现代化有现代化的问题，欺骗是现代社会事实所注定的规律。这就是为什么在人文社会科学，包括哲学里，有一个问题成为当今一个热点，这个问题就是信任。人们所以不能选择合作策略从而获得帕累托改进，就是因为缺乏信任。刚才我们说到在一次性博弈的时候，欺骗是一个最佳的策略，因为一次性博弈几乎不可能建立信任。显然，如果能够建立一个信任的社会，各种事情就会有更好的结果。而且，大家也知道，如果有更高的追求，追求更大利益尤其是长期利益，信任就会成为一个首选策略。只有信任才能带来最大的利益。有一个科学家 Axelord，他做过一个实验，他请了几十个在他看来智商特别高又足够狡猾的人，每个人设计了自己的一个博弈方案以后，放在大型计算机里混战几百万个回合，结果最后胜出的那个策略是非常出人意料的，胜者叫做 tit for tat 策略，相当于好人有好报。这个有善心的策略得到了最后胜利。它是这样的：第一步采取跟人合作的态度，不管是谁，都跟他合作；第二步将模仿在第一轮的时候对方的出牌。如果第一轮的时候我合作而对方欺骗，那么第二轮我就模仿他也对他欺骗；然后如果对方一旦改过自新，愿意合作，那么我就马上原谅他，又重新合作。这么一个简单的策略最后胜出，这多少验证了俗话说的，好人终有好报。但终有好报也是有秘密的，这就是博弈次数必须非常多，时间非常长。假如每个人能活 300 岁，我相信社会将会自动变得相当好，因为要活 300 年，不能老骗人，骗人就会受到很大的惩罚，人有足够的时间来认识你，有足够的时间来惩罚你。这是一个很重要的问题，想想看，博弈的回合要很多很多，才能够使好人胜出。这是一个令人不满的地方，另外，它还有一个漏洞，那个有善心的策略所以能够赢得最后胜利，是因为坏人非常多，结果坏人互相陷害，互相陷害得差不多了，好人就胜利了。这一点也令人失望，因为好人似乎自己没有足够的力量去获得胜利。Axelord 这个游戏里的人是不死的，输赢靠积分，可是真实生活恐怕不是这样，在真实生活中的许多时候，好人很可能让坏人一下子就吃掉了，并没有机会可以慢慢积分。所以这个有名的实验虽然有趣，但只能作为参考，不能非常当真。就是说，“好人有好报”这个我们最感兴趣的想象还是没有获得真正的证明。

当然，Axelord 游戏只是一个单纯的策略测验，真实生活远不止是由单纯策略组成的，生活总是在某种制度中的生活，所以政治哲学特别重视制度设计问题，制度相当于游戏的基本宗旨和规则。我有个想象，假如把各种策略的测验落实在各种制度背景中，也许会有更加令人吃惊的结果，那样就能够比较制度的优劣。显然，与人们希望能够“好人有好报”相一致，人们也希望有某种制度能够保证“好人有好报”。不过我的一个直观是，好人总是宽宏大量的，因此，如果一种制度能够做到“好人不吃亏”，人们就大致满意了。我在这个直观背后其实还有一个感觉，那就是，一个太好的制度也许会产生意想不到的难题，因为“好”总能够“更好”，这样就很可能会发展对“好”的没完没了的苛刻要求，而人的能力和心理承受力都是有限的，过高的要求也许会使社会崩溃。

我们已经说了半天政治，可究竟什么是政治问题？什么是政治？一般说，政治就是对利益、权利和权力的分配和界定，而政治的主要问题也就是如何界定和分配利益、权利和权力，其结果就是形成各种制度。也可以说政治就是建立各种制度去把所有这些权利和利益分配给所有人或者某些人，规定每个人有什么样的权利，规定让哪些人得到更多的利益，规定什么样的权力可以如何行使，等等。比如，规定一个高税收制度就是把高收入的人的钱进行一次重新分配，诸如此类。这是政治的一般性质。有人认为政治还有更深刻的意义，有一个非常有名的政治哲学家叫卡尔·施米特，他相信政治的根本意义在于区分敌友，区分敌人和朋友，这就是政治。这个问题意味深长的是，朋友是随着敌人被确定而被确定的，政治首先要确定的是敌人，然后才能够明确谁是朋友，所以朋友是通过敌人而被定义的，而不是说本来就是朋友才能够是朋友。这当然说的是政治领域，而不是生活问题，在政治上，没有永远的敌人，也没有永远的朋友。施米特有许多深刻见地，比如他认为有利益冲突的人不一定是敌人，因为利益冲突很容易解决，所以利益冲突的政治意义不够深刻。利益冲突可以谈判协商，找到一个合理的解决方法，而且利益关系也会变化，总之，利益问题是可以解决的，因此利益上的敌人不是真正意义上的政治敌人。政治敌人必须是无论如何都是不共戴天的敌人，这才是政治上的敌人。

什么才是不共戴天的敌人？施米特说，利益冲突只是“私敌”，政治敌人是“公敌”。由于利益冲突，所以憎恨对方，这只是私敌，私的恩怨无论多大，都有可能被化解。公敌是说即使没有什么利益冲突，仍然坚决不接受对方，这种不能接受多少是莫名其妙的，正因为这种厌恶没有什么可以计算的利益原因，所以也就不能化解，永远也不能化解的厌恶才形成公敌。敌人的特性就是具有某种绝对无法化解的排他性（the otherness）。其实施米特并没有能够完全说清楚政治敌人的条件。显然，他者都有异己性，任何“他”永远不能够化成“我”，但是为什么不是任何一个他者都是敌人呢？这是个问题。可以有许多猜想，孔子关于“君子和而不同，小人同而不和”的理论也许是个好线索。似乎有这样一种现象：在许多方面非常相似而在某些地方又貌合神离的两种文化，特别是宗教，更容易发生深刻的互相厌恶。

冷战时被认为有两种理想之争：一个是社会主义，一个是资本主义。它们是关于现代性的两种不同理解和想象。但后来冲突消解了，在共同承认的市场经济、大众文化、物质主义上，甚至在个人自由方面也越来越接近。有一些人，如福山等就想到了历史终结，但是旧的冲突去掉之后，更深刻的冲突就明显起来。施米特的天才发现变得重要了，因为真正的敌对关系就浮出水面了，这就是亨廷顿讲的文明冲突。亨廷顿很敏感，尽管不够深入，但他提出的问题是非常重要的。为什么当中国和西方在经济和社会制度方面越来越具有相似性的时候，西方对中国的理解并没有变得更好，事实上还推出中国威胁论？假如中国变成了具有美国所喜欢的那种政治制度的国家之后，西方会怎么看中国？恐怕看法会更消极、更不和谐。这里的秘密是，西方从来真正烦恼的并不是中国的社会主义，而是中国本身，即中国这个巨大存在以及它拥有的深厚文化力量，这才是真正的原因。中华文化是西方文化之外的另一种深厚文化，它有着体系完整的另外一套思考方式，足以用来构造完全不同的另外一种高度文明的生活，这就形成文化上的绝对排他性。应该说，施米特关于政治敌友的理论很有力度，可以应用于许多问题。列奥·斯特劳斯也是一个比较另类的哲学家，受到启发而用之来解释古代和现代文化的敌对关系。现代文化是一种不断否定过去的文化，因此在不断否定中创造了文化敌人。于是列奥·斯特劳斯把政治理解为社会和文化的“保守和革新”冲突，有趣的是，保守总是想保住某些好东西，这是明确的，而革新却没有这么清楚，革新总是把“新的”看做是好的，但新其实未必就是好的。

一切制度要获得人们的承认都需要有政治合法性，于是政治合法性就成为政治哲学中的一个基本问题，也是现在非常热门的一个问题。政治合法性问题是中国哲学长期以来特别关心的问题。中国在3000年前就讨论这个问题，可能是最早讨论到政治合法性的哲学。政治合法性就是研究一个国家、一种制度、一种统治是否有足够的理由为自身辩护，是否能够证明自身的正当性或正义性。政治合法性，按照西方的说法，有两重合法性：一是通常译成合法性的东西，legitimacy；另一种合法性通常译成正当性，justification。中国所理解的合法性也同样有两个方面。

任何一个制度如果没有合法性就无法立足。所谓名不正，言不顺，言不顺，事不成。所以，一个国家或一种政治制度，无一例外都要想方设法来证明自身是合法的、最好的，至少没有更好的。政治合法性问题在古代不太明显，至少问题比较简单。中国政治哲学是先知先觉了。在古代，暴力往往是合法性的最有力证明。在今天暴力仍然是某种证明，但事情要复杂得多，在一个启蒙了的时代，暴力是远远不够的，话语的力量已经变得和暴力一样有力，甚至更重要。基督教在西方的出现在政治上具有划时代的意义，它意味着话语力量的成功。比如说在中世纪，教皇的政治解释往往代表了政治合法性，皇帝或国王虽然是行政上的领导，但是精神领袖是教皇，要由教皇做出合法性的解释和承认。在现代，大家拥有思想自由，拥有共享知识，拥有话语权，有民主，还有各种政治自由，如言论、出版、结社等自由，还可以建立民间机构，NGO之类的，这个时候不仅有暴力斗争，而且有话语斗争，合法性问题就变得非常尖锐了。以力压人是最简单的，虽然有效但不可能长期有效。以理服人就比较复杂一些，但如果只有一种理，就还是不太难。当有了各种“理”，出现了各种道理之争，事情就无比复杂了，因为在政治上没有科学意义上的真理，因此各种理都很有道理，想要证明某种理胜过其他的理，那是无比艰难的事情。既然思想斗争很难从道理本身决出胜负，因此往往依靠民心向背来决定。

中国传统哲学讲的两种合法性，一是立国之正，二是治国之功。这两种合法性都需要民心的支持。建立国家取得政权的途径必须是正当的，一般说的是结束无序混乱，或终结暴政，这是中国传统上把某个朝代定义为正统的，又把某个朝代定义为不正统的根据。这是立国之正。而治国之功则是治理国家的政绩，既然统治了这个国家，就必须有良好的政绩，一般表现为国家富强、人民安居乐业等等。如果没有良好的政绩，就失去了继续统治一个国家的合法性。西方也一样，政治上的legitimacy，讲的也是政权是怎么来的。一般认为程序正确的民选政府就具有合法性，通过民主选举上去了就拥有了获得政权的合法性，但拥有了政权之后，如果做的事情不能让人民满意就等于没有justification。Justification是合法性的再次证明或最后证明。就是说，政府必须让人民满意，并且以后还总是让人民满意。

政治合法性是个根本性的问题。这个问题实际仍然很不清楚，难题很多，比如，怎样才算人民满意？所有人满意显然做不到，那么多大比例满意算满意？大多数人满意是否就等于合法？少数人是否就可以被忽视？民主是不是表达民心的好方式？民主是非常容易被利用、被歪曲、被收买的形式，但有没有更好的方式？如此之类，争议很多。

另外，政治哲学总是会涉及伦理学问题，我们会发现问题一环扣一环地从政治哲学问题逼到伦理学问题。这样就把问题变得更加复杂。伦理学研究的也是性命攸关的大事，只是与政治哲学问题有所不同，但份量是一样重的。当然，如果伦理学搞坏了就好像只不过是在教育人不说谎、不偷东西、不杀人，诸如此类，这些东西不是真正的伦理学。伦理学和政治哲学交界的地方是它能够提供政治合法性的最好理由。这是典型的中国思路，一个国家、一个政权、一个制度如果具有伦理学上的优势，即具有人性和生活的各种优秀德行，就自动地具有了政治合法性，这是很典型的中国方案。伦理学德行是保证美好生活的必要条件，所以选择伦理学原则来作为政治和法律的总则或者元定理，是一种优势策略。

伦理学问题在我看来，从根本上说只有两个问题。一个问题是关于人如何才能够获得幸福；另一个问题是社会如何才能够是一个公正的社会。这两个问题之所以无比重要，是因为，幸福是每个人最关心的，人的生活意义其实就是寻找幸福，如果没有幸福，生活就没有意义，或者说就没有生活而只有生存。每个人都在用一生的时间苦苦追求幸福。而生活总是社会生活，对幸福的全部追求都不得不在社会中进行，社会如果不公正，几乎每个人幸福都将成为不可能，所以公正是幸福的一个必要条件。幸福和公正是伦理学的理想，但却需要政治的保证。这里就有了一个比较奇妙的关系：政治需要伦理以便具有合法性，而伦理则需要政治的保护。

政治哲学和伦理学虽然角度不一样，但是所要处理的根本难题却是一致的，这就是他人。他人就是人最难对付的事情。西方哲学里有一个很有用的概念叫做“超越”。它涉及到政治和伦理的根本问题。超越（the transcendent）的意思是，凡是人的主观性没办法划归进来的外在存在就是超越的。主观性，也翻译成主体性，主体所不能消化的，并且永远具有绝对外在性的东西就是超越的。超越的东西其实并不多，总共只有三个项目。一个是世界本身，或者客观存在本身，它超越了我们的知识能力；第二种超越的就是上帝，上帝被假定在任何方面高于人；第三种超越的就是他人，他人的心永远逃脱在我们之外。人有可能采取暴力手段，把另外一个人抓起来，枪毙了，但他还是不能被征服，消灭肉体而消灭不了他的精神。只要有消灭不了的精神，这就决定了他人是一个永远在我们之外的存在，是我们力量尽头的存在，是逃脱在我们所有控制之外的存在。所谓超越的东西至少是和我平起平坐的存在，甚至比我更高。他人就是全部人文社会科学难题的总根源。

也许人最重视自己，但他人的学术重要性远远超过自我。过分研究自我并没有什么结果，而且很可能是有害的。幸福问题是个好例子。幸福可能经常被人误解，人经常搞不清楚什么是幸福，尽管不会体验错幸福，但幸福并非总在手边，在没有过幸福的时候就很可能不知道幸福，所以维特根斯坦愿意说，幸福的人与不幸的人是完全不同的人，互相不能理解。人最想要的东西往往是人搞不清楚的东西。很少有人知道他真正最想要的是什么，即使获得了很大的社会成功，获得了金钱以及各种快乐之后，心中仍然会有莫名其妙的渴望。

人们最想要的东西似乎就是幸福，可是关键就在于不清楚幸福是什么。我有一本书《论可能生活》专门讲这个问题，试图破解关于幸福的秘密，说得对不对，请大家批评。一般在考虑幸福或者诸如此类问题的时候，计算单位就是“自己”这一个人，就是说，只计算自己的行为能够获得对自己最有利的什么结果。这种计算方式并没有错，但可惜这只是计算“利益”的理性方式，它能够成功地计算自己利益的最大化，却不能计算出“幸福”。问题就在这里，利益最大化并不能保证幸福，与幸福并无充分关系，甚至没有必然关系。幸福这个题目恐怕不适合以一个人为计算单位，在算这道题时，“一个人”的算法一定会算错。即使处处利益最大化了，即处处占了便宜，人们心中难免还是存在隐隐的不满足，因为利益没有解决所有问题，尤其没有解决根本问题。因此我们有理由怀疑利益计算法对于幸福问题来说是文不对题的。真正的答案在于，幸福的计算单位不是一个人，而必须是至少两个人，就是说两个人或两人以上。幸福是我和他人的一种关系，幸福存在于关系里，而不存在于个人身上，问题症结在此。幸福是别人给的，是别人给我的礼物，礼物不能强求，只能是他人愿意给我，于是我必须与他人有一种最佳的心灵关系，才能够有幸福。可是怎么才能和他人有一种最佳的心灵关系？这里需要一种特殊的行为模式，一种具有特殊结构的行为模式。我把这种模式命名为“自成目的”的行动。简单地说，你选择做某件事情的时候，事情结果会怎么样，会带来什么样的利益，不要计算在内，而仅仅作为一个偶然结果，剩下的就是事情本身，假如这件事情不能得到某个结果，这件事情本身仍然是你最想做的，是你的行动首选，这样就是幸福的，尤其是在对待他人时。就是说，在一件事情即使得不到成就的情况下，你仍然愿意做这件事情，并且跟其他任何可能的选择比较的时候，你仍然愿意这样选择，这件事情就是“自成目的”的，因为在这件事情本身中，你最大的目的已经完成了，才能得到幸福。至于行为获得的利益将变成额外的报酬，因为事情本身已经使你充分满意了，而如果有了额外结果，就是幸运，幸福就更充分了。这个幸福策略能够解释亲情、爱情和友谊等典型的幸福关系。

世界从来都没有错，但我们对世界和生活的想象往往是错误的。这还不要紧，要命的是我们往往迷恋错误的想象，不知道是不是错误总是更迷人。这是更麻烦的难题了，有待研究。

后 记

随着中国社科院赵汀阳研究员对“哲学怎样才是有用的”旁征博引、妙语连珠的阐述，历时近四个月的中央国家机关青年哲学知识系列名家讲座在经久不息的掌声中圆满落下了帷幕。在这段充满人文与思辨的时日里，先后有来自北京大学、中央民族大学等著名院校的专家、教授应邀授课，为中央国家机关青年干部献上了一场丰盛的哲学盛宴。

在经济大潮风起云涌的当今时代，在大力构建和谐社会的进程中，时代呼唤人文精神，青年的成长需要人文关怀，正确世界观、人生观、价值观的树立离不开哲学思考。由此，哲学便成为中央国家机关青年系列知识名家讲座的最新主题。

哲学知识系列讲座之所以能成功举办，得益于主办者中央国家机关团工委原书记朱学庆、刘涛对讲座的具体指导和团工委组宣部原部长郭建军同志在讲座策划、演讲嘉宾邀请、听众组织中细致的工作，还有赖于承办者国土资源部直属机关团委在场所的提供及现场服务方面投入的极大的热情。如此说来，出版这样一本书的意义就无须赘言了。需要说明的是讲座追求的是学术的通俗化表达，口语性较强，灵活自如，而图书的出版，自然有个文字梳理的过程，有些演讲内容不得不忍痛删掉。

当再次捧读这些敲打心灵的文字时，应该感谢演讲的所有专家，是他们让我们有了这段无法忘却的思想之旅。

最后，向人民出版社的领导、编辑和有关工作人员表示感谢，正是他们成就了现在的这本精品。中国电子工业出版社的许楷同志和科学出版社的赵静荣同志参与了本书的文字润色和加工工作，在此也向她们表示感谢。

丛书编委会

2008 年 6 月